戦前日本の企業統治

法制度と会計制度のインパクト

青地正史

日本経済評論社

まえがき

　本書は、戦前の日本における企業統治（以下では、コーポレート・ガバナンスという原語を用いることもあり、あるいは単にガバナンスという場合もある）を、法制度を中心に分析した経済史・経営史の研究書である。

　本書の前提には、戦前（1868～1936）の日本は直接金融であり、それが戦時期（1937～45）に間接金融へと大きな変化を遂げ、バブル以前の戦後（1946～85）に引き継がれた、そしてこの金融システムの違いを背景に、日本におけるコーポレート・ガバナンスの担い手は概ね、戦前は株主、戦後は銀行と従業員が当たることとなった、という先行研究（岡崎哲二［1993：97～144］、宮島英昭［2004：161以下］など）にもとづく認識がある。本書はそれらに、新たな論点の発掘、補足やいささかの批判を試みようとするものである。

　法制度的アプローチと「なぜ戦前か」については、つぎの序章で敷衍することにし、ここではコーポレート・ガバナンス一般について説明しておこう。すなわち、その定義、類似概念との違い、用語などについて述べる。

　まず本書にいうコーポレート・ガバナンスとは、「企業のステーク・ホルダーが、いかにして経営者を牽制し、当該企業の健全性・効率性を維持・向上させるか」という問題意識であると定義しておきたい。いいかえれば「ステーク・ホルダーが、いかにして経営者を規律づけるか」という概念である。

　この定義で「健全性・効率性」というのは、コーポレート・ガバナンスが実は二つのレベルの目標をめざすものであることが含意されている。すなわち、第1のレベルは、経営破綻や、粉飾決算・法律違反などの不祥事（モラル・ハザード）を回避することであり（健全性）、第2のレベルはそれにとどまらず、できる限り当該企業の経営効率を向上させ企業価値を高めることである（効率性）。指標としては、ROE、ROA、トービンのqあるいは時価総額などが用いられる。

また、「ステーク・ホルダー」とは、stake（利害）holder（保有者）つまり「利害を持つ者」の意で、英語で株主を share holder あるいは stock holder ということから、利害関係者をこのように諧謔的に名づけたものである。具体的には、株主、銀行、従業員、労働組合、取引業者、政府、消費者、地域住民などがあげられるが、中には経営者もステーク・ホルダーに含ませる考え方もある。もちろんある意味で経営者こそ最高の利害関係者に違いないが、コーポレート・ガバナンスを先のように定義するとき、本書では経営者はむしろガバナンスの対象であり、ステーク・ホルダーに含まれないことになる。
　ところで、経営効率の面からコーポレート・ガバナンスを考えるとき、以下の概念と紛らわしいことがある。それらはマネージメント、CSR、組織改革、市場競争などの概念である。
　まず、マネージャーはリーダーシップを発揮し効率的な経営を心掛けるが、コーポレート・ガバナンスとの基本的な相違は、端的に主体の違いである。マネージメントの主体は経営者自身であり、ガバナンスの主体はステーク・ホルダーである。加護野忠雄［1994：89］は、コーポレート・ガバナンスはマネージメントの上位概念であるとしている。つまり、マネージメントを超えた社会倫理的要請がコーポレート・ガバナンスであるといいたいのであろうが、本書の定義からの回答がより直截であろう。
　また、よく混同される CSR（Corporate Social Responsibility：企業の社会的責任論）との違いは、いかに考えるべきだろうか。CSR は、古くからある議論が装いを新たにしたもので、メセナ（文化支援活動）やフィランソロフィー（社会貢献活動）を重視する。1930年代の日本においても財閥転向の一環として慈善団体への寄付などが行われたことがあった。しかし、こうした活動は、経営者の放恣なフリーキャッシュの使用に大義名分を与えかねない。したがって、エージェンシー問題（経営者と株主の利益相反、後述第4章第3節）に発展する可能性が大である。経営者を規律づけようとするコーポレート・ガバナンス論には背走することが多かろう。
　さらに、組織改革によって経営効率の向上が図られることがある。本書でも

第3章と第8章で「持株会社によるコーポレート・ガバナンス」が論じられるが、これはあくまでも持株会社という大株主による規律づけの観点からの考察であり、持株会社化という組織再編による企業活性化を論じたものではない。また生産物市場で見られる過当競争が効率化を促している面も無視できないが、これも取引業者によるガバナンスと解せない限り、コーポレート・ガバナンス論とは一線を画すべきであろう。

ちなみに「会社は誰のものか」という議論が、コーポレート・ガバナンスに代置されることがあるが、両者は「同値」でないことに注意すべきである。たとえば本書によれば、銀行は戦時期・高度成長期における企業のステーク・ホルダーの重要な一つであったが、だからといって「会社は銀行のものである」という回答は成り立たない。両者の観点は必要かつ十分な関係にはないのである。この区別が曖昧にされる結果、議論が噛み合っていない場面がしばしば見られる。また会社法や会計学からの理論的考察も同様である。両者では株主があくまでも主たる存在で（「株主資本」を「自己資本」というように）、債権者は従たる存在にすぎず、ましてや従業員はいずれにも登場しない。本書は法的・会計的視点に立つ（序章、参照）が、そこからのストレートな論理的帰結を問題とするものではなく実証分析を中心とするものであることを予め断っておきたい。

ところで、筆者が「戦前のコーポレート・ガバナンスを研究している」というと、「コーポレート・ガバナンスという用語は戦前からもあったのか」という質問を先方からしばしば受ける。もちろん戦前にそうした用語はなく、本書はわが国で1990年前後から盛んになったコーポレート・ガバナンスの分析視角を、戦前の経済史・経営史研究に応用したものである。

そもそもコーポレート・ガバナンス論は1970年代の米国に始まり、1980年代のM&Aブームの中で活発に議論されたが、米国でも学術的にはむしろ「ニューエコノミー」論が花やかなりし1990年代に重要な論文が量産された。一方日本の90年代は「失われた10年」と呼ばれ、バブル経済崩壊後の長期停滞の中にあり、そこでコーポレート・ガバナンス論も経営再建策として実際的な役割

が期待されたのである。また学術的にも岡崎哲二［1993：97-144］など、この分野における古典的な論文が登場した。とくに岡崎論文はステーク・ホルダーの変遷から日本企業の戦前・戦後の流れを解明したもので、筆者にはその理論的な明快さが新鮮なものに感じられた。それから約20年の歳月が流れた今も、コーポレート・ガバナンス論は実証的にも理論的にもまだまだ色あせないテーマとして多くの研究者を惹きつけている。それは経済学における根本的な問題関心――たとえばインセンティブ、情報の非対称性、企業の所有構造・役員構成、メインバンク制、経営の効率性、エージェンシー理論、さらには市場と組織など――に関わるからであろう。

　最後に「ガバナンス」という用語について一言しておきたい。経営者の規律づけがコーポレート・ガバナンスとネーミングされた所以は、当時の社会主義の退潮と関係がないとはいえないと筆者は思う。1989年のベルリンの壁崩壊、91年のソ連崩壊の前提には、社会主義体制のガバナンスに欠陥があることが広く認識されていた。一方1980年代の西側諸国で企業のモラル・ハザードが横行し、その対策に頭を悩ませていた人々は、両者に外部からの牽制が働かないという共通の問題が内在することを見出したと考えられる。この結果、後者に前者の「ガバナンス」という言葉を転用することになったのではなかろうか。そうしたコーポレート・ガバナンスという用語が、日本で「企業統治」として定着するようになるのは、1980年代後半のことと思われる。鴻常夫・北沢正啓編［1986：193］『英米商事法辞典』では、それは「会社の管理」などと訳されていた。したがって、同書の執筆時点である80年代前半には、まだ「企業統治」という用語は存在しなかった可能性が高い。

　なお、本書には随所にコラムなる短文が挿入されている。これらは、各章が特異なテーマを扱って独立した内容に偏りがちな点を補って、本書を戦前全般の通史に近づけるべく置かれたものである。

　また、筆者はこれまで下谷政弘・京都大学名誉教授（現・福井県立大学学長）のご指導を仰いできた。先生との出会いがなければ、筆者という存在も、したがって本書も世に送り出すことはなかったといえよう。その恩師のもとで筆者

には研究上二つの貴重な転機が与えられた。第1はコーポレート・ガバナンスとのそもそもの出会いである。修士論文として三菱財閥をテーマに選んだものの、仕上がった論文はオリジナリティが皆無に近い代物で、書いた本人もひとり煩悶する日々が続いた。その時いただいたアドバイスから思いついたのが、コーポレート・ガバナンスの切り口で財閥論を再構成するという試みであった。これがコーポレート・ガバナンス論への筆者にとっては記念すべき出発点となった（第3章、第8章に所収）。第2は会計学への志向である。先生は穏やかなお人柄で知られるが、ある時拙稿における財務分析の希薄な点を衝いて非常に厳しく叱責された。驚くとともに、しかしこれがきっかけとなって筆者は本腰を入れて会計学に取り組むことになった。本書に展開される戦前の時価会計への考察（第6章、第7章および補章に所収）は、実はこのような契機があったのである。こうして本書のコアとなる部分は、やはり先生のご指導の賜物であることに今さらながら気づかされる。ここに感謝の気持ちを込めて本書を先生に捧げる次第である。本来ならばもっと重厚な書物を著して先生のご恩に報いるべきであろうが、遺憾ながら力不足・時間不足である。

　2014年9月

青地　正史

目　次

まえがき　i

凡　例　xiii

序　章　課題と視角 …………………………………………… 1

　　1．法制度的アプローチ　1
　　2．なぜ戦前なのか　6

第1章　会社設立前の株式譲渡——企業勃興と株式市場——…… 13

　　1．はじめに　13
　　2．株式市場に占める「会社設立前の株式譲渡」　14
　　3．第1次企業勃興　17
　　4．第2次企業勃興　18
　　5．第3次企業勃興　23
　　6．権利株流通のメカニズム　24
　　7．権利株価の形成要因　26
　　8．おわりに　30

第2章　三重紡績の成長戦略
　　　　　——大阪紡績をベンチマークとして—— ………………… 37

　　1．はじめに　37
　　2．株主対策　40

3．M&A 戦略　48

4．おわりに　56

［Column 1］　大買収時代　63

［Column 2］　ホワイトナイト・久原房之助　65

［Column 3］　島徳蔵による阪神電鉄の買収　66

第3章　1920年代の持株会社による企業統治
──三菱本社のケースから──……………………………… 69

1．はじめに　69

2．持株会社・三菱本社の設立　71

3．三菱本社によるコーポレート・ガバナンス　74

4．おわりに　84

［Column 4］　戦前 ROE の算出　86

［Column 5］　三菱の事業部制　87

第4章　「重役による私財提供」の論理
──昭和金融恐慌を中心に──……………………………… 89

1．はじめに　89

2．近江銀行のケース　91

3．制度的背景（1）──金融機関のビヘイビア──　96

4．制度的背景（2）──法制度──　101

5．おわりに　103

［Column 6］　一人一業主義　107

［Column 7］　所有と経営の分離・一致の両義性　108

第5章　株主有限責任の定着過程——銀行業を中心に—— …… 111

1．はじめに 111
2．株主有限責任のゆらぎ 112
3．株主有限責任のねじれ 121
4．おわりに 127
[Column 8]　第一次大戦バブル（1）134
[Column 9]　第一次大戦バブル（2）137

第6章　戦前日本の時価会計とコーポレート・ガバナンス
　　　　——1920年代の非財閥系企業を中心に—— ………… 139

1．はじめに 139
2．1911年商法 143
3．東邦電力のケース 146
4．1920年代の日本企業像 153
5．おわりに 159
[Column10]　橘川武郎への反論 172
[Column11]　高配当市場の成立とゲーム理論 174

第7章　戦時期日本企業のゴーイング・コンサーン化
　　　　——非財閥系企業を中心に—— …………………… 177

1．はじめに 177
2．戦時期仮説の検証 181
3．継続性への意思 184

4．制度的アプローチ　190

　　5．減価償却行動の決定要因　195

　　6．おわりに　196

　　[Column12]　1930年代の法人資本主義　203

　　[Column13]　戦前の監査役　204

第8章　戦時期における持株会社による企業統治の変容
　　　　──三菱本社のケースから──……………………………… 207

　　1．はじめに　207

　　2．準戦時期から戦時期へ　209

　　3．三菱財閥の内部統制の仕組み　212

　　4．三菱財閥の内部資本市場　213

　　5．三菱本社のテークオーバー・レーダー機能　218

　　6．三菱本社による分系会社持株比率　218

　　7．三菱本社による分系会社への役員派遣　221

　　8．分系会社の経営効率　223

　　9．分系会社の自己資本比率　226

　　10．おわりに　227

　　[Column14]　純粋持株会社と事業持株会社　232

第9章　軍需会社法下の株主総会 ……………………………… 233

　　1．はじめに　233

　　2．戦争末期の株主総会（1）──財閥系企業──　235

　　3．戦争末期の株主総会（2）──非財閥系企業──　239

　　4．変則的総会運営の検討　242

5．おわりに 253

　　［Column15］「戦時期における株主総会の形骸化」仮説 267

補　章　「未払込株金」と戦前日本企業 …………………………… 269

　　1．はじめに 269

　　2．プロローグ——金融恐慌—— 270

　　3．第一期——明治前期—— 274

　　4．第二期——明治後期から第一次大戦まで—— 278

　　5．第三期——1920年代—— 282

　　6．第四期——準戦時期・戦時期—— 285

　　7．おわりに 288

あとがき 303

参考文献 307

索　引 327

凡　例

1．資料に付した［2014：77］は、2014年刊行当該資料の77頁からの引用であることを示す。単に［2014］とあるのは資料全体が参照対象であることを意味している。また雑誌・新聞などの［2014／8／8］は、2014年8月8日号を表す。［2014／8／8：77］は、その77頁からの引用である。
2．年号は基本的に西暦を用いた。年号が連続し明らかな場合は下2ケタのみを記す場合がある。とくに注意を喚起したい場合、カッコつきで和歴を併記した。
3．文献（1次資料）を引用する際それが長文の場合、句読点がないときでも、適宜1文字分のスペースを空け読みやすくした。
4．％の計算式においては×100を割愛した場合がある。
5．1次資料の漢数字はそれを尊重し、アラビア数字に直さず、そのままとした。

序　章　課題と視角

1．法制度的アプローチ

　本書は、法制度・会計制度の面からのアプローチを中心に、戦前日本の企業統治の実態に接近しようとするものである。したがって会計的アプローチをも含むが、戦前の会計制度は商法に規定されており、やはり法制度的アプローチという括りに違いはない。

　これまで戦前を扱った先行研究が、当時の企業経営を規定した法制度の考察に決してやぶさかであったわけではない。しかし、法学者は法制度史の観点に傾き、実際の法律の運用（enfoce）には得てして無頓着であり（例外として浜田道代編著［1999］のような書物もある）、一方経済史・経営史家は史実の忠実な記述を追うあまり、企業行動の背後に存した法的側面の追求はややアドホックな面を残していた。そこで本書は、戦前のコーポレート・ガバナンスを論ずる上で、当時の企業経営者を規律づけた、あるいは規律づけたと思われる法制度について、包括的かつパースペクティブに接近しようとするものである。

　この序章では、あらかじめ各章が、当時の商法の何条を中心に論じられているか、を全体的に見ておくことにしよう。それに当たり、表序-1は戦前における商法の変遷の概略をまとめたものである。ここでは、つぎの2点を指摘しておきたい。①まず2005（平成17）年制定の「会社法」以前の近代的な企業法制の源流を、法学者は1899年制定の「新商法」に求めるのが一般であるが、経済実態は1890年制定の「旧商法」にもとづくものも決して少なくないことが一つである。②また1938年の「商法」の大変革が、戦後の企業法制に連続性を持

表序-1　商法の主たる変遷

	年	商　法	特　徴
a	1890年 (明治23年)	旧商法公布 (一部施行は1893年)	独人ロエスレルが起草 設立につき許可主義 時価主義会計 所有と経営の一致法制 (185条)
b	1899年 (明治32年)	新商法公布・施行	今日の商法の原型 設立につき準則主義 時価主義会計
c	1911年 (明治44年)	商法改正	時価以下主義
d	1938年 (昭和13年)	商法改正	今日的会社形態に接近 時価会計の一部廃止 所有と経営の一致法制の廃止
e	1950年 (昭和25年)	商法改正	米国法による大改正

注：eのみ戦後。
出所：筆者作成。

った一方、戦時期に制定された幾つもの戦時特別法制が、戦後の日本企業に与えた影響の大きいことが今一つである。

　ところで「歴史比較制度分析」という方法論が、「制度補完性 (complementarity)」や「経路依存性 (path dependence)」といった概念を導入し経済史の発展に寄与すること大であるが、その制度補完性を深めるものとして2000年前後より、ゲーム理論による分析手法が一部で盛んになってきた (岡崎哲二編著 [2001]、中林真幸・石黒真吾編著 [2010] など)[1]。この方法論は、法制度を含む「制度」一般[2]を対象とすることから、本書のような法制度的アプローチにまさに有用であるかのように見える。そこで筆者も試みてみたが[3]、ゲーム理論による制度分析は、取引業者間における機会主義的行動を抑止する「取引統治」という限られた場面にしか適用できないことが、次第に筆者には明らかとなってきた。したがって取引統治の場面が登場しない本書においては採用することはなかった。

　では各章と当時の商法との関連を以下に見ていこう。なお各章の簡単なサマ

リーも付加する。

　第 1 章「会社設立前の株式譲渡──企業勃興と株式市場──」では、旧商法第180条「株金額少ナクトモ四分一ノ払込前ニ為シタル株式ノ譲渡ハ無効タリ」と、新商法第149条但書「本店ノ所在地ニ於テ登記ヲ為スマテハ　之（株式──引用者）ヲ譲渡シ又ハ其ノ譲渡ノ予約ヲ為スコトヲ得ス」がとり上げられる。そこでは権利株の譲渡は無効であるとされていた。これらの規定は、1938年改正商法第190条第 1 項によって「株式ノ引受ニ因ル権利ノ譲渡ハ　会社ニ対シ其ノ効力ヲ生ゼズ」と変更された。つまり経済実態に合わせ当事者間では有効となったのである。本章では、法学者や先行研究によってはあまり明らかにされて来なかった権利株の実態や流通メカニズムなどを紹介するとともに、権利株とコーポレート・ガバナンスの関係を検討する。

　第 2 章「三重紡績の成長戦略──大阪紡績をベンチマークとして──」では、旧商法で欠いていた会社合併の規定が、1899年の新商法第221～223条ではじめて導入されたことを述べる。これには財界からの強い要望があった。こうしてM＆Aが急増する日露戦争前後に、合併規定の法整備がかろうじて間に合うことになったのである。また本章では、先行研究によって明らかにされてきた三重紡績についての史実を整理する。

　第 3 章「1920年代の持株会社による企業統治──三菱本社のケースから──」では、持株会社システムの構築とそれによるコーポレート・ガバナンスの発展を、三菱本社をケースに論じている。当時は持株会社に関する法規制は存在せず事実上それは野放しないし放任されており、逆説的な言い方であるが、ここでは法制度がないという「制度」（注 2 参照）があった。その中で盤石なガバナンスが構築されていく過程が描かれる。

　第 4 章「「重役による私財提供」の論理──昭和金融恐慌を中心に──」では、重役によるモラルハザードが跡を絶たなかった1920年代、重役による私財提供は「取締役の対会社責任」すなわち、1911年改正商法第177条第 1 項「取締役カ其任務ヲ怠リタルトキハ　其ノ取締役ハ会社ニ対シ連帯シテ損害賠償ノ責ニ任ス」の〈裁判による預金者保護〉の〈行政による代替措置〉であったことを

論じる。また「取締役の対第3者責任」すなわち1911年改正商法第177条第2項「取締役カ法令又ハ定款ニ反スル行為ヲ為シタルトキハ　株主総会ノ決議ニ依リタル場合ト雖モ　其取締役ハ第三者ニ対シテ連帯シテ損害賠償ノ責ニ任ス」も同様であった。本章では、重役による私財提供のその他のロジックについても考察する。

　第5章「株主有限責任の定着過程――銀行業を中心に――」は、株式会社の必要条件である株主有限責任の歴史的定着時期を論じたものである。旧商法の第2編には合名会社、合資会社および株式会社の3種の法人が規定され、後二者に出資者の有限責任がはじめて法定された。しかし当初は取引相手である債権者（預金者）の不評を買い、出資者の無限責任を定めた合名会社、合資会社が取引の安全のため選好された。それでも銀行重役（出資者でもあることが多かった）のモラルハザードが跡を絶たないため、1927年公布の「銀行法」第3条は「銀行業ハ　資本金百万円以上ノ株式会社ニ非ザレバ　之ヲ営ムコトヲ得ズ」と規定し、合名・合資会社形態の銀行は存続に終止符が打たれることになった。つまり「銀行」は株主有限責任に一本化されたのである。ところが、その後も銀行重役のモラルハザードは止まず、今日のような有限責任の原則が定着するのは、ようやく戦時期に入ってからのことになる。

　岡崎［1993，1995］によって「アングロ・サクソン型」とされた1920年代日本企業の高配当について、第6章「戦前日本の時価会計とコーポレート・ガバナンス――1920年代の非財閥系企業を中心に――」では、その一部は時価会計による非継続企業の属性でもあったと主張している。旧商法第32条第2項「財産目録及ヒ貸借対照表ヲ作ルニハ　総テノ商品、債権及ヒ其他総テノ財産ニ当時ノ相場又ハ市場価値ヲ付ス」や、新商法第26条第2項「財産目録ニハ動産、不動産、債権其他ノ財産ニ　其目録調整ノ時ニ於ケル価格ヲ付スルコトヲ要ス」によれば、今日の時価会計と比較して、その対象は非常に広範なものであった。これが、1911年改正商法第26条第2項「財産目録ニハ動産、不動産、債権其他ノ財産ニ価額ヲ付シテ之ヲ記載スルコトヲ要ス　其価額ハ財産目録調整ノ時ニ於ケル価額ニ超ユルコトヲ得ズ」のいわゆる「時価以下主義」をへて、

1938年改正商法第285条「財産目録ニ記載スル営業用ノ固定財産ニ付テハ　其ノ取得価額又ハ製作価額ヲ超ユル価額、取引所ノ相場アル有価証券ニ付テハ其ノ決算期前一月ノ平均価格ヲ超ユル価額ヲ付スルコトヲ得ズ」の部分的取得原価主義となり、戦後の取得原価主義に接近することになる。

　第7章「戦時期日本企業のゴーイング・コンサーン化——非財閥系企業を中心に——」では、第6章を受けて「では一般に日本企業は、コーポレート・ガバナンスの結実を意味するゴーイング・コンサーンに、一体いつ頃から変貌を遂げたのか」が論じられる。株式会社の営業用固定資産に限られるものの、先の1938年改正商法第285条「部分的取得原価主義」が採用されたのをはじめ、減価償却の規定が数回改訂された。すなわち、1937年大蔵省通牒「固定資産堪久年数表」、1938年大蔵省通牒「時局関係産業固定資産減価償却堪久年数表」、そして1942年会社経理統制令第31条「会社固定資産償却規則」によって耐用年数は次第に短縮されていく。さらに1938年改正商法によって「繰延資産」の勘定科目がはじめて法認された（第286条など）。いずれもゴーイング・コンサーン化のメルクマールとして評価できるものであり、一般に日本企業は戦時期に継続企業として離陸したというのが本章の結論である。

　第8章「戦時期における持株会社による企業統治の変容——三菱本社のケースから——」では、1947年独占禁止法第9条によって設立が禁止されるに至る持株会社の直前の状況、つまり戦時期の実像に迫る。独禁法によって持株会社が禁止されたのは、家族同族支配の特殊性や多数の産業部門にまたがる財閥組織の性格が、GHQに軍事的・非民主的と疎まれたからであるが、ここでは三菱本社による傘下会社の事業活動に対する統括、すなわちコーポレート・ガバナンスが検討される。

　第9章「軍需会社法下の株主総会」は、当時の商法（1938年改正商法）とは異なる、株主総会に関する変則的な手続規定を設けていた軍需会社法が、本当に enforce（実施）されていたのか否かを検証しようとするものである。というのは先行研究は、そこでは株主権が制限ないし侵害されたとしていたが、理論的なレベルにとどまっていた。たとえば軍需会社法の下では、総会の招集は

2週間前の〈公告〉で足りる（軍需会社法施行令第22条。商法では2週間前に各株主への〈通知〉が必要）、また重要事項の決定も〈普通決議〉で足りる（軍需会社法施行令第19条。商法では〈特別決議〉が必要）などとされていた。これらの規定の運用の実際を検討する。

　戦前日本の株式会社の資本システムは、戦後の「授権資本制度」（会社法第37条、それ以前の商法第166条第4項）とは異なっていた。コーポレート・ガバナンスの背景をなす内容であるため、最後の補章に置かれたが「「未払込株金」と戦前日本企業」では、戦前日本の資本制度である「分割払込制」が扱われる。すなわち分割払込制は、旧商法第167条で「取締役ハ速ニ株主ヲシテ各株主ニ付キ　少ナクトモ四分ノ一ノ金額ヲ　会社ニ払込マシム」と規定され、また新商法第128条第2項および1911年改正商法第128条では「第一回払込ノ金額ハ　株金ノ四分ノ一ヲ下ルコトヲ得ズ」とされていた。本章では戦前日本企業の資本制度のありようを追及する。

2．なぜ戦前なのか

　「失われた20年」やアベノミクスの今日、それ以前の間接金融中心主義の時代と比較して、直接金融のウエイトが高まっている。それは象徴的に「貯蓄から投資へ」と呼ばれることに表れており、株式投資の優遇税制が行われ[4] 投資家が保護されて、企業の自己資本の強化が図られている。とはいえ現在、まだ直接金融中心主義といえるまで熟したものにはなっていない。

　しかし「戦前」（1868〜1936年、すなわち明治期から日中戦争勃発前まで、以下同様）は、市場主義的な徹底した直接金融が行われていたとする説が有力である。その原因として、①まず岡崎［1995：474］は、富裕層が大株主として存在したことをあげるが、そのような富裕層の多くは銀行家となって銀行経営にも乗り出しており、その銀行が国民の貯蓄を積極的に吸収しない「機関銀行」であったことにも求めるべきであろう。②つぎに筆者は、本書に以下るる述べるように、国家的バックアップが大きかったと考える。すなわち、株金分

割払込制により人々の株式購入の便宜を図り、かつ株式担保金融を認めフォローしていたこと、また株主額面割当制が行われ、事実上高配当を許容していたことがあげられる。③さらに株式会社システムの導入に日が浅く、その原理原則に忠実であったことも推測される。たとえば当時、資本金は固定資本（設備投資）に充てられるべきであると強く認識されていた。そうした面からも直接金融が求められた。一方「戦後」（1955～1985年、すなわち高度成長期からバブル発生前まで、以下同様）は、銀行（メインバンク）が一般にコーポレート・ガバナンスの担い手となっていたことは通説といってよかろう（青木昌彦[1995]）。

かかる戦前と戦後のコントラストに、筆者は強い関心を持つ。それは、戦後復興期に生を受け高度成長期に青少年時代を過ごした者にとっては、大きな驚きであった。つまり戦前も、戦後の延長線上で考え、そこでも当然間接金融が中心であったという先入主を持っていたからである。それが明治以来の日本的経営の主流であり日本経済の特徴と信じて疑わなかった。したがって戦前が直接金融であったという意外な事実は、E. H. カー［1962：161］の「過去を建設的に見る」という視点を喚起し、直接金融化が進む今日の日本経済に有益な示唆を与えるに違いない。これが筆者の「なぜ戦前か」に対する回答である。

以下では、配当性向・自己資本比率、家計貯蓄率という指標をとり上げ、企業金融における戦前と戦後のそのようなコントラストを示すことにしよう。

配当性向・自己資本比率

まず配当性向とは、配当÷純利益で求められ、企業活動で得られた利益のうちどれだけを株主に分配したかを示す指標である。したがって、高い配当性向は、企業としては株主への配慮に敏感であったことを、株主としては企業に対し利益還元をせまる強い立場にあったことを表している。反対に低い配当性向は、債権担保の対象（内部留保、総資産）を維持・拡大すべく、債権者の力が強かったことを表す。

つぎに自己資本比率とは、株式による資金調達の企業金融に占める割合を示

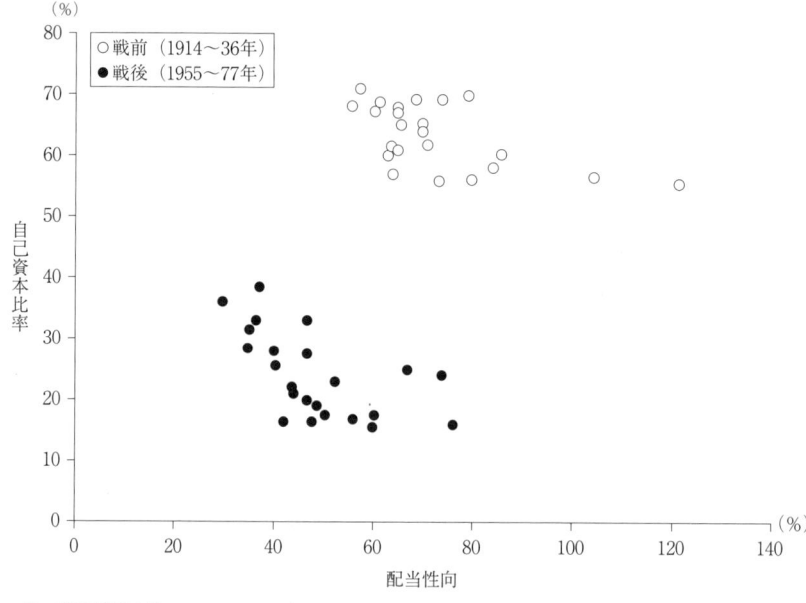

図序-1 配当性向と自己資本比率の戦前・戦後

注：対象は産業会社。
　　1927・1928年間で下記史料が結合されていることに注意。
出所：1914～27年：東洋経済新報社［1932］『事業会社経営効率の研究』。
　　　1928～36年：三菱経済研究所［各年版］『本邦事業成績分析』。
　　　1955～77年：日本銀行調査統計局［各年版］『経済統計年報』。

す指標（株主資本÷総資本、または純資産÷総資産）で、この割合が大きければ、当該企業の主要な資金源が株式金融（＋社債＝直接金融）にあることを示す。反対に小さければ、株式以外の調達手段が用いられたことを意味するが、中心的なものはもちろん銀行融資（＝間接金融）である。

　さて図序-1に目を移そう。同図は、戦前は、資料が比較的とりやすい1914年から1936年までの22年間の日本企業の配当性向と自己資本比率につき、戦後は、1955年から1977年までの22年間のそれらの数値につき、X軸に配当性向をY軸に自己資本比率をとったものである。これらの22年間で戦前（1868～1936年）と戦後（1955～85年）を代表させることにしよう。一見して点（X, Y）すなわち（配当性向、自己資本比率）は、戦前（○）は右上に、戦後（●）は左

下に集中していることが分かる。正確にいうと、戦前の配当性向は55.7％から121.3％の間に、同自己資本比率は55.5％から70.9％の間に、一方戦後の配当性向は29.6％から73.6％の間に、同自己資本比率は15.6％から38.5％の間に散布している。なお配当性向が100を超えている点について附言しておけば、これは1930・31年の数値であり、昭和恐慌に際し利益が激減する中、配当額を維持する企業が多かったために生じた現象であると考えられる。

　以上から戦後の配当性向と自己資本比率に比べると、また今日のそれらの数値から見ても、戦前の配当性向と自己資本比率はきわめて高く好対照をなしている。したがって戦前はなるほど株式金融が中心であった。つまり戦前は銀行に比べ、株主が企業により多くを出資し、より多くの見返りを得ていたのである。一般に主たる資金提供者は企業経営への影響力が強いことから、戦前は株主がコーポレート・ガバナンスを担っていたと考えられる。ある意味で戦前においては株主が戦後より主体的に行動していた。現に戦前の日本では、一時期は株主総会も活発であり、株主による企業買収、exit や voice（ハーシュマン[1970]）も、高度成長期に比べるとはるかに盛んであった（第2章、コラム1・2・3参照）。

家計貯蓄率

　さらに戦前が間接金融でなかったことを、家計貯蓄率によっても裏づけよう。企業金融が間接金融となる前提として高い貯蓄率が必要であり、反対にそれが低い場合間接金融は成り立ちにくい。その理由は、こう説明できる。ケインズによれば、国民所得（Y）は消費（C）と投資（I）により決定される（Y＝C＋I）。ところで、国民所得（Y）は消費（C）と貯蓄（S）により構成される（Y＝C＋S）から、貯蓄（S）により投資（I）は決定されることになる（S＝I）。つまり、家計の貯蓄は、それが銀行に預金されることを介して、企業の設備投資に影響を与えるわけである。これが間接金融のメカニズムにほかならない。

　ここで図序-2を見よう。これも、戦前は1914年から1936年までの22年間の日本企業の家計貯蓄率と、戦後は1955年から1977年までの22年間のそれを、1

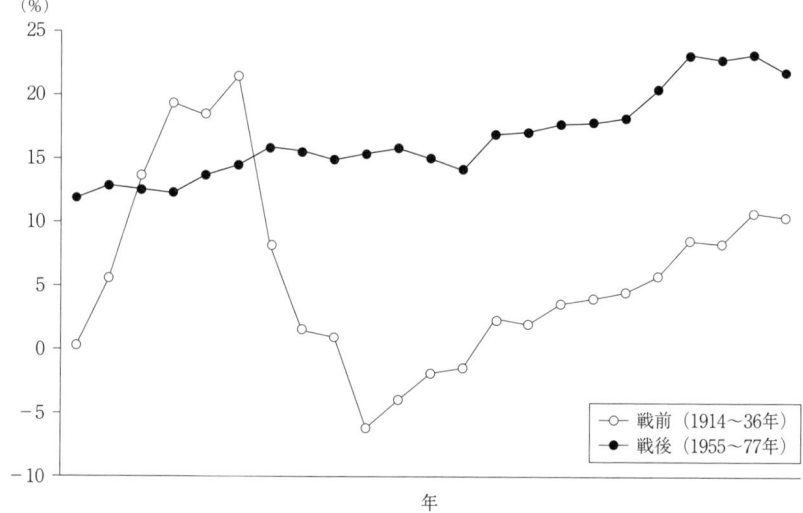

図序-2 家計貯蓄率の戦前・戦後

出所:大川一司編[1974]『国民所得(長期経済統計1)』。

図に収めたものである。同図は比較のために、戦前のグラフの上に単に戦後のグラフを被せたものにすぎず、戦前と戦後の年号間にさしたる意味があるわけではないことに注意されたい。グラフの左に戦前が戦後を上回っているように見える部分があるが、それは1916～19年に第一次大戦期の好況の影響を受けたものである。その外は、戦前の貯蓄率は戦後のそれに比べ相当低いことがわかる。したがって、貯蓄率の低い戦前は間接金融の源泉(S)が乏しく、直接金融たらざるをえなかった面もあった。その点、貯蓄率の高い戦後は間接金融の可能性を傍証するものであろう。

注
1) 岡崎哲二編著[2001]『取引制度の経済史』東京大学出版会、中林真幸・石黒真吾編著[2010]『比較制度分析・入門』(有斐閣)。
2) 本書にいう「制度」とは、いわゆる制度という用語を冠した既成の概念、たとえば金融制度や税制度などに限らず、経済社会において広く見出される人々の一定の行動パターンないし慣行をいう(青木昌彦[2001:33])。

3) 青地正史［2012：179以下］「日中における企業間関係」青地ほか編著『東アジア地域統合の探究』（法律文化社）。また本書コラム11。
4) しかし譲渡益税は、これまでの軽減税率の10％が2014年1月から20％に復帰した。

第1章　会社設立前の株式譲渡
――企業勃興と株式市場――

1．はじめに

　よく知られているように明治期の主な企業勃興は、松方デフレ後の1886年を起点とする第1次企業勃興、ついで日清戦争後の1895年を起点とする第2次企業勃興、そして日露戦争後の1906年を起点とする第3次企業勃興の都合3回あり、いずれも数年間続いた。それに際し株式市場も活性化したが[1]、一つの特徴は今日あまり聞かれない[2]「会社設立前の株式譲渡」なる取引慣行が盛んに見られたことであった。
　それは現在よくマスコミでとり上げられる「未公開株の上場を目的とした株式譲渡」[3]と似て非なるものであり、未公開株の場合は会社も株式もすでに存在しているが、「会社設立前の株式譲渡」はまだ会社も株式も存在せず、したがってその譲渡も本来はありえないはずであった。旧商法（1890年公布）においては、そのような「株式ノ譲渡ハ無効タリ」（180条）とし、新商法（99年公布）も、同株式「ヲ譲渡シ又ハ其ノ譲渡ノ予約ヲ為スコトヲ得ス」（149条但書）と規定して、そうした取引を禁じていた。にもかかわらず、いわば株式引受人の地位は売買され、株価（！？）も形成されていたのである。しかし、そもそもかかる存在を「株式」と呼んで良いのかさえ疑問である。したがって「会社設立前の株式」はいかなる代物で、またどのように発行され流通していたのかは一つの謎といえよう。
　そこで本章の課題は、そのようなバーチャルな株式の実態を解明することであり、「資本市場と株主が企業金融とコーポレート・ガバナンスにおいて重要

な役割を果た」す（岡崎哲二・浜尾泰・星岳雄［2005：15-16]）ことになる以前の戦前日本の株式市場の初期状況を探究することである[4]。先行研究の中では野田正穂［1980：68, 69, 102-107, 125-127, 311など］『日本証券市場成立史』は、この点に関する記述が比較的豊富である[5]が、そこにおいても十分に検討されたとはいい難い。そこでまず、次節において「会社設立前の株式譲渡」は当時の株式市場で、どの程度のボリュームを占めたのかを検討する。ついで「会社設立前の株式譲渡」の実態を史料により紹介したい。すなわち第3節では第1次企業勃興を、第4節では第2次企業勃興を、そして第5節では第3次企業勃興を論じる。さらに第6節では法律で無効とされていたものが、いかなるメカニズムで流通し得たのかを考察し、また第7節ではその株価の形成要因を探る。最後の「おわりに」では「会社設立前の株式譲渡」の歴史的意義を考察し結論としたい。

2．株式市場に占める「会社設立前の株式譲渡」

　まず「会社設立前の株式譲渡」は当時の株式市場で、どの程度のボリュームを占めたのかを検討しよう。図1-1は、実際に設立された株式会社の社数を示すグラフである。そこにⅠ・Ⅱ・Ⅲとあるのは、それぞれ企業勃興の第1次・第2次・第3次を示している。なるほど、そのⅠ・Ⅱ・Ⅲの時期に急激な社数の伸びが看て取れる。しかし「企業勃興」という時、この数値にとどまるものではないことに注意を要する。つまりこれらは、一応成立した会社数をカウントしたものにすぎず、計画倒れに終わった企業数が勘定に入っていない。それでは会社勃興の全容を見落とすことになろう。ではそうした未実現の会社は、どれほどの数に上ったのであろうか。

　このことを企業勃興の第1〜3次を通して示す資料は見当たらないが、とくに「企業熱」の激しかった第2次についてはそれが辛うじて存在する。すなわち『東洋経済新報』（第83号）を高橋亀吉［1973：287］『日本近代経済発達史』で補うことによって事実に近い数値を知ることができる。前者から1895〜97年

第 1 章 会社設立前の株式譲渡 15

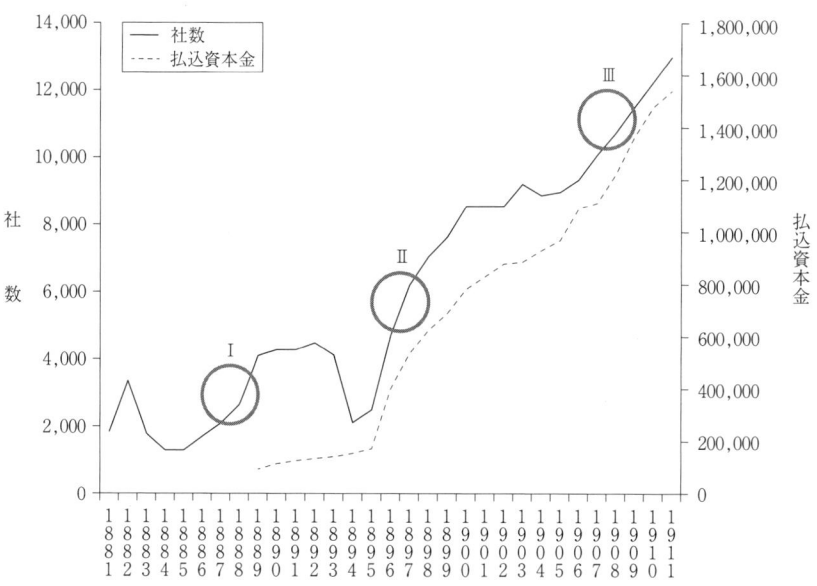

図 1-1 明治期の会社数と払込資本金

注：払い込み資本金：1881〜88年は n. a.
出所：日本銀行統計局 [1966]『明治以降本邦主要経済統計』。

における、銀行会社の計画資本は 2 億 1 千 8 百万円、鉄道会社のそれは 8 億 5 千 3 百万円、そして諸会社は 3 億 9 千 2 百万円であった[6]。後者から1895〜98年 5 月における、銀行会社の成立資本は 2 億 2 千 8 百万円、鉄道会社のそれは 2 億 3 千 3 百万円、そして諸会社は 2 億 4 百万円であった[7]。

ここから高橋は「大雑把ながら、表12（前者——引用者）と表13（後者——引用者）との差額をもって計画資本の成立率とみなすと、総額においては、計画資本の45％強が成立したにすぎず、残余の55％は、設立が延期せられたか（それは鉄道に多かった）、または不成立に終わったわけである。さらに、これを産業別についてみるに、銀行は100％成立し、諸会社は約52％の成立率を示すのに対し、鉄道はわずか27％余の成立率にすぎない」と推計していた（高橋[1973：287]）。これをグラフにしたものが図 1-2 である。計画の成立率が非常に低い鉄道が特徴的であり、本稿では鉄道会社をケースとしてとり上げるこ

図1－2　計画資本の実施率（1895～97年）

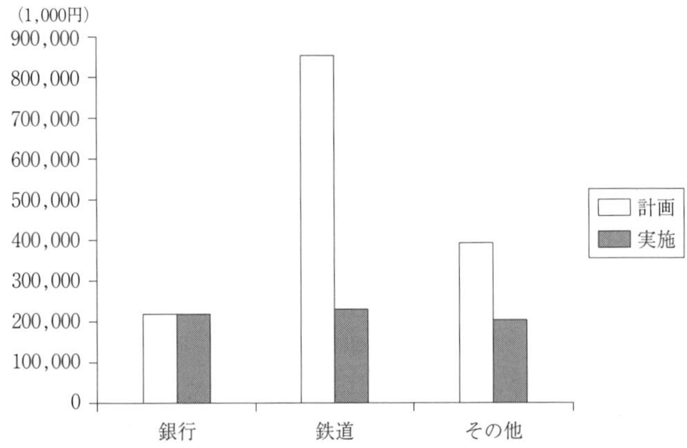
(1,000円)
900,000
800,000
700,000
600,000
500,000
400,000
300,000
200,000
100,000
0
計画
実施
銀行
鉄道
その他

出所：『東洋経済新報』第83号、高橋亀吉［1973］。

とにしよう。

ここに計画とは、設立申請をしながら会社設立にまでこぎ着けなかった場合をいい、鉄道業の場合、免許状の下付を出願しつつまだそれを得ていない状態である。この計画中に株式類似物が出回っていたとすれば、それが「会社設立前の株式」である。したがって図1－2の計画と実施の差は、当時の株式市場を占めた「会社設立前の株式」によるものであったと考えられる。ただ会社成立後における株金払込金の不足、免許状の失効や解散のケースも含まれるが、野田が「日清戦争後に本格化した第二次『鉄道熱』は、何よりも半ば泡沫的な中小鉄道会社の発起とその『権利株』（本稿にいう「会社設立前の株式」のこと、後述――引用者）投機を大きな特徴としていた」と述べている（野田［1980：105］）ことから、「会社設立前の株式」によるものは無視できない量に上ったと思われる。その定量的な把握は困難であるが、以下に掲げる諸事例もその確かな証左となろう。

3．第 1 次企業勃興

　以上のような将来的株式とでもいうべきものは、一体どのような物としてイメージすれば良いのだろうか。それを探っていくに当たり、まず第 1 次企業勃興の史料を手掛かりとすることにしよう。なお以下の史料中の傍点は筆者によるものである。

(1)『東京日日新聞』［1886/12/23］

　1887年に設立された両毛鉄道について、その前年に『東京日日新聞』［1886/12/23］は以下のような記事を掲げていた。

　　「同会社株金募集の景況は、意外の上景気にて応募者頗る多く　府下の金満家は固より思ひもよらぬ人々より、身分不相応の申込を為したる向もありて、既に見込の資本高に超過する勢ひにて、其申込に遅々せし該地方の有志者は　最早株主たる事を得ざるの有様にて、大に失望を為し居るとの事は　兼ねて聞く処なりしが、未だ其設立を見ざる該社の株券は尚望人甚だ多く　昨今買取に奔走する者ありて大に騰貴し、現に額面外十円以上にて譲受を為すものもあるよしに聞く、既に九州鉄道の上景気と云ひ、世は鉄道の世の中となれるものゝ如し」。

ここから「会社設立前の株式」は、普通に「株券」と呼ばれ「額面」も記入された書面であったことが分かる。また「府下の金満家は固より思ひもよらぬ人々より」申込があったとの記述から、その購入者は富裕層に限らず一般大衆にも及んでいた。後に見るように 1 円でも購入できるものが多かったから、最低 4 分の 1 払込めば済む「株金分割払込制」の下では（とくに鉄道事業の場合は10分の 1 払込で足りた）[8]、通常の50円株であっても12.5円支払わねばならなかったところ（鉄道の場合は10分の 1 から 5 円となる）、それは一般大衆に辛うじて手の届く価格といえるものであった。この点は後にも述べるように、株式市場の発展という観点から重要である。

(2) 大蔵省［1887：38-40］『銀行局第十次報告』

　鉄道会社一般について、大蔵省は『銀行局第十次報告』において、以下のように述べていた。

　　「一月より四月（明治20年――引用者）までは、公債の気勢甚だ強く、毎月平均五十銭乃至一円を上進したが、商況は尚お不振の域にあり、資本家は皆其運用に苦しみ、公債の売買に従事し、其取引頗る頻繁、随て高価を保てり。政府は茲に於て進んで借換を実行し　而して金利は尚お低度に居りしを以て、市場の人気は転じて、鉄道其他諸会社の株券に集まり、大に実業家を鼓舞して　鉄道其他諸会社の創立を計画するもの四方に勃興し、其創立議事の未だ熟せざるに、株主は早く已に満員を告ぐるの盛況を現わせり」。

　なお当時の株式会社は、発起人の株式総数の引受か創立総会の終結によって成立するものとされていた（新商法第123条、同139条）[9]。「其創立議事の未だ熟せざるに、株主は」うんぬんとの記述から、申込人は会社設立前すでに「株主」と表現されていたことは興味深い。

4．第2次企業勃興

　以上から「会社設立前の株式」について、少しくそのイメージが得られたけれども、まだ獏としている。つぎにとり上げる第2次企業勃興の史料は豊富であり、より多くの示唆が与えられよう。この期に泡沫的な中小鉄道会社の計画が相次いだのは、一つに鉄道敷設法が建設の容易な短距離の地方鉄道の敷設を煽ったからであった（野田［1980：105］）が、日清戦争後における日銀の金融緩和、賃金の高騰や銀相場の低落による輸出増大などの景気好転も影響していた。

(1)『東洋経済新報』(第1号)

成田鉄道などについて、『東洋経済新報』(第1号)は表1-1[10]を掲げ、つぎのように記していた。

表1-1　株券流行の現象(1895年)

	保証金	売買市価
成田鉄道	1.00	11.00
豊川鉄道	1.00	6.00
磯湊鉄道	1.00	1.70
勢和鉄道	1.00	2.30
中国鉄道	1.00	2.30

出所:『東洋経済新報』第1号。

「右(表1-1——引用者)は目下市中にて売買せらるゝ新設諸会社　証拠金領収書の数者を摘載して　其相場を示せるに過ぎざれども　亦以て株券流行の現象を見るに足らん」。

ここから「会社設立前の株式」は、前節の「株券」や「額面」という表現から株式予約証あるいは仮株券といったものを筆者は想像したが、具体的には「株式申込証拠金領収書」であったことが判明する。それが「会社設立前の株式」として譲渡人から譲受人に手交されていたのであった。そうした限りにおいて、これは現物取引であり当然株式取引所の場外で行われたと思われる。ただその流通のメカニズムについては、まだ定かではなく第6節で別途検討する。

(2)『東洋経済新報』(第8号)

紀和鉄道などの和歌山地方の「鉄道熱」について、『東洋経済新報』(第8号)は、つぎのように述べていた。

「権利株の売買流行するは　今日の如き事業熱熾んにして株式熱之に伴ふの時に於て　有り得べき現象なれとも　近時の如きは其流行亦甚しと謂ふべく　殊に紀州和歌山附近に於ては　農民は貯蓄米を売飛ばし商買は仕入を減しても　尚ほ権利株売買に狂奔し　其結果同地に於る権利株の相場は　南海鉄道二一円余　中国鉄道五円　紀和鉄道九円に上り　其状恰も兎の売買か流行するものの如しと云へり」。

ここに「権利株」なる表現が登場する。株式の実際の引渡しは後日になる、という意味で先物取引的な性格を有する「会社設立前の株式」について、そのネーミングとして権利株というのはいい得て妙である。しかしいわば俗称であ

って、法学者も使用しているが法条の文言にはそうした表現は見られない[11]）。

(3) 久嶋惇徳編［1906：1］『紀和鉄道沿革史』

　上記の紀和鉄道は『紀和鉄道沿革史』によると、五条・和歌山間に敷設が計画され、権利株も12.5倍に騰貴したが、結局幻に終わった鉄道であった。

　　「紀和鉄道の始めて設立せられしときは　一円の株式引受証拠金は十二円五十銭の価格を以て売買せられ　有志株主は創立の業纔(わずか)に終る日に於て事業の速成を欲する意を言明し　重役も亦東西両端より起工し一気全線を呵成する策を建てしのみならず　大浦延長線の工事をさへ企画せり　然るに時勢の推移は順逆の境を一変し　斯株主と斯重役とは叉忽にして　中間工事の停止と一時を彌縫するが為め借入金を為す方按とを議せざるを得ざること丶なりき」。

(4) 幸徳秋水［1960：25-26］『兆民先生・兆民先生行状記』

　思想家であった中江兆民は一面実業家としても知られており、河越鉄道や常野鉄道の建設に関わっていた。その兆民が、『万朝報』に載った黒岩涙香の記事に対し、幸徳秋水につぎのような毛武鉄道に関する書簡を寄せていた。

　　「黒岩氏の批評は、近来になく面白く相読み申候、推奨之処は敢て不当に論なきも、小生を操守ある理想家と看破し呉れたるは、茫々天下、唯涙香君一人、僕真に愉快を感じ申候、抑も僕の東洋策にも理想有り、経済策にも理想有り、娼楼にも理想有り、営利業にも理想有り、即ち毛武鉄道の権利株が十余円したる節も、発起人丈けは売らずに仮株券となる迄、持つ可きものと主張して、遂に自身のみならず、発起人一同へ損をさせたる抔、世人は定めて愚を笑はん、僕は左なくては株式会社は立ち行くべきものに非ずと考へ、今に考へ居れり、迂濶に迄理想を守ること、是小生が自慢の処に御座候、然に誰も此処を観破し呉れず、夫れ奇才の、夫れ学者のと、予何の人に出る才あらん、唯自慢する所は理想の一点のみ」。

ここから兆民が、資本の結合体たるべき株式会社システムを追求し、発起人

の権利株売り逃げに強く反対していたことが窺える。会社の不成立を念頭に発起人が権利株を売却した場合、当時でも多くは詐欺罪を構成したと思われる（幸徳［1960：26］）。今日の未公開株の詐欺をほうふつとさせるケースである。その権利株詐欺については、つぎのような史料も存在する。

(5) 三島康雄編［1984：35-36］『日本財閥経営史　阪神財閥　野村・山口・川崎』

初代野村徳七の長男・信之助は後に二代目野村徳七を襲名し、野村財閥の創設者となった人物である。しかし、その信之助でさえ若気の至りから権利株の詐欺に会っていた。三島康雄編［1984］からその一節を引用しておこう。

「信之助は、二十九年から一年間ほどは株屋の八代商店へ見習いにゆき、三十年からは自宅で現物のブローカーと定期の取次を始めた。三十年の夏には相場の失敗から、父親の初代徳七に一五〇〇円の欠損を埋めてもらうという事件も起こった。また高野鉄道株の偽造事件や阪鶴鉄道の権利株の詐欺にひっかかったりして、日頃の努力も水泡に帰する状態が続いた。日清戦争後の企業熱を代表するのは花形株の鉄道株であったので、このような偽造・詐欺などの事件がしばしば起こったのであるが、こうした過程を経て、二十歳の青年信之助の株式売買業者としての手腕が磨かれていった」。

(6) 『富山地方鉄道五十年史』［1983：100］

前節（1）で、権利株の購入者は富裕層に限らず一般大衆にも及んでいたことを指摘したが、同様の状況が第2次企業勃興においても見られた。『富山地方鉄道五十年史』から引用しよう。富山県では、

「20年代に入って米、売薬とともに重要3品目となっていた織物生産部門に、従来の手工業生産から本格的な近代様式が採用されはじめる。高岡市の千保川沿いに1万錘の紡績機を備えた高岡紡績株式会社が開業したのは明治26年であった。この翌27年に起こった日清戦争は、こうした部門の

近代化にいっそう拍車をかけ、(中略) 日本の資本主義の特色を決定づけた。こうして日清戦争の1年間で13億円におよぶ民間投資が行なわれ、権利株の売買が農村のすみずみにまでゆきわたる現象が生じてきた」。

(7) 小川功 [1998：61]「明治中期における近江・若狭越前連絡鉄道敷設計画の挫折と鉄道投機」

当時は株金分割払込制が行われており、株金の一部を支払った後の残金はその株式を担保とする銀行融資によって賄われており、これを「株式担保金融」といった[12]。しかし、権利株の場合は一部支払いということは通常考えられず、したがっていわゆる株式担保金融はありえなかったと思われるが、権利株資金を融通する単なる株式担保の銀行融資は行われたこともあったと思われる。つぎの小浜鉄道の事例はそのことを示すものである。

「当社は返納（仮免状──引用者）直後の八月五日経済界回復の機会を待って当初目的の通り再願提出することを最後の発起人会で決議、そのためか株主への証拠金の返還が行われたのは実にその二〇年後の大正六年であったという。半永久的に返還されない証拠金を拠出させちれた当社株主や証拠金の拠出資金を当社の権利株担保に融資した関係銀行にとって、『小浜鉄道』という名称は忘れることのできない苦い思い出として子孫に継承されたことであろう」。

(8) 大蔵省 [1904：213-214]『明治財政史』(第1巻)

第2次企業勃興の権利株史料をあげれば枚挙にいとまがないが、本節の最後に『明治財政史』からも引用しておきたい。

「明治二十七八年戦役ノ結果、清国ヨリ領収シタル償金弐億参千万両ハ日ナラズシテ本邦ニ輸入セラレ、我金融社会ニ於ケル資本ノ供給ヲ潤沢ナラシムベシトノ希望ハ、一時戦争ニヨリテ中止ノ状況ヲ呈シタル経済上ノ人心ヲシテ、益々新事業ニ向テ狂奔セシムルノ原因トナリ、為ニ諸会社株券ノ市価著シク騰貴シタルヲ以テ、更ニ会社ノ新設若クハ増資ノ計画ヲ促

ガシタルモノ少カラズ。当時ノ勢、実ニ僅々数円ノ保証金ヲ払込ミタルニ過ギザル権利株ノ如キモ、尚オ甚シキ高価ヲ以テ売買セラレタリシナリ」。

本節冒頭において権利株の隆盛は、日清戦争後における金融緩和や輸出増大などが影響していたと述べたが、本史料によれば景気低迷後の期待インフレにも与っていたようである。

5．第3次企業勃興

図1-1が示すように日露戦争後の企業勃興は、さらに会社数を増大させた。その一つの特徴は「日清戦争後のそれは、ほとんど全部が新設の会社であったが、日露戦後のそれは、その約三割が既存企業の拡張であった」とされる（高橋［1977：55］)[13]。つまり増資（新株発行）のケースであったのである。それは、私鉄会社の開業を余儀なく制限した1906年の鉄道国有化の影響が一因であったと考えられる。

(1) 高橋亀吉［1977：51-52］『日本の企業・経営者発達史』

日露戦争後の株式ブームの最もシンボリックな事例は、1906年設立の南満州鉄道のケースであろう。それにつれて権利株も大量に発行された。

「当時における企業人気の熱狂状態を劇的に語るものは、南満洲鉄道の株式応募景況だ。すなわち、公募株九万九〇〇〇株に対し応募株数は一億六七三万余株、実に一〇七八倍に達し、その保証金は五億三千余万円の巨額を算し、一人にて九万九千余株を申し込んだ者さえあった。そして、五円払込の権利株価は、一時四二円と、払込金に対し八倍余の高値を示現した。もって、その熱狂人気のいかに熾烈であったかを推知するに足ろう。むろん、右はなかんずく顕著な事例だが、この熱狂人気は、その他の各種株式にも波及し、ここに過度の投機人気を伴う企業の一大勃興をみたのである」。

ここに「一人にて九万九千余株を申し込んだ者」とは大倉喜八郎のことであ

り、しかし結局大倉への割当株数は91株にすぎなかった由である（野田 [1980：311]）。

(2) 『福澤桃介翁伝』［1939：199-200］

福澤諭吉の養子である福澤桃介は伝記によると、日露戦争後の4年間、「善きにつけ悪しきにつけ『相場師』」として過ごしたとのことである。

> 「當時桃介氏が心血を注いで必死の働きをなし、後年電氣王としての主力戦に對する小手調べと云ふか、準備教育と云ふか、夫れとも或る意味に於ける一生の基礎を築き上げたものは、株式相場と日清紡績會社や肥料會社を設立して、株式ブームの沸騰裡に活躍したことである。爾來勢に乗じて矢継ぎ早やに麦酒會社を買収したり、多数會社の発起人に名を列して、権利株の泡沫を巧に利用した」。

文中の「日清紡績會社」とは、福澤が1907年発起人となった会社であり、また「肥料會社」とは、1906年根津嘉一郎や早川鉄治などと興した「帝国人造肥料会社」のことである。この他にも、1906年に東京地下電気鉄道、1908年には福博電気軌道会社と高松電気軌道会社の発起人となっていた（福澤桃介翁伝記編纂所 [1939：巻末年譜7-8]）。この結果「桃介は権利株でもうけるために会社創立にわりこんでくる。権利株泥棒だ」という風評も立っていたようである（堀和久 [1984：159]）。

6. 権利株流通のメカニズム

以上から権利株に関する一つの流通市場が形成されていたことがわかる。本節では、先に述べたように法的にはそれが無効とされていた矛盾点を掘り下げ、かつ流通のメカニズムに接近することにしよう。

(1) 法制度

先に紹介した旧商法第180条にしても新商法第149条但書にしても、実は会社

成立や株式発行が前提となっており、そもそも権利株に関する直接の規定ではなかった。それらの条文を全文掲げるとつぎの通りである。旧商法第180条は「株金額少ナクトモ四分ノ一払込前ニ為シタル株式ノ譲渡ハ無効タリ」、一方新商法第149条は「株式ハ定款ニ別段ノ定ナキトキハ　会社ノ承諾ナクシテ之ヲ他人ニ譲渡スルコトヲ得　但第141条第１項ノ規定ニ従ヒ　本店ノ所在地ニ於テ登記ヲ為スマテハ　之ヲ譲渡シ又ハ其譲渡ノ予約ヲ為スコトヲ得ス」と定めていた。

前者につき判例は「旧商法第百八十条ニ所謂株式トハ　申込ヲ為シタル権利ヲモ包含スルモノト解釈スルヲ相当ナリトス」（大判明34・４・25民録７輯４巻82[14]、阪鶴鉄道事件）とし、その理由として「四分一払込前ノ株式譲渡ヲ無効ト為シタル所以ノモノハ　若シ其譲渡ヲ許ストキハ　株式売買ノ浮利ヲ遂ヒ会社ノ利益ヲ度外視スルノ危険アルヲ以テ　之ヲ予防セント欲シタルナリ　是故ニ未タ通例株式ノ体ヲ具ヘサル株式申込ノ権利売買ニ付テハ　如上ノ危険一層甚シキ」と述べていた。

後者につき判例は「株式引受ノ未ダ確定セサル場合ト雖モ　該但書ノ適用ヲ妨クルコトナシ」（大判明43・９・26民録16輯568、播磨電気鉄道事件）と述べ、「登記前ニ在リテ株式ノ譲渡又ハ其譲渡ノ予約ヲ許ストキハ　株式ハ投機ノ具ニ供セラルルノ弊害ヲ生スルノミナラス　会社ノ基礎ヲ危クスル虞アルカ故ニ之ヲ予防スルニ出テタルモノニシテ　此理由ハ株式引受ノ確定セサル以前ノ場合ニモ同シ」という理由を掲げていた。

(2) **判例**

こうして権利株の譲渡は法解釈上無効とされ、その譲渡は禁じられていたのである。しかし第３、４、５節に見て来たように、事実上権利株は譲渡され流通市場が形成されていた。このように法と実態が異なる場合、いわゆる「判例」がこれを架橋して柔軟に機能する場合がある。しかし、この場合は判例もそのような役割を発揮することはなかった。すなわち判例は、権利株譲渡を不法原因給付（民法第708条）[15]とは認めず、譲受人に代金の返還請求を肯定してい

図1-3

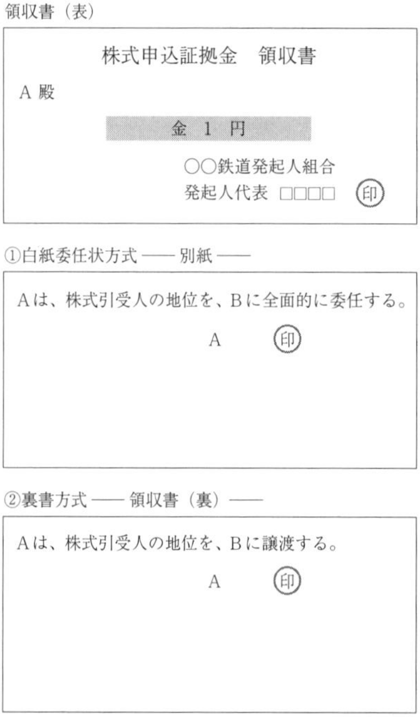

領収書（表）

```
        株式申込証拠金　領収書
A 殿
           金　1　円
              ○○鉄道発起人組合
              発起人代表　□□□□　㊞
```

①白紙委任状方式 —— 別紙 ——

```
Aは、株式引受人の地位を、Bに全面的に委任する。
              A　㊞
```

②裏書方式 —— 領収書（裏）——

```
Aは、株式引受人の地位を、Bに譲渡する。
              A　㊞
```

出所：筆者作成。

たからである（大判明41・5・9民録14輯546）。この結果、権利株の流通は阻害されることになる。

つまり法律にも判例にも反して、権利株は事実上譲渡され流通していたのであった。このことは、当時の人々のコンプライアンスに対する意識が低かったという面も指摘できるが、それよりも実際的需要が法規制に優って高まっていたと考えられよう（西原寛一［1935：347-349］）。

ただ重要な点として判例からは、次のような事実が明らかとなる。権利株の譲渡は株式申込証拠金領収書を交付する方法によって行われたが、その際「白紙委任状」を添付する方法と「裏書」による方法があったことである（大判明43・7・4民録16輯502、503、新潟水力電気事件）[16]。それをイメージするために作成したものが図1-3である。A（譲渡人）がB（譲受人）に権利株を譲渡する場合、およそこのような二つの方法があったと推定される。

7．権利株価の形成要因

最後に、このような権利株の価格はどのようにして決定されていたのだろうか。片岡豊は明治期の株価形成について、株価を被説明変数、配当率と預金金利を説明変数とする重回帰分析を行っている（片岡［1987：37以下］）[17]。しかし、権利株については配当はありえず、少額のため預金と競合する資産性も微弱

で、そのような分析方法はこの場合適当ではないと考えられる。

ところで表1-2と表1-3は、それぞれ『東洋経済新報』(第8号)と同(第42号)に掲載された、鉄道会社の払込金と権利株価の推移を示す数少ない資料である[18]。値上がり幅は、1896年時点では一般に表1-3の方が表1-2よりも大きく[19]、『東洋経済新報』の巻号から表1-3の方が表1-2よりも遅い時期の株価と思われる。この変化は、三国干渉後の96年中の回復基調とそれにともなうインフレの亢進、金融緩和を反映するものであろう。ところが1897年になると、日清戦後の第一次恐慌により相場は暴落し払込額を下回るケース(近江、中国、京姫、大社両山の各鉄道)さえ見られる。いずれにせよ表1-3は権利株

表1-2 東京の権利株相場 (1896年)

社名	払込	直段
勢和鉄道	1円	1円50銭
中国鉄道	1円	4円
京都鉄道	5円	9円
京北鉄道	1円	1円50銭
西成鉄道	1円半	5円60銭
版鶴鉄道	50銭	5円
上野鉄道	1円	2円50銭
伊賀鉄道	1円	2円
野岩鉄道	権利	50銭
金湯鉄道	1円	3円
北越鉄道	5円	9円
加能鉄道	1円	2円

出所:『東洋経済新報』第8号。

表1-3 権利株の下落

社　名	1896年中の高値	1897年1月の相場
武相中央鉄道	25.50 (0.50)	10.00 (5.00)
東 武 鉄 道	20.00 (無)	7.00 (1.00)
毛 武 鉄 道	11.00 (無)	2.30 (1.00)
武 州 鉄 道	7.00 (1.00)	1.00 (1.00)
金 辺 鉄 道	10.00 (1.00)	5.00 (1.00)
近 江 鉄 道	6.50 (1.00)	7.00 (12.50)
中 国 鉄 道	6.00 (1.00)	6.50 (12.50)
駿 甲 鉄 道	4.00 (1.00)	1.00 (1.00)
京 姫 鉄 道	6.00 (1.00)	0.80 (1.00)
岩 越 鉄 道	4.50 (0.50)	1.00 (0.50)
大社両山鉄道	3.00 (0.50)	0.80 (1.00)

出所:『東洋経済新報』第42号。

価の劇的な推移をより如実に伝えるものとして、この資料に依拠し権利株価形成の要因を考察することにしよう。そこで同表所収の鉄道会社について、それら計画会社の成否、騰貴倍率(権利株価÷払込金)、鉄道敷設の主たる計画区間と目的、そして誰が発起人となっていたかを調べたものが表1-4である。

ただ発起人については、その全員が判明する会社(武相中央、東武、毛武、金辺、岩越の各鉄道)と、そうでない会社(武州、近江、中国[20]、駿甲[21]、京

表 1-4 鉄道会社（表 1-3）の計画区間・発起人など

会社名	成立	1896	1897	主たる計画区間（主たる目的）	発起人
武甲中央鉄道	●	51	2	武蔵（東京府）～相模（神奈川県）（箱根観光）	雨宮敬次郎・安田善次郎・田中平八・阿部彦太郎・森岡昌純・米倉一平・黄金井為造・岩田作兵衛・武田忠臣
東武鉄道	○	20	7	千住（東京府）～足利（栃木県）（絹織物の運輸）	末延道成・森岡昌純・中沢彦吉・原 六郎・川崎八右衛門・原善三郎・今村清之介・渡辺洪基・南条新六郎・浅田正文・木間芳一郎・森市作左衛門
毛武鉄道	●	11	2.3	小石川（東京府）～足利（栃木県）（絹織物の運輸）	中江兆民・森岡昌純・横山孫八郎・伊勢茂左衛門・大河原毎太郎・横山五兵衛・久野木宇兵衛・原 猪作・初見敬二郎・小林久次郎
武州鉄道	●	7	1	市川・佐倉間の延長（千葉県）（不明）	池田栄亮・安井理民・伊能権之丞・大貫 実
金辺鉄道	○	10	1	足立村～熊田村（福岡県）（田川炭の運輸）	小室信久・安場末和・小沢武雄・清水可正・堤 献久・福江角太郎・守永久吉・加東徳三・柏木勘八朗・山崎忠明・渋田見興蔵・熊田善伍・高田専一・日高武人・秋元憎太郎・石田長明
近江鉄道	○	6.5	0.56	彦根～深川（滋賀県）（江州米の運輸）	大東義徹・西村捨三・石黒 務・林 好本・正野玄三・前川善平・小林吟右衛門・中井源三郎・小谷新右衛門・西村市郎右衛門・堀部久勝・高井作右衛門・岡宗一郎・鈴木忠右衛門・藤沢茂右衛門をを含む44名
中国鉄道	○	6	0.52	岡山（岡山県）～境港（鳥取県）（山陰と山陽の経済交流）	浜中八三郎・岡崎栄次郎・近藤善緑・石田庄兵衛・神田清右衛門・片山和助・馬場藤八郎・杉山岩三郎・国分正三・大浦弥浜衛・河原信司・菅沼政程・本木平三郎・岡鳥伊八・石田庄七・国分庄兵衛・名義愛助など437名
駿甲鉄道	●	4	1	岩淵（静岡県）～甲府（山梨県）（物産の運輸と身延詣り）	鈴木與平・若槻直作・土倉松次郎・花田大助・渡辺友次郎・常葉一郎など
京都鉄道	○	6	0.8	京都～姫路（兵庫県）（不明）	田 艇吉・河原林義雄・浜岡光哲・田中源太郎・森本荘三郎・馬場孝光・駒井 巷・弘 道輔
岩越鉄道	○	9	2	郡山（福島県）～新潟（新潟県）（新潟港への有事の兵員輸送）	佐佐幸平・宮崎敬敬・安瀬有敬・土屋重郎・飯野庄三・佐藤咲中・秋山清八・八田吉多・宮内盛高・藤田重道・都筑乘吉
大社両山鉄道	●	6	0.8	出雲大社（島根県）～広島（広島県）（山陰と山陽の経済交流）	船越 衛を含む275名

注：〈主たる目的〉に関し旅客運輸は割愛した。
発起人につき、1897の欄はそれぞれの年の権利株の購買倍率を示す。
1896, 1897の欄はそれぞれの年の権利株の購買倍率を示す。

発起人所）武甲中央鉄道は発起人総代、京都鉄道は発起人総代、駿甲鉄道は「岩淵線期成同盟会」のメンバー。京都鉄道は発起人総代。
（出所）武甲中央鉄道株式会社設立発起認可申請］1896）、『東武鉄道株式会社起業目論見書』1895］、『東武鉄道六十五年史』1964］、『毛武鉄道発起人総代』1895］、『千葉県鉄道史 資料編』2006］、『門司新報』1895/10/6, 1898/6/3など］、『近江鉄道起業目論見』1893］、『近江鉄道創業五十年史』1977］、『富士山麓史』、『京都鉄道創業総会資料』1896］、『喜多方市史 第六巻上』2000］、『佐々木家文書』、『佐々木家起業』1896］、『鉄道局年報』1903］。

姫、大社両山の各鉄道）が存在し資料的制約がある。とくに中国鉄道と大社両山鉄道はそれが優に200名を超える多数に上り、投資家集団を束ねるビジネス・リーダー[22]という発起人の通説的なイメージよりも、発起人とは名ばかりで政府に対する陳情のために鉄道敷設の賛同者を単に広く募った感が強い[23]。それでも表掲したその代表者はいわゆる発起人と同等の役割を担ったと考えられる[24]。また発起人のうちゴシック体の者は優れて知名度の高い人物であったことを示す。この選別に当たっては対象を職業属性として実業家と政治家に絞ることとした[25]。前者については、鈴木恒夫・小早川洋一［2006：188-191］「明治期におけるネットワーク型企業家グループの研究」に、1898年と1907年において5社以上に役員として就任していた人物が掲載されているので、かかる人物は社会的に周知された名望家と見なした。後者については、交詢社編［1897、1908］『日本紳士録』により、衆議院議員・貴族院議員および地方公共団体の首長ないしそれに準ずる者を同様に扱った。

　さて同表から、①まず、会社の成立（○）・不成立（●）と騰貴倍率の関係は希薄なものであったことがわかる。倍率の高い企業ほど設立にこぎ着けたわけではなく、51倍もの騰貴を示した武相中央鉄道、11倍の毛武鉄道は頓挫してしまった。②つぎに、発起人となった人物の信頼度またはreputationの影響は大きかったと評価できる。倍率の高い武相中央鉄道の発起人に占める著名人の層は厚く他を抜いている。東武、金辺、中国、岩越の各鉄道会社においても、全国的ないし地域的有力者が名を連ねていた。彼等が公告塔となって権利株価に一定の効果を与えていたと考えられる[26]。

　③さらに、敷設される地域と産業からくる必要度の喫緊性、これと関連して将来成立する鉄道会社の有望性とも倍率はある程度の相関をもった。明確な用途を示し得なかった武州鉄道は、倍率も相対的に高くなく結局計画は流れてしまった。絹織物というしっかりした産業基盤をもつ東武鉄道は20倍もの倍率を示し今日も存続していることと好対照をなす。

　また表1-4とは別に、権利株価の高騰には株屋の煽動もあったと思われる。寺西重郎［2010：228-234］「戦前期株式市場のミクロ構造と効率性」が、戦前

株式市場の投機性は先物取引によるものではなく仲買人の質の悪さによるものである旨、述べているのは興味深い。ここにいう仲買人（正式には株式取引所の取引員）には株屋も含まれていた（島本利一［1925：279］、片岡［1987：27］)[27]。戦前の株式市場にはプライステイカーでない者が多く潜んでいたのである。

8．おわりに

いうまでもなく投機性から完全に自由な株式市場などというものは存在しない。戦前は「短期清算取引」という投機性の強い金融商品も存在し一般に今日いう先物取引が中心で、当時の株式市場はある意味で今日よりも投機的であった。戦前に行われていた個別銘柄の先物取引は現在は禁じられている[28]。こうして権利株も投機性という観点からのみ片付けられる傾向がある（野田［1980：103, 105, 125］）が、やや一面的ではないだろうか。そこで以下では、それをも含む筆者なりの権利株に対する見方を提示したい。

（1）先述したように、旧商法制定以来権利株は法律上無効とされてきたが、1938年改正商法では当事者間では有効と改められた[29]。しかし以上見てきたように、経済実態は旧商法以来当事者間においては有効として転々流通し、この点1938年法制が当初から事実上エンフォースされていたと解することができる。

しかし、1938年改正商法でさえもその第190条第2項は、権利株を「発起人は（中略）譲渡スルコトヲ得ズ」とし、依然リジットな規定を置いていた。当初から発起人による売り逃げが多発し、第4節（4）で中江もそれに反対し、野田も「創業者利得実現の特殊日本的形態」とまで述べており（野田［1980：125］）、立法者も不正の温床となるそのような行為を経済実態として容認するところまでは譲れなかったのであろう。ただ会社設立のための創立費を捻出するという正当な目的を有する場合もあったことに留意すべきである[30]。

（2）また、権利株は投資家のリスクマネーの株式市場への供給を示すものであろう。新たな事業を興そうとする企業は、将来への不確実性が高く一般的に

リスクが大きいため、資金調達面での制約が生じがちであるが、権利株はそれを緩和したと考えられる。むやみとリスク愛好的な行動はなるほど投機的といえるが、リスク回避的で慎重な風潮ばかりが支配するところでは経済は停滞し、盛んな企業勃興のブームは起きなかったと考えられる。渋沢栄一でさえ第3次企業勃興に際し「利を見て弊を恐るるも、弊を見て利を失う勿れ（中略）相当の人気に向かえば、相当の事業を起すことは、この戦後（日露——引用者）に対する国民の最もとらねばならぬ方針である。事業を進める方の側から云へば、なぜ黙つてぢつとして居るか」と、いたずらに消極化することへ警鐘を鳴らしていたのである（渋沢［1907：189-190］）。

　(3) さらに、権利株は株金分割払込制が担っていた役割、すなわち株金払込金額の小額化への動きを進めたと高く評価できる。このことは株式市場の大衆化・活性化に相当繋がったと考えられる。最低限4分の1払込めば足りるとする分割払込制の下で、それでも通常の50円株の場合12.5円（鉄道の場合は前述の通り5円）は支払わねばならなかったところ[31]、先に見たように株式申込証拠金は1円の場合が多く、それは現在推定価格約10万円[32]に当たり、一般大衆にもどうにか購入可能なものであった。

　(4) また、権利株は金融テクニックの高度化と株式通の人々によるその受容を示すものであろう。計画中でまだ実際に存在しない会社の将来発行される見込みの株式に投資するという形態は、先物取引（futures）類似の性格をもつといえる。近世における大阪の堂島米会所が世界初の先物取引市場とされ（落合功［2008：70］）、そうした取引に慣れていた人々には権利株にも抵抗感が少なかったに違いない。

　反面、この点については地域格差もあったと思われる。会社設立後の（新株発行の）事例ではあるが中村尚史［2004：334］「工業化資金の調達と地方官」は、「岩手県における日本鉄道の『株金募集』は、（中略）株式そのものの募集ではなく、将来、岩手県内の鉄道建設のために発行されるであろう株式の引受予約であった」と述べている。その地では鉄道敷設によって利する者まで当初及び腰であったとされるが、その一因は守旧的な岩手県民にとって、「一種の

株式買取権（ワラント）」を意味する先進的な金融商品への逡巡を示すものではなかろうか[33]。

　(5)　なお、権利株のつぎのステップである株式については、株金分割払込制による残金の支払いをサポートしたのは銀行の株式担保金融であったという説が有力であるが、比較的安価な権利株段階の原資については株式担保金融との関わりは希薄であったと考えられる。ただ権利株自体を担保に銀行融資を受けた事例を第4節（7）に紹介したが、実際銀行は痛手を負っており、そうしたリスキーな物件を担保として受け入れるのはレアなケースであったと思われる。第3節、第4節そして第5節で見てきたように、当時の投資家層は権利株売買に旺盛な意欲を示し、その結果企業側も資金調達が容易になったであろうから、こうした行動様式はかえって市場型（market-oriented）に近い状況を感じさせる。この限度でガバナンスに寄与したと考えられる。本章は、戦前日本の株式市場が本格的に発展することになる前段階において、それとcomplementarity（制度補完制）の関係にあった特異な権利株の状況を論じたものである[34]。

　　＊本章は、第48回経営史学会（2012年11月3日、於明治大学）の筆者の自由論題報告にもとづいている。中村尚史（司会）はじめ、片岡豊・長島修・西川登らの出席者から貴重なコメントを頂いた。また後日頂戴した白鳥圭志らのご指摘も、ここに記して感謝申し上げたい。

注
1)　志村嘉一は、ほぼ10年周期であるとしている［1969：32］。
2)　管見の限り、今日「権利株の譲渡」に関するトラブルや不正に関するマスコミ報道などに接したことはほとんどない。しかし法律条文は現存する（会社法第35条、第63条第2項など）。
3)　未公開株についてのトラブルや詐欺事件に関するマスコミ報道は跡が絶たない。
4)　岡崎哲二・浜尾泰・星岳雄［2005］は、1905～1936年を中心に論じたものであり、本章は主としてそれ以前を対象にしている。
5)　これに対し志村嘉一［1969］は権利株につき希薄である。
6)　合計すると14億6千4百万円。

7) 合計すると6億6千7百万円。
8) 「私設鉄道株式会社登記ニ関スル法律」による（野田［1980：103］）。
9) 1938年改正商法では、設立登記によって会社は成立するものとされた。これは今日も踏襲されている（会社法第49条）。
10) 表題は原資料のままである。
11) 市販の六法全書にはそのような見出しが付けられているものがあるが、それは出版社による便宜上のものであり、ここでは法文上の文言について述べている。
12) たとえば、高村直助［1996：150-151］。
13) しかし第2次企業勃興において、具体的な事例は見出せない。
14) 引用資料の表記方法が他とは異なるが、法律文献ではこのような表記が一般的であり、不統一のきらいはあるが、法律文献の引用に限りその慣用に従った。
15) 民法第708条は「不法な原因のために給付をしたものは、その給付したものの返還を請求することができない。ただし、不法な原因が受益者についてのみ存したときは、この限りではない」と定めている。
16) 鉄道に関する判例ではない。
17) 権利株の価格決定に資するのは、37頁以下の「場外市場における株価形成」について述べた部分であろう。
18) 表題は資料のままである。また権利株については、『東洋経済新報』第59号にも「権利株の末路」という表が掲載されている。一部表1-3と重複しておりここでは割愛したが、下記の通りである。

注表　権利株の末路

社　名	1896年払込	同年中の高値	1897年払込	同年6月の相場	比較低落
東武鉄道	1.00	20.00	1.00	5.80	14.20
毛武鉄道	1.00	11.00	1.00	1.20	9.80
武州鉄道	1.00	7.50	1.00	1.00	6.50
中国鉄道	1.00	5.50	15.50	7.20	12.80
東京電車	0.25	6.50	0.50	1.60	5.00
東洋汽船	権利	9.00	12.50	8.70	17.80
相模鉄道	1.00	8.50	25.00	19.00	13.50

出所：『東洋経済新報』第59号。

19) 現に中国鉄道は重複しており、表1-2では4倍、表1-3で6倍と異なっている。
20) 300株以上の株式申込者を掲げた。発起人と重なることが多いと推定される。
21) 駿甲鉄道は甲岩線私設鉄道と合併し富士川鉄道となるも解散した。ここでは合併前の発起人のみを掲げた。したがって甲岩線の推進者であった甲州財閥系の若

尾逸平、雨宮英一郎、小林彦三郎などは除いてある（富士急行株式会社［1977：264］）。
22) 鈴木恒夫・小早川洋一［2006：209］「明治期におけるネットワーク型企業家グループの研究」。
23) 多数の発起人の事例として、京都鉄道（大倉喜八郎を含む116名）、野岩鉄道（河原田聖美を含む191名）がある。前者につき老川慶喜［1978：53-57］、後者につき田島町史編纂委員会［1992：第10巻421］参照。後者に対し創立委員会において「発起人中法律ニ適スル少数ノ人名　総代ノ目的ヲ以テ調印シ、手数ヲ省クコト」と反省の決議をした記録が残されているのは興味深い（田島町史編纂室［1990、81］）。
24) 一部の投資家集団を束ねるビジネス・リーダーとしての役割。
25) 官僚・技師・医師などは、知名度の高い場合はむしろ例外と見て除外した。
26) この点、近江鉄道は一見知名度の高い発起人が少ないように見える。しかし、ゴシック体でない人物はいずれも有力な近江商人であり地元での信望は厚かったが、鈴木・小早川［2006］を一応の基準とした結果漏れてしまったものである。
27) 「世間で一般に仲買とか株屋とか言っている者のうちには取引所の取引員でない現物屋をもふくんでいる」（島本［1925：279］）とか、「場外での取引を媒介したのは取引所の外で営業していた現物商であり、取引はその店舗で行われていたと思われる。現物商とは言え、仲買人との兼業も多く（後略）」（片岡［1987：27］）とされている。
28) 今日許されているのは、日経平均先物やTOPIX先物などであり、個別銘柄のものは存在しない。
29) 1938年改正商法第190条第1項は「株式ノ引受ニ因ル権利ノ譲渡ハ　会社ニ対シ其ノ効力ヲ生ゼズ」、同第2項は「発起人ハ前項ノ権利ヲ譲渡スルコトヲ得ズ」と定めていた。
30) 第48回経営史学会（2012年11月3日、於明治大学）の筆者の自由論題報告における中村尚史（司会）の「権利株は創立費を捻出するために発行された」というアドバイスに感謝したい。なるほど野岩鉄道に関し「今般徴収スル一株金拾銭ノ金員ハ、便宜創立費ニ繰替ヘ支弁スルヲ得ベシ」という記述が存在する（田島町史編纂室編［1990：76］）。
31) 実際は4分の1以下の場合もあったという（上記学会におけるフロアからの意見）。
32) 単純推計であるが、2011年の実質国民所得511.6兆円を、1890年の実質国民所得458.3百万円で除すと、約112,000となる（大川一司ほか［1974：200］『長期経済

統計1　国民所得』東洋経済新聞社）。
33)　株式の事例ではあるが、中には「株金＝御用金」と勘違いする者も出る始末で、「酒田の名高き富豪本間氏も募りに応じたが、やがて第一回の利益配当をされたとき、本間氏は変な顔をして、御一新後は御用金にも利子が付く様になりましたかと云った」という笑い話まで残されている（曽我祐準［1930：411］『曽我祐準翁自叙伝』）。
34)　岡崎哲二・浜尾泰・星岳雄［2005］は、1905～1936年を中心に論じたものであり、本章は主としてそれ以前を対象にしている。

第2章　三重紡績の成長戦略
――大阪紡績をベンチマークとして――

1．はじめに

(1) 課題と構成

　よく知られているように1914年6月、大阪紡績株式会社と三重紡績株式会社（以下では、単に大阪紡績・三重紡績あるいは略して大阪紡・三重紡ということもある）は新設合併を果たし、東洋紡績株式会社（同様に以下では、東洋紡績あるいは東洋紡ということもある）として新たな出発を期すことになった。しかし、それは対等合併ではなく、大阪紡と三重紡の合併比率は5：4であり、同年5月末日における両社の時価総額はそれぞれ7,220千円、17,937千円であった[1]。このような約1千万円にものぼる三重紡の優位を反映して、東洋紡績の新布陣も表2-1の如くであり、ただ新社長に大阪紡発展の功労者である山辺丈夫が就任したことは、同社経営の今後を見据えた慎重なバランス感覚を示すものであろう。

　大阪紡が、民間初の大規模紡績会社としてさまざまな新機軸を打ち出し、華やかな成功の中で好業績に湧いていた頃、三重紡はまさしく地味で振るわぬローカルな存在にすぎなかった[2]。1890年恐慌の前年の時点では、同社は大阪紡をはるかに下回る業容であった（表2-2）。それから20有余年。その歳月の中で着々と実力を蓄え、ついには逆転劇を演じ、三重紡は大阪紡をさしおいて「一流会社」（日本銀行大阪支店［1914］）と評されるまでに成長を遂げていたのである（高村直助［1970：389］）[3]。合併比率5：4の背景には、実はこの

表2-1　東洋紡績の新体制

本社所在地	三重県四日市市（旧三重紡績本社）
社　長	山辺丈夫（旧大阪紡績出身）
副社長	伊藤伝七（旧三重紡績出身）
取締役（7名）	5名（旧三重紡績出身）、2名（旧大阪紡績出身）
監査役（7名）	4名（旧三重紡績出身）、3名（旧大阪紡績出身）

注：カッコ内が出身母体。
出所：筆者作成。

表2-2　三重紡績と大阪紡績の比較（1886～90年）

（単位：1,000円）

		1886（明19）	1887（明20）	1888（明21）	1889（明22）	1890（明23）
三重紡績	払込資本金	33.0	220.0	312.5	433.4	575.5
	諸積立金	0.0	8.2	11.4	27.3	41.5
	純利益	4.7	19.2	49.6	81.2	25.3
	錘数	2,000	2,000	19,272	19,272	19,272
大阪紡績	払込資本金	600.0	660.0	1,050.0	1,200.0	1,200.0
	諸積立金	46.0	118.4	303.0	405.5	473.5
	純利益	123.1	353.3	376.7	318.8	151.2
	錘数	31,320	31,320	31,320	61,320	61,320
大阪紡績／三重紡績	払込資本金	18.2	3.0	3.4	2.8	2.1
	諸積立金	46.0	14.4	26.6	14.9	11.4
	純利益	26.2	18.4	7.6	3.9	6.0
	錘数	15.7	15.7	1.6	3.2	3.2

注：下期から作成．。三重紡績創立後5年間を比較。単位は錘数以外。
出所：東洋紡績［1986］『百年史』。

ような事情が存在した。

　とはいえ、この事実は先行研究の共有するものであり、その成長理由についてもすでにある程度周知されている[4]。しかし筆者は、その成長プロセスの解明にはまだ補足するものがあると考える。そこで本章では、三重紡のかかる成長原因のさらなる分析と整理を課題とすることにしたい。その際、成長を可能とした条件はさまざまあると思われるが、本章ではコーポレート・ガバナンスへの関心から、とくに①株主対策と②M&A（後述第3節）戦略に焦点を合わせ論じることにしよう。

ここに、①株主対策というのは株主総会のそれである。つまり両紡績は、堅実な長期的経営をめざし内部留保を高めることに努める一方、一般株主による高配当要求にも腐心しなければならなかった。経営者には、そうした「配当第一主義」（高村直助［1996：167］）[5]の株主と対峙する、総会運営の手腕が問われたのである。次節で論じるが、従来不十分であった総会議事録の検討を通じて総会対策の実態に迫ることにしたい。また、②当時は紡績関係者の間で「操短（操業短縮——引用者）か合同か」が叫ばれ、Ｍ＆Ａは規模の拡大による経営合理化を目的とした不況対策の色彩が濃厚であった（東洋紡績株式会社［1986：201］）[6]。有名な武藤山治［1963：419-447］「紡績大合同論」の趣旨も、かかる観点に出たものであった[7]。しかし、Ｍ＆Ａの動機に関する今日的議論はもっと多様性のあるものである[8]。可能な限り両社が標的とした会社の経営指標にも踏み込みながら、その実態に考察を加えることにしたい。第３節で論じられる。

　以下に三重紡の成長戦略を述べるに当り、まず前提として両社の設立の経緯などを簡単に見ておくことにしよう。

(2) 三重紡績

　三重紡績の創業は大阪紡績のそれよりも古い。その濫觴は、民間２千錘紡績所の一つとして、1882年に開業された「三重紡績所」であった（高村［1971：48, 49］）[9]。後にそのトップを務めることになる伊藤伝七は、1877年26歳の時、「堺紡績所に一介の見習工として入った。工員としての作業を行ないながら、紡績に必要なすべての業務、工場内での人の配置、機械の動き、作業から工程に関する実地指導、帳簿の整理などすべてを学んだ」という（前坂俊之［2000：解説２］）[10]。こうして開業された三重紡績所であったが[11]、各地の２千錘紡と同様に不振をかこっていた。そのさなかの1884年、伝七は渋沢栄一の知遇を得ることになる。おそらく大阪紡の用務で三重県入りをしたのであろう、渋沢は初対面の伝七に経営者としての並々ならぬ資質を認めた。そこで伝七に、株式組織による１万錘規模の紡績会社の創設を慫慂したのであった[12]。

それには伝七も動かされたが、懸念されたのは現在の三重紡績所（川島工場）の業績不振が[13]、新会社の株式募集に支障を来たすのではないかという点であった。しかし、渋沢が半額出資を申し出、みずから頭取を務める第一国立銀行四日市支店がバックアップにまわることが巷間知られると、それも杞憂に終わりたちまち全額が払込まれた。こうして三重紡は1886年設立されたが[14]、その『第1回半期実際考課帖』には「大阪紡を範となし、技術者を借用して委任し、他日適実な技術者を養成する」とあった。その「適実な技術者」として同年入社したのが、造幣局出身の斎藤恒三であった。就任まもなく斎藤技術長は、1万5,000錘規模の四日市工場の建設を計画、その実現に全力を傾注した。新工場は1891年に操業を開始し、景気回復も手伝って生産は軌道に乗り順調な滑り出しを見せた。ほぼこの時点で、三重紡の基礎は確立したといえよう。

(3) 大阪紡績

一方、大阪紡績創業のエピソードは多くのテキスト[15]に紹介されており、ここでは簡単にふれるにとどめる。政府による「二千錘紡」のプロジェクトがことごとく失敗するのを目の当たりにした渋沢は、独自に1万錘規模の大紡績会社を設立し、民間の合理的経営によって成功をおさめようと企てた。近代日本の先駆的 entrepreneur であった渋沢は、背後に広大な棉作地を抱える大阪の地に白羽の矢を立て[16]、技術者に山辺丈夫を迎えて、1882年大阪紡を設立した。その際の資本金25万円は、華族[17]に出資を持ちかけ、また東京・大阪の有力商人層にも参加を求めた。こうして翌年開業、低廉な棉花と安価な労働力による昼夜2交替制で高収益をあげ、大阪紡はつぎつぎと設備を拡張していった。

2．株主対策

三重紡績の成長戦略を論じるに当り、まずその株主総会の運営状況を、大阪紡績との比較を通して検討することにしよう。当時の企業における一般株主の

配当要求には手強いものがあり、両紡績とも経営者は内部留保といわば外部流出とのトレード・オフに悩まなければならなかった。その点、総会運営における両社の経営者の力量に、何らかの差異が認められるであろうか。

この点に関する資料として、「三重紡の場合は、伊藤伝七が一貫して指揮棒を握っていた」（村上はつ［1970：394］）[18]との指摘から、比較的初期の株主総会における伊藤の言動で代表させることにしよう。これに対し大阪紡の場合は、技術者から経営者に転身を遂げた山辺のリーダーシップの下で、その経営が大きく変化する時期（日露戦争前後、後掲図2-4、図2-5）の株主総会の状況に着目する。史料の引用は、そのままでは冗長なため再構成して分かりやすくした。また史料に対するコメントはまとめて以下の(3)に付す。

(1) 三重紡績

以下は、1887～90年に開催された三重紡績第2回定期株主総会、同第5回総会、同第7回総会の様子である。この期間に、2工場の増設・増錘を行い、目標の1万錘規模はすでに達成されていた。引用は東洋紡績会社社史室所蔵『三重紡績会社株主総会要件録』による[19]。

1887年7月第2回定式株主総会

議長（八巻道成）「当社ノ如キハ　会社組織宜シキニ適ヒ　役員其人ヲ得タルニ依リ　前途ノ望ヲ属スベキハ　諸君ト共ニ信スル処ナリ」と述べ、今期の好業績を自負していた。にもかかわらず無配とする原案は、株主には厳しいものであった。その理由として「新工場建築落成ノ事ハ　実ニ目下ノ急ナレバ細心注意シテ百事漏脱ナカラシメン事ニ　熱意配神スル処ナリ」。そこで「右ノ事情ナルヲ以テ　当期純益金ノ如キモ　会社ノ基礎鞏固ノ為ヲ思ハヽ　之ヲ配当センヨリ　寧ロ別段積立金トナスハ　其当ヲ得タルモノト考ヘラルル」としていたのである。当然株主から反論が上がった。

株主（九鬼文之助）「今日当社ニ好結果ヲ得タル事ナレハ　該金ノ二割ヲ別段積立金トシ　残リ八割ヲ各株主ニ配当セハ　一挙両全ノ策ナラン」。

議長（八巻）「本社創立ノ際ヨリ　東京渋沢栄一氏（相談役――引用者）ヘ万般相談ヲナシ（中略）当季決算ノ後伊藤支配人ヲ上京セシメ　処分方ヲ相談シ来リタリ　今其大要ヲ支配人ヨリ述ベン」。

経営者（伊藤伝七）「現在小工場ニシテ　仮令過当ノ収益金アリト雖モ　之ヲ株金募集ノ高ニ応シテ配当スレハ　多額ノ金員ヲ得ラルヘキニモ非ラサレハ寧口前季ニ倣フテ別段積立金トナサハ　他日世況ノ変遷ニ遭遇スル事アルモ之レカ備トナリテ会社鞏固ノ基礎ヲ得」。

さらに、九鬼と類似の反論をする下里貞吉、大塚八郎兵衛といった株主がいたが、決議に入ったところ賛成327、反対226という結果で、原案が可決された。

1889年1月第5回定式株主総会

経営者より今期配当として、1株（新株を除く）につき6円という原案が提示された。この点の経営側の説明は以下の通りである。

経営者（伊藤）「当期ノ初メ已ニ据付ヲ了リ運転セシハ五千余錘ニシテ　其後漸次据付ヲナスト共ニ運転スレドモ　営業ノ順序ト之レカ熟練ヲナストニ多少ノ困難ヲ生シ　綿花高価ニ糸価漸低ノ為メ　困難ヲ重ネタ」由であった。

これに対する技師長・斎藤恒三の追加説明もあり、下里、水谷孫左衛門と船本龍之助の3名の株主から、原案に対し早速賛成の意見が表明されたが、以下のように反対を述べる者もあった。

株主（天春文衛）「昨年臨時総会ニ於テ増錘ノ事ニ決シ　各自ガ払込金ヲナスノ際ニシテ　カメテ配当ノ多キヲ欲スル処ナレバ　昨年前半期ノ三千円分ト当会ニ提出セラレタル両項ノ別段積立金ヲ併セ　配当金ニ充テラレン事ヲ望ム」。

議長（八巻）「積立金ノ多額ナルニ随ヒ　会社営業金運転ノ自由ヲ得ベシ　現ニ方今買入タル綿花代金ノ如キ　殆ンド十五万円ニモ達シ居レドモ　多クハ借入金ヲ以テ支弁シ　利子ヲ払ハザルヲ得ザレハ　是ノミニテモ積立金ノ多少ニ依テ　会社ノ利益上ニ大ナル影響ヲ与フベシ」。このように述べて議場に諮ったところ、原案は可決された。

1890年1月第7回定式株主総会

　この株主総会は、新旧株主の利益相反からやや紛糾した展開を見るが、それはつぎのような質疑が発端となった。

　株主（松岡忠四郎）「本日ノ定式総会ニ於テ　新旧株主ノ権利ハ　同一ト見做スモノカ　或ハ然ラザルヤ」。

　議長（八巻）「新株主ハ明二十四年一月マデハ　利益金処分ニハ　議決ノ権利ナキモノトス」。

　株主（前野義房）「別段積立金ナルモノハ規定外（定款に記載なしの意――引用者）ノ積立ニシテ　之ヲ新旧合同ノ資産トナストキハ　未タ利益配当ヲ受クベキ権利ナキ新株主ガ　旧株金ノ利益処分ニ預カルノ姿ニシテ　少シク相撞着スルノ嫌アルガ如シ　依テ此別段積立金ハ　新株主ヘ利益金ヲ配当スルノ日マテニ　旧株主ヘ配当アラン事ヲ望ム」。このような旧株主の抱く不公平感は理解することができるが、旧株主にもそれなりに新株主にはない利益があったはずである。その点をついて支配人はつぎのようにいう。

　経営者（伊藤）「増設（新株金は新工場建設に充てられた――引用者）ノ全部落成スルトキハ　一錘当リノ利益ヲ増シ　新旧相待テ利潤ヲ共有スルモノニシテ　今別段積立金ヲ廃スルハ　新株主ニ対シ穏ナラズ」。

　このあと杉村仙之助・九鬼徳三・三輪猶作ら株主の議論の応酬が続くも、発言は平行線をたどり、議長はそれが出尽くしたところで、原案に反対する者の起立を求めた。その結果、反対は伊藤伝平・松岡・九鬼の三名すぎないことが判明、結局原案は可決された。

(2) 大阪紡績

　前節（3）に述べた大阪紡績の成功から、そのビジネスモデルに倣って、その後続々と紡績会社が設立されるようになり、大阪紡は次第にその優位性を失なっていった。そのうえ1892年には工場を焼失し設備が半減するという事件にも見舞われた。この挽回をはかるべく織布部門を強化、兼営織布会社として活路を見出すことになる。山辺が社長に就任した1898年は、経営上こうした難し

い時期に遭遇していたのである。

　以下の2つの株主総会は、ちょうど織布部門への参入を大阪紡が本格化した頃、開催されたものである。その際の株主と経営者の発言状況を見ていこう。引用は、東洋紡績会社社史室所蔵『大阪紡績会社株主総会議事録』による。

1903年1月第39回株主総会

　この期は欠損が生じ財務報告に関する質疑応答があり、その後株主から次のような要望が出された。

　株主（久保田庄左衛門）「総会通知案内状ニハ　計算ノ概略ヲ示サレタシ（中略）一々朗読ヲ記憶スル事モ不相成　来ル七月分ヨリ通知状ニ記載相成タシ」。

　議長（山辺丈夫）「諸君ニ於テ希望トアレバ　其ノ様ニ致シテモ宜ロシ」。ここに「計算ノ概略ヲ示」すには貸借対照表を要しよう。実際第40回株主総会から、これを受けて招集通知に貸借対照表が添付されることになった[20]。

　株主（遠藤□□）[21]「優先株無配当ナレバ　当季ハソレニテ仕舞　次期ハ又次期丈ノ事ニ相成ルヤ」。

　議長（山辺）「然ラズ　当季無配当ナレバ　次期ニ於テ二期分支払（フ──引用者）訳ケナリ」。山辺は簡単に2倍配当を約束してしまったのである。

1905年3月第臨時株主総会

　この臨時総会は次のような議長挨拶で始められた。

　議長（山辺）「皆サン　今日ハ雨天デ御苦労様デ御座リマシタガ　最早出席人員並ニ権利箇数モ過半数ニ達シマシタカラ　夫レデハ臨時総会ヲ開キマス」。

　株主（川邨利兵衛）「私ハ本議開会ニ先ダチマシテ　茲ニ会社ノ資本増額ノ建議ガ　一言致シトウ御座リマス」。

　議長（山辺）「只今川邨君ガ当社資本増額ノ建議ヲ　一言致シタイト申サレマシタガ　夫レハ本日ノ議案ヲ結了シテカラニ致シテハ如何テ御座リマス」。

　株主（川邨）「私ハ其レハ本日ノ議案ヲ議シマスニ　先ツテ建議カ致シタイノテ御座リマス」。

議長（山辺）「夫レデハ御発議クダサイマセ」。山辺は一株主に総会進行の主導権を完全に譲り渡している。

(3) 小括

以上から以下の4点の指摘ができる。第1は、宮本又郎・阿部武司［1999：179］が論じたように、「当時の株主総会は今日と比べれば有効に機能していたようである」[22]。ほとんどのケースで株主と経営者の間で丁々発止の議論が闘わされ、成案をただ形式的に議場にはかったとは思えない臨場感に溢れている。これは、当時の株主は自らも事業経営に携わる者が多かったことと[23]、両社の自己資本比率の高さに求めることができよう（図2-1）。企業に多額の資金を拠出してリスクを負った株主は、それゆえまた企業のガバナンスにも無関心ではいられなかったのである。しかし、この高い自己資本比率の背後には実は「株式担保金融」と「株金分割払込制」が存在した[24]。すなわち、銀行信用が直接金融を間接的に助ける役割を担ったのであるが、このような場合でも企業に直接応対するのはやはり関心の高い株主であったから、高度経済成長期の間接金融のもとでの「シャンシャン総会」とは異なる様相を呈したと考えられる。これには株金分割払込制のもとでは、まだ全額を払い込んでいない株主でも完全な voice を行使できたことも与かっていたと考えられる[25]。

　第2に、三重紡の第2回総会、第5回総会そして第7回総会では、内部留保を優先し株主の高配当請求を封ずる、いずれも経営者、伊藤と八巻の強い姿勢が看取できる。この八巻は、第一銀行元四日市支店の支店長で伊藤体制を強化するために、渋沢によって送り込まれて来た人物であった。そこで第2回総会のその議長発言にも見られるように、渋沢の威光を借りるのもやぶさかではなかった。この高配当抑止の方針は先行研究とも整合的である。たとえば、村上［1965：28］は「三重紡総会におけるかかる高配当請求は、伊藤等経営者層によつて極力抑えられ」たと述べているし[26]、また東洋紡績［1986：187］も「株主間に配当要求の声もあがったが、第三回株主総会で増資がらみで譲歩した以外には、その線（内部留保を厚くする堅実財務の方針——引用者）を貫きとお

図 2-1　自己資本比率

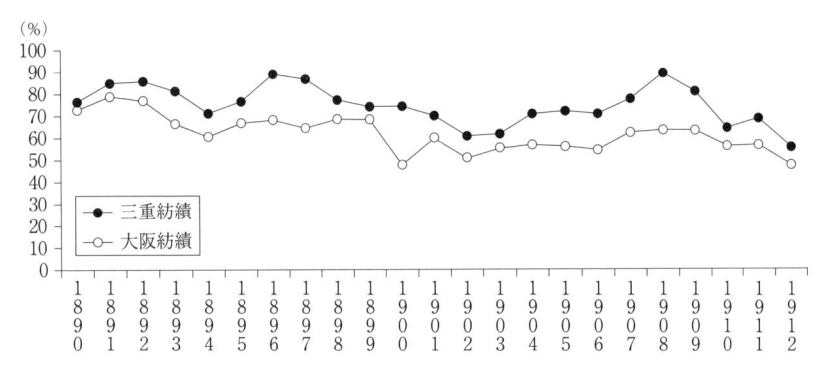

図 2-2　配当率

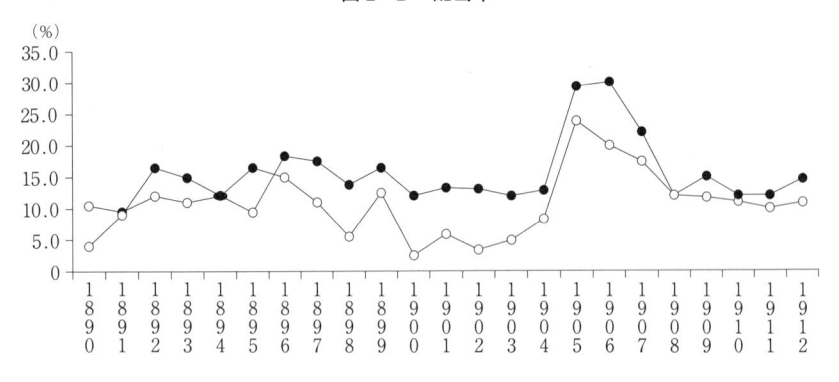

図 2-3　配当性向

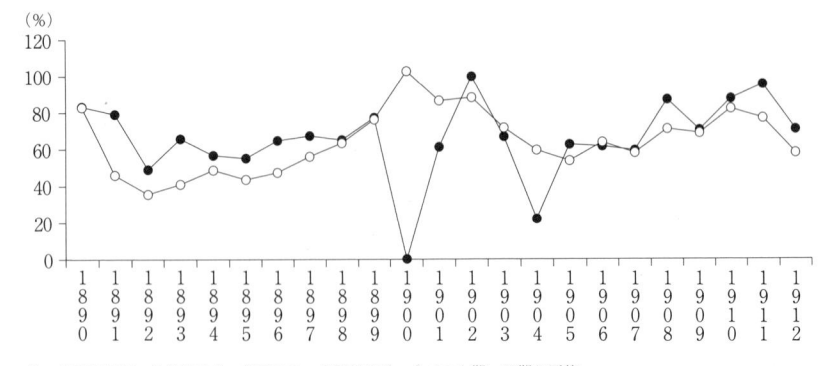

注：自己資本率＝払込資本金＋諸積立金＋当期純利益。すべて上期・下期の平均。
出所：山口和雄編著 [1970]『日本産業金融史研究　紡績金融篇』。

した」と論じている[27]。これに対し大阪紡が同様の方針を堅持するようになるのは、日露戦争後のこととされている（宮本・阿部［1999：184］)[28]。

　第3に、以上の三重紡における経営者の総会運営を「専制的」といえば、大阪紡の場合はある意味で「民主的」に行われた。すなわち、第39回総会では経営者・山辺は株主の主張をすんなり受け入れているし、その後の臨時総会でも山辺は議事進行のイニシアティブを株主に奪われている。また宮本・阿部［1999：183］が紹介した、1905年の第43回総会では、京都の株主の代表を自称する久保田の「後期繰越ノ6千円ヲ削ッテ配当シテ貰イタイ」との主張を承認し[29]、これに反対する株主に山辺は次のようにとりなしている。「ドウカ今回ノ所ハ　京都株主ノ御意向ヲ容レルコトニ　折合ッテ頂キタイト思イマス　コノ次ノ期ニ於テハ重役一同モ層一層勉強致シテ　6千円ハ余計ニ儲ケル様ニ心掛ケマスルデ　今回ノ所ハ京都ノ御説ニ反対ノ御方ハ　忍ンデ御譲歩ヲ願イタイ」[30]。大阪紡の場合、総会は株主・経営者あるいは株主間の利害調整の場として有効に機能していたともいえよう。議会制民主主義の発達した英国に長く学んだ山辺にとっては、そうした議事運営が習い性となったのかもしれなかったが、見方を変えればそれは株主に対する弱腰を意味した[31]。

　この山辺の株主に対する態度の背景には、明治後期の大阪紡の配当率の問題があったと考えられる。図2-2によれば三重紡は、1895年に一度大阪紡に抜かれたきり、つねに同社を凌駕している。戦前の株主の関心は、今日注目される配当性向（配当総額÷当期純利益）よりも、配当率（配当総額÷資本金）に注がれた。それは公表の有無のためもあるが、戦前は直接金融であったことが大きいと考えられる。つまり、そこでは資金調達は増資が中心となったから、当時の額面発行のもとでは配当の額面（→資本金）に対する比率が問題となったのである。つまり今日の「配当利回り」の代替指標となっていた。この配当率の悩みが山辺に株主に対する低姿勢をとらせた一因と考えられる。

　第4に、しかしこの結果、必ずしも三重紡の配当性向が大きくなった訳ではない。配当性向は当期純利益の多寡に影響される。図2-3から、それは乱高下しており、とくに日清戦後の第2次恐慌が始まった1900年、三重紡は減少し

た利益の全額を配当に回したのに対し、大阪紡は無配で過ごしたことがわかる。総じて見れば三重紡の方が配当性向は低く、これは「会社ノ基礎鞏固ノ為」内部留保を重視する財務の健全性を選択した結果によるものであり、その点で三重紡は大阪紡に比してガバナンス上良好であったと評価できよう。三重紡は、20世紀に入りいち早く going concern の道を歩み始めていたのである（第7章参照）。

3．M&A 戦略

以上、三重紡績の総会対策について大阪紡績との比較を通し分析してきたが、つぎに、もう一つの論点である両社のM&Aの検討に移ることにしよう。M&Aにおける両社の戦略に何らかの差異があったのであろうか。

(1) M&A とは

あらためて、まずM&Aの意義から始めよう。M&Aは merger（合併）and acquisition（買収）の略であるが、それを合成したM&Aは必ずしも自明の概念ではなく、少しく説明を要しよう。企業買収が行われると、合併、子会社化や持株会社設立などに帰結する。つまり合併は、買収の一つの結果にすぎず、終局的に「合併契約書」が交わされる場合のみをいう。したがってM&Aというとき、合併とそれ以外の会社間の統合に向けた活動が混然となっていることにまず注意を要する[32]。

また買収として、「株式買収」と「資産買収」が区別されるべきである。というのは、以下のケース・スタディでは、前者が多いが後者も若干登場するからである。前者は、いうまでもなく買収会社 A が被買収会社 B の株式の過半を買い占めることであり、一方後者は、A が B のバランスシートの左側である資産を取得することである。株式会社以外の場合であれば、後者の方法を選ばざるを得ない。対価については、前者の場合、A が B に支払うものは金銭のこともあれば株式のこともある（広義の「株式交換」）[33]。後者は、原則 B

の簿価を基本に算出された金銭を A が支払う。

　合併の際、よく争われるのは「合併比率」の問題であろう[34]。この重要性にかんがみ神田秀樹［2006：296][35]により説明しておこう。合併には吸収合併と新設合併の二つが存在する[36]。合併の対価として、消滅会社の株主は持株数に応じて、存続会社または新設会社の株式の交付を受け、存続会社または新設会社の株主となる。その場合、それまで有していた消滅会社の株式と同じ価値のものでなければならないが、その時価総額は必ずしも同じとは限らない。消滅会社と存続会社または新設会社の株価と株式数が等しいとは限らないからである。そこで合併比率（割当比率）を定めて、消滅会社の株主に存続会社または新設会社の株式が交付されるのが一般である。この合併比率は、時価総額を基本として算出されるが、他の経営指標も参酌されることも多い。いずれにしても困難な作業を伴い、この決定をめぐって合併自体が破談になることもしばしばである。

(2) 明治後期の M&A

　戦前日本の M&A は、日露戦争から第1次大戦にかけてが最初のピークであった（宮島英昭［2007：14-17]）[37]。表2-3は、山口和雄編［1970］『日本産業金融史研究　紡績金融篇』に掲載された明治後期（1890～1912年）の紡績会社の M&A を一覧にしたものである。同表から、件数としては日露戦争前14件（うち日清戦争後13件）、日露戦争以後20件の発生が見られる。この背景には、ⓐ当時は法制度も整備されつつあり、ⓑそのうえ「紡績合同論」が唱えられ、こうした傾向が奨励されたことがあった。

　すなわち、ⓐ旧商法（1890年公布、93年一部施行）には合併の規定はなく、新商法（1899年公布・施行）ではじめて規定された（第221～223条）。これには財界からの要望が強く、たとえば1896年大阪・東京の両商業会議所は合併規定の制定を建議していた[38]。こうして M&A が急増する日露戦争前後には、その法整備がかろうじて間に合うことになったのである。

　また、ⓑ「紡績合同論」は、1898年北浜銀行の頭取・岩下清周による、紡績

表2-3　明治後期のM&A一覧

	統合会社	被統合会社	統合年
1	内外綿	大阪撚糸	1903 (明36)
2	〃	日本紡織	1905 (明38)
3	大阪紡績	大阪織布	1890 (明23)
4	〃	金巾製織	1906 (明39)
5	〃	白石紡績	1907 (明40)
6	三重紡績	伊勢中央紡績	1897 (明30)
7	〃	伊勢紡績	1901 (明34)
8	〃	尾張紡績	1905 (明38)
9	〃	名古屋紡績	〃
10	〃	津島紡績	1906 (明39)
11	〃	西成紡績	〃
12	〃	桑名紡績	1907 (明40)
13	〃	知多紡績	〃
14	〃	下野紡績	1911 (明44)
15	鐘淵紡績	上海紡績	1899 (明32)
16	〃	河州紡績	〃
17	〃	柴島紡績	〃
18	〃	淡路紡績	1900 (明33)
19	〃	九州紡績	1902 (明35)
20	〃	中津紡績	〃
21	〃	博多紡績	〃
22	〃	日本絹綿紡績	1907 (明40)
23	〃	絹糸紡績	1911 (明44)
24	尼崎紡績	東洋紡織	1908 (明41)
25	攝津紡績	大和紡績	1902 (明35)
26	〃	平野紡績	〃
27	〃	郡山紡績	1907 (明40)
28	福島紡績	福山紡績	1903 (明36)
29	〃	伊予紡績	〃
30	〃	大成紡績	1908 (明41)
31	〃	笠岡紡績	1909 (明42)
32	〃	播磨紡績	1911 (明44)
33	岸和田紡績	泉州紡績	1903 (明36)
34	堺紡績	阿波紡績	1907 (明40)

注：下記資料の掲載順に表掲。
出所：山口和雄編著［1970］『日本産業金融史研究　紡績金融篇』。

業者の会合における談話を嚆矢としている。そこでは「日本の弱小紡績業が、これから国際競争力をつけるには、合同（トラスト）あるいは連合（コンビネーション）によって企業基盤の強化を図るべきである」旨が強調された[39]。これに呼応して1902年、紡績連合会にはその調査委員会として「紡績合同期成会」が設けられ、この急先鋒となった人物こそ当時鐘紡の支配人であった武藤山治であった。

武藤［1963：422］は前掲の「紡績大合同論」を著し、その中で次のように論じている。「トラストトハ分立セル同一種ノ事業ヲ合併シ、資本ノ集注ト管理ノ周到ナルトニ依リテ　製造ノ費用ヲ減ジ　製品ノ原価ヲ低廉ナラシメ、斯クシテ資本主モ利スルト同時ニ　之ガ製造ニ従事スル職工ノ賃金ヲモ高メ、加フルニ社会公衆モ割安ナル物品ノ供給ヲ受クル事トナリ、其結果ハ需要者（消費者）モ資本主（株主）モ職工（従業員）モ　3者共ニ利益ヲ均霑スルヲ目的トスルモノ」（カッコ内は引用者）であると[40]。

以上から当時の企業合同は、国際競争を勝ち抜くための規模拡大策であり、

不況下の経営合理化策であった。すなわちインド綿糸や中国産綿糸の追い上げにより、綿糸輸出量は1899年をピークに停滞しており、企業規模の拡大・強化は一つの国是ともなっていたし、紡績業は日清戦後恐慌下にあって動力（石炭）費や職工賃金などの高騰に悩んでおり、いきおい操業短縮に追い込まれていたが、さらに企業合同によるコスト削減が求められたのである（高村［1971：90, 94］）[41]。

しかし、今日的議論からはM＆Aの動機は、より掘り下げて論じられるのが一般である。すなわち、新古典派経済学があげるコーポレート・ガバナンスの視点、つまり経営者の規律づけ、とくに無能な経営者の追放の他に、①交渉力の引き上げ、②規模の経済性、③補完性・範囲の経済、④時間を買う効果、⑤ノウハウの移転と組織学習、⑥事業ポートフォリオの再構築などがあげられる（宮島［2007：366-372］）[42]。

以下では三重紡績と大阪紡績のM＆Aの特徴を検討することにしよう。表2-4は、三重紡と大阪紡によるM＆Aのターゲットとなった標的企業の経営指標を掲げたものである。定量的資料は大日本紡績連合会［1911］『綿糸紡績事情参考書』からM＆Aを受ける直前の3期の平均をとった[43]。そうした資料の得られない企業については、絹川太一［1937～44］[44] を中心に、山口和雄編［1970］と東洋紡績［1986］で補足した。

(3) 三重紡績

まず、三重紡績による伊勢中央紡績（No. 6——以下 No は省略）と伊勢紡績（7）のM＆Aは、破綻会社の簒奪のケースである。前者は、内紛に乗じた開業前の買収であり、絹川［1944：45］は「我国に於ける紡績合併の先駆」と位置づけている[45]。後者は、絹川［1941：273, 292］をして「悪辣会社の標本」であって「恐らく全国中斯る実例は他にないであろう」と言わしめたほとんど無配の企業であった[46]。両社から、三重紡は土地や紡績機を安価に入手し設備を拡大することができた。

つぎに、尾張紡織（8）、名古屋紡績（9）、津島紡績（10）、桑名紡績（12）

表2-4 標的となった会社の経営指標など

No.	会社名	ⓐ本社所在地 ⓕ払込資本金	ⓑ規模 ⓖROE	ⓒ合併年 ⓗ負債比率	ⓓ存続年(創業年) ⓘキャッシュフロー(比率%)	ⓔ合併比率 or 合併対価 ⓙ配当性向	ⓚ配当率
6	伊勢中央紡績	ⓐ三重県津市 ⓕ900	ⓑ約1万錘 ⓖ～ⓚn.a.	ⓒ1897	ⓓ2 (1896)	ⓔ伊勢紡：伊勢中紡 = 1：1.5	
7	伊勢紡績	ⓐ三重県四日市市 ⓕ100	ⓑ約3,000錘 ⓖ～ⓚn.a.	ⓒ1901	ⓓ8 (1894)	ⓔ三重紡→伊勢紡 = 約27,000円	
8	尾張紡績	ⓐ名古屋市熱田区 ⓕ600	ⓑ約3万錘 ⓖ3.58	ⓒ1905 ⓗn.a.	ⓓ19 (1887) ⓘ38,020 (6.34)	ⓔ三重紡：尾張紡 = 1：1.25 ⓙ112.24	ⓚ1.07
9	名古屋紡績	ⓐ名古屋市中区 ⓕ500	ⓑ約3万錘 ⓖ5.42	ⓒ1905 ⓗn.a.	ⓓ21 (1885) ⓘ37,568 (7.51)	ⓔ三重紡：名古屋紡 = 1：1.6 ⓙ78.79	ⓚ1.10
10	津島紡績	ⓐ愛知県愛西市 ⓕ350	ⓑ約1.3万錘 ⓖ8.19	ⓒ1906 ⓗ3.74	ⓓ13 (1894) ⓘ63,976 (18.28)	ⓔ三重紡→津島紡 = 約42万円 ⓙ81.81	ⓚ1.67
11	西成紡績	ⓐ大阪市此花区 ⓕ300	ⓑ約2万錘 ⓖ～ⓚn.a.	ⓒ1906	ⓓ8 (1899)	ⓔ三重紡→西成紡 = 約121万円	
12	桑名紡績	ⓐ三重県桑名市 ⓕ500	ⓑ約1.5万錘 ⓖ12.62	ⓒ1907 ⓗ2.33	ⓓ12 (1896) ⓘ92,626 (18.53)	ⓔ三重紡：桑名紡 = 1：1.7 ⓙ61.44	ⓚ2.13
13	知多紡績	ⓐ愛知県半田市 ⓕ693	ⓑ約1.6万錘 ⓖ5.95	ⓒ1907 ⓗ8.73	ⓓ12 (1896) ⓘ93,553 (14.30)	ⓔ三重紡：知多紡 = 1：1.8 ⓙ105.20	ⓚ1.23
14	下野紡績	ⓐ栃木県真岡市 ⓕ1,500	ⓑ約3万錘 ⓖ3.14	ⓒ1911 ⓗ32.14	ⓓ25 (1887) ⓘ57,340 (3.82)	ⓔ三重紡：下野紡 = 1：2 ⓙ102.72	ⓚ0.67
3	大阪織布	ⓐ大阪市西区 ⓕ300	ⓑ約300台 ⓖ～ⓚn.a.	ⓒ1890	ⓓ4 (1,887)	ⓔ大阪紡→大阪織布 = 約16万円	
4	金巾製織	ⓐ大阪市此花区 ⓕ1,400	ⓑ約4.7万錘、約1,000台 ⓖ7.45	ⓒ1906 ⓗ63.01	ⓓ19 (1888) ⓘ162,106 (11.58)	ⓔ大阪紡：金巾製織 = 1：1.27 ⓙ74.84	ⓚ1.46
5	白石紡績	ⓐ愛媛県八幡浜市 ⓕ250	ⓑ約1.5万錘 ⓖ～ⓚn.a.	ⓒ1907	ⓓ20 (1888)	ⓔ大阪紡→白石紡 = 大阪紡株5,000株+約23,000円	

注：ⓐ現在の地名、ⓑは紡織機数、ⓒAB は合併対価（資産買収の場合）、ⓓ単位：1,000円、ⓔカッコ内：キャッシュフロー／払込資本金、ⓕ払込資本金、ⓖ自己資本＝払込資本金＋諸積立金＋当期純利益、ⓗ（借入金＋社債）／払込資本金、ⓘ単位：1,000円『綿糸紡績事情参考書』。

出所：大日本紡績連合会［1911］『綿糸紡績事情参考書』。

そして知多紡績（13）は、表掲した以前に不振な時期があったものもあるが、表2-4からは決してそれを窺わせない業績である。規模も1〜3万錘と大きく配当率もすべて1割を超えている。これは国際競争を勝ち抜くための規模拡大策であったといえよう。すなわち、これら会社間における無用な競争を避け、合併の結果、規模の経済性（②）を追求しコスト（事務費、運送費、職工募集費など）を削減、また商社などの取引相手との交渉力を引き上げ（①）、さらにノウハウの獲得や組織学習（⑤）が期待できた。これら比較的優良な5社に対するM＆Aが実現したのは、「名古屋の渋沢栄一」（絹川［1939：309］）[47]といわれた尾張紡績社長・奥田正香の働きによるところが大きい。尾勢地方では早くから紡績合同論が唱えられ、このため「東海紡織同盟会」が結成されて、盛んに合同協議会が開催されていた（絹川［1944：93］）[48]が、この主唱者こそ奥田であった。

　このうち、圧倒的に友好的M＆Aの方が多かった当時、桑名紡のように敵対的M＆Aに近い事例が存在したことも注目されよう。このケースでは当初取締役会が反対したが、桑名紡の株主は現経営者よりもむしろ三重紡への信頼が厚く、買収者を支持する株主が多数を占めたため、決裂が回避されることとなった[49]。

　さらに、西成紡績（11）は典型的な経営不振会社の救済買収のケースであるが、下野紡績（14）は栃木県方面などでは「鶏印」のロゴマークで知られており[50]、ノウハウの獲得（⑤）ないしブランドの獲得を動機とするものであった。決して不振会社とはいえず、広域買収の特徴をもつ事例である。

　以上の三重紡のM＆Aの特徴は、武藤［1963］を実行に移した鐘淵紡績の場合とは異なり[51]、その標的が必ずしも不振企業に限られていないことである。これは三重紡が、より多元的な戦略にもとづくM＆Aを展開していたからであると考えられる。

（4）大阪紡績

　以上の三重紡績とは対照的に、大阪紡績のM＆Aの事例は日露戦争を挟ん

でわずか3件しか見られない。

　まず、大阪織布（3）は、手織業者との価格競争に太刀打ちできず、結局大阪紡に吸収されることになったケースである。とはいえ同社とは、そもそも出資者全員が大阪紡の株主という間柄であり、そのM＆Aは事実上「子会社の内部化」といえるものであった[52]。またこれを契機として、大阪紡は兼営織布に乗り出すことになり、このM＆Aは補完性・範囲の経済（③）ないし事業ポートフォリオの再構築（⑥）が動機としてめざされたといえよう。

　つぎに、金巾製織（4）は、表2-4にも見えるように負債比率がやや高いほかはさしたる問題のない大企業であったが、過当競争を回避するため大阪紡と合併することになったものである。こうした大型買収が実現したのは、三井物産・飯田義一[53]の仲介もさることながら、1904年まで社長をつとめた阿部市太郎[54]が大阪紡の大株主であったことも与かっていよう。結果的には一挙に大阪紡の規模が拡大し、M＆Aの動機としての規模の経済性（②）や時間を買う効果（④）が達成されることになった。

　さらに、白石紡績（5）は、愛媛県に所在する白石和太郎の個人企業で、不振が続き大阪紡初の広域買収のケースとなったものである。

　以上の大阪紡のM＆Aの特徴は、同社が兼営織布とその輸出に傾斜していく契機を作ったことである。

(5) 小括

　以上から、以下の4つの相違点が指摘できる。第1は、M＆A件数が三重紡の9件とは対照的に、大阪紡の場合3件にとどまることである。したがって三重紡の成長原因は、M＆Aによるところがきわめて大きいと考えられる。そこでM＆Aによる三重紡の規模拡大を、便宜上錘数で代表させて大阪紡の場合と比較してみることにしよう。時点としては、三重紡の基礎がほぼ確立した1890年、合併直前の1912年とその中間に当たる1901年の三つが選ばれた。1901年は日露戦争前後の錘数増加の状況を見るのに好都合である。錘数の伸び率と、それに影響を与えたM＆Aの寄与の程度を示したものが表2-5である。同表

から、両社とも日露戦争前後の伸び率がそれ以前と比べて非常に大きく、三重紡は大阪紡の2.5倍であり[55]、そのうち70％以上がM＆Aの結果であることがわかる。

表2-5 錘数の伸び率とM&Aの寄与度・寄与率

(単位：％)

年	伸び率 t_1	伸び率 t_2	M&A 寄与度 t_1	M&A 寄与度 t_2	M&A 寄与率 t_1	M&A 寄与率 t_2
三重紡績	89.0	360.7	9.6	266.4	10.8	73.8
大阪紡績	-9.7	143.8	0	112.2	0	78.0

注：t_1：1890〜1901年、t_2：1902〜1912年。
出所：山口和雄編著［1970］『日本産業金融史研究 紡績金融篇』。

第2に、M＆Aによる三重紡の成長原因として重要なのは「尾勢連合」[56]の存在であろう。それは「奥田ネット」とも呼ばれており（鈴木恒夫・小早川洋一［2010：350］)[57]、奥田は紡績業界のみならず幅広い事業活動で知られ、1893年には名古屋商業会議所会頭に就任していた。その奥田が自社の三重紡への吸収合併に進んで甘んじたとは考えにくい。まず尾勢連合の諸紡績を尾張紡が取りまとめ合併すれば、規模的にも三重紡と遜色ないし、尾勢地方の中心地はやはり名古屋だからである。この点の絹川［1939］の記述は筆者の問題意識に直接答えるものではないが、奥田は事前の運動にまさに東奔西走し、まず合同論者の清浦圭吾・農商務大臣（在任、1901〜06年）を動かし、ついで愛知県知事・深野一三に相談を持ちかけ、さらには上京し渋沢の説得をも試みた、とある。したがって、最終的には渋沢の裁定により、伊藤の紡績業における経験が奥田よりも買われ三重紡に収斂される結果になったのではなかろうか[58]。

第3は、テークオーバー・レーダーとして三重紡は大阪紡より大きな脅威を与えたことであろう。紡績業界のみならず広く他の企業や経営者に対する規律づけ機能を発揮していたと考えられる（O. E. ウィリアムソン［1975：261］)[59]。

第4は、各ケース間の合併比率のアン・バランスが気になるところである。

たとえば、合併比率からは尾張紡績の方が名古屋紡績よりもやや高い評価を受けている。肝心の時価総額が不明であり何とも判断できないが、少なくともROE、キャッシュフロー比率、配当率からは反対の印象を受ける。ちなみに、買収に際しキャッシュフローは多い方が、負債は少ない方が歓迎される。また、

合併比率では下野紡績の方が金巾製織より少し高い評価を受けている。配当率は下野紡績の方が半分以下であるが、負債比率は金巾製織の方が2倍近く高く、これが影響したのであろうか。結局コーポレート・コントロール市場では、原則として買収者・被買収者はともに price taker ではなく、所詮標的企業は買い叩かれる構造にあることが考慮されるべきなのであろう。三重紡は、尾張紡買収に当たり奥田と服部俊一を、下野紡買収に当たり野沢藤吉を迎え入れたが[60]、こうした措置は優秀な人的資源の獲得以外に、合併比率に対する株主の不満を緩和する意味が込められていたと考えられる。

4．おわりに

こうして日露戦争後三重紡績が大阪紡績にもまして、めざましい企業成長を遂げたことは、図2-4、図2-5からも確認することができる。いいかえれば戦後、両社に大きな差がついたのである。それは、いみじくも「後発企業が常に先発企業より競争力がある」という米川伸一［1994：182, 184］の指摘を体現するものであり、前社の後社に対するM＆Aが「吸収合併」に近いというのも言いえて妙である[61]。両図に見える両社の格差は、他にもさまざまな要因にもとづくものであろうが[62]、コーポレート・ガバナンスの見地からは、三重紡経営者の総会における強権発動とM＆Aの件数と戦略によるものであったという、いわば通説が本章のさらなる分析によっても確認できたわけである。

しかし、この結果導かれた4：5の合併比率に、大阪紡の株主からは不満の声が上がらなかったのだろうか。その合併決議が行われた以下の大阪紡績『臨時株主総会決議録』を見ると、そこに登場する3名の株主、マーチン、亀岡忠弘、西沢武助は、それどころか歓迎の意をおおむね表しているのであった[63]。マーチンいわく「会社ガ合同シタナラバ　非常ニカノ強イモノニナッテ他ノ競争ニモ堪ヘ　又新規ノ計画ヲスル事モ出来マスカラシテ　将来当会社ノ益々発達シテ　利益ノ増大スルト云フ事ハ明カナ次第デアリマス」（傍点は引用者）。つまり、大阪紡の株主に当然三重紡の株価（図2-6）、純利益（図2-5）や

第 2 章　三重紡績の成長戦略　57

図 2-4　売上高

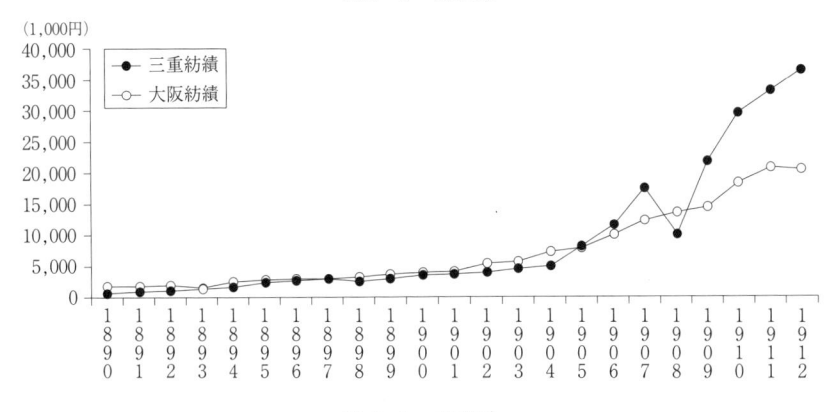

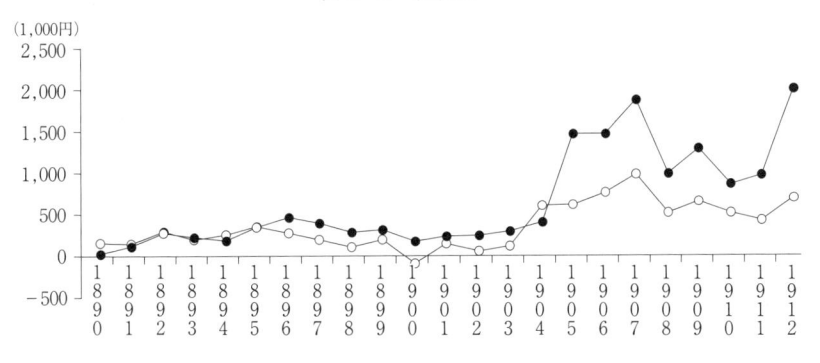

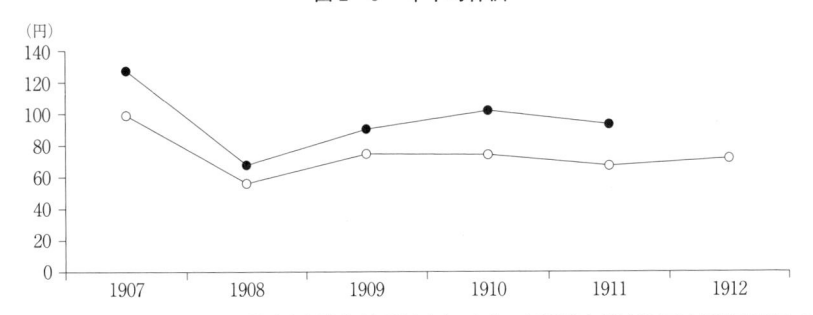

図 2-5　純利益

図 2-6　年平均株価

注：売上高につき、大阪紡績は「製糸高」「撚糸高」「製布高」の合計、三重紡績は「製糸出来高」「製布出来高」の合計。
　　売上高・純利益は、上期・下期の平均。三重紡績の1912年の株価は n.a.。
出所：山口和雄編著［1970］『日本産業金融史研究　紡績金融篇』、大阪株式取引所［1928年］『大株五十年史』。

配当率（図2-2）は知られており、この際合併すればより高い値上がり益が見込めると期待されたからに違いない。

最後に、合併決議が行われた以下の総会の内容につき、先行研究でこれまで顧みられて来なかった点について附言し、本章を終えることにしよう。

1914年4月臨時株主総会

三重紡績と大阪紡績の合併の動機について、規模拡大による経営合理化という理由に引続き[64]、次のように、①中国の輸入関税、②パナマ運河の開通、そして③工場法の実施という事由もあげられていたことは注目に値する。

議長（山辺）「近頃ニ至リテ支那関税問題ト云フモノガ発生シテ来リ　又近キ将来ニ於テハ巴奈萬運河ノ開通ヲ見ントスルニ至ッテ居リマス（中略）其他既ニ制定セラレテ居リマスル所ノ工場法ノ実施モ追々近ツキマスルデ　之ニ依テ製額ノ減少ヲ来スト云フコトニ対シテモ　予メ準備スルノ必要ガアル」。

また、社名も当初「東洋紡織」としていたところ、1字違いにすぎないためとくに株主には諮らず、にわかに「東洋紡績」に変更されたことも興味深い。

経営者（阿部房次郎）「業務ノ実体ノ上カラ　最初『東洋紡織株式会社』ト命名シタラ宜カラウトイフノデ　原案ハ斯様ニ出来テ居ルノデ御座イマス　然ルニ其後段々考ヘマスト　紡織トイフヨリモ寧ロ紡績トシタ方ガ　通俗デモアリ世間デモ呼ビ易ヒカラ　紡績トイフ事ニ」したのであった。

注
1)　時価×発行済株式総数で算出。すなわち三重紡績は87.50×205,000＝17,937,500、大阪紡績は72.20×100,000＝7,220,000。時価は『大阪朝日新聞』［1914/5/31］による。
2)　ここにローカルとは、四日市市は中部地区の中心である名古屋市の周縁に位置するという意味である。
3)　日本銀行大阪支店『大正3年当店金融報告』（日本銀行大阪支店蔵）。高村直助［1970：389］「大阪紡績会社」山口和雄編『日本産業金融史研究　紡績金融篇』第3章第1節（東京大学出版会）。
4)　村上はつ［1965］「三重紡績会社の資金調達――明治二、三十年を中心として

——」『社会経済史学』第30巻第1号。村上はつ［1970］「三重紡績会社」山口和雄編著『日本産業金融史研究　紡績金融篇』(東京大学出版会)。東洋紡績株式会社［1986］『百年史　東洋紡　上』。宮本又郎［1985］「大阪紡績の製品・市場戦略」『大阪大学経済学』Vol. 35 No. 1。川井充［2007］「合併と企業統治」『大阪大学経済学』Vol. 57 No. 3 など。

5) 高村直助［1996：167］『会社の誕生』(吉川弘文館)。
6) 東洋紡績株式会社［1986：201］『百年史　東洋紡　上』。
7) 武藤山治［1901］「紡績大合同論」同［1963：419〜447］『武藤山治全集　第1巻』(新樹社)。
8) 宮島英昭編著［2007：348-372］『日本のM&A』(東洋経済新報社)。
9) 高村直助［1971：48, 49］『日本紡績業史序説　上』(塙書房)。
10) 前坂俊之［2000：解説2］絹川太一編［1936］『伊藤伝七翁』。
11) 実は父が興したものを伝七が継いだものである。
12) 東洋紡績株式会社［1986：166］『百年史　東洋紡　上』。ただし桜谷勝美［1988：46］「二千錘紡績の苦闘——三重紡績所の場合——」『三重大学法経論叢』第5巻第2号では1885年とされている。
13) この件では、伊藤は時の三重県令・石井邦猷に窮乏を訴えている(桜谷［1988：50］)。
14) この年を三重紡の創立年とする(東洋紡績株式会社［1986：167］)と、その創立は大阪紡のそれより4年遅い。
15) 石井寛治［1991：208］『日本経済史　第2版』東京大学出版会、三和良一［2002：59］『日本経済史近現代　第2版』(東京大学出版会) など。
16) すぐに中国棉さらにはインド棉に切り換えられたが、受入れ港の関係でやはり大阪に地の利があったといえよう。
17) 日本国憲法によって廃止されたが、公家などの身分を表す明治期の爵位。
18) 山口和雄編著［1970：394］『日本産業金融史研究　紡績金融篇』(東京大学出版会)。
19) これらの株主総会は、東洋紡績株式会社［1986：187］に掲載されたものであるが、記述が断片的にすぎるため、筆者が独自に東洋紡績会社社史室所蔵『三重紡績会社株主総会要件録』から再録したものである。
20) 「前季総会ニ於テ　久保田氏ヨリ貸借表ヲ通知状ト共ニ発送ノ建議アリシヨリ当季ヨリ其事ニナセリ」。1903年7月第40回株主総会議事録。
21) 下の名前は不明。
22) 宮本又郎・阿部武司［1999：179］「工業化初期における日本企業のコーポレー

ト・ガバナンス」『大阪大学経済学』Vol. 48 No. 3・4。
23) 三重紡関係では、九鬼文之助は肥料・醸造業者（九鬼紋七の親族）、大塚八郎兵衛も醸造業者、三輪猶作は酒造・肥料商そして伊藤伝平は醸造業者（伝七の弟）であった。一方大阪紡関係では、久保田庄左衛門は薬種商そして川邨利兵衛は内外綿会社の取締役であった。
24) 「株金分割払込制」とは、株金の初回払込額は4分の1以上で足りる（新商法第128条2項）とするもので、残額はその株式を担保に銀行から借入れて支払うことがしばしば行われた。これを「株式担保金融」といった。村上はつ［1965：26］「三重紡績会社の資金調達——明治二、三十年を中心として——」『社会経済史学』第30巻第1号。村上はつ［1970：402］「三重紡績会社」山口和雄編著『日本産業金融史研究　紡績金融篇』（東京大学出版会）。
25) 本書・補章「未払込株金と戦前日本企業」第3節 (2) ②。
26) 村上はつ［1965：28注4］「三重紡績会社の資金調達——明治二、三十年を中心として——」『社会経済史学』第30巻第1号。
27) 東洋紡績株式会社［1986：187］『百年史　東洋紡（上）』。
28) 宮本・阿部［1999：184］。
29) 宮本・阿部［1999：183］。
30) 東洋紡績会社社史室所蔵『大阪紡績会社第43回定時株主総会議事録』。なお、この記述は宮本・阿部［1999］には登場しない、本章独自の引用である。
31) しかし、そうした経営者（山辺）も日露戦争後は次第に支配権を強めていったとされる（宮本・阿部［1999：195］）。いわゆる専門経営者による統治である。これに対し、三重紡の場合は、専門経営者（八巻）と所有経営者（伊藤）の併存が認められる、チャンドラーの意味で特異なケースといえよう。
32) 当時のM＆Aは合併契約に至るのが一般であり、子会社や持株会社形態をとる企業はまだ少なく、それらが盛んになるのは1930年代のことである。
33) 株式交換について、現行会社法第2条第31号は「株式会社が他の株式会社の100％子会社となること」と狭く定義する（1999年改正）が、ここでは用語の通常の意味で使用する。
34) 現行法では会社法第749条第1項第2号など。
35) 神田秀樹［2006：296］『会社法（第8版）』（弘文堂）。
36) この両者の違いについては、自明なこととして説明は省いている。
37) 宮島編著［2007：14-17］。
38) 浜田道代編著［1999：110-115］『日本会社立法の歴史的展開』（商事法務研究会）。
39) ユニチカ株式会社［1991：65］『ユニチカ百年史　上』。

40) 武藤山治［1901］、同「紡績大合同論」［1963：422］『武藤山治全集　第1巻』（新樹社）。
41) 高村［1971：90, 94］。
42) 宮島編著［2007：366-372］。
43) 3年ではないことに注意。
44) 後掲。
45) 絹川太一［1944：45］『本邦綿糸紡績史』第7巻（日本綿業倶楽部）。
46) 絹川太一［1941：273, 292］『本邦綿糸紡績史』第5巻（日本綿業倶楽部）。
47) 絹川太一［1939：309］『本邦綿糸紡績史』第4巻（日本綿業倶楽部）。
48) 絹川［1944：93］。
49) 絹川［1944：72］。
50) 絹川太一［1937：271］『本邦綿糸紡績史』第2巻（日本綿業倶楽部）。
51) とはいえ、表1のNo. 15～23に限る。
52) 絹川太一［1942：193, 194］『本邦綿糸紡績史』第6巻（日本綿業倶楽部）は、大阪紡の大阪織布に対するM&Aは「創立当時からの予定」と述べていた。
53) 過当競争を回避するためには、大阪紡・三重紡・金巾製織からなる三栄輸出組合がすでに存在した。東洋紡績［1986：108］。
54) 1897年から社長。山口和雄編著［1974：978］『日本産業金融史研究　織物金融篇』（東京大学出版会）。
55) 大阪紡績のマイナス値は火事の影響であろう。
56) 東洋紡績［1986：178］。
57) 鈴木恒夫・小早川洋一［2010：350］「企業家ネットワークの形成と展開」阿部武司・中村尚史『産業革命と企業経営』（講座・日本経営史）第2巻（ミネルヴァ書房）。
58) 絹川［1939：329-331］では、「両社の合併案は賛成・反対こもごもの説に別れたが、賛成説にも手段をめぐって2説が対立した。三重紡・伊藤は、三重紡が伊勢方面の諸紡績を統一し、尾張紡が濃尾方面を統一、しかる後両社が合併するという説を主張した。一方尾張紡・奥田は、まず尾州トップの尾張紡と伊勢トップの三重紡が合併すれば、おのずと他の群小企業もこれに続くという説に立っていた」旨述べられており、本文の筆者の考えとは異なっている。この解明は今後の課題としたい。
59) 浅沼萬里・岩崎晃訳［1980：261］『市場と企業組織』（日本評論社）。
60) 絹川太一［1938：331］『本邦綿糸紡績史』第3巻（日本綿業倶楽部）。同［1937：272］。

61) 米川伸一［1994：182, 184］『紡績業の比較経営史研究』（有斐閣）。
62) 大阪紡では大福帳経理が行われ、労働者は酷使され、学卒者の採用にも消極的であった、とされる。阿部武司［2010：93, 96］「生産技術と労働――近代的綿紡織企業の場合――」阿部武司・中村尚史『産業革命と企業経営』講座・日本経営史　第2巻（ミネルヴァ書房）。これに対し三重紡の経理は複式簿記で行われ（伊藤は部下の簿記教育に熱心）、職工には温情主義で接したようである。絹川太一編［1936：82, 354, 375］『伊藤伝七翁』（大空社）。また三重紡は整理整頓が行き届いているが、「凡ヘテ大阪紡績会社ニ比シ大ニ径庭アリ」という有様であったという。八十島親徳「韓国旅行日記」東洋紡績［1986：177］。さらに大阪紡の営業努力が山辺の社長交代前後から弱まっていったことをあげる文献もある。宮本又郎［1985：167, 168］「大阪紡績の製品・市場戦略」『大阪大学経済学』Vol. 35 No. 1。
63) 亀岡忠弘はやや異を唱えているが、それも合併を是とした上での慰労金（第3号議案）の決め方についてであった。
64) 東洋紡績［1986：203］。

Column 1
大買収時代

　19世紀から20世紀への世紀転換期の日本企業は「大買収時代」といっても過言ではない状況を迎えていた。本文にも書いたように、これに備えて新商法も合併規定を新設。当時は鉄道業と紡績業でM&Aが相次いだ。表2-3は、後者の活況をまとめたものである。つぎに1920年代は、銀行業・電力業でM&Aが盛んに行われた。一方、財閥は戦前全般を通して他の多くの日本企業に潜在的な規律づけを与えていたといわれる（岡崎［1999：176以下］）。すなわち非財閥系企業の経営者は、いつなんどき財閥に買収されその軍門に降るかもしれない脅威から、経営効率の向上に努めたのである。表C-1-1と表C-1-2は、先行研究による財閥と電力業のM&Aの一覧を転載したものである。

表C-1-1　戦前・財閥による企業買収

	財閥名	買収年	被買収企業
1	安田	1896	東京火災
2	三井	1899	北海道炭礦汽船
3	安田	1907	四国銀行
4	安田	1909	中国鉄道
5	三菱	1911	九州炭鉱汽船
6	浅野	1920	京浜運河
7	安田	1922	日本紙業
8	安田	1922	日本昼夜銀行
9	安田	1923	第三銀行
10	三菱	1924	飯塚鉱業
11	住友	1925	日之出生命
12	三菱	1926	東京鋼材
13	三井	1928	日本製粉
14	住友	1932	日本電気
15	日産	1934	日本水産
16	日産	1934	日本油脂
17	日産	1934	大阪鉄工所
18	日産	1937	大阪化学工業
19	日産	1937	日本ビクター

出所：岡崎哲二［1993］。

表C-1-2　戦前・電力業における企業買収

	1919～24年		1924-29年	
	買収企業	被買収企業	買収企業	被買収企業
1	白勢合名	新潟水力電気	東京電灯	多摩川水力電気
2	昌栄合資	山陽中央水電		東信電気
3	帝国電灯	筑波電気	東邦電力	新潟電力
4	東邦電力	早川電力		揖斐川電気
5		稲澤電灯		東三電気
6	東京電灯	京浜電力		二本松電気
7	三重合同電気	那賀電気		福島電灯
8	日本窒素肥料	出雲電気		河津川水力電気
9	帝国商業	中宮祠電力	北海道電灯	東部電力
10				函館水電
11			日本電力	山陽水力電気
12			九州水力電気	九州送電
13			宇治川電気	山陽中央水電
14			三重合同電気	高松電灯
15			北海水力電気	北海道合同電気
16			高岡電灯	大岩電気
17			山陽中央水電	中国合同電気
18				岡山電灯
19			第二富士電力	川根電力索道
20			京都電灯	大聖寺水電
21			日本海電気	小松電気
22			熊本電気	球磨川水力電気
23				鹿児島電気

注：証券子会社による買収も、親会社によるものとして作表した。
出所：加藤健太［2005］により筆者作成。

Column 2
ホワイトナイト・久原房之助

　東京生命［1970：88-91］によると、東京生命の前身、真宗信徒生命は、京都は西本願寺により1894年創立された。1914年には、真宗信徒生命は共保生命と改称し、その株式のうち8,000株は西本願寺の外郭団体である共保財団が保有していた。共保生命は共保財団に対し、この8,000株につき「貴団御所有の共保生命保険株式会社株式8,000株を　貴団に於て其一部又は全部を御処分せられんとする節は　先以て私共に御相談の上　私共に御譲渡下さるるか　又は私共の承認したる第三者の外には　御譲渡相成らざる事」という約束を文書で交わしていた。

　ところが、本山の財政困難の中これが売却されるという噂が立ち、買受けを希望する者が出てくる中、前途を憂慮した共保生命の堀貞社長は、西本願寺の大谷尊由師に対し、もし売却するのであれば有力信徒が妥当である旨、進言していた。

　この有力信徒の一人として、母文子が熱心な浄土真宗の信者であった久原房之助の名前が上がったのである。久原の方も買受けには好意的で、「8,000株と付属の新株3,000株を55万円で引受ける」旨の意向を示した。これに対し、仁寿生命社長の下郷伝平も55万円、大正生命専務の岡烈は60万円を提示し、外部から執拗な買収攻勢がかけられた。内部的にも売却延期説が有力となるなど波乱があったが、結局1916年共保財団評議員会は久原への売却を決定した。こうして、久原は共保財団に代って筆頭株主となったが、経営はすべてこれまで通り堀社長に一任されたという。

　これは大正期における、ホワイトナイト・久原房之助による共保生命の救済劇と理解できよう。

Column 3
島徳蔵による阪神電鉄の買収

　阪神電鉄［1955：182-185］によると、島徳蔵は1875年大阪堂島の生まれ。父は株式仲買人、母も実家は株屋という血を引き、すでに20歳のとき大阪鉄道株の取引で名をなしたという。そして、日露戦争と第1次大戦で巨額の利益を得、若くして財を築いた。1916年には、大阪電灯社長・永田仁助や当時大阪財界の有力者であった岩下清周、片岡直輝などの要請を受け、大阪株式取引所の第8代理事長に就任することとなり、以後10年近くその職にあった。

　これと前後するが、1907年に島は岩下清周、片岡直輝とともに阪神電鉄の取締役に就任。岩下、片岡の退任後もひとりその職にとどまり、1926年大株理事長辞任後はさらに阪神電鉄に深く関わるようになった。1927年太宰政夫の支配人就任をいさぎよしとしなかった島は、増資引き受けで大量の株式を取得、小曾根喜一社長の後を襲った。これを、当時の大阪朝日新聞［1927/10/8］は「こゝに島氏の久しきにわたる阪神乗取り策は全く奏効した」と伝えている。

　こうして、新社長に就任した島は、阪神電鉄の経営にエネルギッシュに乗り出した。その就任期間は4年あまりにすぎなかったが、経営は堅実そのもので阪神電鉄の企業価値を高めたことは、ある株主の次のような述懐に明らかである。「大体ニ於テ　当社ハ従来如何ナルコトニモ因循姑息消極的方針デアリマシタガ　島社長就任以来積極方針トナリ　スベテニ於テ改善サレテ居ル」（阪神電気鉄道［1955：183］）。

　では、具体的にどのような効率的経営が行われたのか、以下に特筆すべき4点を見ることにしよう。①まず、設備・施設の充実・完備があげられる。既設運輸施設の改良、神戸・大阪増設線の建設、今津出屋敷線、千鳥橋・野田・梅田線の建設、湊川線の延長など、数多くの路線拡張、沿線の開発などを行った。②つぎに、当時の過剰な高配当主義を退けるのに成功した。1920年代の日本は、戦後恐慌、関東大震災や金融恐慌に見舞われ不況色を深めていたが、一方で日本企業は配当第一主義をとり高配当市場が成立していた（第6章）。ところが、島はこれを戒め、「余り沢山な配当をする事は　実際に於いて株主に損な事となる」と述べて、1928年下期から配当を1割に下げたのである。③さらに、専門経営者を登用したことがあげられる。島は、1928年今西与三郎を、1929年には山口覚二を、さらに同年鉄道省から細野躋を招聘し、取締役に加えた。これら有能な専門経営者の登用は、後の阪神電鉄の発展にとって重要な布石になったとともに、

皮肉にも島自身の退任を早めることにもなってしまった。④また、3電鉄の合同を計画した。島は、阪急社長小林一三、京阪社長太田光凞と会見し、3電鉄会社の合併に賛同を得、鉄道省の了解も得ていたという（大阪朝日新聞［1927/10/ 8 ］）。これは結局実現しなかったが、80年後の村上ファンドの事件i)をほうふつとさせる興味深い史実である。

注
i) 2005年、村上世彰による阪神電鉄の買収事件。

第3章 1920年代の持株会社による企業統治
——三菱本社のケースから——

1. はじめに

　1997年の持株会社解禁以来、わが国では多くの持株会社が設立され、それはさながら持株会社ブームともいえる勢いであった。2003・04年が一つのピークであったが、持株会社設立ブームは現在まだまだ収まる気配はない[1]。ところで、ここにいう持株会社は、正確にいえば「純粋持株会社」であり、みずからは事業を行わず純粋に管理機能に特化した持株会社のことである。これに対し、事業を兼営する持株会社は「事業持株会社」といわれる。

　持株会社研究において学界をリードしてきた下谷政弘は、1996年に『持株会社解禁』、10年後の2006年に『持株会社の時代』を書いたが、それらは正確には「純粋持株会社解禁」、「純粋持株会社の時代」の意味であった。ここに純粋持株会社「解禁」というのは、1947年から50年間、独占禁止法9条によって禁止されてきたところ、1997年の独禁法改正で、それが法認されたからである（下谷［1996：56］）。その禁止の経緯はこうであった。敗戦後、日本を間接統治した連合軍の司令塔 GHQ は、戦前の三井・三菱・住友に代表される財閥が、war potential（潜在的戦争遂行能力）であり、非民主的な存在であると認識した（橋本寿朗・長谷川信・宮島英昭［2006：17］）。その結果財閥は解体され、それが採用していた持株会社形態も葬り去られることになった。そしてその恒久化を期し、独禁法9条で純粋持株会社の禁止がうたわれたのである。

　では、事業持株会社のほうは、どうであったのだろうか。事業持株会社といえば何か特殊な存在のように聞こえるが、子会社を有する事業会社はすべて事

表3-1　第一次大戦前後の持株会社ブーム

成立年	持株会社	傘　下　会　社
1909	三井合名	三井銀行・三井物産・東神倉庫・三井鉱山
1912	(名)安田保善	安田銀行・安田商事
1914	浅野合資	浅野セメント・浅野造船所・日本昼夜銀行・浅野製鉄所・浅野物産・浅野小倉製鋼所・浅野昼夜貯蓄銀行
1916	(資)岩井本店	岩井商店
1917	*三菱合資	三菱造船・三菱製鉄・三菱倉庫・三菱鉱業・三菱商事・三菱海上・三菱銀行・三菱内燃機・三菱電機
	古河合名	東京古河銀行・古河商事・古河鉱業
1918	(名)大倉組	大倉鉱業・大倉土木組・大倉商事
1920	(資)川崎総本店	川崎造船所・神戸川崎銀行
	(名)久原本店	久原鉱業・久原商事・久原用地部
1921	住友合資	住友銀行・住友鋳鋼所・住友電線製造所・住友倉庫・住友ビル
1922	野村合名	野村商店・大阪野村銀行・大東物産
1923	鈴木合名	鈴木商店

注：傘下会社の成立年は、持株会社の成立以降とは限らない。
　　＊につき、図3-1参照。
出所：橘川武郎［1996］。

業持株会社である。法理論的には、このような事業持株会社も、他会社の「株式を所有することによりその会社の事業活動を支配することを（中略）主たる事業とする」（1949年改正独禁法9条3項）限り、許されないはずである（正田彬［1995/12/15：59, 60］）。しかし、公正取引委員会の法運用はそうではなく、事業持株会社であれば、どんな場合でも事実上その存在を許容してきたのであり、実際その摘発事例は戦後一例もなかった。こうして、歴史的に事業持株会社は、戦前・戦後を通じて事実上連綿と存在し続けてきたのである。

1回目の持株会社ブーム

　ところで持株会社設立ブームは、日本において今回が最初のものではなかったことが、ここでは重要である。実はそれは2回目であった。1回目の持株会社ブームは、第一次世界大戦前後のコンツェルン形成運動の過程で生じた。橘川武郎［1996：41］は、「この動きは、1909年の三井合名の設立に始まり、23年の鈴木合名の設立でひとまず終了した」と述べている。安田、三菱、住友な

どが持株会社化を果たしたのもこの時代であり、それを一覧にしたものが表3-1である。以下ではこの中から、持株会社設立のケース・スタディとして、三菱財閥本社をとりあげよう。三菱本社が選ばれた理由は、同社はいくつかの指標で（たとえば1918年の本社総資産額）、3大財閥の中位を占めることが多く、3者を代表させるに適した存在だからである。

2．持株会社・三菱本社の設立

(1) 設立経過

　1916年、岩崎小弥太（創業者弥太郎の弟弥之助の長男）が、岩崎久弥のあとを継いで三菱合資会社の社長に就任したが、持株会社としての三菱本社は、この小弥太の存在と共にあった。というのは、持株会社導入の組織改革は小弥太によって手掛けられたものであり、1945年財閥解体が緒についてまもなく小弥太はこの世を去ったからである。

　三菱財閥の持株会社化は、数年を費やして成し遂げられた。それ以前は、久弥のもとで三菱特有の「事業部制」が敷かれていた（この性格につき、詳しくはColumn 5参照）。まず、「事業部」の造船部を三菱造船株式会社としたのは1917年、炭鉱部と鉱山部を合わせて三菱鉱業株式会社とし、営業部を三菱商事株式会社としたのは18年であり、そして銀行部を三菱銀行株式会社とし、総務部の保険課を三菱海上火災株式会社としたのは19年のことであった。また、これと併行して、「事業部」ではなかったが臨時製鉄所建設部を三菱製鉄株式会社として本社傘下に編入したのは17年、以前から傘下にあった東京倉庫株式会社を三菱倉庫株式会社と社名変更したのは18年のことであった。これら新設の直系会社は「分系会社」と呼ばれ、また持株会社化にともない、18年には本社定款の会社目的欄に「有価証券の取得および利用」の一項が加えられた。その後も分系会社の設立は、1920年に三菱内燃機製造株式会社、21年に三菱電機株式会社と続く。

図 3-1　1921年の三菱財閥

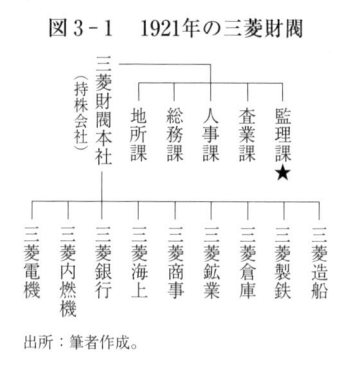

三菱財閥本社（持株会社）
├ 地所課
├ 総務課
├ 人事課
├ 査業課
├ 監理課 ★
├ 三菱造船
├ 三菱製鉄
├ 三菱倉庫
├ 三菱鉱業
├ 三菱商事
├ 三菱海上
├ 三菱銀行
├ 三菱内燃機
└ 三菱電機

出所：筆者作成。

こうして21年の三菱財閥は、図3-1のような、本社の傘下に9社の分系会社を擁する内部組織再編型（下谷［2009：138, 139］）の三菱コンツェルンを現出させた。

(2) 設立理由

では、持株会社・三菱本社は、どのような理由から設立されたのであろうか。先行研究は、①数字節税対策、②リスク回避と分散、③社会的資金の調達、④異業種の効率的統合そして⑤モニタリングの強化などをあげていた。以下ではこれらを検討することにしよう。

先行研究

まず、①節税対策は、長沢康昭［1981：86］、武田晴人［1985：250, 251］や三菱経済研究所［1958：56］などが掲げる設立理由である。三菱合資会社は、「事業部」を内部にとどめるより、スピン・オフしそれぞれを株式会社とする方が、筆者の試算では年間100万円単位の節税になった[2]。それは、1913年の所得税法改正により、合資会社であれば1,000分の40〜130の累進税になるところ、株式会社では1,000分の62.5の定率税で済んだからである（株式会社が当時優遇された経緯については、第5章第2節 (3) ③参照）。それなら三菱合資自体は、なぜ株式会社化されなかったのだろうか。それについては一般に財閥としての閉鎖性の維持ということがいわれるが、同時に同法3条が「株主20人以下の株式会社は、合資会社の税率を準用する」旨定めており、久弥・弥之助・小弥太の3名出資（1918年時点）の三菱合資では、株式会社化したとしても合資会社の税率が適用されたため、実を取ったのであろう（青地［2002a：79］）。

つぎに、②リスク回避と分散は、（以下の (i) につき）長沢［1981：87］、武田晴人［1985：246］や（(ii) につき）三菱経済研究所［1958：55］などが

あげている。（ⅰ）「事業部」であれば三菱合資は損失を無限に被るところ、「事業部」を株式会社にすれば、株主として有限責任しか負わないばかりか、（ⅱ）「事業部」を複数の株式会社とすれば、1社の破綻が他に及ぶことからも免れうるからである。さらに、③社会的資金の調達は、小弥太自身［1944：12, 13］が述べており、森川英正［1980：260］、旗手勲［1978：164］や麻島昭一［1986：19, 254］などもあげていた。「事業部」を株式会社にすれば、当然そのIPOによって社会的資金の導入が期待できる。しかし実際、1920年代にそれを果たしたのは、分系会社のうち三菱鉱業（1920年）と三菱銀行（1929年）のわずか2社であったことから限定的に考えるべきであろう。また、④異業種の効率的統合は、小弥太［1944：38］、三菱経済研究所［1958：53］や武田［1985：246］などがあげている。多角的事業を統括するうえで、より有効と思われる装置が求められたのである[3]。

また、⑤モニタリングの強化は、青地［2002b：24-26］があげるものである。1916年、小弥太が全社的な会計監査を実施したところ、その運用は杜撰な憂慮すべきものであった。そこで17年、各部の専務理事などに対し、小弥太はつぎのような「特別通知」を発している。「往往会計の整理完全ならず　其取締不十分なるものあるを発見致候事　真に遺憾の至に存候　殊に甚だしきに至りては　会計整理の根本義を没却　場所長の指図を以て計算並帳簿上に作為を加ふるものも有」り。とくに管理者である場所長の不正行為への加担は深刻であった。こうして「事業部制」における行きすぎた分権化が反省され、モニタリング機能が期待できる持株会社システムへの構築に向かわせたのである。

小括

以上の理由は、間接的あるいは直接的に今日いうコーポレート・ガバナンスの視点からのものである。ちなみに④⑤は、1997年独禁法改正への流れを確実にした産業構造審議会［1993］も掲げる解禁理由であった（下谷［1996：56, 57］）。すなわち、第一次世界大戦の好況の中で、多くの日本企業は急速な成長を遂げたが、その結果直面したのは、肥大化し複雑化した事業の管理の問題で

あった。そこで、持株会社に期待されたものは傘下会社の規律づけ、すなわちコーポレート・ガバナンスの問題が大きかったと考えられる。そこで以下では、持株会社・三菱本社をもっぱらかかる視点から検討していくことにしよう。

3. 三菱本社によるコーポレート・ガバナンス

　岡崎哲二 [1999：13, 14など]『持株会社の歴史』は、市場（株式市場、資本市場）だけではなく組織（持株会社）もコーポレート・ガバナンスの機能を有することを、O. E. ウィリアムソン [1975：第8章] の事業部制の議論から導出し、ついで持株会社によるコーポレート・ガバナンスの仕組みを、①組織、②内規、③内部資本市場、そして④テーク・オーバーの、およそ4つに分けて論じている。すなわち持株会社は、①会計的・業務的モニター部門、新規投資の調査部門や人事管理部門によって傘下会社を管理し、②文書により傘下会社への権限配分を取り決め、③傘下会社間の資金の過不足を調整し、さらに④財閥外企業の規律づけをも行う、などの機能を発揮するとしている。

　ただ岡崎 [1999：13] における、ウィリアムソンの事業部制の議論を持株会社に援用する論法には、いささか違和感を禁じえない。なぜなら、そうであれば日本企業はガバナンス装置として事業部制をとれば足りるのではないか。なぜ、あえて持株会社なのかが説得的ではないからである。これを理解するには、(i) まず持株会社システムにおいては、株主によるガバナンスの視点がえられること、(ii) また三菱の場合初期条件として、すでに一応「事業部制」が敷かれており、他に新たな分権的組織が検討されたこと、(iii) さらに一般論として、米国企業は合併により大企業体制（→事業部制）をとる傾向があるのに対し[4]、日本企業は分社化の傾きがある（下谷 [2006：第6章]）ことを踏まえる必要があろう。

　さて、持株会社・三菱本社は、どのようにして傘下の分系会社のコーポレート・ガバナンスに当たったのであろうか。以下では、岡崎 [1999：118以下] の議論を参考としつつ、持株会社・三菱本社によるコーポレート・ガバナンス

表 3-2 三菱本社の持株比率

(単位:%)

	1920	1921	1922	1923	1924	1925	1926	1927	1928	1929	1930
三菱造船	98.6	98.6	98.5	98.5	98.5	98.5	98.6	98.6	98.4	98.4	98.4
三菱内燃機	110.0	87.0	n.a.	n.a.	n.a.	n.a.	n.a.	n.a.	n.a.	n.a.	n.a.
三菱製鉄	49.1	49.0	49.0	49.0	52.8	52.9	52.9	52.8	52.8	52.8	52.8
三菱鉱業	65.2	65.2	65.2	65.2	65.2	65.2	65.2	65.2	61.2	60.4	60.5
三菱商事	95.5	95.2	95.2	95.0	95.0	95.3	95.3	95.2	95.2	95.0	95.2
三菱海上火災	64.9	64.9	65.2	64.9	64.9	64.9	64.9	64.9	64.9	64.9	64.9
三菱銀行	56.8	56.8	96.4	96.4	96.4	96.4	96.3	96.4	96.6	55.1	55.1
三菱倉庫	6.9	6.8	6.8	6.8	6.8	6.9	6.9	6.9	7.0	7.0	7.0
三菱電機		49.3	n.a.	n.a.	n.a.	n.a.	n.a.	n.a.	n.a.	n.a.	n.a.
三菱信託								16.7	16.7	16.7	16.7
平均	68.0	65.7	72.6	72.5	73.8	73.8	73.8	71.4	70.1	61.7	61.7

注:三菱電機は1921年、三菱信託は1927年設立。
出所:麻島昭一[1986]など。

を検討していくことにしよう。

(1) 所有構造

　表 3-2は、三菱本社の分系会社に対する持株比率を見たものである。1920年代のそれは低い時でも平均60%を超えており、こうして本社は、分系会社に対する発言権 voice を確保し、コーポレート・ガバナンスへのゆるぎない姿勢を内外に示していた。この他に岩崎家や他の分系会社の持分(相互持合いを含む)も存在したから、分系会社の株主安定度も盤石なものであった。また本社は、株主の立場とコンツェルン組織の頂点という地位から、分系会社の会計や業務をチェックした。実際にこれに当たった本社の組織は、監理課であったと思われる(図 3-1、★印)。この点、内規[1918a:9条]は会計面につき、分系会社は各年度の予算・決算について本社社長の承認を受けることとしていた。

　とはいえ、同表の三菱信託と三菱倉庫の数値の低さが気にかかる。その理由として、三島康雄編[1981:247]は、前者につき「これは三菱銀行の株式公開と同じく、広く大衆に資金基盤を求めようとする方針のあらわれであった」

としている。他の分系会社が半数近くまで保有しており三菱信託の株主安定は保たれていたが、本社の三菱信託に対する支配力という点では問題があったことは否めない。この点、本社がIPO後も50％を維持していた三菱銀行とは、同列に論じることはできないであろう。また、三菱倉庫も同様の問題を抱えていた。

(2) 役員派遣

三菱本社によるコーポレート・ガバナンスの今一つの方法は、傘下の企業に役員を派遣することであった。図3-2は、長沢康昭 [1979：73, 74] による「本社兼任率」（本社役員兼任ポスト数÷子会社役員ポスト合計数）の推移を示したものである。同図によれば、分系会社ではその役員の約3割は本社役員が兼任していた。これを可能にしたのは、コンツェルン組織の頂点に位置した三菱本社の組織上の権限と、法的に分系会社株主総会の役員選任を資本多数決によってコントロールしえたことによる。いずれにせよ本社は、1920～30年こうして傘下会社の意思決定を拘束し、またその動向を監視することができた。

以上を支えた内規として、つぎのようなものがあった。まず、派遣役員は傘下会社に所属するのではなく、あくまでも「本社在籍」が保証されていた（内規 [1918a：第1条]）。また、分系会社の取締役会の決議事項は、事前に本社社長の承認を受けねばならなかった（内規 [1922：第4条]）。

(3) 内部資本市場

さらに三菱本社は、資金統括によっても分系会社のコーポレート・ガバナンスに努めた。すなわち三菱本社は、①分系会社全体の資金不足を補い、かつ②分系会社間の資金の過不足の調整を図った。そこで、三菱本社と分系会社の間には一種の資本市場、O. E. ウィリアムソン [1975：238] のいわゆる「ミニチュア資本市場」が形成されていたと見ることができる。宮島 [2004：8 など] は、それを「内部資金市場」と呼んだが、本書では通常の市場（外部資本市場）の対立用語として「内部資本市場」という表現を採用しておこう。

図 3-2　三菱本社による役員派遣

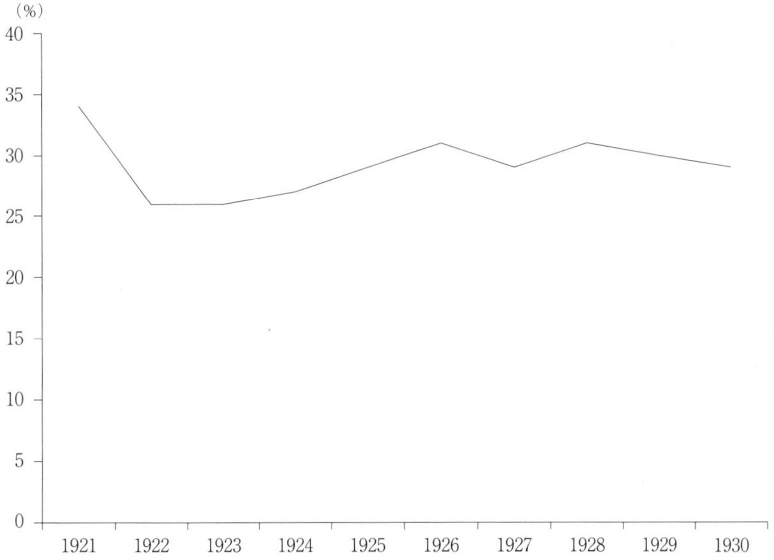

注：右記所収の「本社兼任率」。
出所：長沢康昭［1979］。

内部資本市場の状況

　一般に金融は、資金余剰主体から資金不足主体へ、資金の融通を行うことである。ここでは、前者は三菱本社および三菱系金融機関（主として三菱銀行）、後者は非金融系分系会社と考えられるが、資料的に三菱系金融機関の活動は定かではない。以下では、麻島昭一［1986：7, 8］の「収支構造分析」を利用し、まず①について、1920年代三菱財閥の内部資本市場の状況を探ることにしよう。

　図3-3は、麻島［1986：104, 105など］のいう「分系会社の金融収支」のうち、「現金・預金」の取崩しなど各社で賄うことができた分を除き、「本社預け金」の払出し分・「借入金」の増加分・「支払手形」の発行額・「増資」分と「払込み」徴収分・「社債」発行額を、非金融系分系会社につき集計したものである。そのマイナス値は、たとえば借入金の場合その返済を意味する。これらが内部資本市場に求められたと考えられる。

図 3-3　三菱財閥内部資本市場の状況

(単位：1,000円)

		1920	1921	1922	1923	1924	1925	1926	1927	1928	1929	1930
〈分系会社〉金融収支	本社預け金／払出	-9,789	2,475	10,812	2,142	4,901	1,640	2,388	2,098	2,100	1,000	-200
	借入金／増加	-779	-863	-6,705	3,557	5,714	3,784	-1,887	9,709	-4,759	7,846	-4,126
	支払手形／発行	-1,836	1,278	7,007	3,932	24,729	-4,857	1,114	9,062	-3,468	4,323	-1,217
	増資・払込／徴収	22,500	5,000	0	2,000	-500	1,500	0	0	0	0	1,500
	社債／発行	0	0	0	0	-2,000	-2,000	-2,000	-2,000	3,000	0	0
	計	10,096	7,890	11,114	11,631	32,844	67	-385	18,869	-3,127	13,169	-4,043
〈三菱本社〉内部留保	純利益	1,550	1,095	3,996	-2,354	7,004	7,687	6,517	7,041	10,974	14,413	6,438
	減価償却費	n.a.	n.a.	n.a.	n.a.	n.a.	n.a.	n.a.	n.a.	n.a.	n.a.	n.a.
	本社預り金	36,455	43,620	20,040	16,910	13,985	14,011	10,234	8,491	7,110	6,703	10,869
	計	38,005	44,715	24,036	14,556	20,989	21,698	16,751	15,532	18,084	21,116	17,307

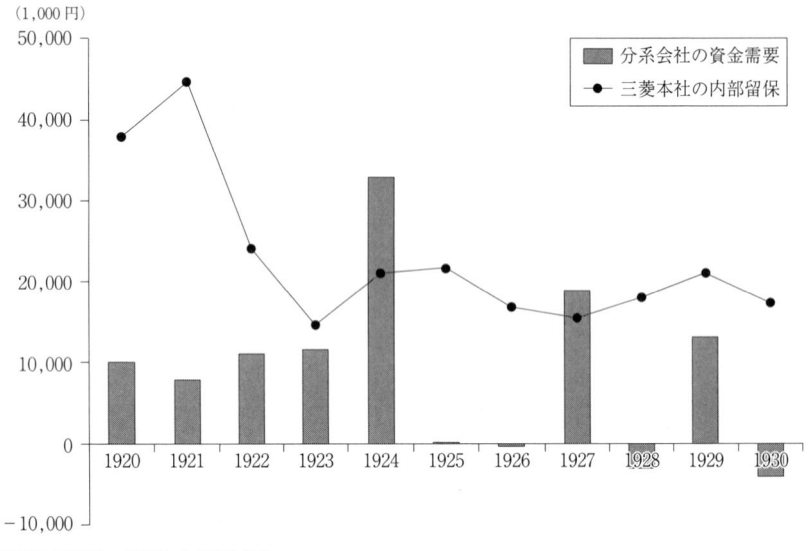

(出所)　麻島昭一［1986］より筆者作成。

　ところが同図から明らかなように、関東大震災の翌年1924年と金融恐慌の年である1927年を除いて、非金融系分系会社総体の資金需要は各年1千万円前後であり、それは持株本社の内部留保の範囲内に収まっており、とくに1925、26、28、30年は内部資本市場に資金を求める必要はなかったことがわかる。ここに内部留保は、受取配当を含む純利益と分系会社からの預り金のみを加算して求めた。というのは、減価償却費は三菱財閥においては一貫して不明であり、配

当金・役員賞与も麻島［1986：141］では「逆算方式」がとられ（その結果1920年は明らかな異常値）、結局不明だからである（この両者は一部相殺されることが期待される）。一方1924・27の両年に限っては、三菱本社はその内部留保を超えた分を他に求めたことになる。これが「三菱本社の金融収支」にほかならない。その資金源は、岩崎家や三菱系金融機関などであった。こうして調達された資金が内部資本市場に投入されたわけである。

　以上のごとく、1920年代三菱財閥の内部資本市場は決して活発なものではなく、その市場規模も大きなものではなかった。当時はいわゆる慢性不況期であり、各社総資産の増加も些少であり、分系会社の設備投資は後続する時代に比べ盛んなものではなかったのである。内部資本市場を担保した内規［1918b：第1条、第2条、第3（8）条］を見ておけば、つぎのようなものがあった。すなわち、分系会社が設備投資をする場合は、資金調達について本社と協議しなければならず、資金余剰が発生した場合は、本社に預け入れなければならなかった。また運転資金の融資は、三菱銀行から受けなければならなかった。

分系会社間の資金調整

　つぎに②については、三菱本社は資金を相対的に収益性の高い分系会社から、低いそれへ振り向ける操作を行った。そのうち典型的な4社を、麻島［1986：94, 95, 166］により以下に見ておこう。まず三菱銀行は、三菱財閥でトップの純利益（1920〜30年計：87,419千円）を上げ、高い市場成長率と高い市場シェアを誇っていた。そこで三菱銀行は、つねに製造部門の不振をカバーする存在であった。つぎに、三菱財閥で純利益第2位（同：55,823千円）を占めたのは、三菱鉱業であった。しかし日本の鉱業部門は、第一次大戦期の賃金高騰などにより1920年代は成長産業としての地位をすでに失っており、三菱鉱業は低い成長率と高いシェアを特色とした。その結果、三菱鉱業の余剰資金は、当時まだ力不足で収益の低迷していた、高成長率・低シェアの三菱商事に振り向けられた。さらに三菱製鉄は、終始三菱の重荷であり低成長率・低シェアの存在であった（1935年、ついに三菱本社は同社を見放すこととなる）。以上を、ボスト

図3-4 PPMによる資金フロー

	高　　　　市場シェア　　　　低
高　市場成長率　低	花　形　　　　　　問題児　　　　　　　　　　　　　　　　　　　三菱銀行　　　　　　三菱商事
	金のなる木　　　　負け犬　　　　　　　　　　　　　　　　　　　三菱鉱業　　　　　　三菱製鉄

出所：河合忠彦ほか［1989］。

ン・コンサルティング・グループ（BCG）の開発したプロダクト・ポートフォリオ・マネジメント（PPM）によるマトリックスに位置づけるならば、図3-4のようになる。

ここまで鮮明ではないが、三菱海上火災・三菱信託・三菱造船・三菱内燃機も業績は良好で、しいていえば花形企業に位置づけられよう。逆に三菱電機は、1920年代しばしば欠損を出し不安定で、まさに問題児であった。ただ三菱倉庫は、第一次大戦による貨物保管で躍進したものの、関東大震災の打撃を受け以後業績は停滞した。したがって花形企業とはいえず、さりとて金のなる木のサポートを要する存在でもなく微妙な位置にあった。

以上は岡崎［1999：144-146］の拡張であるが、ただ注意すべきは、PPMの分析では明確な事前の経営戦略が前提となるが、三菱本社がそれを有したか否か疑問のあるところである[5]。

(4) 経営効率

一般に持株会社は、①一方で、株主の立場から傘下会社の経営効率向上にコミットするが、②他方で、傘下会社を株式市場のモニタリングにさらすことによっても効率アップをはかることができる。これらの効率性を見る経営指標として、①につきROEが、②につきトービンのqが妥当なものであろう。一般にROEは7ないし8％以上、トービンのqは1以上をもって良好と考えられる。以下では、三菱本社の持株会社システムによるコーポレート・ガバナンスの実効性について検討しよう。

表 3-3 　　三菱分系会社の ROE・ROA

(単位：%)

ROE	1920	1921	1922	1923	1924	1925	1926	1927	1928	1929	1930
三菱造船	13.6	12.8	14.7	12.7	14.0	8.8	6.6	7.0	7.9	7.9	1.7
三菱内燃機	3.3	11.8	16.4	16.0	14.7	10.1	8.1	7.4	6.8	6.7	6.7
三菱製鉄	1.0	0	0	0	0	0	0	0	0.3	0.4	0.1
三菱鉱業	12.6	3.8	3.6	3.0	4.4	6.1	8.1	10.5	10.5	7.8	3.6
三菱商事	5.8	0	12	12.2	6.9	8.3	3.3	11.2	17.1	1.5	1.8
三菱海上火災	9.0	34.3	5.5	6.8	44.1	46.6	45.9	49.5	54.9	43.4	42.7
三菱銀行	23.8	20.4	17.3	14.2	15.3	11.0	11.3	13.3	12.4	7.4	7.5
三菱倉庫	32.9	9.2	9.2	5.8	11.8	9.0	4.8	5.4	5.7	5.9	4.7
三菱電機		0	0	12.7	5.2	1.3	0	2.7	3.3	1.2	0.4
三菱信託								5.9	13.7	10.4	12.3
ROA	1920	1921	1922	1923	1924	1925	1926	1927	1928	1929	1930
三菱造船	3.8	3.6	4.1	4.0	5.0	3.5	2.8	2.9	2.7	2.7	0.6
三菱内燃機	1.5	4.3	6.0	7.9	8.1	4.9	3.9	3.6	2.8	2.8	2.9
三菱製鉄	0.7	0	0	0	0	0	0	0	0.2	0.3	0
三菱鉱業	7.5	2.2	1.7	1.8	2.5	3.6	4.9	6.3	6.2	4.3	2.0
三菱商事	2.9	0	4.2	2.7	1.1	1.7	0.7	1.8	2.2	0.2	0.3
三菱海上火災	1.8	7.1	3.4	3.9	44.1	46.6	45.9	49.5	54.9	43.4	42.7
三菱銀行	2.7	2.4	2.4	1.8	2.1	1.5	1.6	1.4	1.2	1.0	1.0
三菱倉庫	19.8	7.7	7.9	4.8	8.8	6.6	3.4	4.1	4.2	4.1	3.3
三菱電機		0	0	3.2	2.6	0.7	0	1.2	1.6	0.5	0.2
三菱信託								1.5	3.8	3.0	3.7

注：マイナス値はすべて0とした。また、各期下期からのみ算出した。
　　三菱電機は1921年、三菱信託は1927年設立。
出所：各社［各年版］『営業報告書』。

ROE とトービンの q

　表 3-3 は、三菱分系会社の1920～30年の ROE と ROA を見たものである。ROA は、産業間の比較になじまない指標であり、あくまでも参考値である。ここからは年毎の不況の深まりを知ることができる。ROE については、三菱財閥は、1920年代はまだ開花しない三菱商事や三菱電機、負け犬の三菱製鉄や停滞期にあった三菱倉庫を抱えており、これらの数値は8％を切ることが多く、決して良好といえるものではなかった。しかし、三菱財閥をトータルとして見た図 3-5 からは、三菱海上火災の高い数値にも助けられ非財閥系企業より良好であることがわかる[6]。1924年と28年の高い ROE は、純利益の増加がもた

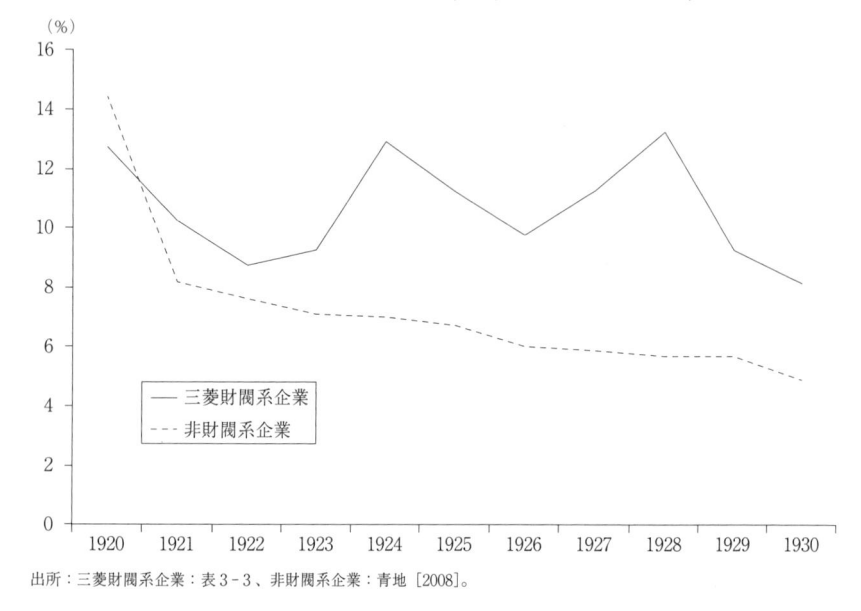

図 3-5　財閥系企業と非財閥系企業における ROE の比較

出所：三菱財閥系企業：表 3-3、非財閥系企業：青地 [2008]。

らしたものである。ここから三菱本社は、分系会社に対し60％を超える持株を有し約3割の役員を派遣するなどガバナンス体制を整えるのみならず、実際にガバナンス活動（voice などのモニタリング）も実践していたことが推測されよう。

つぎにトービンの q であるが、三菱分系会社の場合、先にも述べたように1920年代に IPO を果たした企業は、三菱鉱業（1920年公開）と三菱銀行（1929年同）のわずか2社であり、しかもその公開年から前者のみを計算対象とする。算出に当たっては、株価として野村商店・大阪屋商店［各年版］掲載の最高値と最安値のメディアンによった（1920・21年は n. a.）。三菱鉱業の業績低下により、三菱本社が配当辞退を行った26年の後半には、すでにトービンの q は1以上を回復していた（図 3-6）。

以上は、岡崎［1999：167-174］とも整合的である。

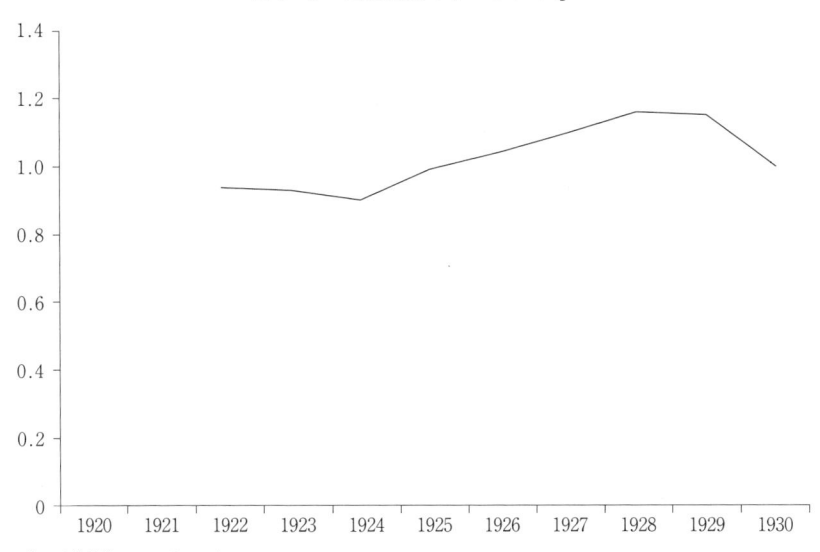

図 3-6 三菱鉱業のトービンの q

注：三菱鉱業の IPO は1920年。
出所：野村商店、大阪屋商店［各年版］。

(5) 総括

1920年代の非財閥系企業には、経営不振に陥るもの、さらには破綻を招くものが続出したことは、すでに青地［2008：81-85］に述べた通りである。しかし、以上の三菱財閥分系会社のような財閥系企業は、非財閥系企業を上回る経営効率を示していた。この理由について、高橋亀吉［1930：27（C）］「大財閥の事業に破綻少き訳」が言及していたことが注目される。すなわち高橋［1930：27］は、その一つとして「財閥の監督がヨリ十分であつて、その重役に不正行為背任行為をなすもの比較的に少きこと（資金的余裕から——引用者）蛸配当等の遣繰決算をやる必要比較的に極めて少きこと等にある」と述べていた。さらに「大財閥傘下の事業は、要するに、事業の成功的経営に必要な優良なスタッフと、財力と、組織等々を兼ね備へてゐるからである」とも記していたのであった。これらのうちには、持株会社によるコーポレート・ガバナンスの指

摘が含意されている。

　ところで、岡崎［1999：第6章］は、テーク・オーバー・レーダーとしての財閥本社の機能、いいかえれば財閥本社による傘下会社以外の企業に対する規律づけについても言及している。三菱本社の場合は、東京鋼材の買収（1926年）について述べている。それによると買収の前後で、ROEについては改善が見られないものの金属工業平均との比較では改善が見られるとし、テーク・オーバー・レーダーとしての三菱本社の役割を肯定している。そこで、この方法を20年代の三菱本社によるテーク・オーバーのもう一つの事例である飯塚鉱業の買収（24年）について試みたいのであるが、遺憾ながら資料上困難である。

4．おわりに

　ところで、今日行われている「連結会計」は、そもそも持株会社の会計システムとして、19世紀末に米国で考案されたものである（大倉雄次郎［1998：21］）。それは、財務諸表が持株本社と傘下会社のそれぞれで作成されることから生じる、不都合に対処しようとしたものであった。最後にこの点にふれて本章の結びとしよう。

　日本における持株会社も、以上見てきたように第一次大戦期からの古い歴史を持つが、その間日本企業が連結会計の必要に迫られることはなかったのであろうか。管見の限りでは1920年代にそうした動きは見出せないが、準戦時期以降にあっては、その可能性もないとはいえない。というのは、筆者の知りうる最初の連結会計に関する書物である、碓氷厚次『持株会社の会計』が1942年に刊行されており、この背景には連結会計への関心が推測されるからである。しかし、戦前その制度化はついに実現を見なかった。

　戦後は、先に述べたように持株会社は封印されたから、連結会計は持株会社とは異なる文脈から、その導入がはかられることになった。それは、1965年不況における粉飾決算を契機とした。すなわち当時は、山陽特殊鋼などの大型倒産が相次ぎ、それには子会社への押し込み販売が与っており、その防止策とし

て連結会計が浮上したのである。こうして連結財務諸表は、1977年に有価証券報告書の添付書類となり、91年には有価証券報告書本体へ組み入れられた。この間83年からは、持分法が全面的に適用されることとなった。

注
1) 下谷政弘［2009：139-141］『持株会社と日本経済』（岩波書店）所収の業界再編型を集計。
2) 持株会社形態をとった場合、財閥全体の所得は、①各分系会社の合計所得と②本社の分系会社からの受取配当におよそ2分される。このうち①は株式会社化により税率が約半減され②は非課税であったから、事業部制の場合のほぼ半額の節税となった。
3) なるほど同業種の場合は事業部制が、異業種の場合は分社化が適しているように、直感的には思われる。
4) いわゆるチャンドラー・モデル。
5) PPMは経営戦略であるから、結果的にそうなったというのでは足りないと思われる。
6) 日本銀行統計局［1966：334, 335］『明治以降本邦主要経済統計』。

Column 4
戦前 ROE の算出

戦前日本企業の貸借対照表（B/S）の多くは、負債の部（他人資本）と資本の部（自己資本、株主資本、純資産）の間に仕切りがなく、ROE（当期純利益÷自己資本）を算出しようとすれば、各自、自己資本に当たる勘定科目を選定し加算しなくてはならない。この点、ROA（当期純利益÷総資産）の方は総資産額が所与のため、こうした作業を免れている。

この自己資本の集計は、手間ひまのかかる作業であるだけでなく、これまで研究者によってまちまちな数値がROEとして報告される結果を招いてきた。このことは戦前日本企業の研究に制約をもたらすものといえよう。

参考とすべき算出法に、東洋経済新報社編［1932：13］がある。そこでは自己資本は、①払込資本金、②各種積立金、③恩給資金、職工保護資金、その他の名目における資金、④当期純利益、⑤前期繰越金からなるとされている。

問題は③である。同書は、恩給資金、職工保護資金などを算入する理由として「此種の資金は　会社の手にある間は会社の資本であつて、恩給を貰ふべき社員或は保護される職工のものではない」ことをあげている。であれば、それらは一種の引当金勘定と理解できよう。今日の会計原則からすれば、将来の支出に備える負債の性格をもつ、退職給与引当金、賞与引当金や修繕引当金などは負債の部に計上し、貸付金や売掛金など資産項目をヘッジする貸倒引当金は控除形式により資産の部に計上することになっている。今日との整合性を求める立場からは、これらは自己資本から除外すべきであろう。

こうして筆者はROEの分母を、自己資本＝①＋②＋④＋⑤として算出している。

Column 5
三菱の事業部制

　日本における事業部制の嚆矢は、1933（昭和8）年の松下電器株式会社における事例であったといわれる。しかし、三菱合資の「事業部制」は、それに遡ること25年、すなわち1908（明治41）年のことであり、それが今日いう事業部制の特徴を備えるものであれば、日本における事業部制の歴史は書き変えられる必要があろう。はたして、その実態はいかなるものであったのだろうか。

　まず、事業部制の概念を整理しておこう。事業部制とは、製品別・地域別・顧客別などの事業単位ごとに大幅に権限を委譲した分権化組織のことで、一つひとつが利益責任単位となっているものをいう。事業を生産・営業・経理・人事などの機能別に編成した集権的な「職能別組織」に対する概念である。米国における初期の事例として、チャンドラー［1962］『経営戦略と組織』は、20年代のデュポン社やGM社などの多数事業部制（multidivisional organization）を紹介していた。本書では、これを「本来の事業部制」と呼ぶことにしよう。これに対して、「日本的事業部制」なるものが存在する。加護野忠男［1993：35］「職能別事業部制と内部市場」は、日本企業の採用する事業部制には、製造と販売を別個の事業部とするものが多数存在する、と指摘していた。そして、そのようにいまだ職能性を払拭できない事業部制を「職能別事業部制」と呼んでいた。「製販一致」を標榜しながら実質の伴わなかった松下電器の事業部制は、まさにそのようなものであったのである。

　では、三菱合資の「事業部制」は、どのような特徴を有するものであったのだろうか。そもそも事業部制は、一つの本業に関連して製品などごとに事業部が作られるのが一般である。つまり、関連事業における細分化、多角化である。たとえば、チャンドラー（三菱経済研究所訳）［1967：144, 145］がとり上げたGM社では、シボレー事業部・ビュイック事業部・オールズモービル事業部・キャデラック事業部などというように、車種を中心に編成されていた。しかし、自動車製造業という点では総括できるものであった。

　ところが、三菱合資の「事業部制」は、先に見たように「鉱業」・「銀行」・「造船」と異業種間にわたる産業横断的なものであり、それらを括る共通項は常識的には存在しない。したがって、それは「事業部制」とは呼ばれるものの[i]、「本来の事業部制」とも「日本的事業部制」とも違う、決定的に異質な存在であった。しかし、この点こそ持株会社への組織変更の重要な契機と

なるのである。

注
 i) しかし、三菱自身が「事業部制」と
　呼んだ記録はない。

第4章 「重役による私財提供」の論理
——昭和金融恐慌を中心に——

1. はじめに

　バブル経済崩壊後の「失われた10年」やリーマン・ショックを契機とした世界同時不況の過程において、多くの銀行の「破綻」[1]が世間の耳目を集めた。政府は、この破綻処理に当たり、まず公的資金を注入し[2]経営者の責任を追及、ついで再編・統合を促すという方針で臨むのが一般であった[3]。先には厳しい経営者責任を課した結果、政府による救済の申請を躊躇する銀行が出たことで「失われた10年」を長引かせた反省から、その後は経営責任の明確化は一律には求めない方針に緩和された[4]。しかし、これが銀行経営者の新たなモラルハザードの火種になるとも限らない。

　この点、歴史を80年あまり前へさかのぼり、日本経済に深刻な打撃を与えた昭和金融恐慌（1927年3月発生、以下単に金融恐慌）の整理過程を想起すると、当時は経営者の責任追及として「重役による私財提供」という特異な方法がとられていたことが歴史的に興味深い。表4-1は日本銀行［1969］『日本金融史資料　昭和編　第24巻　金融恐慌関係資料 (1)』所収の休業銀行における「重役の私財提供」を一覧にしたものである。同表から、当時の銀行重役は、欠損金の平均14.5％（最大51.8％、最小0％）の私財を自行に提供し損失負担をしていたことがわかる。もっとも今日でも企業破綻に際し、ときには奇特な経営者が私財提供を申し出ることもあるが[5]、当時は政府による破綻処理パッケージの一つとして、いわば公的制度としてそれが求められていたのである。この「重役による私財提供」は1920年代を中心とし、その前後たとえば明治期や戦

表4−1 休業銀行における「重役の私財提供」

(単位：1,000円、%)

銀行名	重役私財提供額A	欠損総額B	A/B
今治商業銀行	1,234	4,216	29.3
鞍手銀行	500	2,624	19.1
小田原実業銀行	400	2,334	17.1
東葛銀行	238	999	23.8
関東銀行	0	2,356	0
台湾銀行	0	268,500	0
徳島銀行	200	2,626	7.6
河泉銀行	250	483	51.8
西江原銀行	149	1,285	11.6
左右田銀行	3,874	16,129	24.0
村井銀行	2,677	40,586	6.6
八十四銀行	330	10,135	3.3
中沢銀行	2,553	11,566	22.1
久喜銀行	62	211	29.4
近江銀行	5,100	40,650	12.5
栗太銀行	150	1,006	14.9
東京渡辺銀行	525	44,917	1.2
第六十五銀行	0	4,845	0
中井銀行	2,530	22,663	11.2
十五銀行	4,500	84,175	5.3

注：金融恐慌（1927年）による下記所収の休業銀行をすべて掲げた。
出所：日本銀行［1969］『日本金融史資料　昭和編　第24巻——金融恐慌関係資料（1）』。

時期以降には見られないものであった。とくに銀行に顕著であったが、事業会社でも行われた[6]。

その意味するところは、日本銀行［1958：994など][7] も認めているように、「預金保険がいまだ存在しない状態のもとで、預金の一部切り捨てを余儀なくされる大口預金者の休業銀行整理への協力をとりつけるために、当時の大蔵省、日銀の首脳が早くから打ち出していた方針だった」（山崎廣明［2000：115］『昭和金融恐慌』）[8] というのが通説的理解であろう。

　本章は、「重役の私財提供」が金融恐慌に固有の措置なのかも含め、その理論的背景を探ろうとするものである。いい換えれば、その制度的背景を探ることを課題とする。ここに「制度」とは広義のそれであり、いわゆる制度という用語を冠した既成の概念、たとえば議会制度や税制度などに限らず、経済社会において広く見出される人々の一定の行動パターンないし慣行をいう（青木昌彦［2001：33］）。その際ケースとして、比較的資料が得られやすい銀行業を採用したい。これまで多くの先行研究が「重役による私財提供」については言及こそしてきたが、本章のような制度的観点からの分析は乏しいものであった[9]。

　そこで本章はつぎのように構成される。まず次節において、「重役による私

財提供」の具体的事例を「近江銀行」のケースにより見ておくことにしよう。同行が選ばれたのは表4-1の休業銀行の中では国債引受シンジケートに参加する大銀行であるとともに、「重役の私財提供」に関しても豊富な資料を今に残す銀行だからである。これを受けて第3節・第4節では、銀行重役のモラルハザードが1920年代に集中した原因を、制度的視点から可能な限り明らかにする。そして「重役の私財提供」の背景を考察したい。おわりに第5節で総括する。

　なお本章では、重役、経営者そして取締役・監査役とは同義のものとして使用することを、あらかじめ断っておきたい。

2．近江銀行のケース

　本節では、近江銀行における「重役の私財提供」の事例を検討する。ついては、まず近江銀行が置かれていた1920年代の状況などを見ておこう。それに当たり、日本銀行［1969：413-439］「近江銀行ノ破綻原因及其整理」[10] をベースに、石井寛治［2000：1-39］「近江銀行の救済と破綻」[11] と山崎［2000］によって補足することにしたい。

(1) 設立と成長

　近江銀行は、1894年資本金50万円の株式会社として、近江商人などによって大阪の地に設立された。同行は、あまり経営者に恵まれず、また綿業者の機関銀行という性格から景気変動の影響を受けやすい体質であった。日清戦後恐慌に際しては、綿業不振の結果経営困難に陥り、日本銀行から支配人（のち頭取）に池田経三郎を迎えている。ついでその第2次反動下でも、大阪市内の多くの銀行と同様に取付けのシステミック・リスクを被っていた。しかし好況に向かうと、1905・06年長浜・湖東・日野・大津の、滋賀県に本店を置く4銀行を買収、18年には東京銀行をも合併し、翌年預金量で第三十四銀行についで大阪市内 No. 2の大銀行にのし上がった。この東京銀行は、同郷の下郷伝平や薩摩治

兵衛などを経営陣とし、やはり綿業会社を有力な取引先とする銀行であった。こうして近江銀行は、関西と関東の両域にその地歩を固めるに至った。

(2) 反動恐慌

しかし、1920年大戦ブームの反動恐慌が起こると、綿業企業も経営難を来たし近江銀行も大きな痛手を受けることになった。すなわち、5月上旬滋賀県下の各支店が、同下旬には大阪市内各店が預金の取付けを受け、巨額の預金減少と滞り貸しが発生した。そのうえ1923年には多年功労のあった池田頭取が病没。ところが後継者養成を怠ってきた同行では、後任に適任者がしばらく見つからず、やむなく銀行経営の経験乏しき大株主、下郷が頭取に就任した。同年さらに関東大震災が近江銀行を襲う。同行は、東京・深川・神田の3店舗を焼失したが、それにとどまらず取引先の被害が甚大で多額の固定貸が発生した。預金は激減し資金拘束が生じ、そこへ下郷の辞意表明や株価暴落という事態が重なって、休業のやむなきに至ったのである[12]。

近江銀行の求めに応じ、日本銀行は次のような整理スキームを示した。それは欠損1,742万円に対し、①各種積立金の繰入527万円、②「重役による私財提供」110万円、③不動産評価益120万円、④有価証券差益24万円、⑤当期純利益22万円、⑥資本金半減による償却938万円によって埋め、なお残る損失1万円は次期繰越金とする、という内容であった。また日本銀行は、2,000万円の低利融資（年利6％、1926年より4.5％）を申し出、同行国庫局長であった保井猶造を新頭取に就任させた。

この②に、金融恐慌以前においても、欠損金の6.3％に当たる「重役による私財提供」が行われた事実を見出すことができるが、詳細はつまびらかではない[13]。

(3) 金融恐慌

以上により、近江銀行はあたかも更生したかに見えたが、大戦中の取引先拡大から来る固定貸が十分には整理し切れず、そのうえ綿業界の不振が続く中、

1927年金融恐慌が起こると、再び激しい預金流出に見舞われた。これに対し、日銀大阪支店は5,300万円にものぼる最大限の融資を試みたが奏効せず、同行はまたしても休業する羽目に陥った。

日本銀行は当初、一般株主や預金者の希望を容れて単独整理の方針の下、関西財界の重鎮・渡辺千代三郎[14]に整理案を依頼したが、その資産・負債内容の実態が次第に明るみに出るにつれて、当時破綻銀行の受け皿として新設された「昭和銀行」へ、同行を合併整理することに日本銀行は方針を転換した。そこでは欠損4,065万円の補填財源として、①1927年12月までの払込資本金972万円（未払込株金一部徴収後の金額）、②積立金45万円、③震災手形補償額675万円、④同利子免除額38万円、⑤株主預金（株金払込に充当すべきもの）78万円、⑥「重役による私財提供」（株金払込に充当すべきもの）58万円、⑦「重役による私財提供」510万円を充てることが考えられた[15]。

(4) 重役による私財提供

表4-2は、日本銀行［1969：435, 436］により、近江銀行における金融恐慌の際の「重役による私財提供」の状況を示したものである[16]。提供私財には、有価証券・不動産・現金が含まれていたが、大半は株式（57.1％）であり不動産（16.0％）がこれに続いた。株式の評価は市場の時価により客観性が担保されるが、不動産の場合は水増しされた可能性もある。

以下に、この実態を掘り下げて検討しよう。まず①近江銀行の「重役による私財提供」は、世情どのように受け止められていたのか、また②慢性不況のもと一般に経営者のモラルハザードが顕在化した1920年代、近江銀行でもそうした乱脈が行われていたのではなかろうか、とくに③重役は本当に提供額計510万円を全額支払ったのか。さらに④「重役の私財提供」と称して、本来の債務履行が行われたことはなかったのか、などの諸点が問題となろう。ついては資料として、『大阪朝日新聞』［1927／6／5］[17]を主として利用したい。

①に関しては、「重役の私財提供」について「世上に伝へられてゐるものとは　少なからぬ相違があり、かつ近江対日銀の交渉は　頗る悲観すべき状態に

表4-2　近江銀行破綻における「重役による私財提供」

提供者	提供総額 (1,000円)		内　訳
阿部房次郎 } 　市太郎	2,150	350 1,800	滋賀県小口貸出組合出資証書 江商株
下郷伝平	1,250	200 339 711	滋賀県小口貸出組合出資証書 不動産 現金
北川与平	900	100 800	滋賀県小口貸出組合出資証書 江商株
大原孫三郎	550	236 314	不動産（大阪市） 中国合同電気株
伊藤忠三	150	143 7	不動産 現金
保井猶造 } 森　永助 朝倉茂次郎 須田鏡造	100	99 1	不動産 現金
計	5,100 (株金払込額　583)		

注：金融恐慌（1927年）期のもの。
出所：日本銀行［1969］『日本金融資料　昭和編　第24巻——金融恐慌関係資料(1)』。

あつて　過般銀行から発表した経過報告は　真相と相距ること遠きものがある」と述べられていた。金融恐慌後の破綻処理の過程で、両銀行から数多くの声明や報告がなされたが、どうやら預金者を含む人々はそれらを信用に足るものとは見ていなかったようである。②については、同紙には重役によるモラルハザードが幾つも掲載されている。以下の③④でも言及するが、まず見逃せないのは「休業後日銀に提出したバランス・シートの欠損額を数回変改した」とされている点である。他官庁（たとえば大蔵省）への届出も、日本銀行に提出した書類と辻褄を合わせる必要があるから、そうした改ざんは今日であれば上場廃止あるいは犯罪に結びつく可能性がある[18]。

③実際、重役が提供額全額（510万円）を支払ったかについては、つぎのような記事が見出される。「重役は表面　私財を提供せる如く装つて　実は一文も提供してをらず」、「欠損全部を日銀より融通せしめんとしてをり」、「只『困

った』の嘆声を漏し合ふのみで　出金の決意をなさず、渡辺氏から『然らば割腹して世間の同情に訴へよ』などと揶揄されてゐる」始末であった。さらに「重役は尚私財の提供を喜ばず　なるべく預金者の諒解を得て開業（再開──引用者）するの策に出づべく　その斡旋を何人かに依頼せんと　仲裁者を物色してゐる」由である。ここから、同紙の発行時である1927年6月には、まだ全く履行されていなかったことが明白であろう。そこで、同紙は「近銀の開業について最大の急務は　重役が誠意を表して　私財を提供することである」という認識に達していた。

　しかし、その後も表4-2の私財提供はまったく履行されず、結局「重役による私財提供」分を含む純資産3,395万円と負債5,074万円[19]が、合併された昭和銀行に引き継がれることになったのである[20]。

　④に関しては、日本銀行［1969：435］が、重役の株金払込み58万3千円を「重役提供資金」と紛らわしい表現をしていることは問題である。これまで未履行のところ今回漸く支払われたものにすぎず[21]、したがって表4-2では「計」の下に併記するにとどめた。また筆者は、「重役の私財提供」額には、重役に対する貸出しの返済分も含んでいたのではないかと疑っていたが、そうしたことはなかったようである。というのは、日本銀行［1969：429］も「当行ノ貸出ハ綿業界ニ稍々偏重セシ以外ニハ　重役及其関係事業ニ対スル貸出ノ如キモ　格別多額ナラズ」[22]と述べているように、近江銀行の場合重役に対する貸出し自体が過小なものであったからである。

　しかし、この点については、石井［2000：37］が異論を展開している。まず「伊藤忠三取締役が伊藤忠関係事業にかかわっていたことを考えると、その（中略）責任分担額が15万円というのは過小だとの批判を免れえない」[23]との認識から出発し、「実はその伊藤忠兵衛家が、1920年恐慌以降最大の固定貸出先として近江銀行の資金繰りを圧迫したばかりか、最後の段階（金融恐慌の整理過程──引用者）で同家が『資本重役』（資産家の重役──引用者）として全く機能しなかったことが、近江銀行の存続を不可能にさせたことを見落とすべきでない」[24]と論じているのである。なるほど日本銀行［1969：429］によれば、

伊藤忠関係への貸出額は、1927年10月調査の時点で近江銀行にとって最大の500万2千円にものぼっている[25]。ところが同日発表の表4-2においては、伊藤忠三への私財提供負担額は15万円にすぎず、その点に関する日本銀行の詳しい言明は一切ない。

3．制度的背景（1）——金融機関のビヘイビア——

1920年代という時代は——第一次世界大戦後の1920年における反動恐慌に始まり、1923年には関東大震災が日本を襲う。その救済のために発行された「震災手形」の処理をめぐって、1927年一閣僚の失言により金融恐慌が発生。ついで金解禁、即再禁止の渦中で、1930年米国を震源とする昭和恐慌に突入する——といった慢性不況の時代であった。したがって当時は、好況ならば表面化しなかったであろう重役によるモラルハザードが顕在化した。

そこで本節では、銀行重役のモラルハザードがなぜ1920年代に集中したのかを、慢性不況という理由だけで片づけるのではなく、コーポレート・ガバナンスの制度的側面から考察を深めることにしよう。そのことを通して「重役による私財提供」の意味を探ることにしたい。

(1) 日本銀行のソフトな予算制約

この（1）の記述は、とくに断ることがなければ、加藤俊彦［1957：318-334］『本邦銀行史論』に負っている[26]。さて当時は、一つの要因として日本銀行のソフトな予算制約があったと考えられる。以下その状況を述べるが、前提として1917年日本は金本位制を停止し事実上の管理通貨制の下にあったこと、また日本銀行の中立性はいまだ確立されていなかったことに、まず留意しておこう。

よく知られるように日本銀行は、①1920年の反動恐慌、②1922年の全国的取付け、③1923年の関東大震災、そして④金融恐慌の過程で、「救済機関」として急速に肥大化していった。そこで①～④の経過を簡単にたどっておこう。ま

ず①に際しては、日本銀行は、支払準備金などの融通や有価証券担保の拡大で銀行救済を行う一方、株式市場や諸産業の救済にも手を広げた。前年の1922年に商業手形以外に融通手形の再割引にも応じる方針に転じたことは、時宜にかなうこととなった。これが「特別融通」の最初のものである。ついで②においては、日本銀行は①に加え、商業手形の再割引条件の緩和や、「蔭担保」[27]の受入れにも手を染めた。

　③関東大震災は不可抗力の自然災害であっただけに、救済活動は「日本銀行の資金融通方法として之以上の寛大な処置はない」と評されるまで進められた[28]。すなわち、貸出限度額の撤廃、担保物件の資格要件の緩和、「中間銀行」を介さぬ非取引銀行への直接融資や「震災手形」の再割引などである。震災手形とは、被災地に関係する手形で、日本銀行が再割引をし、あるいは取立てを猶予したものをいう。この再割引は、「震災手形割引損失補償令」(1923年公布)にもとづき、日本銀行の損失に対し政府が1億円を限度に補償するというものであった。これによって日本銀行は、「損失を顧慮することなく救済にのりだすことができた」。ところが、約2億円の震災手形未済額の処理をめぐる震災手形関係2法(「震災手形損失補償公債法」と「震災手形善後処理法」)の議会審議中に、④金融恐慌が勃発、全国に取付けが波及した。この結果、若槻礼次郎内閣は総辞職、高橋是清を蔵相とする田中義一内閣がとって替わり、その下で「日本銀行特別融通法」・「台湾金融機関資金融通法」が成立。これらの法律により、日本銀行は活発な救済活動を続行し、結局9億円近くを特融として放出(1928年5月)、通貨をさらに膨張させることになった。

　このプロセスにおいて日本銀行は、決して慎重な手続を怠ったわけではなかった(白鳥圭志[2003：49])[29]が、結果として信用を膨張させ「金融市場にたいする統制力の失墜を結果した」。たとえば前節のケースにおいて、石井[2000：39]は「日本銀行は近江銀行を1920年恐慌以来むしろ保護しすぎた」と述べており[30]、また先の大阪朝日新聞[1927/6/5]も「大正十三年の整理に際して　重役の提供した私財についても　また東京銀行合併についても　可なり疑ひの生ずる点あり」とし、日本銀行の債権回収の甘さを指摘していた。

筆者も、本章冒頭の表4-1において、その数値は実績だとばかり思っていたが、近江銀行のケースにおいてはそれは計画レベルのものと判明、他も同様であった可能性がある。そのうえ頭取をつとめた池田経三郎と保井猶造は、日本銀行の出身者であった。本来冷徹さが求められるべき職務上の関係に、こうして人間的な仲間意識が持ち込まれた。そのため日本銀行は、近江銀行に鉄槌を下すことをためらったのである。これが、「天下り」がコーポレート・ガバナンスに負の影響を与えるメカニズムにほかならない[31]。

また1919年、米国の金本位制復帰以来、日本においても金解禁が議論されたが、新旧平価について争いがあったうえに、救済による膨大な通貨の市場滞留を金保有量の限度に調節する作業の困難が予想されたのであろう、結局それは回避されて金解禁準備による規律づけも実際には働かなかった。この結果、日本銀行は soft budget constraint に陥っていたといえよう。

(2) 銀行重役のエージェンシー問題

ここにいう銀行重役は、もちろん市中銀行のそれである。さて表4-3は、先の近江銀行における、金融恐慌に近接した1926年の株式所有構造を見たものである[32]。ここから当時の近江銀行について、二つの特徴を指摘することができる。①一つは、株式分散が進み、100株未満の一般株主が3,794名、その持株数が82,667株（27.6％）に達していた点である。これは第一次大戦ブームによる株式市場の活性化が影響したものであろう。②今一つは、全重役10名中5名が2,000株以上を保有する大株主であった点である。とくに下郷伝平は、その関係会社2社の持株数も合算したものであるが、10％の持株比率を示していた。ここから、近江銀行における「所有と経営の一致」の構造を認めることができる。

要するに①②から、近江銀行においては株式が分散し「所有と経営の分離」が進んでいた反面、依然大株主が重役の地位を占め「所有と経営の一致」も同時に認められたのである。いいかえれば、所有と経営の一致と分離の過渡期にあったわけであり、これはバーリー＝ミーンズ［1932：105］『近代株式会社と

表4-3　近江銀行の所有構造

	株式数(株)	株主氏名	株主数(人)	役職	備考
2,000株以上	30,000	下郷伝平	3	取締役	中ノ島製糸会社、京都殖産会社分加算
	20,555	阿部市太郎	1	監査役	
	6,910	伊藤忠三	2	取締役	伊藤忠会社分加算
	6,084	北川直助	1		
	5,400	瀬尾喜次郎	3		喜一郎、晋三郎分加算
	5,316	田附政次郎	1		
	4,750	杉中延寿	1		
	3,704	小林吟右衛門	4	(元監査役)	吟三郎、捨次郎、吟治郎分加算
	3,225	小泉新兵衛	2		三角興業会社分加算
	2,850	西田庄助	2	(元取締役)	久太郎分加算
	2,300	北川輿平	2	監査役	北川同族会社分加算
	2,200	中島武一	1		
	2,000	阿部房次郎	1	取締役	
1,000株以上	15,827		14		
500株以上	27,258		43		
100株以上	78,954		454		
50株以上	35,630		608		
50株未満	47,037		3,186		
合計	300,000		4,329		

注：1926年7月現在。
　　株式数は、旧株と新株の合計。
　　1,000株以上とは、1,000〜1,999株。以下同様。
出所：近江銀行［1926］「付録株主姓名表」、同『第65期報告書』。

私有財産』が指摘した大株主不在の「所有と経営の分離」とは異なることに注意を要する[33]。こうした状況では、①から一般株主はいきおいサイレントな存在となりがちであり、②から重役が他のステーク・ホルダーの利益を犠牲にして自己の利益を追及する、エージェンシー問題(コスト)が発生することになりやすい[34]。

銀行業は、預金などの形で現金の流入が当然多い業種である。とはいえ、これに乗じて重役が私的に金員を利用して良いはずがない。多くは背任あるいは横領罪を構成する違法行為が当時半ば公然と行われていたのは、日本銀行が「司法処分ヲ避クルノ方針」をとっていたからであった（日本銀行［1958：994］）[35]。この点高橋亀吉［1930：260, 264, 265, 267, 268］『株式会社亡国論』は、重役が「銀行預金を食物にする」[36]実態に言及している。すなわち「重役が、

銀行の資産の大部分を、自己又は他人の名義を以て使用し、(中略) 重役が背任の資金を投機又は企業の資金に供せるものあり」[37]、それは「会社の金の使込みであるが、銀行、保険の倒産の殆んど之れだ」[38] と述べていた。そして破綻に陥っても「政府の補助、救済金を食い物にする」[39] のだという。また大蔵省に対し、「監督官庁は、重役のこれ等の背任行為を、『当事者の甚しき悪意に出たるもの』とは認めないで 単に『経営上の不注意に基くもの』と見做してゐるのである。以て、如何に、重役の不正行為に対する社会及び監督官庁の良心が麻痺してゐるかの状を窺い得る」[40] と批判していた[41]。

銀行重役のモラルハザードの実態については、すでに前節で近江銀行の「重役の私財提供」について見た通りである。

(3) 小括

以下では、本節のまとめと補足を行うことにしたい[42]。

まず (1) については、1920年代のわが国は好景気の反動や天災などに見舞われ、銀行救済はやむをえない面があり、日本銀行の責任を強く問うことはできない。しかし、同行がソフトな予算制約に陥っていたことも、また否めない事実である。そして「震災手形割引損失補償令」に見られるように、日本銀行は「政府追随主義」（高橋亀吉・森垣淑 [1968：177] 『昭和金融恐慌史』）[43] により中立性から遠く離れていたことも、ルースな面を強めたと考えられる。この日本銀行のソフトな予算制約は、あるいは間接的に「機関銀行」を介し、あるいは直接的に救済融資を行うことによって、事業会社の放漫化をも招いていた。機関銀行にあっては、関連する事業会社に対し適正な融資審査を行うことなど期待できない。これが、1920年代は銀行に限らずさまざまな業種において、重役のモラルハザードが蔓延した一つの原因であろう。

つぎに (2) において、本章ではエージェンシー問題の当事者として、銀行重役（エージェンシー）と預金者（プリンシパル）の関係を想定している。両者の間に存する「情報の非対称性」は、一般の経営者と株主の間に見られるそれよりも、大きかったと考えられる。なぜなら預金者などの債権者は、株主の

ような制度的保障（たとえば株主総会など）が稀薄だからである。これが、株式分散による一般株主の発言権の低下とともに、銀行重役についてモラルハザードを増幅させた主因であろう[44]。ただし、今日とは異なり重役の能力や性格などの「特性情報」については、当時の方が流布していた可能性が高い。高橋［1930：259］もこの点にふれ、「現在公衆が　会社の評価に当つては　重役の顔触れを見　真面目な人物が首脳者となつてゐる会社は　まづ安心と考へるのが普通である」[45]と述べていた。とはいえ、情報の非対称性を縮小させるまでには至らなかったと考えられる。

また最近フリーキャッシュフロー仮説が唱えられることがある[46]。それは、企業が余剰資金を抱える場合、その使用方法について経営者の裁量の余地が大きく、経営者はモラルハザードに陥りやすい、という主張である。正当な利益にもとづく場合でもそうなのであるから、いわんや重役による恣意的な取扱いができた、当時の銀行預金の下では、推して知るべしであろう。

こうした（1）（2）の状況において、取引業者や預金者などの非難はモラルハザードに染まった重役自身に向けられており、「重役による私財提供」は彼らになり代わって重役に事実上のペナルティを課す意味があったと考えられる。

4．制度的背景（2）——法制度——

以上見てきたように、「重役による私財提供」は一種の行政措置であって、それに従わなくても何ら刑罰を受けない、ある意味では道義的責任ともいえるものであった。しかし全く法的な「背景」がなかったわけではない。そのような法的背景として商法の「取締役の会社に対する責任」と「取締役の第3者に対する責任」があげられよう。以下ではそれら「重役による私財提供」の背後にあったロジックについて検討したい。

(1) 取締役の対会社責任

1911年改正商法第177条第1項は「取締役の対会社責任」について、「取締役

カ其任務ヲ怠リタルトキハ　其ノ取締役ハ会社ニ対シ　連帯シテ損害賠償ノ責ニ任ス」と定めていた[47]。その趣旨は、取締役は会社に対し委任の関係にあり業務執行につき善管注意義務を負うところ、取締役がこの義務に違反した場合、一般的には債務不履行による損害賠償責任を負うが、特にそれが連帯責任にまで強化されたものである。監査役についてもこの規定が準用された（1911年改正商法第186条、第189条）。

　この前提として、旧商法（1890年）第188条は「取締役ハ其職分上ノ責務ヲ尽スコト　及ヒ定款並ニ会社ノ決議ヲ遵守スルコトニ付キ　会社ニ対シテ自己ニ其責任ヲ負フ」としていたが、新商法（1899年）ではこれに類する規定は消失する。それは取締役の会社に対する善管注意義務は当然と考えられたからであろう。1911年改正商法第164条では再登場する[48]。

　しかし第177条第1項により訴訟を起こすとなると「取締役カ其任務ヲ怠リタル」ことを立証しなければならない。前章に見た取締役の使い込み、高橋［1930：4,63］が述べていた違法配当や粉飾決算が推測される状況にあったとはいえ、その立証には費用や時間を要することから、裁判に持ち込まず迅速に処理しようとしたものこそが「重役による私財提供」であったと考えることができる。つまり裁判に代替する行政措置であった。こうして現在の預金保険制度のようなセーフティ・ネットが存在しなかった当時、預金の払戻資金を会社にプールするため「重役による私財提供」がこれを担ったと考えられる。

(2) 取締役の対第3者責任

　また1911年改正商法第177条第2項は「取締役の対第3者責任」につき、「取締役カ法令又ハ定款ニ反スル行為ヲ為シタルトキハ　株主総会ノ決議ニ依リタル場合ト雖モ　其取締役ハ第三者ニ対シテ連帯シテ損害賠償ノ責ニ任ス」と定めていた。旧商法にはこれに類する規定は存在せず、新商法（1899年）ではじめて設けられた[49]。この規定により預金者は、取締役に法令・定款違反行為がある場合、直接その連帯責任を問うことができた。しかし高橋［1930：271］もいうように「従来我国に於て破綻を暴露せる重役会社を見るに、前記商法

(第177条——引用者) の諸規定などは滅茶滅茶に蹂躙せる」有様であった。

そこで取締役の使い込み、違法配当や粉飾決算などの法令違反の裁判における立証には踏み込まず、預金者のため処理を急ぐことがめざされたと思われるが、この場合はさらに零細な預金者は訴訟に訴える資力がなく泣き寝入りを余儀なくされる恐れや、あるいは全国各地で訴訟が頻発し裁判所の事務が輻輳する可能性も考えられた。そこで「重役による私財提供」はそれを補完するものとして機能したとも考えられる。

5．おわりに

近江銀行をはじめとして、昭和金融恐慌期の休業銀行を中心に行われた「重役による私財提供」というスキームは、大口預金者の協力を取り付けるためだけではなく、日銀の soft budget constraint や（市中）銀行重役のエージェンシー問題の下で生じた銀行重役のモラルハザードに対する事実上の制裁と、裁判を起こせば生じるであろうコストを回避する意図を持つものであったといえよう。これらが「重役の私財提供」の背景にあった論理と考えられる。なお、金融史の記述としてはやや皮相的な第3節を充実させることは、今後の課題としたい。

注
1) ここでの「破綻」には、法律上の債務超過の場合とその前段階にある事実上の債務超過の場合の両者を含む。
2) 政府は銀行株を一般に無料で買い取り（2003年のりそな銀行は例外）、一般株主は犠牲となった。
3) たとえば、新生銀行（前身は1998年破綻の日本長期信用銀行）とあおぞら銀行（前身は同年破綻の日本債券信用銀行）は2010年10月に合併の予定であり、09年2月すでに社長が交代している。しかし最近合併断念が報じられた（『日本経済新聞』[2010/2/13]）。
4) 2008年12月に改正・施行された「金融機能強化法」は、経営責任の追及や再編条件などをなくし、申請しやすいものとなった。それまでは、預金保険法、金融

早期健全化法や旧金融機能強化法のもと、厳しい要件が課せられていた。
5） 事実上政府による慫慂があったかもしれないが、たとえば堤清二はセゾングループ解体に伴い現金約100億円、中内功はダイエー倒産に伴い自宅（東京都田園調布市）などを私財提供するという（『朝日新聞』［2005/ 3/ 4］）。また英会話学校NOVAにおいても元役員が9億数千万円の資材を提供したという（『日本経済新聞』［2007/11/ 5］）。
6） たとえば日本製粉のケース、高橋亀吉［1930：337］『株式会社亡国論』（万里閣書房）。
7） 日本銀行［1958：994］『日本金融史資料　明治大正編』第22巻など。
8） 山崎廣明［2000：115］『昭和金融恐慌』（東洋経済新報社）。
9） 「重役の私財提供」について論じたものは、西村信雄「金融取引法談義七」大阪銀行集会所［1941/ 7 /25：17-21］『大阪銀行通信録』第527号、西村はつ［2001：15, 17］「地方銀行の経営危機と不動産担保融資の資金化」地方金融史研究会『地方金融史研究』第32号（信濃銀行のケース）、小川功［2001：第9章・第10章］『破綻銀行経営者の行動と責任』（滋賀大学経済学部研究叢書第34号）（盛岡・岩手銀行のケース）、白鳥圭志［2006：354-364］『両大戦間期における銀行合同政策の展開』八朔社（楯岡銀行のケース）、西川義晃［2008：32-41］「旧商法下の金融機関破綻と取締役の私財提供」『商事法務』No. 1830など多数あるが、本章のような視点からのものは少ない。
10） 日本銀行［1969：413-439］「近江銀行ノ破綻原因及其整理」同『日本金融史資料　昭和編』第24巻、金融恐慌関係資料（1）。
11） 石井寛治［2000：1 -39］「近江銀行の救済と破綻」地方金融史研究会『地方金融史研究』第31号。
12） したがって休業銀行とは、債務超過にありながら破産宣告を受けず、一時的な休業状態にある銀行をいう（松本烝治［1927：20］「休銀問題に関連する法律問題の二三」『実業之日本』6巻10号）。
13） 金融恐慌後の事例としては、たとえば楯岡銀行の整理過程に見られる（白鳥圭志［2006：356]）。
14） 日本銀行大阪支店長、南海鉄道社長を歴任。
15） 以上を充当しても、なお1,688万円の欠損金が残る状況にあった。そこで、百円以上の預金の一部は結局切り捨てられた。
16） 日本銀行［1969：435, 436］前掲書。
17） 「近銀の重役　私財提供を渋る　整理渋滞の主因」『大阪朝日新聞』［1927/ 6 / 5］。
18） 現在では、金融庁へ提出する有価証券報告書に虚偽記載をした場合は上場廃止

（東京証券取引所・上場廃止基準1部2部）、偽造した場合は金融商品取引法（日本版SOX法）違反となる恐れがある。

19) 純資産3,395万円は、担保付負債および「減額を受けない負債」を控除した残額であり、負債5,074万円は、149円48銭以下の預金および「減額を受けない負債」を控除した残額である（日本銀行［1969：436］）。

20) 1928年5月処理されたとされる。近江銀行和議条件3（日本銀行［1969：439］）。

21) ただ日本銀行は、この点につき「重役提供資産ノ内　株金払込ニ充当スベキモノヲ掲記セルハ当ヲ得サルモ　整理ニ際シ重役関係ヨリノ支出総額ヲ見ル便宜上実際ノ提供資産ト並記セルニ過キス」との認識はあったようである（日本銀行［1969：435］）。

22) 日本銀行［1969：429］。

23) 石井［2000：37］。

24) 石井［2000：39］。

25) 日本銀行［1969：429］。

26) 加藤俊彦［1957：318-334］『本邦銀行史論』（東京大学出版会）。

27) 正規の担保が不足した場合の不正規の担保のこと（加藤［1957：325］）。

28) 東洋経済新聞社［1927：565］『金融60年史』。

29) 白鳥圭志［2003：49］「1920年代における日本銀行の救済融資」『社会経済史学』Vol. 69, No. 2参照。

30) 結城豊太郎の意見への批判として述べられている（石井［2000：39］）。

31) 母体行に対する責任から天下り先銀行の経営に全力を傾注し、「天下り」がコーポレート・ガバナンスに正の影響を与える場合もあることに注意。

32) 石井［2000：36］では、『第66期営業報告書』となっているが、管見の限り当該期営業報告書には株主名簿は添付されていない。

33) 当時の米国の大企業、たとえばペンシルベニア鉄道の最大株主は、発行株式総数の0.34％にすぎなかった（バーリー＝ミーンズ（北島忠男訳［1958：105］）『近代株式会社と私有財産』）。

34) 「所有と経営の一致」は、自己規律を高め経営効率を向上させ、エージェンシー問題の発生を阻止する場合もある。

35) 日本銀行［1958：994］。

36) 高橋［1930：264］。

37) 高橋［1930：267］。

38) 高橋［1930：260］。

39) 高橋［1930：265］。

40) 高橋［1930：268］。
41) この種の記事は、高橋［1930］に限らず、拾い出せばきりがないほどである。
42) 本節に登場することが想定されるステーク・ホルダーとして、日本銀行・大蔵省・銀行重役・預金者・大株主・一般株主などがあげられよう。このうち日本銀行・銀行重役・預金者に着目する。大蔵省は銀行合同策を割愛するため、大株主はほとんど銀行重役と重なるため、ここでは扱わない。
43) 高橋亀吉・森垣淑［1968：177］『昭和金融恐慌史』（清明会出版部）。
44) この場合、株主による規律づけはあまり期待できない。大株主はほとんどが銀行重役を占め、一般株主はサイレントな弱小株主にすぎなかったからである。
45) 高橋［1930：259］。
46) Jensen, M［1986：323-329］"Agency Costs of Free Cash Flow, Corporate Finance and Takeovers", *American Economic Review*, 76.
47) 「取締役の対会社責任」の規定は、旧商法（1890年）にも新商法（1899年）にも見出せない。1911年改正商法で初めて設けられたと思われる。
48) 第164条は「会社ト取締役トノ間ノ関係ハ　委任ニ関スル規定ニ従フ」と表現されていた。
49) 「取締役カ法令又ハ定款ニ反スル行為ヲ為シタルトキハ　株主総会ノ決議ニ依リタル場合ト雖モ　第三者ニ対シテ連帯シテ損害賠償ノ責ヲ免ルルコトヲ得ス」。

Column 6
一人一業主義

　今日の社外取締役は一般株主の利益を代弁する者として期待されているが、戦前の社外取締役はこれとは性格を異にする者であった。彼らは株主であることが一般で、多数の企業の役員を兼任し、その結果本業以外においては非常勤取締役、つまり社外取締役という地位にあったのである。

　たとえば当時の大橋新太郎なる人物は、三井銀行、日本石油、日本郵船、王子製紙を含む40社もの企業の取締役や監査役をつとめていた（高橋［1930：230］）。ところで、大橋の場合はつまびらかではないが、彼らの多くは横暴きわまりなく、会社に対し高配当・高額報酬の要求を突きつけてはばからず、この傾向は一時社会問題となったほどであった。それは高橋［1930］における第6章のタイトル「重役腐敗の実相と其の対策」や、石山賢吉［1926］の巻頭言「現代の重役は、何といふ　ていたらくでせう」からも窺うことができる。

　このような中で、経営者サイドから自浄運動が起こったことは、特筆に値する。まず、『東京朝日新聞』［1921/7/11］は、「社長重役等の掛持ち禁制」なる表題の下に、鐘紡社長の武藤山治が「社長及常務取締役は一切他の会社の役員たることを厳禁」する旨の定款変更を行う予定であると報じていた（詳しくは、武藤山治全集刊行会［1963：598-603］）。

　また、日産生命［1989：56, 57］は、同社の会長に1927年就任した石井徹が、他業を顧みず「一人一業主義」を実践していると述べている。

　さらに、『報知新聞』［1936/9/4］は、「この程東電社長小林一三氏が財界粛正の第一着手として　重役の兼業廃止運動に乗出すことゝなり　すこぶる注目をひいてゐる」とし、それは同氏が重役兼任を「財界沈滞の一原因」と考えるからで、「小林氏みづからもその持論に基づき　東京横浜電鉄、目黒蒲田電鉄、昭和肥料、山陽中央電気、大井川開発、東京高速度鉄道等の各社取締役、監査役を辞任することゝなり、同氏の根城たる阪急電鉄」の社長も返上して、今後は東京電燈に専念する意向であると伝えていた。

Column 7
所有と経営の分離・一致の両義性

　1920年代は、日本企業がはじめて体験する所有構造の大変革期であった。すなわち、第一次大戦期の株式ブームにより株主数が増え、所有と経営の分離（株式分散）が進んだのである。このような状況では、一般株主による経営者の規律づけが不十分となりやすい。こうして、重役が株主利益を犠牲にし自己の利益を追求する、エージェンシー問題が発生することになった。しかし、所有と経営の分離は実はプラスの効果もあり、一般的にはこのような単純な帰結に終わらない。所有と経営の一致も含めて以下にその効果を整理しておこう。これは今日にも通ずるものである。

　図C-7はそのために、所有と経営の分離と一致がもたらす効果の両面を示したものである。まず、分離のプラス面は、今日の機関投資家のような物言う株主が存在する状況では、彼らのvoiceにより経営者を規律づけることができる。一方、分離のマイナス面は、株式分散の状況から株主の無力につけ込み、経営者が株主にとって不利益となる施策を実行したり、自己利益を図ったりする場合などであり上述した（これを是正するにはtakeoverしかないと説かれることが多い）。

　つぎに、一致のプラス面として、そもそも経営者と株主が同一であることにより、経営者は株主との徒らな対立やコンフリクトを避け効率的な経営ができる。これを「自律的ガバナンス」と呼ぼう。一方、一致のマイナス面として、株主が経営者でもあるため、経営者を規律づける主体を欠いて外部からの牽制が効かず、その独断専行やモラル・ハザードを防止できない危険性がある。これはエントレンチメントといわれる。

　1920年代は、所有と経営の分離が進んだ反面一致も併存し、ともにマイナスの効果を発現することが多かった。では、分離・一致のプラス・マイナスを決するものは何であろうか。それは、その時代を取り巻くマクロ経済環境や企業業績などであろう。1920年代は、大戦バブル後の慢性不況と企業の経営不振が、分離・一致の効果に無視できない影響を与えたと考えられる。

図C-7　所有と経営の分離・一致の両義性

所有と経営	分離	+	株主による有効なガバナンス （voice、exit、takeover）
		−	エージェンシー問題の発生 「重役の腐敗」
	一致	+	エージェンシー問題の緩和 （自律的ガバナンス）
		−	エントレンチメント（経営者の専制） 「重役の腐敗・大株主の横暴」

注：「　」内は高橋亀吉［1930］の表現による。
出所：筆者作成。

第5章　株主有限責任の定着過程
——銀行業を中心に——

1. はじめに

　明治期にさまざまな企業法制が導入されたが、それらが直ちに当時の日本企業ないし社会に定着したわけではなかった。そうした法制度の一つに意外にも「株主の有限責任」がある。今日株主は出資した限度で責任を負えば足りるとすることに、何ら違和感なく株主のとるべき責任として社会に受け入れられている。

　しかし過去においては、株主有限責任制は疑惑の眼で見られ人々の不評を買い、その結果株式会社システムの普及にも支障を来たした。戦前を通し、株式会社数が非株式会社数（合名会社＋合資会社）を上回ったのは、1894年（図5-1）、1919～25年と1943年以降（図5-3）のわずかな年月にすぎない[1]。そこで株主有限責任の観念が受容されるようになるには決して短くない時間を要したのである。本稿は、銀行業を中心に株主有限責任の定着過程にできる限り接近、ただし1次的接近を試みようとするものである[2]。

　それに当たり、次節「株主有限責任のゆらぎ」では、まず株主有限責任の観念が、明治期の人々に容易に定着しなかった状況と原因を検討することにしよう。第3節「株主有限責任のねじれ」では、大正期から昭和初期にかけて、一方では1927年の銀行法により銀行が株式会社形態へ統一されるとともに、他方では有限責任を否定する立法も行われたことを論じる。第4節「おわりに」では1930年代、当初はまだ株主有限責任は不信感を持たれていたが、次第にこの時期にそれが定着して行ったことを述べ結論としたい。

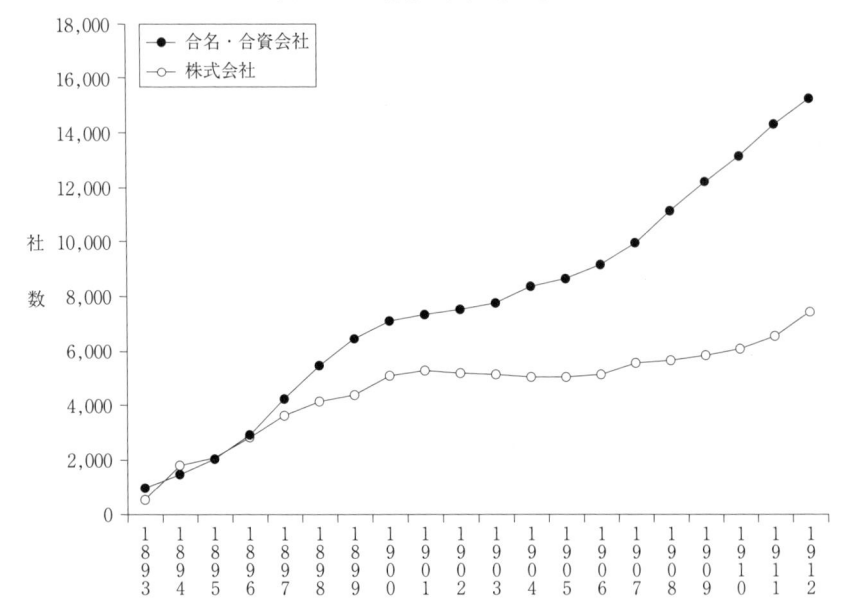

図 5-1　明治後期会社数の推移

注：銀行を含む。
出所：『司法省登記統計年鑑』。

2．株主有限責任のゆらぎ

　まず株主有限責任の観念に、明治期の人々が不慣れな状況にあった事実を示すことにしよう。以下の (1)〜(3) の記述は、とくに断ることがなければ、吉田準三 [1998]『日本の会社制度発達史の研究』に負っている[3]。ここでは三井銀行のケースなどにより論じる[4]。

(1) 近世以来の無限責任

　わが国近世においては、「身代限り」とか「分散」とか呼ばれる、事業破綻に際して商人に無限責任を負わせる慣行が根づいていたが、明治期に入ると1872年、これが「華士族平民身代限規則」（太政官布告第187号）という成文法

に受け継がれた[5]。そこへ1890年旧商法が制定されたのである。よく知られるように、その第2編には合名会社、合資会社および株式会社の3種の法人が規定され、後二者に出資者の有限責任がはじめて法定された。そこで法人が破綻すると、その責任限度に応じた処理がなされることになったが、一方自然人の商人については依然無限責任が行われた。これらは今日でも同様である。

表5-1 商法制定前の会社定款に見える責任規定

(単位:社、%)

	規定なし	無限責任	有限責任
1869～80 (明治2～13)年	44 〔61〕	17 〔24〕	11 〔15〕
1881～92 (明治14～25)年	0 〔0〕	2 〔4〕	48 〔96〕

注:カッコ内は%。上段は金融会社を含み、下段は含まず。
出所:上段は、チェクパイチャヨン〔1981, 82〕「明治初期の会社企業」。
　　下段は、宮本又郎・阿部武司〔1995〕「明治の資産家と会社制度」。

したがって、銀行経営者の多くは出資者でもあり、個人商店を改め株式会社化するだけで有限責任となり責任が軽減されるのは、預金者などの債権者にとっては腑に落ちない、経営者の責任逃れのように映ったことであろう。

(2) 商法制定前の有限責任会社

以上に述べたように、旧商法によりはじめて有限責任会社が公認されたが、実は商法制定前からも事実上それらは存在していた。表5-1は、当時有限責任の企業が厳然として存在し、それらが増えつつあったことを示すものである。これら有限責任会社には、大別して2種類のものがあったことが看過されるべきでない。

①公認有限責任会社

一つは「公認有限責任会社」とでも呼ぶべきもので、「特許主義」の下に設立された企業である[6]。たとえば、国立銀行条例(1872年太政官布告第349号)にもとづき1873年設立された第一国立銀行、日本銀行条例(1882年太政官布告第32号)により同年開業された日本銀行などはその典型であった。以下国立銀行を例にとると、有限責任については、第一国立銀行の場合、国立銀行条例が

「株主等ハ　縦令ヒ其銀行ニ何様ノ損失アルトモ　其株高ヲ損失スル外ハ　別ニ其分散ノ賦當ハ受ケザルベシ（第18条第12節）」と定めていた[7]。この国立銀行条例にもとづき、1879年までに開設された国立銀行は153行の多数にのぼった。これらは、政府によってオーソライズされた存在であり、人々は有限責任を受け入れざるをえなかったが、実際にその株主有限責任が問われるような事態は、一部の例外を除いては起きなかった[8]。こうして政府が期待したのは、国立銀行がモデルとなって有限責任の会社が広く作られ、産業が振興することであった。つまり殖産興業政策の一環として有限責任会社の奨励が図られたのである。

②自称有限責任会社

　政府のこの期待はかなって、その後雨後の筍のように多くの民間企業が叢生した。当初それらは「免許主義」や「準則主義」に近い手続によって設立されたが[9]、それらが増加し事務が輻輳したため、いきおい主務官庁[10]は商法制定までは「人民相対ニ任」すという指令を発した[11]。かかる人民相対主義は、今日いう「自由設立主義」に近いものであったといえる。

　会社設立のメリットの一つは、責任が従前より軽い有限責任の採用にあり、多くの「自称有限責任会社」が創設された。金融機関では、たとえば東京海上（1879年設立）は「凡ソ会社ノ株主タル者　其責任ヲ免レント欲スル時ハ　其所有株式ヲ悉皆放棄スルニ非サレハ　之ヲ許サス」（創立定款第32条）とし、明治生命（1881年設立）は「当会社ノ責任ハ　資本金ヲ限リトシ、万一非常ノ損失アルモ　之ヲ資本外ニ及ホスヘカラス」（定款第5条）などと定めていた[12]。では「銀行」はどうだったのだろうか。

　ここに銀行とは、国立銀行以外の私立銀行すなわち「普通銀行」のことをさす。国立銀行条例の下では、当初それらは銀行の称号を使うことは許されなかったが、1876年国立銀行条例が改正され、銀行を名乗ることが可能となった（明石照男［1935：63, 64］）。

③三井銀行の申請却下事件

　銀行がどうだったのかをシンボリックに示すのが、三井銀行の申請却下事件である。三井銀行は有限責任を希望するも、時の政府には容れられなかったのであった。すなわち1875年、三井組総取締の三野村利左衛門は、三井銀行を無名会社[13]とする創立願書を東京府に提出した。東京府はそれを大蔵省に上申、大蔵省は「創立証書（中略）箇条中　懸紙之通　改正可致候」とし、有限責任を謳った条項に「各株主タルモノ　該銀行ノ鎖店ニ当リテハ（中略）其所持株数ニ応シ　出金シテ其負債ヲ償却スベク　若シ能ハザルモノハ　一般身代限リノ御処分ニ任スヘシ」とする懸紙をして返戻した[14]。やむなく1876年、三井銀行は無限責任会社[15]として出発し、後述するように1893年には商法施行とともに合名会社となった。こうして①以外の銀行は、商法制定前には一般に無限責任形態がとられたのであった。これは預金保険のセーフティ・ネットなき当時、銀行預金者の立場が考慮されたものであろう[16]。

④自称有限責任会社の帰結

　ところで、以上の自称有限責任会社は、銀行や企業にとっては有利、取引の相手方には不利に働く。なぜなら、その有限責任は会社自身が一方的に決めたものであり、相手方がそれに従わなければならないのは不合理だからである。そこで、いきおいそれは訴訟に持ち込まれた。つぎにこの点に言及しよう。政府は、一方では会社形態の増加を望みながら、他方では有限責任会社の債権者のそのような立場をおもんぱかって対応に苦慮した。

　政府の有限責任へのためらいは、大蔵省出版の会社奨励本である、福地源一郎［1870］『会社弁』や渋沢栄一［1871］『立会略則』が、西欧会社の紹介書でありながら、ことさら有限責任への言及を避けていたことにも窺うことができる[17]。そこで有限責任会社をどう扱うかの政府方針は混乱、迷走した。

　とはいえ、高村直助［1996：71］『会社の誕生』から、ある程度の趨勢をつかむことはできる。すなわち当初は、やはり自称有限責任会社は裁判上否定的な扱いを受けることが多かったが、1886年一つの妥当な判例法理が登場した。

すなわち、大審院は「有限の定めある時と雖も、債主（債権者——引用者）の之を知りたる証拠あるか、若しくは之を知りたりと見做すべき事由ある時の外」は無限責任となる、との判断を下したのであった[18]。これは、取引当事者の利害をうまく調節したものと評価しえよう。

(3) 商法制定後の有限責任会社

1890年旧商法が制定され、前述したように今日に通ずる合名・合資・株式会社が法定されたが[19]、新商法制定（1899年）後も株式会社の有限責任に対する不信感は依然くすぶり続けた。やや断片的ではあるが、そのことを示す事実を以下にいくつか紹介しよう。

①三井銀行の合名会社化

旧商法が実施された1893年、三井家は中上川彦次郎のリーダーシップの下に、これまでの各商店（三井銀行、三井物産、三井鉱山そして三井呉服店）の組織形態を、新法制にふさわしく合名・合資・株式の会社のうち、いずれに変更するかの検討を行った。その結果合名会社に決定されたが、その判断基準の中心は、（ⅰ）破産などの際「其損害ノ三井家ニ及ブ事」がないように、というものであった。三井家が出資をするのであれば、各商店の最適な会社形態は、株式会社であったのではなかろうか。（ⅱ）しかし、採択理由の一つに「其社員ハ悉ク無限責任ナルニヨリ　世間ノ信用ヲ増ス」と述べられていたことが注目される。すなわち同時に、預金者などの債権者の立場が考慮されたのである。（ⅲ）また、合名会社は三井家のそれまでの沿革にそうものと認識されていた。いわく「今日現在ノ儘ニテ　其実体ハ少シモ変更スル所ナクシテ　此商法実施ノ一大過渡ヲ経過スベシ」[20]。

ところで史料1は、『東京日日新聞』[1901/1/15]に掲載された、三井銀行の第15期決算広告であるが、そこには三井十一家の連名があり、彼らが全員で無限責任を負担することになっている。この結果（ⅱ）は達せられるものの、（ⅰ）の理想にはほど遠い実態であった。この点は、阿部武司[1992：46]「政

商から財閥へ」の記述とも整合的である[21]。

②銀行の無限責任戦略

　明治期の合名会社形態をとる銀行の中には、ことさら「無限責任」を標榜し自行が有限責任でないことを強調するものが見られた。つまり営業戦略として、預金保険に代替する「無限責任」がしたたかに標榜されたのである。これは銀行側にとっては取付けの予防策として期待されたのかもしれない。史料2は、『東京日日新聞』［1900/12/1］に掲載された、鴻池銀行の広告である。「合名会社　鴻池銀行」と書いた上に重ねて「無限責任」をうたって、セーフティ・ネットの存在をアピールしている。しかも口上に、鴻池善右衛門と新十郎の2名が「連帯無限の責任を負」うことが大書してあり、販売促進上いかに銀行が無限責任の信用に恃んでいたかが窺われる史料である。この鴻池善右衛門は三井北家の八郎右衛門と並び称される、明治前期・中期の日本の大富豪であった（阿部［1992：16, 18］）[22]。ちなみに当時の「当座預金」には利息がついていたことも判明する[23]。同様の広告は三井銀行にも存在するが、ここまで鮮明に「無限責任戦略」を打ち出したものはさすがに稀有である。

③株式会社奨励政策

　1905年施行の「改正非常特別税法」により、所得金額2万円以上の場合、株式会社の方が合名・合資会社よりも税額が低くなることになった。この株式会社優遇税制は株式会社奨励政策であった。ただし、それには条件がつけられており、株主が21人以上でなければならなかった。これがネックとなったのであろう、図5-1より明治後期は、合資会社数が株式会社数を上回り、その結果「非株式会社数（合名会社＋合資会社）＞株式会社数」となっていた。これが逆転するのは大正期の1919年を待たねばならなかった[24]。この株式会社不振の今一つの原因は、株主有限責任に対する人々の不信感を忖度し、企業側が株式会社選択に及び腰になったことにあったと考えられる。しかし同図は銀行を含む企業全般を見た場合であり、銀行のみの状況はこれとは様相を異にする（ただ

史料1

合名會社 三井銀行 第十五期
(明治三十三年下半季)決算公告
貸借對照表

[表：資産・負債項目および金額が縦書きで記載されている。項目には定期預金、當座預金、小口當座預金、他店より借、支拂手形及再割引手形、借入金及再割引手形、合期純益金、合期總益金、積立金、後期繰越金、社債配當金 等、および資産側に國庫への貸金、荷為替手形、當座貸越、割引手形、雜貸金、地所建物及株式、営業用所建物及什器、損益勘定 等が含まれる]

此配當左の如し
(配當明細記載)

明治三十四年一月三十日
東京市日本橋區駿河町十六番地
合名會社 三井銀行
業務擔當社員社長 三井八郎右衞門

業務擔當社員 三井高保
 〃 三井元之助
 〃 三井養之助
 〃 三井守之助
 〃 三井復三郎
 〃 三井得右衞門
 〃 三井八郎次郎
 〃 三井三郎助

右之通候也

出所：『東京日日新聞』(1901年1月15日号)。

史料2

廣告

鴻池銀行儀從來資本金壹百萬圓にて鴻池善右衞門一巳の營業に有之候處今般業務の擴張を計り來る十二月一日より資本金貳百萬圓に倍加仕り一族鴻池新十郎を加へて合名會社の組織とし兩家連帶無限の責任を負ひ相協力して益々確實親切を主とし萬事御得意各位の御便利を相計り可申候倘又支店の義も來る同日東京東區中島に増設偏に御贔屓各位の御愛顧仕度此段御披露仕候也

明治三十三年十一月
大阪東區今橋二丁目(電話特東七七)

無限責任
合名會社 鴻池銀行
業務擔當
 社員 鴻池善右衞門
 社員 鴻池新十郎

支店所在
 東京支店 東京日本橋區芽場町十二番地
 京都支店 京都市下京區中立賣通秋月道四條小路西入
 大阪支店 大阪區北濱四丁目
 東區支店 東區松島通中町辨天橋北入
 岡山支店 岡山縣中河内郡松江北江村大字鴻池
 河内出張所 河内國中河内郡

東京支店預金利息割合

定期 坐預金 六ヶ月以上 金年七步
當座 坐預金 日步 金壹錢八厘
小口當座 坐預金 日步 金貳錢五厘

各地送金無手數料

首題披露の通り當支店比度び愈々開始仕候に付箱賓格位の御便利相計り可申候間何卒一層の御贔屓奉願候也

鴻池銀行東京支店

出所：『東京日日新聞』1901年12月1日号。

し銀行でも、この税制改革により株式会社形態が増加した形跡はない──後掲図5-2）。

④三井銀行の株式会社化と懸念

1908年、欧米視察より帰朝した益田孝（三井家同族会管理部副部長）は、三井高棟（八郎右衛門、三井家同族会議長）に対し、合名会社三井銀行・同三井物産・同三井鉱山の株式会社化についての『意見書』を提出した。その中で益田（三井文庫［1974：586-590］）は、株式会社化の「短所ハ、無限責任ヨリ有限責任ニ移ルカ為メニ生ズル　世人ノ疑惑是レ也」と述べていた。その結果、株式会社化は「人ヲシテ　疑惑ノ眼ヲ以テ　三井ヲ観察セシメ」ることになるという。当時の社会の有限責任に関する低い評価を知ることができる。

さらに益田は、三井銀行が株式会社化されると、有限責任への不安から取付け騒ぎが起こる可能性にも言及していた。すなわち「三井銀行ノ預金者中ニハ或ハ引出シヲ試ムル者ナシト云フ可ラズ」。そのため「株式制実行ト同時ニ預金ノ一部ヲ　払戻スノ覚悟アルコトヲ要ス」と述べていた。有限責任の不人気もここまでかと驚かされるが[25]、一つには1891年京都支店が取付けに会った出来事が[26]、益田をナーバスにさせたのであろう。しかし懸念を残しながらも、結局1909年三井銀行は株式会社とされた[27]。

(4) 小括

以上(3)に見た不安定な株主有限責任の状況については、背景にあった「制度」[28]の理解を要しよう。そのような制度として、当時の人々の行動パターンないし慣行と、法制度が考えられる[29]。以下において敷衍したい。

慣行

所有が高度に分散する今日、「株主の有限責任」はわずかの株式を購入した一般株主の負う責任が、まず想定されよう。そこでは、そうした経営に関与しない弱小株主に有限責任をこえる責任を課すことは、もとより酷であり理不尽である。そのようなことをすれば、一般大衆による株式投資はほとんど行われ

なくなる。こうして今日、株主有限責任は合理的で説得力を持つ。

また今日でも取締役が株式を取得し、株主資格にもとづき有限責任を主張することが想定できないわけではないが、「取締役の対第三者責任」（会社法第429条第1項、改正前商法第266条ノ3第1項）や「法人格否認の法理」によって否定される場合が多いであろう[30]。そのようなことをすれば世上大きな非難を浴びることになるに違いないし、また実際そうした経営者を聞かない。

しかし「所有と経営の一致」に近い銀行・企業が多数存在した明治期には、株主の有限責任は経営者を含む有力な出資者に対する責任を普通に意味した。したがって、その責任に限界が設けられていることは、経営者に相応の責任を問えないことになり、預金者などの債権者には不安を抱かせるものだったのである。

法制度

そのうえ旧商法（1890年公布、法律第32号）は、取締役・監査役は株主より選任しなければならないとしていた（取締役につき第185条、監査役につき第191条）[31]から、さらに預金者などの不安を募らせた。法文上も旧商法第189条は、取締役は「株主ニ異ナラサル責任ヲ負フ」と定めていた[32]。これら旧商法の規定は、新商法（1899年公布、法律第48号、取締役につき第164条、監査役につき第189条）[33]に引き継がれた[34]。

もっとも旧商法第189条は続けて「然レトモ定款又ハ総会ノ決議ヲ以テ　取締役ノ在任中ニ生シタル義務ニ付キ　取締役カ連帯無限ノ責任ヲ負フ可キ旨ヲ予メ定ムルコトヲ得　其責任ハ退任後一个年ノ満了ニ因リテ消滅ス」と規定し、取締役有限責任を制限していたことが窺える。

西原寛一［1933：50］は「此のこと（取締役を株主より選任──引用者）は実は必ずしも実際に適合しないのでありまして、現に有能な人士を自由に株主外より物色して来て、之に対し急に名義上の株式を持たせて　取締役にすると云ふ例は　世間に沢山ある」[35]と指摘していたが、かかる法制が「所有と経営の一致」を促進していたことは間違いないであろう。

3．株主有限責任のねじれ

(1) 銀行重役のモラル・ハザード

　以上、「所有と経営の一致」に近い銀行・企業が多数存在した明治期の状況について述べてきたが、その後とくに1920年代に入り第一次大戦ブームによる株式熱の高まりで株式分散化が進んだ。それでも依然多くは「所有と経営の一致」の構造をとどめ「所有と経営の分離」と併存することとなった（第4章、第6章参照）。また取締役は株主から選任するという法制度も、1911年改正商法（法律第73号）に受け継がれ維持された。

　この法制の下では、重役は株主資格を根拠に有限責任を主張しようと思えばできたから、人々の株主有限責任に対する不信感もいっこうに払拭されなかった。折りしも1920年代は、銀行重役のモラルハザードが跡を絶たず、この不信感は明治期以上に現実味を増していた（第4章参照）[36]。

　ところで本節では、銀行重役のモラルハザードを抑止するものとして、当時株主有限責任に関し異なる二方向の法制が存在したことを論じる。すなわち、一方で1927年の銀行法により銀行が株式会社形態へ統一され、その結果有限責任の持つ欠点はかえって温存されることになった。他方で有限責任を否定するストレートな無限責任の立法も行われた。この両者の関係も問題となる。以下で検討を加えよう。

(2) 銀行法による株式会社形態への統一

　1927年「銀行法」が公布（翌年施行）された。その第3条は「銀行業ハ　資本金百万円以上ノ株式会社ニ非ザレバ　之ヲ営ムコトヲ得ズ」と規定しており、合名・合資会社形態の銀行は、これをもって存続に終止符が打たれることになった。この銀行法の成立過程を精査した白鳥圭志［2006：127-130］『両大戦間期における銀行合同政策の展開』は、株式会社統一化も銀行重役のモラルハ

ザード防止策の一つであったことを明らかにしている[37]）。

　ここから、合名・合資会社形態の銀行に対する、政策担当者のネガティブな評価が推測できる。そこで、まず両会社の仕組みを見ておくと、合名会社は旧商法では「二人以上七人以下　共通ノ計算ヲ以テ　商業ヲ営ムタメ　金銭又ハ有価物又ハ労力ヲ出資ト為シテ共有資本ヲ組成シ　責任其出資ニ止マラサルモノヲ」（第74条）いうとされ[38]）、「会社ノ業務ヲ行ヒ及ヒ其利益ヲ保衛スルニ付テハ　各社員同等ノ権利ヲ有シ義務ヲ負フ　但会社契約ニ別段ノ定アルトキハ此限ニ在ラス」（第88条）と規定されていた。一方合資会社は、新商法によれば「無限責任社員ト有限責任社員トヲ以テ　之ヲ組織ス」（第104条）るものであり、「各無限責任社員ハ　定款ニ別段ノ定ナキトキハ　会社ノ業務ヲ執行スル権利ヲ有シ義務ヲ負フ」（第109条）と定められていた。したがって、合名・合資会社は、無限責任社員が存在することから、事有れば預金者は彼らに無限責任を問うことで、事実上「預金保険」制度に替わるプラス面をもっていた。逆にいえば、それだけ無限責任社員は経営責任を問われるかもしれない脅威を覚え、日々ガバナンスに当たらなければならなかった。したがってコーポレート・ガバナンスに関し、一般に株式会社が合名・合資会社に優ると考えるのは早計である[39]）。

　しかしその反面、合名・合資会社システムには、①零細な社会的資金を割合的単位（株式）によって動員し大規模化するという効用はないことから、大きな発展は望めず、②また無限責任社員は誰でも必ず業務執行に当たらねばならないことから、専門経営者の登用もあまり見込めず、③さらに帳簿検査がなく透明性を欠く[40]）、というマイナス面を有していた。なるほど、これらの諸点は株式会社形態では担保される。銀行法では、白鳥［2006：127-130］の掲げる理由とともに、この①〜③が懸念されたのであろう。

　そのような合名・合資会社形態の銀行であったが、実は銀行法の施行を待たずして、すでに減少傾向に入っていた。図5-2は「東京在銀行」における会社形態の推移を見たものである。東京在銀行とは、本書では東京集会所加盟銀行のことをいうこととする。同図は銀行のみを見たものであり先の図5-1の

第 5 章　株主有限責任の定着過程　123

図 5-2　東京在銀行数

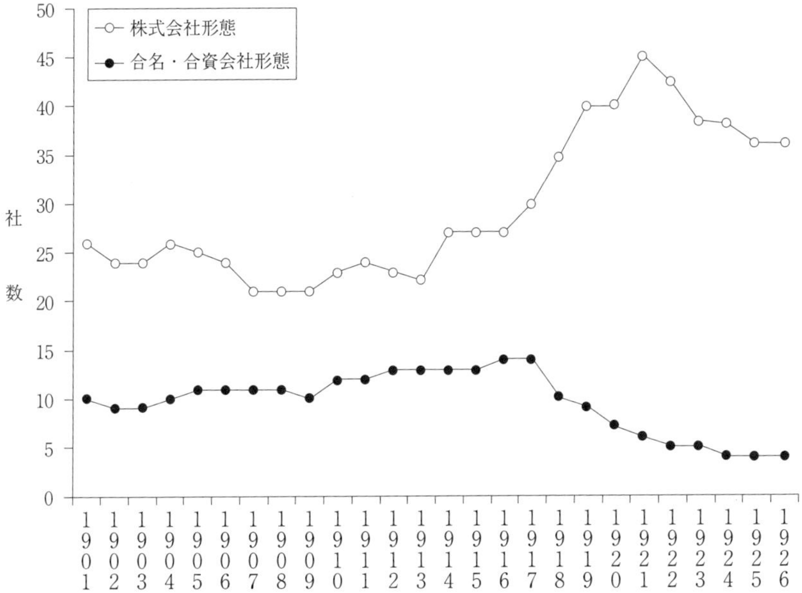

出所：日本銀行［1959］「東京銀行集会所半季報告」、同『日本金融史資料　明治大正編』第12巻。

一部であるが、これによれば1917年には半数に近い銀行が合名・合資会社形態であったものの、1918年から減少に転じ1920年代はこの傾向が続き、銀行法公布の前年1926年には合名・合資各々2社にまで低下している。これは、明治期後半より小銀行の整理が政府の一貫した方針であった（日本銀行［1983：274］）[41] ところ、銀行業界が合名・合資銀行は小規模に終わるとの想定の下、株式会社形態への移行に先手を打ったと考えられる。表 5-2 は図 5-2 と同趣旨であるが、どのような銀行が合名・合資会社形態をとっていたのかを明らかにしたものである。三井・三菱などの大銀行も見られ、決して小銀行ばかりではなかった事実が見出される。財閥本社は合名・合資形態のもつ閉鎖性を好んだというが、銀行の場合は先に述べた「無限責任戦略」の結果であったと考えられよう。

表5-2 合名・合資会社形態の東京在銀行

年	全	形態	1	2	3	4	5	6	7	8
1893（明治26）	18	合名 合資	三井 安田	川崎						
1898（明治31）	18	合名 合資	三井 安田	川崎	三菱					
1903（明治36）	34	合名 合資	三井 川崎	安田 三菱	中井 田中	森村 今村	左右田			
1908（明治41）	33	合名 合資	三井 川崎	安田 三菱	中井 田中	森村 今村	神木 左右田	村井		
1912（大正元）	37	合名 合資	中井 川崎	森村 三菱	村井 田中	田中 今村	広部 左右田	紅葉屋 岡本	深田	
1916（大正5）	42	合名 合資	中井 川崎	森村 三菱	村井 田中	田中 今村	広部 左右田	紅葉屋 岡本	深田	茂木
1921（大正10）	51	合名 合資	森村 田中	広部 今村	深田 左右田	岡本				
1926（大正15）	40	合名 合資	広部 田中	深田 今村						

注：三菱は、三菱合資銀行部をさす。
　　東京銀行集会所加盟銀行（ただし支店は除く）を収録。
　　旧商法実施年から、ほぼ5年ごとに大正末までを表掲。
出所：日本銀行［1959］『日本金融史資料集　明治大正編』第12巻。

(3) 重役の無限責任

　こうして銀行が株式会社形態に統一されたが、その後もなお銀行重役のモラルハザードは収まらなかった（高橋亀吉［1930：152］）。そこで、合名・合資会社の無限責任社員と同様な無限責任を求める考えも同時に存在した。代表的な見解を見ておこう。

　第一生命社長・矢野恒太［1926：55］は、『経済往来』誌上つぎのように述べていた。「一体他人の大事な財産を預つて、自分が自由に投資して、おまけに少からぬ報酬を得て置きながら、最後に破産しても、持株の損失以外何等の苦痛はないといふ放漫な制度（有限責任制──引用者）があるべき筈がないではないか。他人から預つた金を無くした様な場合には腹を切るとか、竈の下

の灰まで差し出して謝罪するのが当然だ。即銀行、生命保険会社、信託会社等の重役は無限責任を負ふことにするのが金融機関改善の第一歩ではないかと思ふ。少くともその総裁、社長、専務、常務位迄——支配人も？——は退職後数年間無限の責任を負ふのが当然だと思ふ。これは単に理屈から主張するのではない。かうしなければ金融機関の基礎は堅固にならない」[42]。この見解は銀行などの有限責任の重役に無限責任を負わせることを主張していた。

(4) 重役無限責任の法制化

このような意味で重役に無限責任を課そうとする場合、①取締役に無限責任それ自体を課す法規定を直接置く方法と、②当時の商法において、取締役を非株主に限定する間接的方法が考えられる。先の西原［1933：50, 51］も、「改正要綱（1938年改正商法の原案——引用者）に於きましても独逸法に倣つて　取締役は株主外より選任し得る様にしようと決議して居ります[43]。（中略）又進んで　取締役に無限責任を負わせてはどうか　と云ふことも問題となるのであります」[44] と述べ、さらに「重役の無限責任」は一部ではすでに法制化が進んでいる事実を紹介していた。

①すなわち「貯蓄銀行法、無尽業法　及有価証券割賦販売業法に於ては　取引先の性質を考へ、取締役に無限責任を負はせる例を開いております。如何なる程度に於て　是等の特則が一般化（商法改正——引用者）さるべきであるかと云ふことは、考究に価する問題であります」[45]。そこで西原［1933：51］の掲げるこれらの特別法を見てみよう。

まず貯蓄銀行法（1921年公布、法律第74号）は、第15条において「貯蓄銀行カ其ノ財産ヲ以テ　債務ヲ完済スルコト能ハサルニ至リタルトキハ　第一条第一項（複利の預金——引用者）及第五条第一号（定期預金——同）第五号（特定の要求払預金——同）ノ規定ニ依ル契約ニ基ク銀行ノ債務ニ付　各取締役ハ連帯シテ其ノ弁償ノ責ニ任ス　前項ノ責任ハ　取締役ノ退任登記前ノ債務ニ付退任登記後二年間仍存続ス」と規定していた[46]。つぎに無尽業法（1915年公布、法律第24号）も、第10条において「無尽業ヲ営ム株式会社カ会社財産ヲ以テ

其ノ債務ヲ完済スルコト能ハサルニ至リタルトキハ　無尽契約ニ基ク会社ノ債務ニ付　各取締役ハ連帯シテ其ノ弁償ノ責ニ任ス　前項ノ責任ハ　取締役カ退任ノ登記ヲ為シタル後　二年間仍存続ス」としており[47]、さらに有価証券割賦販売業法（1918年公布、法律第29号）も、第7条において「有価証券割賦販売業を営む株式会社が会社財産を以て　其の債務を完済すること能はさるに至りたるときは　割賦販売契約に基く会社の債務に付　各取締役は連帯して其弁償の責に任す　前項の責任は　取締役の退任前の債務に付　退任の登記後二年間仍存続す」という規定を置いていた[48]。

　要するに、これらの法規においては、退任後2年間におよぶ取締役の連帯無限責任が定められていたのである。ここに貯蓄銀行は小口中心の庶民金融機関であり、今日は普通銀行業務の一部になっており、また無尽業は現在の第二地方銀行（第二地銀かつての相互銀行）の前身であり、さらに有価証券割賦販売業は今日の証券業の一部となっている。

　後二者はさておき、この結果、普通銀行は有限責任、貯蓄銀行は無限責任となって、当時の銀行の責任体制は截然と二分されていた。ピーク時の1901年には、普通銀行の1,890行に対し、貯蓄銀行は444行も存在した。貯蓄銀行は、零細な預金者などの債権者を保護しなければならない業態であったとはいえ、アンバランスの感は否めない。

　では、商法においても取締役に無限責任が課せられたのであろうか。そこでは②の方向が模索された。すなわち1938年公布の改正商法（法律第72号、1940年施行）によって、取締役は非株主からも選任することができるという形に改められた（第259条）[49][50]。この法改正は1929以来論議が重ねられ、10年の歳月を経てようやく成立したものであった[51]。ただ取締役は必ず非株主から選任しなければならないとしたものではなく、無限責任を負わせるという点からは不徹底なものであった。

4. おわりに

　1930年代に入っても、まだ銀行重役のモラルハザードは収まらず、普通銀行に関しても無限責任説は引き続き主張された。当時検討された銀行重役の規律づけの方法として特に効果的だったのは、大蔵省による銀行合同策であった。ただこの点については先行研究の蓄積が厚く、ここではそれらに委ねることにし[52]、以下では本章がテーマとする論点に絞って述べることにしたい。

　寺西重郎 [2003：141] も以下のように論じていた。「一九三〇年出版された『株式会社亡国論』で高橋亀吉はこうした実態（経営者のモラルハザード──引用者）を詳細に報告するとともに、これを防ぐには企業を大財閥や金融資本の監理下に置くだけでなく、重役に対して無限責任を課（す──引用者、中略）必要があるとまで論じている」[53]。では、高橋の考え方はどのようなものであったのだろうか。

高橋亀吉の重役無限責任論

　当時盛んであった「重役による私財提供」という前章で論じた措置が、「重役無限責任」のロジックからくるものであったというのが高橋の主張であった[54]。すなわち高橋 [1930：280, 281] は、「重役の無限責任」は「既に実践的には従来の有限責任を不備として、『重役の私財提供強制』の形に於て実行されて」おり、「私財提供の如きは重役の道徳的責任ではなく法律上明白に強制せられたる義務である」と述べ、二つの事例を引いている。

　①まず金融恐慌期のケースとして、「昭和二年の休業銀行整理案中には、『重役の私財提供』と云ふことが必須条件となつてゐた。単に、世人一般が輿論の如き形に於て　之を要求してゐるのみならず、十五銀行其他の休業銀行の整理に関する政府筋の『整理案』に於ても、常にこの重役の私財提供が必須条件となつてゐた」ことをあげ、②また金融恐慌以降のケースとして、「昭和四年一月三十一日の衆議院本会議に於て、三土蔵相は、特融法の運用について（中略）

『能登産業銀行も、福井銀行に対して融通して置いて、さうして後で重役の私財を提供させ、未払込を徴収し、斯様にして再開する積り』」である、と答弁したことをあげていた[55]。

1930年代における定着

さて、1930年代当初は盛んであった銀行重役のモラルハザードも次第に収束を見せ始めるようになり、そのため重役無限責任説も鳴りを潜め、株主有限責任も定着に向かったと考えられる。先の吉田［1998：159, 160］も「大正、昭和初期を経て、ようやく、わが国でも株式会社形態が根付き、昭和十年代には、株式会社に対する（有限責任から来る──引用者）不信感も薄らぎ、株式会社形態が会社形態の主流となった」と述べ[56]、日本における株主有限責任の定着時期を1935年頃に設定している[57]。ただ吉田は、それを傍論として論じているにすぎず、その理由も明らかにしていない。

そこで総括として、その理由を考察して結びとしよう。対象は銀行（以下の①、②）のみならず一般企業も含める（以下の②、③）。さて、株主有限責任が1930年代に定着したのは、①銀行重役のモラルハザードの低下に与っているが、それはわずかに実現した重役無限責任法制のためではなく、銀行合同策や法人株主の増加の結果であろう[58]。②また合同策により銀行が大規模化し、重化学工業の企業も肥大化し、所有が高度に分散するようになった結果、弱小な一般株主への無限責任追及は非現実的になったこと[59]、③さらに事業会社においては1937年から合名・合資会社が激減するが（図5-3）[60]、合名・合資会社では、重化学工業の発展に見合う巨大な資金需要に対応できないこと、また専門経営者の進出に支障を来たすことも、その原因と考えられよう。

本章は定着するまではさまざまな事例を掲げているが、肝心の定着期についてはそれを裏づける具体的な事実は示し得ていない[61]。いうまでもなく資料欠如のためであるが、本節後半はそのため論証に少なからず問題を残している。

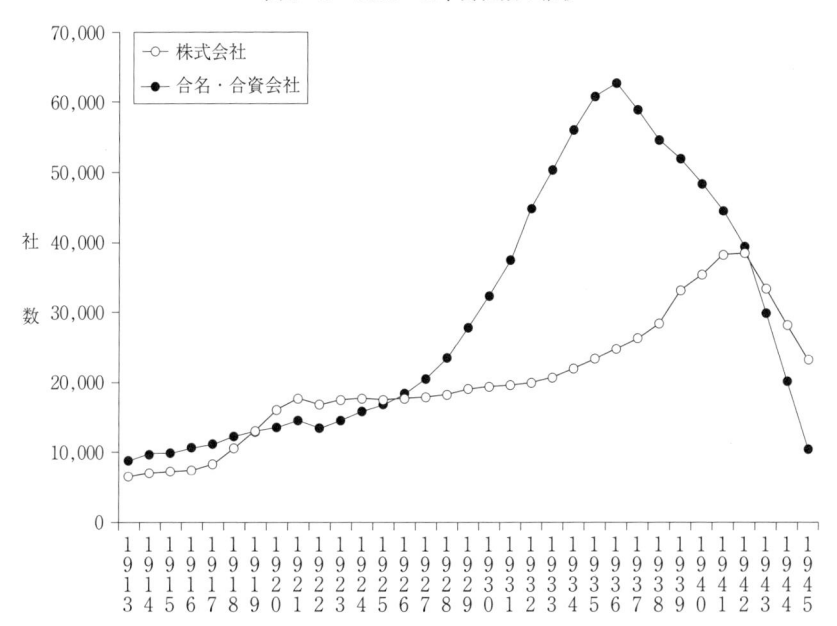

図 5-3　1913〜45年会社数の推移

注：銀行を含む。
出所：『司法省登記統計年鑑』。

注

1） 会社形態の選好は、資本金ではなく社数で見るのがベターとの考えによる。
2） できれば、銀行業を超えて企業一般で解明したいところであるが、資料的制約のため断念せざるを得なかった。本章のレベルは「接近」というに相応しく不十分なものであるが、さらなる究明は今後の課題としたい。
3） 吉田準三［1998：第11章］『日本の会社制度発達史の研究』（流通経済大学出版会）。
4） 本章が採用したケースが近江銀行、三井銀行や鴻池銀行などと複数にわたっている点については、つぎはぎした印象を与えじくじたるものがあるが、資料収集の制約からよんどころなくこのような結果となった。
5） 中田淳一［1959：26］『破産法・和議法』法律学全集37（有斐閣）。こののち無限責任は、「家資分散法」（1890年8月、法律69号）に引き継がれるが、これは非商人を対象とするもので、ここでは事業を営む商人について論じている。
6） ここで、会社設立の4主義（①特許主義、②免許主義、③準則主義、④自由設立主義）についてあらかじめ説明しておこう。まず①は、会社ごとに国家の立法

や国王の命令によって設立を認めるもので、②は、一般的な法律を作り行政官庁がその適性を審査して設立免許を与えるものである。今日の会社法（2005年公布、翌年施行）のとる③は、官庁の許可を要せず届出だけで設立を認めるもので、④は、会社設立に何らの制約を課さないものである（我妻栄編［1952：1,098］『新法律学辞典』（有斐閣））。

7) 第一国立銀行自体の定款・申合規則には、有限責任の記述は存在しない。

8) 国立銀行153行のうち数行は破綻したが、それがどのように処理されたかは不明である。

9) 大蔵省［1905：31-57］『明治財政史』第13巻。

10) 1871年から大蔵省、1876年から内務省そして1881年からは農商務省が、会社設立に関与した。生命保険会社協会［1934：17-19, 46, 61］『明治大正保険史料』第1巻。その窓口は大抵地方官庁がつとめたが、地方官庁だけで処理されることもあった。

11) 1874年以降行われた（大蔵省［1904：533, 534］『明治財政史』第12巻）。

12) 東京海上につき、生命保険会社協会［1934：151-171］。明治生命［1971：185-192］『明治生命90年史』資料編。

13) 三井銀行80年史編纂委員会［1957：83, 84］『三井銀行80年史』によれば、「無名トハ其人名ヲ指サスシテ其事業ヲ以テ社名トスルノ意ナリ」、また「無名会社とは、仏国商法のソシエテ・アノニーム（Soci Anonyme）の訳語で、株式会社の意である」とされている。吉田［1998：316］も参照。

14) 『三井銀行創立証書』（三井文庫所蔵）。吉田［1998：38］。このエピソードは、安岡重明編［1982］『日本財閥経営史　三井財閥』（日本経済新聞社）には、なぜか登場しない。

15) 三井銀行80年史編纂委員会［1957：84］では、「無限責任の株式会社という変則的な組織」とされているが、合名・合資・株式の会社形態のいずれであるかといえば、本章では合名会社に当たると考える。

16) 国立銀行の場合は、国立銀行条例により有限責任が公示されていたことから、取引の第3者はそのことを知っていると見なされたのであろう。

17) 高村直助［1996：36-39］『会社の誕生』（吉川弘文館）。

18) 高村直助［1996：71］。

19) 2006年施行の会社法の下では、これに「合同会社」を加え「持分会社」を形成するが、ここでは割愛する。

20) 三井文庫［1974：254, 255］『三井事業史』資料篇3、安藤良雄編［1979：79］『近代日本経済史要覧　第2版』（東京大学出版会）。

21) 阿部武司［1992：46］「政商から財閥へ」法政大学産業情報センター・橋本寿朗・武田晴人『日本経済の発展と企業集団』第1章（東京大学出版会）では、「一一家全体が四社の出資社員となり、一九〇九年における直営企業の株式会社化まで全家が無限責任を負う形に改められた」とされている。続けてその理由として、「この時期には前期の目的（2）（三井家の活動内容を公開せずに、支配する企業を有限責任的に所有すること——引用者）の重みがそれ以前よりも低下したのであろう」と述べられているが、本章はこの記述を不十分と考えるものである。三井銀行80年史編纂委員会［1957：153］も参照。なお、本章ではいわゆる「総有制」の議論には踏み込まない。
22) 阿部［1992：16, 18］。
23) 当時の銀行広告は、当座預金の利息の優劣を競い合っていた。
24) 商工省『日本統計年鑑』（会社統計）による。
25) 三井文庫［1974：586-590］。吉田［1998：88-91］。
26) 三井銀行八十年史編纂委員会［1957：116-119］。
27) 結局益田は、三井銀行・三井物産・三井鉱山の株式会社化と、三井家同族会の合名会社化を進言した。
28) 広義の制度。いわゆる制度という言葉を冠した既成の概念、たとえば法制度や金融制度などに限らず、経済社会において広く見出される人々の一定の行動パターンないし慣行をいう（青木昌彦［2001：33］『比較制度分析に向けて』NTT出版参照）。
29) 以下は、金本良嗣・藤田友敬［1998：191-228］「株主の有限責任と債権者保護」三輪芳朗・神田秀樹・柳川範之『会社法の経済学』（東京大学出版会）を参照した。
30) 神田秀樹［2006：4］『会社法　第8版』（弘文堂）など参照。
31) 原文は以下の通り。取締役につき「総会ハ株主中ニ於テ三人ヨリ少ナカラサル取締役ヲ　三個年内ノ時期ヲ以テ選定ス（後略）」。監査役につき「総会ハ株主中ニ於テ三人ヨリ少ナカラサル監査役ヲ　二个年内ノ時期ヲ以テ選定ス（後略）」。
32) 新商法には旧商法第189条に該当する条文は存在しない。解釈上当然と考えられたのであろう。
33) 原文は以下の通り。取締役につき「取締役ハ株主総会ニ於テ株主中ヨリ之ヲ選任ス」。監査役につき「第百六十四条（中略）ノ規定ハ監査役ニ之ヲ準用ス」。
34) 戦後商法の前身となったのは1899年の新商法であるが、1890年旧商法にもいくつか戦後商法の源流を見出すことができる。しかし、法学者は断絶しているかのように論じる傾向がある。
35) 西原寛一［1933：50］「株式会社に於ける病理的現象と其の法的匡矯正」『司法

協会雑誌』第12巻第2号。
36) 第2節に述べた明治期の様子は杞憂の面もあったと思われる。
37) 金融制度調査会などは、株式会社制度が備える、①株主総会や②監査役の存在、③その監査書の作成・設置義務、そして④貸借対照表・営業報告書の書式統一に注目していた由である。とくに④は、書式統一が市場からのコントロールを促進する、という規律づけのメカニズムを解明したもので、非常に興味深い（白鳥 [2006:127-130]）。
38) 1893年改正法では、「七人以下」の文言がはずされた。
39) くり返しになるが、これらが1920年代を規定した1911（明治44）年改正商法（法律第73号）に受け継がれた。
40) 吉田 [1998:64, 68]。白鳥 [2006:122] も、大蔵官僚が株式会社システムによって「小銀行の排除や専門経営者の登用を企図していた」旨述べ、「帳簿検査」もあげている。
41) 日本銀行 [1983:274]『日本銀行百年史』第3巻。
42) 矢野恒太 [1926:55]『経済往来』(経済往来社)。
43) これは取締役を株主外より選任しなければならないとするものではないが、株主外より選任した場合無限責任となる。
44) 西原 [1933:50, 51]。
45) 西原 [1933:51]。
46) 『官報』第2608号 [1921/4/14]。
47) 『官報』第865号 [1915/6/21]。
48) 『法律新聞』[1918/4/5]。
49) 原文は以下の通り、やや間接的な表現となっている。「定款ヲ以テ取締役ノ有スベキ株式ノ数ヲ定メタル場合ニ於テ　別段ノ定ナキトキハ取締役ハ其ノ員数ノ株券ヲ監査役ニ供託スルコトヲ要ス」。
50) このような法改正でも、取締役は非株主でなければならないとすることができ前進である。
51) 浅木慎一 [1999:159, 185]「大正バブルの崩壊と経済的矛盾の露呈（第5章)」『日本会社立法の歴史的展開』（商事法務研究会)。
52) 比較的最近の研究成果を紹介しておけば、岡崎哲二・澤田充 [2003:40]「銀行統合と金融システムの安定性」『社会経済史学』Vol. 69, No. 3 は、計量分析により、銀行合同が被合同銀行にあった収益性に負の影響を与える役員兼任関係を排除し、「機関銀行」問題を解消する役割を果たしたことを析出している。また、白鳥 [2006:130] は、「銀行法案」の分析を通し、弱小銀行を大銀行の支店とし本店の

統括下に置くことで規律づけるという政策当局の構想から、銀行合同が銀行重役のモラルハザードを抑止するメカニズムを明らかにしている。

53) 寺西重郎 [2003]『日本の経済システム』（岩波書店）。
54) 筆者も実は同様に考えるが、第4章とも関連し論点が拡散することになり、総合的な論証は今後の課題としたい。
55) 高橋亀吉 [1930：280, 281, 一部271]『株式会社亡国論』（萬里閣書房）。
56) 吉田 [1998：159, 160]。
57) そして吉田 [1998：25, 396] は、有限責任制を株式会社の成立要件の一つと考えるので、株式会社の定着時期も有限責任の定着に規定されることになる。大塚久雄 [1938：88]『株式会社発生史論』（有斐閣）などの影響を受けたとされる。
58) 寺西 [2003：141]。
59) 一般的に無限責任説の後退が示唆される。
60) 商工省『日本統計年鑑』（会社統計）による。1938年の有限会社法の創設によって、これまで合名・合資の小規模企業が有限会社にくら替えしたことが主因と考えられる。また株式会社数が1943年に逆転したことにも注意を要する。
61) 本章は「はじめに」において、「株主有限責任の定着過程にできる限り接近」することを課題とするとしているが、不本意ながら結果的には「定着までの不安定な経緯」を述べることに終始した。

Column 8
第一次大戦バブル (1)

　日本は20世紀に2度の大きなバブルを体験した。第一次大戦バブル（1916〜19年）と平成バブル（1986〜91年）である。前者は「第一次大戦ブーム」と呼ばれるのが一般であるが、たとえば株価がファンダメンタルズから大幅に乖離しており、バブルと称して差し支えないだろう。現に「第一次大戦バブル」と表現する書物として、香西泰・白川方明・翁邦雄編［2001：21以下］や武田晴人［2009：128］がある。

　では、大戦バブルは平成バブルと比較して、どのような特徴があったのだろうか。そのために平成バブルの図に似せて作成したものが図C-8-1である。

　①まず株価について見ると、その上昇幅が異なる。平成バブルでは、1989年の大納会において38,915円の最高値がつき、約3倍（1985年＝100）の上昇が見られた。それでも驚異であるが大戦バブルの場合は、同図から5倍以上（1915年＝100）に高騰していることがわかる。両者の差は、戦前は直接金融であったことから来るものであろう。

　②つぎに地価の動向について見よう。ただ同図の土地は、資料的制約から市街地ではなく農地（田畑）であるが、当時は農地も流動的で、それなりの価格情報を得ることができる。さて平成バブルにおいては土地も約3倍に高騰したことが知られるが、大戦バブルにあっても同図よりほぼ同程度の上昇が見られた。しかし地価は、物価にスライドする形で価格変化が見られたにすぎず、1919年と22年に若干独自の動きが見られるものの、それもファンダメンタルズから大きく乖離しているとはいえない。

　では、土地投機がなかったのかといえば決してそうではない。『大阪毎日新聞』［1917/11/30］は「北九州付近に於て　工場敷地その他の用に供する為　土地の買占め又は海面埋立の計画を為すもの続出し　之が為　関門一帯の地価を煽りつゝあるは周知の事実」であるとしていた。これらのほとんどは、久原鉱業、鈴木商店や三菱本社の土地投機によるものであった。また『大阪新報』［1920/2/19］は「土地会社濫興」と題して「阪神間乃至大阪を中心として各方面に　土地会社の計画せるもの頗る多く　之が為め高燥（ママ）地帯にて住宅経営　又は将来地価の昂騰見込める有利の土地は　概ね之等土地会社に買収され」たと報じていた。

　しかし、当時の新聞記事は総じて株式投機に多くの紙面を割き、土地投機はマイナーな扱いであった。大戦バブルの土地問題は、社会問題化した程度

第5章　株主有限責任の定着過程　135

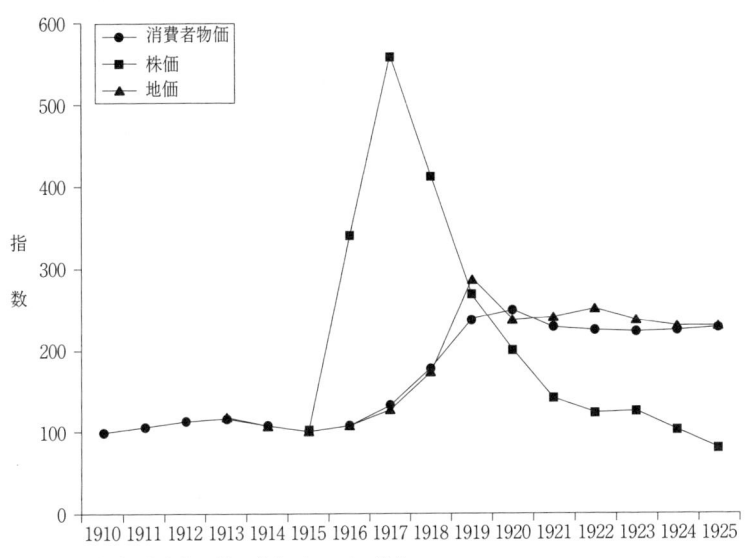

図C-8-1　1910〜25年の株価・地価・物価（1915年＝100）

注：1918年株価は推定値。地価は農地であることに注意。
　　株価につき1914年以前、地価につき1912年以前はna。そのため1915年＝100とした。
出所：株価は東京証券取引所［1928：巻末55〜58］『東京証券取引所五十年史』。
　　　地価は日本勧業銀行調査部［1930］『田畑売買価格及小作料調』。
　　　消費者物価は大川一司他［1967］『長期経済統計8　物価』。

において、平成バブルほどの深刻さはなかったと推測される。

　③さらに物価について見れば、平成バブル期は安定しており、これが日本銀行の金融政策を誤らせる結果となったことは後述する。しかし大戦ブーム期のそれは、同図により1916年から19年にかけて上昇し、20年には約2.5倍にも騰貴していたことがわかる。したがって、大戦バブル期は株式購入につきインフレ・ヘッジの面があったことが見落とされてはならない。また、平成バブル期の商品投機は絵画やゴルフ会員権など、その対象が限定されていた。しかし、大戦ブーム期は全般的な物価上昇から、綿糸布・生糸・米などにも及んでおり、とくに米は、買い占め、売り惜しみや投機的な買い漁りの対象となり、米価の高騰を招いていた。有名な米騒動は以上を背景として1918年富山に勃発した。

Column 9
第一次大戦バブル（2）

　平成バブルに関し日本銀行の責任を問う意見があるが、筆者にはやや酷に思われる。なぜなら、①まず消費者物価が先述した通り安定しており、「物価の番人」として出動する状況にはなかった。そのうえ以下のような公定歩合を引き下げるべき理由が揃っていた。すなわち②プラザ合意による円高不況到来の懸念、③ドル暴落の可能性、④前川レポートによる内需拡大策、⑤金融自由化の波などである。

　しかし、大戦バブル期の日銀の対応は不適切なものであったと考える。公定歩合は図C-8-2のごとく、1916年の4月と7月にそれぞれ日歩2厘ずつ下げられ、つづけて17年3月にも同額引き下げられたことが注目される。上昇に転じたのは、米騒動後の18年9月のことであった。ただ注意すべきは、当時の日本は金本位制を放棄（17年9月）した直後にあり、金融政策の手段も、支払準備率制度は存在せず、公開市場操作も機能する状況になく、さらにマネーサプライに関する統計も整備されてはいなかった。平成バブル期とは、大きく前提を異にしたのである。

　それはともかく、当時日銀が公定歩合の引き上げを行わなかった理由として、日本銀行［1983：453］によれば、つぎのような事情が絡んでいたという。①一つは、過去20年も日本は慢性的な貿易赤字とそれにともなう正貨の欠乏に悩み、大戦期にようやく正貨蓄積のチャンスが訪れたとの認識と安堵が存在した。②今一つは、この際わが国の重化学工業化を推し進めるべく、政府に産業金融の緩和を図ろうとする考え方があった。③さらに、大戦ブームの大幅な物価上昇は、日銀創立以来はじめての経験であったことも与っていた。

　とはいえ、大戦バブルにおいてインフレが明確に認められたという基本的な事実は無視できない。物価上昇が明らかな局面において、中央銀行が公定歩合を下げるというのは、基本的なセオリー違反であり咎められるべき判断であったといえよう。日本銀行［1983：454］も、「大正6（1917）年3月の公定歩合引き下げは実施すべきでなかった」と悔恨をにじませる。また、同［1983：455］は、「米騒動のような大きな社会的摩擦を生じた1か月後まで公定歩合引上げに踏み切らなかったのは妥当でなかった」と、反省の言葉で同書第4章第6節第5款を結んでいる。

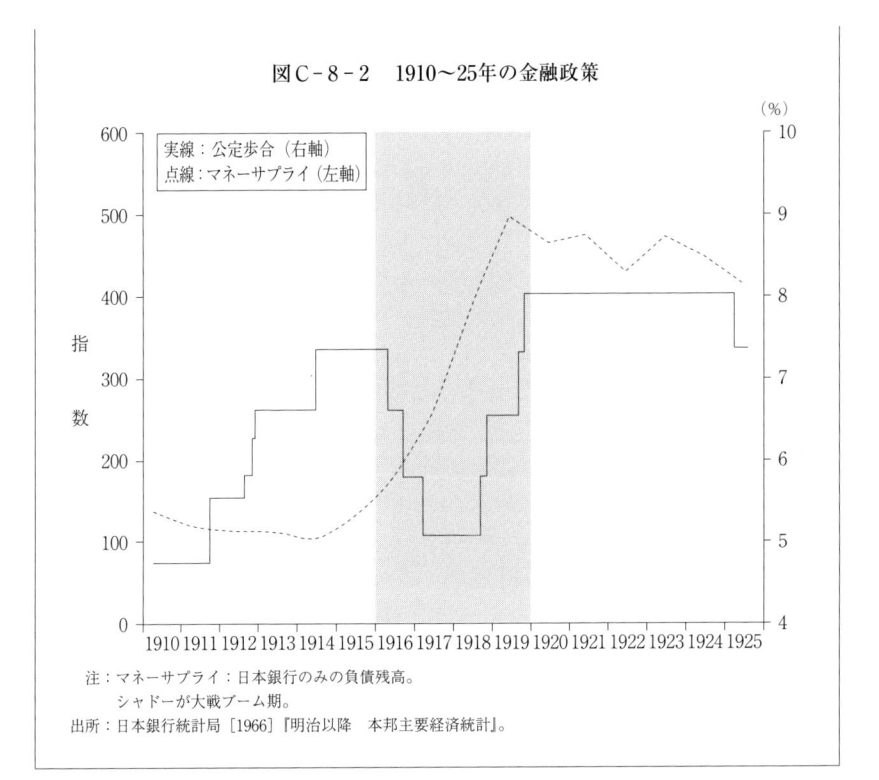

第5章 株主有限責任の定着過程　137

図C-8-2　1910～25年の金融政策

実線：公定歩合（右軸）
点線：マネーサプライ（左軸）

注：マネーサプライ：日本銀行のみの負債残高。
　　シャドーが大戦ブーム期。
出所：日本銀行統計局［1966］『明治以降　本邦主要経済統計』。

第6章　戦前日本の時価会計とコーポレート・ガバナンス
——1920年代の非財閥系企業を中心に——

1. はじめに

　1920年代[1])の日本企業の実態を、まずシンボリックに示すために、電力会社に関する、『時事新報』[1926/11/20]の記事[2])を全文引用しよう。
　　「最近、電気業者の経営状態は著しく放漫に流れてゐる傾向があり、殊に、過般の大震災後は一層此の趨勢が目立つてゐる。即ち東電（東京電燈——引用者）其他の如き大会社は、資産内容の充実を計るよりは、徒に合同を策して之を以て公称資本の膨大を誇り、電力界に於ける覇権を握るに汲々としつゝあり、一方、幾多の小電気業者も此の例に漏れず、徒に株主配当の多きを計つて、施設の完備は勿論、資産状態の改善を忽にしてゐる。之が為め、当然低下すべき電気料金も、其の実現を阻止せられ、電気業者に対する一般の非難は漸次昂まり、逓信省としても、此の儘打ち捨てゝ置く訳にゆかなくなつたので、過般来、資産状態の不良な、而も施設の不充分であるにも拘らず、株主配当の多きを事としてゐた、不健実な電気業者について鋭意調査中であつたが、此の程、全国の業者中、調査の完了した左記四十四社（略）に対して、内容の改善を計るべく、厳重なる警告を突如発する所あつた」。
　この記事は、当時の電力会社が業績を反映しない高配当に走り、そのため内部留保や設備投資、料金サービスをなおざりにする、短期志向の放漫経営に陥っていたことを述べたものである。これは、今日いうコーポレート・ガバナンス[3])の減退を示す現象にほかならない。また、高橋亀吉[1930]『株式会社亡

国論』も、当時の破綻企業21社が、放漫経営さらには粉飾決算[4]まで行っていた様子を伝えている。そして高橋［1930：4, 63］は、以下のような20年代日本企業の6つの特徴を指摘して、その体たらくに深い嘆息をもらすのであった[5]。

「（i）事業経営の態度がその場主義で、所謂事業百年の繁栄を目標としてゐないこと。（ii）企業財政が放漫に流れ、事業の金融的基礎が著しく薄弱なること。（iii）誤魔化し決算、蛸配当が公然と横行してゐること。（iv）事業道徳が消磨して反生産的な虚業的事業経営が平然と許されてゐること。（v）重役の無能、腐敗、不正等著しく、ために事業の多くが食物にされてゐること。（vi）その場主義の大株主の横暴と、業礎を蝕むその貪婪なる高配当欲とそのため事業を著しく衰弱さしてゐること」。

しかし高橋［1930：221］は、以上は非財閥系企業に限って見られた現象で、「三井や三菱の如き大資本閥の関係せる会社は、監督が行き届くからか、兎に角、重役が不正手段でその会社を食い物にする憂が極めて少ない」[6]と述べていた。高橋は、1920年代財閥系企業は、非財閥系とは異なる良好なコーポレート・ガバナンスの下にあったと考えていたのである。財閥のコーポレート・ガバナンスについては第3章と第8章で論じることにして、本章では非財閥系企業を検討対象とし[7]、その中からとくに東邦電力をとりあげることにしたい。東邦電力は、当時、非財閥系ナンバー・ツーの電力会社であり、松永安左エ門（22年副社長、28年社長）という辣腕経営者を頭に戴いて[8]、工場電化や電気化学工業の発展を背景に、水力・火力併用の発電会社として、中京・関西と北九州の両区域にまたがって、確固たる地位を築いていた[9]。いうまでもなく現在の中部電力の前身である。

ところで、1920年代の日本を代表する非財閥系のトップ企業としては、東京電燈がよく知られている。実をいえば、東京電燈のほうが、本章の以下のような課題究明にとって図星の事例なのである。しかし、経営史家の間では、若尾璋八（22年副社長、26～30年社長）による、その乱脈経営はつとに知られるところであり、かかるケース選択は、安直ないし我田引水との批判を招きかねな

い。本章の主張は、比較的優良企業と予想される東邦電力に関しても、もちろん当てはまるものでなければならないであろう。以上が、東邦電力が選ばれた理由である[10]。

さて、電力会社に限らず、一般に1920年代の日本企業は、業績を反映しない高配当を行ってモラル・ハザードに陥っていたというのであるが[11]、ではそれは一体何に起因したのであろうか。本章の第一の課題は、この原因を戦前日本企業のコーポレート・ガバナンスに求め、その本質を解明することである。時に、それはアングロ・サクソン型であったといわれることがある。表6-1は、20年代の非財閥系日本企業と高度成長期の60年代日本企業の経営指標を比較したものである[12]。同表は、「低配当であり、間接金融が中心で、サラリーマン重役によって占められていた」という、今日共有されている高度成長期の日本企業像を典型的に示すとともに、それときわめて対照的な20年代の日本企業の数値を示すものである。この比較から、戦前日本企業をアングロ・サクソン型と呼ぶのは、なるほど言い得て妙である。しかし、そのような捉え方は、さらなる歴史的な分析に耐えうるのだろうか。この点を明らかにすることが、本章の第二の課題である。

なお分析枠組みについても言及しておこう。本書は、いわゆる制度的アプローチを採用する。すなわち、本章のコーポレート・ガバナンス論は、所有構造・メインバンク制・役員構成・経営効率など従来のアプローチのほかに、これまで見逃されがちであった会計システムからのアプローチが加えられる[13]。会計を意味するaccountingのaccountの邦訳の、辞書的第一義は「説明する」である。つまり、会計は欧米では、株主に対する経営者の、不正なきこと・遺漏なきことの経理上の説明を意味した[14]。株主への経営者の期末における会計責任が、最近注目されるアカウンタビリティ（説明責任）であった。したがって、会計アプローチは、コーポレート・ガバナンス論にとって重要な要素であることが理解されよう。ただし、20年代の会計制度は、今日とは異なり、法制度（商法）に包摂されていた[15]。そこで、当時の日本企業を規定したと思われる、1911年商法の「時価主義会計」に着目したい。

表6-1　20年代と60年代の日本企業の経営指標比較

(単位：%)

年			1920	1921	1922	1923	1924	1925	1926	1927	1928	1929	1930	平均
20年代日本企業	配当性向	製造業	63.7	85.3	74.8	60.7	63.9	67.1	67.6	98.3	77.6	66.8	57.1	71.2
		鉱業	43.7	52.5	55.7	60.6	40.4	56.2	62.4	0	28.9	21.0	30.7	41.1
		電気業	81.2	73.6	80.1	82.4	81.6	76.7	76.7	76.9	72.8	78.0	70.8	77.3
		運輸業	67.2	69.9	73.1	69.6	67.3	79.3	79.5	78.0	78.3	77.6	81.9	74.7
		計	63.9	70.3	70.9	68.3	63.3	69.8	71.5	63.3	64.4	60.8	60.1	66.1
	自己資本比率	製造業	63.9	65.1	62.9	62.3	59.4	59.3	56.3	55.9	55.0	54.4	54.5	59.0
		鉱業	86.2	88.3	89.0	88.5	88.6	85.2	81.7	76.4	75.4	77.4	77.1	83.0
		電気業	75.8	74.2	73.1	66.2	62.2	57.7	57.3	56.4	54.5	52.2	50.5	61.8
		運輸業	76.4	77.3	77.1	75.2	74.6	73.5	75.2	69.2	62.6	56.8	54.3	70.2
		計	75.6	76.2	75.5	73.0	71.2	68.9	67.6	64.5	61.9	60.2	59.1	68.5
	役員賞与比率	製造業	6.4	5.6	6.1	5.0	5.6	5.2	4.6	5.2	5.0	4.5	4.9	5.3
		鉱業	3.2	2.9	3.8	2.9	3.0	5.6	6.1	0	2.3	2.3	2.9	3.2
		電気業	4.6	3.9	3.7	3.4	3.5	3.4	3.2	3.0	2.9	3.3	3.1	3.4
		運輸業	4.8	4.6	4.9	4.5	5.5	5.4	5.2	4.5	4.3	4.0	3.8	4.7
		計	4.7	4.2	4.6	3.9	4.4	4.9	4.8	3.2	3.6	3.5	3.7	4.1

年			1960	1961	1962	1963	1964	1965	1966	1967	1968	1969	1970	平均
60年代日本企業	配当性向	製造業	21.0	25.3	32.7	31.0	32.7	35.5	25.9	21.1	20.1	17.5	18.6	25.6
		鉱業	30.2	58.1	68.0	31.8	27.5	27.0	22.0	20.5	25.0	20.6	75.1	36.9
		電気業	53.6	57.4	50.6	50.1	52.2	55.2	57.0	54.3	50.7	43.3	43.8	51.7
		運輸・通信業	25.3	27.2	30.5	27.4	32.7	34.0	27.4	23.3	25.2	31.6	19.6	27.7
		計	32.5	42.0	45.5	35.1	36.3	37.9	33.1	29.8	30.3	28.3	39.3	35.4
	自己資本比率	製造業	25.0	24.9	25.2	24.7	24.2	23.1	22.7	21.4	20.8	20.8	19.9	23.0
		鉱業	28.5	28.4	26.5	22.6	22.2	21.6	20.7	17.0	17.9	18.9	11.7	21.5
		電気業	33.2	32.7	31.8	31.5	30.9	31.1	30.8	30.2	30.2	28.5	27.1	30.7
		運輸・通信業	28.3	29.8	26.9	27.4	25.7	24.5	23.8	23.3	21.1	20.0	19.7	24.6
		計	28.8	29.0	27.6	26.6	25.8	25.1	24.5	23.0	22.5	22.1	19.6	24.9
	役員賞与比率	製造業	2.9	2.9	3.3	3.1	3.3	3.4	2.9	2.4	2.8	2.7	2.8	3.0
		鉱業	2.9	4.8	4.5	2.1	1.5	1.1	1.4	1.2	1.4	1.6	4.5	2.5
		電気業	0.3	0.2	0.2	0.2	0.2	0.2	0.2	0.2	0.2	0.2	0.2	0.2
		運輸・通信業	4.0	4.0	4.5	3.6	4.5	4.2	4.4	4.3	4.0	4.3	3.8	4.1
		計	2.5	3.0	3.1	2.3	2.4	2.2	2.2	2.0	2.1	2.2	2.8	2.4

注：60年代日本企業として採用した事業は、比較の趣旨から、『事業会社経営効率の研究』所収産業に該当する事業を抽出した。
　　配当性向＝株主配当／当期純利益。
　　自己資本比率＝自己資本／総資産（20年代日本企業につき、総資産は「使用総資本」）。
　　役員賞与比率＝役員賞与／当期純利益。ただし、20年代日本企業につき、「其他社外分配金」を役員賞与とした。
出所：20年代日本企業につき、東洋経済新報社編[1932]『事業会社経営効率の研究』、60年代日本企業につき、大蔵省証券局資本市場課編『法人企業統計　年報集覧（昭和35年度〜49年度）上巻』をもとに作成。
　　ただし、前者につき財閥系企業を除外。

表6-2 時価会計の新旧比較

	1911～38年の時価会計	2001年3月～の時価会計
対　象	すべての資産	金融商品、不動産
評価益の配当	事実上配当していた（商法に規定なし）	配当は禁止されている（改正前商法第290条第1項第4号*）
根　拠	1911年改正商法	企業会計審議会「金融商品に係る会計基準の設定に関する意見書」1999年1月
備　考	「時価以下主義」と呼ばれていた	いわば部分時価主義（原則はなお取得原価主義）

注：＊同施行規則第124条第1項第3号。ただし、2005年制定の会社法では、461条。
出所：筆者作成。

2．1911年商法

(1) 時価会計の導入

　2001年は、日本の企業会計にとって、まさに歴史に記憶される年となるであろう。国際会計基準導入の一環として、これまでの「取得原価主義会計」が、「時価会計」に改められたといわれるからである[16]。両者の大きな違いは、取得原価主義の下では、評価益（＝時価マイナス取得原価）は未実現利益として、保守主義[17]の要請から損益勘定に計上しないのに対し、時価主義の下ではそれを計上する、という点にある。したがって、これまでの「含み益経営」はもはや通用しなくなるのである。ただし、今日の時価会計においては、その評価益を配当に回すことはできない仕組みとなっている[18]。

　しかしながら、このような時価主義は、戦前においては何もめずらしいことではなかった。本章が検討対象とする1920年代の日本企業は、1911（明治44）年改正商法の下で、今日よりもさらにドラスチックな資産の時価評価を行っていたのである[19]。表6-2は、当時の時価主義会計と今日の時価会計とを比較したものである。ここにドラスチックというのは、金融商品と不動産（減損会計）に限るという意味で「部分時価主義」と呼ばれる現行とは異なり、当時は固定資産や棚卸資産をはじめ、あらゆる資産の評価損益計上も理論上可能であ

ったからである。現に高橋［1930：297など］には、有価証券にとどまらず、固定資産や棚卸資産の評価益を損益計上していたという記述が散見される[20]。

　以下では、その11年商法と、その前提となった1890（明治23）年商法（旧商法）の会計システムについて説明することにしよう。

(2) 時価会計の源流

　「原始商法」とも「旧商法」とも呼ばれる、1890年制定商法は、貸借対照表のすべての財産につき「当時ノ相場又ハ市場価直〔ママ〕」を付すべきことを要求していた（第32条第2項）。すなわち、購入時点の「取得原価」ではなく決算時点の「時価」をもって、資産を計上することとしていたのである。これが、本章にいう「時価主義会計」にほかならない。1899（明治32）年には、日本で最初の正式な商法（新商法）[21]が制定されるが、右の点はドイツ法にならって「目録調製ノ時ニ於ケル価格」と表現が改められた（第26条第2項）ものの、時価主義をとる点において何ら変更はなかった。ところが、他方で商法は、時価主義会計によって発生する評価益、すなわち未実現のキャピタル・ゲインの処置については規定せず、評価益は配当できるのかできないのか、立法に不備が存在したのである[22]。

　そのため会計学者の間で、論争が引き起こされた。それが有名な「明治32（1899）年評価損益論争」である。主に『東京経済雑誌』上で争われ、加藤吉松と大原信久は「配当できない」と主張し、愛安生（別名、水島鉄也）は「配当できる」として応酬していた[23]。いうまでもなく、この論争の端緒となったのは、評価益が配当されることへの懸念であった[24]。たとえば、大原信久［1899：12,13］「商法の欠点を論ず」は、「近時諸会社の報告を見るに、配当率を多からしめ、株主の歓心を迎へんか為の策略としてか、此等の差額（評価益──引用者）を配当し、敢て其の姦策を行ふもの益々多きを見る、今に於て此等の悪弊を取締るに非ざれば、終に救ふ可からざるに至るを恐るゝなり」[25]と述べていた。今日の時価会計では、評価益は「配当できない」として立法的な解決を見ているが、ここへ至る立法過程の1990年代、同様の論争がくり返され

たことは興味深い[26]。

　明治32年評価損益論争は、時価主義を否定する所にまで発展した。すなわち、このような弊害をともなう時価主義会計に対し、法律学者を中心に当時批判の声があがったのである。そこで政府は、1911年につぎのような商法改正案を提示するに至った。それは、第一に、財産目録[27]に記載すべき價額は「財産目録調整ノ時ニ於ケル價額ヲ超ユルコトヲ得ス」（第34条第1項）として、時価を最高限とする「時価以下主義」[28]をとることを明らかにし、第二に、新たに株式会社について、財産目録に記載すべき價額は、「取引所ノ相場アル財産ニ付テハ財産目録調整ノ時ニ於ケル相場ニ（中略）超ユルコトヲ得ス　但其相場又ハ價額カ財産ノ取得價額又ハ製作價額ヲ超ユルトキハ其取得價額又ハ製作價額ニ超ユルコトヲ得ス」という定めを置く、というものであった。しかし、第二の評価益計上禁止の規定については実業界からの強い反対があり、結局否決され第一の改正を見るにとどまったのである[29]。

　この結果は、学者に強い不満を与えた。松本烝治［1911：228］『商法改正法評論』は、「所謂蛸配当を事とする我邦現代多数会社に対して、最も緊要なる取締規定なりしに拘らず、終に全然撤去せらるるに至りたるは、実に改悪修正の甚しきものとして、浩嘆に耐えざるなり」[30]と述べ、岡野敬次郎［1920：188］『会社法講義案』も、「余は今なほ之を遺憾とす」[31]と記していた。こうして20年代の日本企業は、新商法の第一次改正法たる11年商法の時価主義会計の下にあったのである。

　以上の日本の制度会計は、ドイツ法の影響下にあったものであるが、実は併行して英国会計の慣行も実施されていたことが見落とされてはならない[32]。たとえば、1893年の『三菱合資会社会計帳簿』は、設備資産について英国流の「取得原価主義」を定めていた[33]。しかし、その後生じたのは、それが次第に時価主義へと収斂されていく変化であった[34]。少なくとも20年代の非財閥系日本企業では、時価主義が一般化していたと考えられる。

3．東邦電力のケース

　以上見てきた当時の「時価主義会計」の法制度は、1920年代非財閥系日本企業のコーポレート・ガバナンスに、どのような影響を与えていたのだろうか。本章では、時価主義会計がモラル・ハザードへの誘因を温存させていたと考えている。そこで以下では、東邦電力をケースに同社の経営状況を検討し、時価主義会計のもたらした影響を中心に考察することにしたい。ついては、橘川武郎［1995］『日本電力業の発展と松永安左ヱ門』（名古屋大学出版会）を手がかりに分析を進めることにしよう。

(1) 東邦電力の財務状況

　まず、そのために作成したのが表6-3と表6-4である。これらの表により、東邦電力の20年代の財務状況を、東京電燈との比較[35]も交えつつ見ていく。

　さて、第一に驚かされるのは、配当性向・配当率の高さである[36]。とくに20年代の配当性向の平均は、80％をも超える数値であり、全産業平均を約17.1ポイントも凌駕していた。東京電燈の当時の平均89.4％ほどではないにしろ[37]、それが高いものであったことに違いはない。松永［1927/10/1：63］が「固定資産の評価を高く見積り、その間の差額を雑収入に計上しこれを利益と見做して分配する」[38]ことが当時普通に行われていたと述べていたように、かかる高配当は、一つには評価益の計上による利益捻出に基づくものであった。この結果は、当然、内部留保金比率の低さとなって表れていた。すなわち、東電の7.6％に対し、東邦では11.8％であったのである。

　ところで、この配当性向の分母、「当期純利益」に注意を要する。すなわち、20年代の東邦では東電とは異なり[39]、役員賞与は費用として処理され、利益処分項目とされていなかった[40]ので、「当期純利益」は公表資料の当期純利益に役員賞与を加算し修正したものである[41]。とはいえ、損益計算書に「役員賞与」なる勘定項目は見出されず、その金額は他の科目、おそらく「営業費」か「総

第6章　戦前日本の時価会計とコーポレート・ガバナンス　147

表6-3　東邦電力の経営指標

	1920	1921	1922	1923	1924	1925	1926	1927	1928	1929	1930	平均
配当性向	n.a.	n.a.	85.4	85.6	85.3	86.4	84.9	81.3	82.3	81.5	76.4	83.2
20年代日本企業平均との差			14.5	17.3	22.0	16.6	13.4	18.0	17.9	20.7	16.3	17.1
配当率	n.a./0.14	n.a./0.14	0.13/0.13	0.12/0.12	0.12/0.12	0.12/0.12	0.12/0.12	0.12/0.10	0.10/0.10	0.10/0.10	0.10/0.08	—
20年代日本企業の平均	0.15/0.10	0.07/0.08	0.07/0.07	0.08/0.06	0.07/0.07	0.07/0.07	0.07/0.06	0.06/0.06	0.06/0.05	0.06/0.05	0.05/n.a.	—
20年代日本電気業の平均	0.04/0.05	0.05/0.05	0.05/0.05	0.05/0.04	0.04/0.05	0.05/0.05	0.05/0.05	0.05/0.05	0.05/0.05	0.05/0.05	0.04/n.a.	—
ROE	n.a.	n.a.	4.6	4.8	4.8	4.7	4.8	5.3	4.8	4.8	4.9	4.8
20年代日本企業平均との差			-2.9	-3.7	-3.4	-2.7	-1.7	-0.2	-0.5	-1.1	0	-1.8
ROA	n.a.	n.a.	3.7	3.7	3.3	2.9	2.9	3.2	2.8	2.6	2.5	3.1
当期純利益	n.a.	n.a.	13,075 (100)	14,199 (109)	14,385 (110)	14,187 (109)	14,820 (113)	16,744 (128)	15,253 (117)	15,406 (118)	14,870 (114)	14,771 (113)
借入金	n.a.	n.a.	11,454 (100)	16,198 (141)	15,425 (135)	1,193 (10)	1,671 (15)	2,260 (20)	3,065 (27)	142 (1)	5,000 (44)	6,268 (55)
社債	n.a.	n.a.	40,060 (100)	48,680 (122)	80,800 (202)	149,958 (374)	162,473 (406)	167,005 (417)	185,302 (463)	224,035 (559)	241,895 (604)	144,468 (361)
自己資本比率	n.a.	n.a.	80.9	77.0	69.3	62.0	60.4	60.5	58.4	54.6	51.8	63.9
20年代日本企業平均との差			5.4	4	-1.9	-6.9	-7.2	-4	-3.5	-5.6	-7.3	-3.0

注：配当性向＝配当総額/当期純利益（役員賞与を加算して修正）。20年代日本企業平均とのマイナス値は、東邦電力のほうが低いことを示す。
配当率の/の左は上期、右は下期。20年代日本電気業平均は、電燈業と電力業の平均。配当率＝配当総額/払込資本。ROE＝当期純利益/純資産。
ROA＝当期純利益/使用総資本。（ ）は、1922年を100とする、期末における指数。借入金は、支払手形を含む。
出所：配当率・借入金のみ『東邦電力史』、その他は『営業報告書』各年版をもとに作成。

表6-4　継続志向の経営指標の新旧比較

(単位:%)

	年	1920	1921	1922	1923	1924	1925	1926	1927	1928	1929	1930	平均
減価償却率	東邦電力	n.a.	n.a.	1.2	1.0	1.0	1.0	1.0	1.0	1.0	1.0	1.4	1.0
	年	1960	1961	1962	1963	1964	1965	1966	1967	1968	1969	1970	平均
	60年代日本電気業	4.6	5.2	6.1	6.0	6.9	6.8	7.4	7.9	8.2	8.0	8.0	6.8
積立金比率	年	1920	1921	1922	1923	1924	1925	1926	1927	1928	1929	1930	平均
	東邦電力	4.9	3.1	0.6	1.1	1.7	2.3	2.8	3.0	4.0	4.5	4.5	3.0
	年	1960	1961	1962	1963	1964	1965	1966	1967	1968	1969	1970	平均
	60年代日本電気業	59.8	51.2	44.6	40.0	38.4	36.0	32.5	31.4	27.8	25.0	23.2	37.3
内部留保金比率	年	1920	1921	1922	1923	1924	1925	1926	1927	1928	1929	1930	平均
	東邦電力	n.a.	n.a.	9.5	9.4	9.7	8.6	10.1	13.8	12.7	13.5	18.8	11.8
	年	1960	1961	1962	1963	1964	1965	1966	1967	1968	1969	1970	平均
	60年代日本電気業	46.2	42.3	49.2	49.7	47.6	44.6	42.8	45.5	49.1	56.5	56.0	48.1

注:減価償却率:〈東邦電力〉「固定資本償却金」×2/(「固定資産」+「固定資本償却金」)。
　　〈60年代日本電気業〉減価償却費/(固定資産-建設仮勘定+減価償却費)。
　積立金比率:〈東邦電力〉「法定準備金+特別準備金」/純資産。〈60年代日本電気業〉「資本剰余金+利益剰余金-法人税等引当後当期純利益」/純資産。
　内部留保金比率:(当期純利益-配当金-役員賞与-役員交際費等)/当期純利益。
出所:〈東邦電力〉減価償却率・積立金比率につき『東邦電力史』、内部留保金比率につき『営業報告書』各年版をもとに作成。〈60年代日本電気業〉『法人企業統計　年報集覧(昭和35~49年度)』上巻』をもとに作成。

係費」に押し込まれていたと考えられる。これは、賞与額が公けになることを回避した処置であったことはいうまでもない。

　第二に指摘できるのは、東邦電力の経営不振である[42]。ROE・ROAの逓減は、それを如実に示すものであった。分子の当期純利益はほぼ横這い状態であったと見られるから、ともに分母の増加、すなわち前者においては自己資本、後者においては総資産の増加が原因である。これは、主として度重なる合併による遊休資本、遊休資産の増加によるものであろう[43]。渡哲郎[1995:32-37]『戦前期のわが国電力独占体』によれば、東邦は20年代に、10を超える企業の買収・合併を繰り返し、地域的独占を果たしたことを知ることができる[44]。このような東邦の経営状況は、ROE・ROAの数値に見る限り、東電の経営悪化より軽症であるとはいえ決して芳しいものではなかった。

　第三に気になるのは、貸借対照表に存在する五種もの「建設費」の存在である(表6-5の★印)。すなわち、「発電所建設費」「送電線建設費」「変電所建

設費」「電灯電力建設費」「鉄道建設費」が、資産として計上されている[45]。今日の企業会計原則では、費用の資産計上は「繰延資産」など限定的にしか認められておらず[46]、計上それ自体、当時の企業としても異形なものであったが、さらに特徴的なのはその額の多さである。「土地・建物」の10〜30倍にものぼる。これらの建設費は、「固定資産」の当時の一つの表現であ

表6-5　東邦電力貸借対照表（1928年10月31日現在）

借　方		貸　方	
未払込株金	18,808	株金	144,321
発電所建設費★	56,839	法定準備金	5,121
送電線建設費★	17,525	特別準備金	600
変電所建設費★	15,211	社債	104,054
電灯電力建設費★	59,898	借入金及支払手形	3,065
鉄道建設費★	2,045	職員積立金	2,065
土地建物	8,502	仮受金	8,415
備品	877	未払金	5,835
拡張工事勘定	12,020	前期繰越金	1,292
倉庫品	1,955	当期利益金	7,594
仮払金	8,107		
未収金	2,129		
有価証券	28,465		
貸金及受取手形	31,448		
預金	18,381		
現金	7		
仮受有価証券	143		
合　計	282,361	合　計	282,361

出所：『営業報告書』をもとに作成。

った、とも見られよう。しかし、真実の費用と本質的に分かち難く、その一部がこれら「建設費」に混入されていたことは間違いない[47]。とすれば、建設費も利益捻出の温床であったといえる。

　第四に利益捻出のため、減価償却費の削減も行われていた。減価償却に関し、松永は、定款に減価償却率を定めたり管理会社（東邦蓄積）を設立したり前向きなところを見せ、東邦電力史編纂委員会編［1962：494］も「当時、わが国の電気事業は、減価償却については深い関心がなく、殆んどこれを行っていない状態であったが、当社は減価償却を重視し、減価償却率は年率一％の低率であったとはいえ、これを実施したことは特筆できる」と自負していた[48]。しかし、そこにもあるように、その減価償却率は、東電と申し合わせたごとく過小なものであり、今日同種の事業会社の6分の1にも満たないものであった[49]。

　第五に顕著なのは、年毎の社債の増加である[50]。ほぼ半数は外債であったが、1929年には20年の約25倍にも膨れあがっていた。ちなみに、東京電燈の社債は、

この3倍ほどの額であった[51]。いっぽう借入金は、返済が進み減少傾向にあったことがわかる。これらは、配当の原資とされており、橘川前書も、東電と東邦の「二社は、配当資金の大半（東電91％、東邦75％──引用者）を三井銀行からの借入金で捻出する状態であった」と述べていた[52]。いわゆる「蛸配当」が行われていたのである[53]。つまり、20年代の東邦は「まず配当ありき」の行動様式にあったことが知られよう。望まれる配当に合わせて、評価益の計上・費用の資産組入れ・減価償却費の削減などにより利益のほうを調節し、不足する原資は社債・借入金などにより賄うという本末転倒が行われていたのであった。

(2) 東邦電力の所有構造

つぎに、東邦電力の1920年代の「所有と経営」についても調べることにしよう。その結果、以下の3点を指摘することができる。

まず第一に、東邦の重役陣は、少ない時でも4.1％、多い時で10.5％の株式を保有していた[54]。役員がここまでの株式数を有することは、今日的な企業では基本的にはありえないことである。ただ断っておきたいのは、この数字は、東邦の株主として名を連ねる法人のうち、東邦の重役が支配していた法人の保有株を、重役分として集計したものである[55]。これら重役陣が、電力業界では突出した高配当と「金額を公表できない賞与」の両得に与っていたことは、すでに見たところから明らかである。

しかしながら第二に、重役陣の持株支配のためには、この程度の持株比率では低きに失することである。この他に、事実上の持株支援が同数あったと仮定しても、テーク・オーバーの防止のためにはやや心許ない。1925年に設立された東邦証券保有株式会社はそれに備える一種の「持株会社」であり、東邦電力史編纂委員会編 [1962：464, 465] でも、それが米国GE社にならった組織[56]で、「自社株（東邦株──引用者）を保有させて他社の勢力伸張を阻む目的」をもつと説明されていた[57]。ところが、東邦証券の持株比率は、減価償却の管理会社として発足した東邦蓄積株式会社のそれよりも、かえって下回るものであっ

た。安定株主工作についての、このような東邦の緩やかな対応は、五大電力間にある程度の棲み分けが確立した後の、電力業界の事情からくるものであろう。当時はいわゆる「電力戦」が戦われ、東邦電力も日本電力や東京電燈と激しいサービス・価格競争をくり広げており、市場圧力が悉く低調であったわけではなかったが、それがテーク・オーバーに発展することも、経営規律を高める方向に機能することもなかったのは、そうした事情によると考えられる。

表6-6 東邦電力の株式分布

	株式数		株主数	
	株	%	名	%
10,000株以上	474,496	16.4	18	0.1
10,000株未満	257,457	8.9	37	0.2
5,000株未満	600,373	20.8	328	1.4
1,000株未満	402,989	14.0	661	2.9
500株未満	633,919	22.0	3,580	15.5
100株未満	517,190	17.9	18,442	79.9
計	2,886,424	100.0	23,066	100.0

注：1928年4月30日現在。
出所：『東邦電力株主名簿』（神戸大学経営分析文献センター所蔵）をもとに筆者作成。

また第三に、「所有と経営の未分離」と併行して、東邦では「所有と経営の分離」の現象も見られた。表6-6から、100株未満を保有する株主が、実に80％をも占めており、株式分散が認められる。この広範な弱小株主が東邦の株主総会において、voiceで経営者をモニタリングした記録は見出されず、彼らは経営者＝大株主の強いパワーの下、サイレントな存在に終始していた。『大阪朝日新聞』[1929/5/16] に掲載された、「総会で意見でもだそうものなら御用株主になぐられるのがおちだ」[58]という福澤桃介の発言にも、株主総会形骸化を確認することができる。さらに、東邦においては、前章に見た過大な高配当も、一般株主を黙らせるインセンティブとなり、exitを抑制することにつながっていたと考えられる。そこで、東邦の経営者といえども株式市場から超越していたわけではなく、増資のためにかかる高配当を維持しなければならなかったが、彼らは経営効率を向上させる方向を選択せず、安易な利益捻出に走っていた。

(3) 小括

以上の (1) に見られる「評価益」こそ、まさに「時価主義会計」の産物で

あった。金融商品以外からも広く評価益を計上でき、かつその評価益を配当できる、今日から見れば非常にルースな時価主義会計が、東邦電力の高配当の一因となっていたことが分かる。高橋［1930：195］も、高配当のために「一番普遍的に行はれるのは評価益の捻出であつて、大正九（二〇）年の反動後、各社の利益激減するや、此の方法に由つて利益金を捻出」した[59]、と述べていた。

　他方（2）に見た東邦の「大株主の重役兼任」の状況は、東邦電力の定款第20条が「取締役及ヒ監査役ハ当会社株式一〇〇株以上ヲ所有スル株主中ヨリ之ヲ選挙ス」[60]としていたことと決して無縁ではないであろう。この規定は、時価主義会計を定めた1911年改正商法の第164条第1項、すなわち取締役は「株主総会に於て株主中より之を選任す」の要件を加重したものであり、かかる法制が当時の所有構造をある程度は追認ないし助長するものであったということができよう。

　以上は制度条件にすぎないが、では実際に東邦電力にモラル・ハザードの発現をもたらしていた主たる原因は何であろうか。それは、モニターの力不足や限界などのモニタリング機構の不備にあったと考えられる。そこで、東邦のモニターとしての可能性があったステーク・ホルダーのうち、「株主」「債権者」「政府」の動向を見ておこう。

　まず「株主」であるが、20年代の東邦電力では、経営者を占めた大株主は高配当・高賞与に浴しモニタリングする立場にはなく、大多数の一般株主も、先に見たように、あるいは大株主重役に抑えつけられvoice行使の勢いなく、あるいは高配当で経営者に懐柔されており、全体として株主によるモニタリングは、ほとんど期待できない状況にあった。つぎに「債権者」について見ると、東邦電力は銀行借入れや外債の返済を比較的順調に行っており、金融機関の差し迫った取立ての埒外にあった。この点、返済を滞らせていた東京電燈は、三井銀行やギャランティ・トラストから経営に口出しをされ、一時期にせよ今日のメインバンクさながらのモニタリングを受けていたことと対照的であった。さらに「政府」については、松永安左エ門は小泉又次郎逓信相に対し「各社とも減配を断行し、社内保留の増加によつて、設備の改良」などに努めさせる旨、

公約するようなスタンスにあり[61]、どうやら松永は政府筋からの信望が厚く一目置かれる存在であったと見える。幸か不幸か政府の東邦への圧力は期待するべくもなかったのである。

こうして、20年代の東邦電力は、高橋［1930：4, 63］が掲げた非財閥系日本企業の諸特徴（ⅰ）〜（ⅵ）のほとんどを備える企業であった。

4．1920年代の日本企業像

当時の経済雑誌による「若尾の〈放漫経営〉に対する、松永の〈科学的経営〉」という評価[62]や松永の戦後の活躍などのためか、東邦電力＝優良企業という先入主にとらわれていた筆者にとって、右のような東邦の経営内容は、にわかに信じ難いものであった。とはいえ、東邦電力は、高橋［1930］の破綻会社21社にはもちろん、冒頭に引用した、逓信省が業務改善警告を発した「不健実な電気業者」44社の中にも名を連ねておらず、不埒な業績不振企業というわけではなかったことはいうまでもない。したがって、当時を知りうる代表的な企業像に近いものと考えて問題が少ない企業と思われる。

かかる東邦電力の実態から、つぎのような1920年代の一般的な非財閥系日本企業の特徴が浮かび上がる。すなわち当時の企業は、第一に短期志向をもつが、株主主権がもたらす単なるそれとは、やや異なるものを備えていた。第二に配当競争に明け暮れていた。そして、第三にモニタリング機構が不整備であった。これらの点を、以下に詳しく論じていくことにしよう。

（1）未成熟な継続企業

まず表6-4によれば、東邦電力では、単に高配当のみならず、積立金比率・内部留保金比率が低く、減価償却費も過少で恣意的な運用がなされており[63]、それは今日いう単なる短期志向にとどまらず、企業の将来性・存続性をないがしろにするものであった。先の「（ⅰ）その場主義で、所謂事業百年の繁栄を目標としてゐない」という高橋［1930：4, 63］の特徴[64]も、そのような傾向

を含意するものとして理解することができよう。つまり、かかる高配当・低い内部留保・過少な減価償却費という傾きは、当時の日本企業に共有されていたのである。

　この徴候は、会計学の用語でいえば、「期間損益計算」の志向が乏しい、という状態をさす。ここに「期間損益計算」とは、期間ごとの業績比較のために、費用を長期間に配分して平準化しようという考え方である。この観念が不足するところでは、長期にわたって企業を存続せしめようという意思が希薄であると見なされても仕方がない[65]。現に当時は、破産に対するおおらかな態度が見られ、20年代は破綻企業の多さによっても知られている。

　ところで、このようなタイプの短期行動の背後に、実は明瞭なひとつの企業像が想定される。それは、企業史の初期に現れることがある、時価主義会計下の清算企業（当座企業）である。では、ここに清算企業とは何であろうか。その濫觴は、地中海貿易に従事していた中世イタリア商人の冒険企業[66]に見出される。そこでは、一航海を一事業として、航海が終わるごとに清算が行われ、増加した財産を利益と見て分配していた[67]。清算は当然時価で行われ、これが「時価主義会計」であり、当初から解散が予定されたので「期間損益計算」の観念は欠如していた。これを理論にまで高めたものが、会計学でいう「静態論」にほかならなかった。この静態論は、17～20世紀初頭にかけて、広く欧米で支持されることとなった、といわれる[68]。

　とはいえ、1920年代の日本企業が清算企業であった、というつもりは毛頭ない。そのような見方は、きわめてミスリーディングであろう。そこでは、当初から解散が予定されていたわけではないし、期間損益計算の観念がまったく欠如していたわけでもないからである。清算企業は、理解のために、対極にあるものとして紹介した。したがって正確には、20年代の日本企業は、近代株式会社にふさわしい「継続企業」ではなく、「継続企業として、きわめて未成熟な企業」ないし「不完全な継続企業」であったといえよう。つまり、20年代日本の非財閥系株式会社は、欧米では過去の遺物であった未熟な状態にとどまっており、期間損益計算を尊重する本格的なゴーイング・コンサーンの面影をいま

表6-7 配当の減額をせまる行政指導

年月日	指導主体	対象	備考
1924年12月25日	大蔵省	知事、日本銀行、銀行集会所など	「第1次銀行減配慫慂」（通達）
1925年6月13日	大蔵省	知事	「第2次銀行減配慫慂」（通達）
1926年11月18日★	通信省	電気会社	突然の厳重なる警告（通達）
1927年6月3日	大蔵省	知事	「第3次銀行減配慫慂」（通達）
同年6月4日	日本銀行	有力銀行	銀行会議で全会一致の決議
同日	日本銀行	一般事業会社	東西シンジケート銀行会で慫慂
同年11月7日	鉄道省	鉄道会社	本省に招致して大臣代理より伝達
同年11月14日	鉄道省	地方鉄道会社	各別に勧告（通達）
1929年7月13日	大蔵省	有力銀行	蔵相招待懇談会で慫慂
同年9月12日	商工省	保険会社	生保協会の商相新任歓迎会で警告
同年9月14日	鉄道省	鉄道会社	会計監査を断行
同年11月1日	商工省	保険会社	強制的方針

注：★印の内容は、本章冒頭に掲載した。
出所：高橋亀吉［1930］。

だ宿すには至っていなかったのである[69]。ちなみに、ゴーイング・コンサーンの会計理論である「動態論」を確立した、シュマーレンバッハ『動的貸借対照表』の刊行は1919年のことであった[70]。

(2) 配当第一主義

　当時の市場の高配当は、ひとり電力業界にとどまるものではなかった。一社の高配当は、市場をさらなる高配当へと駆り立てるものではあるが、それはやや異状な様相を見せていた。政府がその風潮に早くから憂慮を表明するほどであったからである。いきおい、それは配当の減額をせまる行政指導にまで発展した。表6-7は、高橋［1930：147-176］に掲載された、1920年代の「減配」指導の一覧である。

　政府は、配当額それ自体に警鐘を鳴らすとともに、その背景にあった当時の企業の経営体質を問題視していたものと思われる。そして減配指導の対象は、銀行にも及んでいた。のちに日本企業のモニターの役回りを演ずることになる銀行も、当時はまだその自覚も能力も持ち合わせてはいなかったのである。はたして、高橋［1930：152］が「銀行の減配慫慂をなしたるも、尚ほ所期の目

的を達せず、遂に昭和二（二七）年三四月の金融大恐慌を齎した。しかも、金融恐慌と云ふ最大の刑罰を受けながら、尚ほ我が銀行は所要の減配をなすに至らず（後略）」と述べていたように[71]、政府の行政指導も決して良好な結果をもたらすものではなかった。

このような高配当の一つの原因として、筆者は先の11年改正商法第164条第1項の法制が絡んでいると考えている。現に同様の見解は、かかる法制廃止の改正案が論議された国会審議において存在した。すなわち、衆議院議員片山哲（のち首相）は、「現行商法ハ、之ヲ分離致シテ居ラズ、企業所有即企業経営ノ形態ヲ採ッテ居ルノデアリマス、随テ現行法ニ於キマシテハ、企業所有中心主義デアリマスカラシテ、其所有ノ受ケマスル配当ニ対シテハ手ヲ著ケテ居ナイノデアリマス、放任主義ヲ採ッテ居リマス、（中略、商法改正により——引用者）所有経営ノ分離致シマシタ結果、株式所有者ノ得マスル所ノ配当ニ対シテ、今マデノヤウナ放任主義ヲ採ル訳ニハ行カズ、結局配当制限主義ヲ採ラザルヲ得ナクナッテ来ルノデハナカラウカト私ハ思フノデアリマス」と述べていた[72]。

ところで、日本の1920年代は、未曾有の長期不況の中にあった。すなわち、20年には第一次大戦ブームが去り反動恐慌がきた。株式市場の暴落、中小銀行の破綻・取付けが相次ぎ、慢性不況の様相を呈するようになる。そのさなか23年には関東大震災が襲う。そして、このときの震災手形の処理をめぐって、27年金融恐慌が引き起こされる。このような中で、上のような高配当市場が存在したことの意味は、日本企業の規律づけにとって、決して小さくないであろう。

(3) モニターの不在

東邦電力のケースでは、強力なモニターの不在が認められたが、以下では1920年代企業のモニタリングの状況について、一般的に検討することにしたい。念のためにいえば、本章では20年代の一般的な企業像を追っているのであり、とくに個々の企業のモニタリング状況は、当該企業が置かれていたさまざまな経営事情を勘案する必要がある。ここでは、あくまでも最大公約数的な考察を行う。

それに当たり、まず、20年代日本企業の一般的な所有構造の実態を見ておこ

う。当時の所有構造については、先の東邦電力の場合から推し量るだけでは心許ないからである。そこで本章では、山一證券株式会社調査課による1927年の統計を用いる（表6-8）[73]。これは、20年代日本企業の所有構造を示す希少なものである。ただ調査対象となった全国重要事業会社362社の中に、財閥系企業が含まれる可能性があるのが難点である。しかし、財閥が参入に消極的であった電力・鉄道・紡織・製糖・醸造製氷・護謨といった分野においても、この表は他の分野と同様の傾向を示しているので、いちおう同表を20年代日本企業の株式構成の趨勢を知りうる資料として採用することにしよう[74]。

その表6-8によれば、第一に「重役」の持株比率が高く、平均6.6％に達していた。これは当然、複数人の重役によるものであるが、それでもなお今日的な日本企業とは大きく異なっているといえよう。第二に、「大株主」の持株比率は平均54.7％に達していた。ここに大株主とは0.5％以上を保有する株主をいうとしている[75]。54.7という数字は一見大きいものにうつるが、今日

表6-8 20年代重役・大株主の持株比率

（単位：社、％）

	社数	重役	大株主
銀行	10	1.1	44.6
損害保険	14	15.1	68.3
人事保険	11	1.0	8.1
電燈電力	45	4.6	58.7
鉄道軌道	51	6.3	61.2
汽船運輸	8	9.7	72.2
紡織	46	11.3	56.1
造船工作	22	2.1	68.8
製紙	4	8.6	65.5
製糖	7	3.2	42.5
醸造製氷	8	8.0	47.2
鉱業	19	5.9	44.2
冶金	6	9.2	59.3
瓦斯	3	10.5	64.5
取引所	13	4.8	75.7
拓殖	7	2.0	49.4
窯業	11	8.6	56.2
土地建物	24	20.1	79.3
興業	3	24.3	52.8
護謨	5	13.3	56.9
化学工業	14	8.3	56.3
加工業	14	12.9	53.8
商業	6	5.7	26.8
証券業	4	7.1	52.8
倉庫	7	9.0	69.5
合計	362	6.6	54.7

注：1927年下期末、現在。
　　大株主とは、公称資本金1,000万円以上の会社では1,000株以上の株主、500万円以上の会社では500株以上の株主。
　　山一證券株式会社調査部調べ。
出所：井上謙一［1930］をもとに作成。

的な日本企業においても0.5％以上株主の保有株数を集計した場合、この程度はありえないことではない。結局、同表からは、重役のうちのある者は大株主でもあったことが突きとめられる。ここから、当時の日本企業は、〈大株主でない経営者〉、〈経営者かつ大株主〉、〈単なる大株主〉、そして〈多数の一般株主〉

から構成されていた、というイメージが得られよう。〈多数の一般株主〉の存在から所有の分散が認められ、一面では「所有と経営の分離」が進んでいたが、他面〈経営者かつ大株主〉の存在から、これを否定する面もあわせ持っていたということができる。いいかえれば、当時は株式の集中と分散の併存が見られたのである。したがって、バーリー＝ミーンズ型の「所有と経営の分離」とは違っていた[76]。

　以上の「大株主の重役兼任」という20年代日本企業の特徴は、当時の企業の定款の多くが取締役の資格要件として一定の持株数を掲げていたことが促進した現象であったと考えられる。そして、その定款規定は、11年改正商法第164条第1項によって導かれたものと考えられる[77]。

　さて以上をふまえ、当時の日本企業のモニタリングの状況を一般的に検討したい。そこで、モニターとしての可能性があったステーク・ホルダーのうち、「株主」「債権者」「政府」の動向を見てみよう。まず「株主」についていえば、それは右の〈経営者かつ大株主〉と〈多数の一般株主〉の併存構造によって規定されていた。すなわち、前者は、二つのステーク・ホルダーの地位を兼併することから、モニターとして両者の牽制構造が損なわれることになりやすい。後者に関しては、当時の『東洋経済新報』[1930／2／1]が、「或大電燈会社は、先頃定期株主総会を開き、昨下半期の決算を議決したが、其総会は予め所謂御用株主を使嗾して一切の質問を封じ、僅かに数分間にして閉会したと云ふ。(中略) 斯の如く株主総会を商法の命ずる一の形式に過ぎずとなし、実質的には全然空虚な存在たらしめつゝあるは、独り此大電燈会社のみでない」[78]と伝えていた。この描写は、株式相互持合いにより、株式市場の影響から相対的に強い立場にある経営者の下で、形骸化していた高度成長期の株主総会と共通のものである。したがって、全体として株主によるモニタリングは機能しにくい素地が存在した。つぎに「債権者」[79]に関しては、東邦電力と対比した東京電燈のケースはむしろ例外的なものであった。というのは当時、銀行は企業金融に大きな役割を果たしていなかったからである。これは、表6-1の自己資本比率の高さに表れていよう。そもそも、配当につき株主と債権者はトレード・オフ

の関係にあり、高配当は株主には歓迎されるが、債権者には会社の内部留保を減少させ、債権担保力を弱める。そこで、当時の高配当の風潮は、株主重視・債権者軽視の環境を作り出しており、このような中で、銀行が企業金融にインセンティブを感じなかったとしても不思議ではなかろう。さらに「政府」については、当時「救済融資」の彌縫策[80]がとられていたことも重要であるが、先に見た減配指導の結果がその監視能力を端的に物語るものであろう。以上から、20年代日本企業における一般的なモニターの不在が見て取れる。

　未成熟な継続企業の性格をもつ日本企業が、20年代不況による経営悪化が進行する過程で、高配当市場にさらされたとき、自己規律を弱めモラル・ハザードを呈するに至ったとしても不思議ではないが、こうしたモニターの不在もそれに拍車をかけていた。その結果、当時は多くの企業が、程度の差こそあれ、高橋［1930：4，63］が掲げた非財閥系日本企業の諸特徴（i）〜（vi）のいくつかを備えていたと考えられる。さらに高橋［1930：7］が、日本企業の決算の「九割余までは財政的欠陥が隠された不正なものである」[81]と述べていたのも、あながち誇張とはいえないであろう。こうして、20年代非財閥系日本企業は、あまねくコーポレート・ガバナンスの減退に瀕していたのである。

5．おわりに

　本章が着目した「時価主義会計」にとって、戦時期に生じたのは、それが大きく変化するという事態であった。すなわち、1938（昭和13）年の商法改正により、「時価主義会計」は一部修正されることになったのである。これこそ戦後（バブル以前）の日本型企業システムへの画期的な前進であった[82]。

　すなわち「時価主義会計」は、38年商法に設けられた株式会社についての特則により、営業用固定資産の評価については、その取得価額または製作価額をこえることはできないとする、いわゆる原価以下主義を採用し、取引所の相場のある有価証券については決算期前1ヵ月の平均価格を超えることができないこととされた（第285条）。これで、評価益計上のもたらす悪弊のいくぶんかは

改善された。しかし、ひき続き登場した法システムは、高配当制限にとって、もっと直截的なものであった。よく知られる39年の「会社利益配当及資金融通令」と、これを強化した40年の「会社経理統制令」がそれである。戦時緊縮経済との摩擦を避けて、高配当が戒められたのである。

この結果、戦前に見られた極端な高配当はなりをひそめ、そのため結局、時価主義会計が取得原価主義会計に取って替わるのは、敗戦後の1949（昭和24）年のことになる[83]。いずれにせよ38年商法による原価主義的傾向は、不完全継続企業から継続企業への発展を追認・促進した、シンボリックな出来事であったといえよう[84]。1930年代に入り、重化学工業化の波に乗った非財閥系日本企業は、業績の向上とともに戦時期にゴーイング・コンサーンへと次第に性格変化を見せるのである[85]。

同時に38年商法では、取締役資格から株主要件がはずされた（第259条）。この趣旨は、英・独法の踏襲と有能な人材の登用の必要性から出たものであると説明されていた[86]。しかしこの結果、法制度的に「所有と経営の分離」が強制されたわけではない。事実上「大株主の重役兼任」の現実が継続していたことは、かかる法制を放棄した、戦時期の38（昭和13）年商法改正の立法趣旨が、「所有と経営の分離を前進」させることにあるとしていることや[87]、40年の経済新体制において「所有と経営の分離」が、なお強く叫ばれていた事実に明らかであろう。この背景には、軍部による「官僚の経営支配」の深謀遠慮が存在した。先の商法改正案審議の中で、この「民有国営方式」が懸念され質疑がくり返されたが、司法大臣塩野季彦は、つぎのように述べて、これを空しく一蹴していた。「取締役ガ株主タルコトヲ要セズトスル本案ト、官吏出身者ガ重役トナルコトハ何等関係ノナイコトデゴザイマシテ、其爲ニ此改正ガ出来タ次第デハ絶対ニゴザイマセヌ」[88]。

最後に、1920年代の非財閥系日本企業のコーポレート・ガバナンス構造が、本当にアングロ・サクソン型であったか否か、について言及しておこう。

この表現が使用されている文献として、ミシェル・アルベール［1992］『資本主義対資本主義』[89]や岡崎哲二［1993］「企業システム」（岡崎哲二・奥野正

寛編『現代日本経済システムの源流』日本経済新聞社）があげられる。しかし両者はともに明確な定義を下していない。つまり、アングロ・サクソン型はある種の企業像ないし企業の行動様式の比喩として用いられているのであって、その比喩の是非を問うことはナンセンスである。問題は、その比喩が対象とする企業像がいかなるものであるかであろう。

　そこで後者の記述から、その企業像を抽出する作業を試みた結果、アングロ・サクソン型とは、ⓐ株式金融が資金調達の中心を占めていること（したがって、自己資本比率が高いこと）、ⓑその結果、株主がモニターとなっていること、ⓒ株主の強い地位を反映して、高配当であること、またⓓ労働の流動性が高いこと（つまり、業績の不振を配当に反映させるのではなく、労働者に押しつける労務政策をとっていること）、さらにⓔ経営者の高報酬、という特徴を備えた企業が想定されている。そこではまた「株主主権の古典的な資本主義的企業」とも表現されていた[90]。

　以上の特徴は、本章が「継続企業として、きわめて未成熟な企業」としてきた20年代の非財閥系日本企業像と、重なる部分が多い。しかしそれは、ゴーイング・コンサーンの今日的な米国型企業とは、根本的に違う、似て非なるものであった。すなわち、20年代日本企業は、広範な「時価主義会計」を行い、一部には「解散」も辞さない投げやりな姿勢も見られ、損益を平準化した長期間にわたる「期間損益計算」の志向よりも、その場限りの利益を重視する、短期志向の体質をまだ払拭していなかったのである。松永安左エ門ほどの人物に率いられた東邦電力でさえ、この状況から遠く自由ではなかった。

　そこで、さらに本章の立場を補強する意味で、岡崎［1993］のアングロ・サクソン型に関する記述の大半は、「未成熟な継続企業」の視点から整合的に解釈できることを示して、本章の主張に替えることにしたい。①まず、戦前[91]の日本企業では、「支配人は会社の業績の良否よりも株価の上下に心を使うありさまで……」という記述（99頁）。これは、高碕達之助の随想の一部で、同論文の冒頭を飾る引用である。しかし、新古典派の企業で、会社の業績を第一義としないようなビヘイビアがありえようか。これは、高株価を狙って業績を

表6-9 配当性向の比較

(単位:%)

年	1960	1961	1962	1963	1964	1965	1966	1967	1968	1969	1970	平均
60年代米国企業	45.5	44.2	47.6	49.4	53.4	56.5	58.1	54.3	55.8	54.7	47.3	51.5
60年代日本企業	32.5	42.0	45.5	35.1	36.3	37.9	33.1	29.8	30.3	28.3	39.3	35.4

年	1920	1921	1922	1923	1924	1925	1926	1927	1928	1929	1930	平均
20年代日本企業	63.9	70.3	70.9	68.3	63.3	69.8	71.5	63.3	64.4	60.8	60.1	66.1

注:配当性向:〈日本企業〉配当金/当期純利益。〈米国企業〉(Cash devidends charged to surplus)/(Net profit after taxes)。
　　対象:〈60年代米国企業〉製造業。〈60年代日本企業〉20年代日本企業になるべく該当する事業。
出所:60年代米国企業につき、FEDERAL TRADE COMMISSION-SECURITIES AND EXCHANGE COMMISSION, *Quarterly Financial Report for Manufacturing Corporations*, 1961-1971年版、60年代日本企業につき、大蔵省証券局資本市場課編『法人企業統計年報集覧(昭和35～49年度)上巻』、20年代日本企業につき、東洋経済新報社編『事業会社経営効率の研究』1932年をもとに作成。ただし、20年代日本企業につき財閥系企業を除外。

反映しない利益の捻出に躍起となっていた、未成熟な継続企業の描写にほかならない。②つぎに、戦前の日本企業では、「配当は利益に強く反応した」という下り (106頁)。この記述は、同論文の他の個所にも見られるが、明らかに論理が逆である。東邦電力のケースでも説明したように、当時は配当に合わせて利益を操作しており、「まず配当ありき」の世界であった[92]。この消息は、金融恐慌で破綻した、ある銀行の役員の発言として、高橋 [1930:196] が引用した「私は第一に必要なだけの利益金を計上して見た。即ち年何分かの配当を行ふとして、……(中略)まるで普通の決算の仕方とは反対をやつて居たのである」[93] というエピソードからも知ることができる。③さらに、「高配当」をアングロ・サクソン型の特徴とする (106頁)。それ自体に異論はないが、表6-9が示すように1960年代米国企業の配当性向は50%前後である。これに対し、20年代日本企業のそれは実に70%に届こうとする高さであり、東邦電力に至っては80%に近いものであった。第4節で、この「高配当」を重く見た当時の政府が改善への行政指導を行った、という高橋 [1930:147-176] の史実を紹介したが、米国で高配当企業を放置すれば、時の政府が乗り出さねばならないほどの極端な高配当に走る、というような事実はついに聞かない。また当時、松永 [1929/10/1:37] は、「米国のどの事業会社を見ても、其株主配当なるも

のは、利益の半額以上に出るものはない。若しも利益の半額以上を配当する会社があるならば、その会社は既に破産状態に瀕したものと一般に見られて居る」と述べていた[94]。ここに使われている「破産状態」という言葉は、いみじくも「非継続」企業を連想させるものである。

つまり、本稿冒頭の表6－1に見られる、戦前と戦後の日本企業の対蹠的な印象は、未成熟な継続企業と、成熟した継続企業（ゴーイング・コンサーン）が作り出すコントラストからくるものにすぎず、それをアングロ・サクソン型であるか否かの比喩で論ずるのは適切でないといえよう。

＊2001年10月20日、経営史学会・第37回全国大会（於、大阪大学）の自由論題報告において、会場またはアフターセッションで、山崎廣明前会長をはじめ、宮島英昭・西川登・米山高生の諸先生から有益なご教示を賜った。また成稿段階では、担当編集委員の橘川武郎先生とおふたりの匿名審査委員の先生方に一方ならぬお世話になった。戴いたご指摘などに即し、上記報告を大幅に修正したものが本章である。また、会計分野につき上總康行・友岡賛両先生のご指導も仰いだ。ここに厚くお礼を申し上げたい。

注
1） 戦前とは、1936年以前をいうと考えるが、本章が1920年代に限定するのは、もっぱら高橋亀吉［1930］『株式会社亡国論』（万里閣書房）や東洋経済新報社編［1932］『事業会社経営効率の研究』（ただし、所収統計は1930年まで）などの資料的制約による。
2） 『時事新報』［1926/11/20］「電気業四十四社に、突如警告下る――配当の多きをのみ望んで経営放漫に流る――」。
3） ここに、コーポレート・ガバナンスとは、企業のステーク・ホルダーが、いかにして経営者を牽制し、当該企業の健全性・効率性を維持・向上させたか、という問題意識をいうものとする。以上は、つぎの二つの加護野論文によって示された方向性である。加護野忠男［1994：93以下］「経営学の視点からみた企業のガバナンス」『ジュリスト』1050号。同［2000：45以下］「企業統治と競争力」『一橋ビジネスレビュー』SUM-AUT。
4） 本章では、「放漫経営」とは決算時点でいえば短期志向に立つ会計処理のうち一応適法行為にとどまるものをさし、「粉飾決算」とはこれが違法行為に及ぶものを

呼ぶことにしたい。「モラル・ハザード」というときは、この両者を含むものとする。
5） 高橋［1930：4, 63］。本書は、20年代の日本企業の実態を、活写したものである。筆者は、高橋［1930］をはじめて通読したとき、かかる企業像はアングロ・サクソン型ではない、と直観的に感じた。そのような第一印象を尊重しつつ、その理論的根拠を求めて本章は出発した。
6） 高橋［1930：221］。
7） 宮島英昭は、非財閥系企業を経営者企業と所有型企業に二分し、さらに精緻な分析を行っている。宮島英昭［1996：47］「財界追放と経営者の選抜」橋本寿朗編『日本企業システムの戦後史』（東京大学出版会）、同［2004：161-212］『産業政策と企業統治の経済史』（有斐閣）など。
8） 松永は、東邦電力の創業当時は副社長であったものの、当初から経営の実権を握っていたと考えられる。小島直記［1980：540］『松永安左ヱ門の生涯』（松永安左ヱ門伝刊行会）も、「社長伊丹弥太郎は、総会に出るだけのロボット的存在。実権はすべて安左ヱ門にあった」と記している。
9） 栗原東洋編［1964：99-109］『現代日本産業発達史Ⅲ　電力』（交詢社）。三宅晴輝［1937：276-294］『電力コンツェルン読本』日本コンツェルン全書Ⅷ（春秋社）。
10） 本章は、第37回経営史学会において、自由論題として報告したものを元にしているが、原報告は東京電燈をケースとしていた。本章は、本文中の理由から、ケースの差し替えを行ったものである。
11） 高橋の指摘した「六つの特徴」は、20年代日本企業一般を対象としていた。
12） 作表に当たり、20年代日本企業から三大財閥系企業は除外した。すなわち、『事業会社経営効率の研究』所収企業のうち、三菱系の麒麟麦酒・三菱鉱業・九州炭鉱汽船と、三井系の鐘淵紡績・小野田セメント・王子製紙・北海道炭礦汽船を集計から除外した。ただし、日本製粉はその編入年（1928年）から除外しなかった。なお、住友系には該当企業なし。
13） 西川登［2000：92］「千葉準一『日本近代会計制度』書評」『経営史学』第34巻第4号は、「経営史研究者にも会計史の重要性がもっと認識されることを願う」と述べていた。
14） ここでは、簡単のため株式会社に限定した。友岡賛［1996：17-19］『会計学』（有斐閣アルマ）。
15） 今日では、「企業会計原則」などに規定されている。
16） 企業会計審議会［1999/1/22］『金融商品に係る会計基準の設定に関する意見書』。
17） 企業会計原則の一般原則の一つ。「安全性の原則」ともいい、費用はゆるやかに収益はきびしく対処しようとする主義。この考え方からは、未実現利益の計上は

排除される。
18) 1999年法律125号商法改正による第290条第1項第6号。
19) 厳密には「資産の時価評価」であるが、実質的に見て、本章では「時価主義会計」と呼んでおきたい。時価主義会計と呼ぶ文献として、高木泰典［1997］「わが国における時価主義会計の源流」『千葉商大論叢』第35巻第1号など。これに対し、本章では今日のものを「時価会計」と呼んで区別したい。
20) 武蔵野鉄道会社の事例（297頁）、東洋モスリン会社の事例（303～305頁）、塩水港製糖会社の事例（329～333頁）、日本製麻会社の事例（347、348頁）、小田原急行鉄道会社の事例（350頁）、ラサ島燐鉱会社の事例（357頁）、合同毛織会社の事例（361頁）、東洋拓殖会社の事例（371頁）など。当時のマクロ経済は、長期不況によるデフレ環境にあり、常識的には評価損の計上こそあれ評価益の計上はありえないようにも思われるが、実態はそうではなかったことが分かる。時価主義会計は、恣意的な裁量会計を意味した。
21) この商法が、その後数度の改正を経て現在に至っている。北沢正啓［1966：66］「株式会社の所有・経営・支配」矢沢惇編『現代法と企業』岩波講座現代法9（岩波書店）。
22) 本節は、高木泰典［1997：41以下］「わが国における時価主義会計の源流」『千葉商大論叢』第35巻第1号に負う所が大きい。
23) 加藤吉松［1899/8/5：298, 299］「財産目録に就いて」『東京経済雑誌』第990号。大原信久［1899/8/26：456］「財産目録調整の際、時価予定損益を純損益に編入するの可否を論ず」『東京経済雑誌』第993号。愛安生［1899/9/2：504］「財産時価予定損益の処分法に関し大原信久氏に質す」『東京経済雑誌』第994号。なお、高寺貞男［1974：363］『明治減価償却史の研究』（未来社）は、「加藤吉松・大原信久と愛安生の両者は、評価益が配当できないとする点では一致している」旨述べているが、筆者の見る限り、後者は「配当できる」としている、と読める。高木［1997：41以下］も筆者と同様の理解に立つ。
24) 評価益は、それに対応する原資を欠くので、配当されるのが危惧される。そこで、加藤吉松と大原信久は評価益を損益計上せずに「予定損益」という特別な勘定科目を立てて、それを貸借対照表内で処理することを主張した（今日いう「資本直入方式」に近い）のに対し、愛安生は損益計上し、ただ配当原資の不足に備えて「準備積立金」等を積み立てれば足りる、としていた。
25) 大原信久「商法の欠点を論ず」［1899/12/25：12, 13］『東洋経済新報』第146号。
26) 「配当できる」とするものに、醍醐聡［1993］「有価証券評価益論争を考える」『會計』第143巻第5号、森田哲弥［1992］「原価主義会計と時価主義」『企業会計』第

44巻第11号などが、「配当できない」とするものに、井上良二［1993］「有価証券評価益の会計処理について――醍醐聡教授によるコメントへのリスポンス――」『會計』第144巻第2号、斎藤静樹［1991］「実現概念と原価評価の再検討」『會計』第140巻第2号などがあげられる。

27) 当時の財務諸表は、貸借対照表・損益計算書の他に、「財産目録」を備えるものが多かった。財産目録とは、簡単にいえば、貸借対照表の「資産の部」だけを取り出したようなものである。

28) 取得原価＞時価の場合は必ず時価を、時価＞取得原価の場合は評価額として時価でも取得原価でも、どちらでも可とするもの。筆者の理解では、完全な時価主義を取得原価主義の方向へ若干緩和したものである。

29) 上柳克郎・鴻常夫・竹内昭夫編［1987：116, 117］『新版注釈会社法（8）株式会社の計算（1）』有斐閣。矢沢惇［1959：1538, 1539］「財産評価と繰延勘定」『株式会社講座』第5巻（有斐閣）。

30) 松本烝治［1911：228］『商法改正法評論』（巌松堂書店）。

31) 岡野敬次郎［1920：188］『会社法講義案』（有斐閣）。

32) 久野秀男［1987：313-321］『わが国財務諸表制度史の研究』（学習院大学）。千葉準一［1998：9, 10］『日本近代会計制度――企業会計体制の変遷』（中央経済社）。

33) 三菱社誌刊行会［1980：205］『三菱社誌』第18巻（東京大学出版会）。しかしそれは、設備資産についてであった。三菱本社も、一九二〇年代、「有価証券評価損」は計上している。岡崎哲二「三菱財閥本社の財務構造――1925～1944年度決算書の分析――」［2000：198, 199］『三菱史料館論集』創刊号参照。また分系会社も同様であった。たとえば、三菱重工業の第16期（1925年）損益計算書、参照。

34) 財閥系企業における時価主義会計実施の事例として、麻島昭一［1983］『戦間期住友財閥経営史』（東京大学出版会）、山口不二夫［1995］「商法時価評価規定にもとづく資産評価――日本郵船における事例から――」『會計』第147巻第4号、参照。有価証券のほか、前者は棚卸資産、後者は固定資産からも評価損益の計上が見られる。

35) 一般に、東邦と東電の規模の違いに注意すべきである。28年下期の総資産・純利益で比較すれば、東邦は東電の約3分の1にすぎなかった。東京電燈につき、比較のために表6-3、表6-4と同様に作成したものが、表C-10である。

36) 橘川武郎［1995：86］『日本電力業の発展と松永安左ヱ門』（名古屋大学出版会）。ただし、なぜか本章が関心を持つ配当性向は計算されていない。

37) 表C-10参照。

38) 『エコノミスト』［1927/10/1：63］。

39) 『東洋経済新報』［1930/5/3：30］。
40) 1933年、電気事業会計規程の制定により、役員賞与が利益処分項目とされるまで、費用として処理されていた（正確には、1922年下期～33年）。東邦電力史編纂委員会編［1962：504］『東邦電力史』（東邦電力史刊行会）、および巻末の貸借対照表・損益計算書。
41) 役員賞与は金額不明のため、定款第31条に「毎決算期ニ於ケル総益金ヨリ総損金ヲ引去リタル残額ヨリ其百分ノ五ヲ重役賞与金トシテ控除シタルモノヲ純益金トス」とあることから、公表資料の当期純利益に1.05を乗じ逆算したものである（東邦電力史編纂委員会編［1962：107］）。
42) 橘川［1995：86］。
43) 橘川［1995：86］は、さらにその原因を、料金引き下げ・購入電力の増大・利払負担の増大・過大な配当などに求めている。
44) 渡哲郎［1995：32-37］『戦前期のわが国電力独占体』（晃洋書房）。
45) このような会計処理は、1922年から33年まで続けられた（東邦電力史編纂委員会編［1962］巻末資料の貸借対照表）。
46) 企業会計原則・貸借対照表原則・1・D。
47) 東京電燈では、社債利子を限度を超えて資産勘定（「建設諸工事勘定仮払」）に組み入れていた（社債利子の資産組み入れ自体は、工事分に限っては許されていた）。『東洋経済新報』［1930/5/3：14］。しかし、東京電燈では「建設工事費仮払」（今日いう「建設仮勘定」に当たると考えられる）に含ませていたのであり、東邦電力のように「建設費」という勘定項目ではなかった。
48) 東邦電力史編纂委員会編［1962：494］。さらに、東邦電力史編纂委員会編［1962：459］は、「電気事業会社の財産の減価償却に関しては、従来各会社とも理想的には行われ来らず、東邦電力会社のごときもまた百年河清を待つと選ぶ所がありません」と述べていた（東邦蓄積株式会社創立総会における発起人総代挨拶）。
49) 松永は、当時としては異例なことに、減価償却に関心を示し、それは1922年6月の定時総会における伊丹社長の演説や、同年同月の改訂定款第29条に表れていた。すなわち、前者においては、減価償却の管理およびその結果生じるキャッシュフローの運用のために東邦蓄積会社の設立を、後者においては、固定資本の0.5％以上の積立を、宣言していた。しかし、後者は、今日的なレベルからすれば、やや低きに失するものである（東邦電力史編纂委員会編［1962：100-108］）。
50) 橘川［1995：96］など。
51) このためもあり、東電は、外債の投資銀行の米国ギャランティ・トラスト（正式名は、ギャランティ・カンパニー・オブ・ニューヨーク。モルガン商会の系列

銀行の一つ）からも、減配や減価償却費の是正を要求されていた。減配につき高橋［1930：123］。減価償却の是正につき『東洋経済新報』［1930/5/3：975］。

52) 詳しくは、橘川［1995：117, 163（注187）］参照。

53) 当時の商法200条は「社債ノ総額ハ払込ミタル株金額ヲ超ユルコトヲ得ス」と規定しており、当時は「社債を発行するためには、二〇〇条により増資をしなければならない。増資をするためには高配当でなければならない。そして高配当をするためには、利益が不足するので社債を発行しなければならない（社債発行→増資→高配当→社債発行→増資→高配当→以下同じ）」という円環状の資金構造にあった（橘川［1995：319］など）。

54)

注表　東邦電力の10大株主と重役の持株比率

(単位：%)

	1922年		1923年		1924年		1925年	
1	福興社	5.4	福興社	2.4	東邦蓄積	1.9	東邦蓄積	2.5
2	名古屋信託	2.0	岩崎久弥	2.2	福興社	1.6	岩崎久弥	1.5
3	岡本殖産合資会社	1.4	東京海上火災	1.4	東京海上火災	1.4	東京海上火災	1.4
4	竹原商店	1.3	岡本殖産合資会社	0.7	唐津銀行	1.2	福興社	1.0
5	東京海上火災	1.3	明治生命	0.7	福松商会	0.7	唐津銀行	1.0
6	川崎貯蓄銀行	1.0	竹原商店	0.7	川崎貯蓄銀行	0.7	明治生命	0.7
7	佐野紡績	1.0	千代田生命	0.6	岡本太右衛門	0.7	川崎貯蓄銀行	0.6
8	成瀬正行	0.9	成瀬正行	0.6	千代田生命	0.6	岡本太右衛門	0.6
9	貝塚栄之助	0.8	原合名会社	0.5	大同生命	0.5	大同生命	0.5
10	田中商店	0.8	川崎貯蓄銀行	0.5	高取鉱業	0.5	東京電気	0.5
重役	福澤桃介	5.4	福澤桃介	2.4	松永安左エ門	2.3	松永安左エ門	2.5
	岡本太右衛門	1.4	岡本太右衛門	0.7	福澤桃介	2.0	福澤桃介	1.0
	竹原友三郎	1.3	竹原友三郎	0.7	岡本太右衛門	0.7	岡本太右衛門	0.6
			原庫次郎	0.5				
計		8.1		4.3		5.0		4.1

	1926年		1927年		1928年		1929年	
1	東邦蓄積	4.6	東邦蓄積	5.3	東邦蓄積	5.3	東邦蓄積	8.8
2	岩崎久弥	1.4	岩崎久弥	1.4	岩崎久弥	1.4	東邦瓦斯証券	1.7
3	東京海上火災	1.3	東京海上火災	1.3	東京海上火災	1.3	第一生命	1.5
4	明治生命	1.0	明治生命	1.0	明治生命	1.0	明治生命	1.0
5	福興社	1.0	福興社	1.0	福興社	1.0	唐津銀行	1.0
6	東邦証券	1.0	東邦証券	1.0	東邦証券	1.0	高取鉱業	0.9
7	唐津銀行	0.8	唐津銀行	0.8	唐津銀行	0.8	名古屋桟橋倉庫	0.9
8	第一生命	0.6	第一生命	0.6	第一生命	0.6	千代田生命	0.8
9	福松商会	0.6	福松商会	0.6	福松商会	0.6	昌栄興業	0.8
10	岡本太右衛門	0.6	岡本太右衛門	0.6	岡本太右衛門	0.6	大同生命	0.6
重役	松永安左エ門	5.9	松永安左エ門	6.6	松永安左エ門	6.6	松永安左エ門	10.5
	福澤桃介	1.3	福澤桃介	1.0	福澤桃介	1.3		
	岡本太右衛門	0.6	岡本太右衛門	0.6	岡本太右衛門	0.6		
計		7.8		8.2		8.5		10.5

注：重役欄は、当該人物が支配していた会社の保有株数の合計。詳細は、本文参照。
出所：『東洋経済株式会社年鑑』をもとに作成。

55) 東邦蓄積・東邦（瓦斯）証券と福興社は、それぞれ松永安左エ門・福澤桃介の持分とし、福松商会の持分は、同社の沿革より松永・福澤に折半して振り分けた。この点にやや問題を残すが、橘川［1995：98］も同様の集計方法を行っている。
56) エレクトリック・ボンド・エンド・シェア会社（東邦電力史編纂委員会編［1962：464］）。
57) 東邦電力史編纂委員会編［1962：464, 465］。
58) 高橋［1930：273, 274］。
59) 高橋［1930：195］。
60) 東邦電力史編纂委員会編［1962：106］。
61) 『東京朝日新聞』［1929/ 9 /27］。
62) 東京電燈と比較した場合の評価であろう。この場合でも、決して松永の〈優良経営〉とされていなかったことに注意。また、本章にいう「放漫経営」の用語法とも異なっていることは、いうまでもない。
63) いちおう1920年、大蔵省内規として「固定資産堪久年数表」が公表されてはいた。高寺［1974：330］。沼田嘉穂［1940：382以下］『固定資産会計』（ダイヤモンド社）。
64) 高橋［1930： 4, 63］。
65) 今日でも、部分時価会計でさえ、ゴーイング・コンサーンには適合的でないとする考え方がある。そういう意味では、日本は2001年から、新たな静態論の時代に入ったといえるかもしれない。武田隆二［2001：264, 265］『会計学一般教程（第四版）』（中央経済社）は、この変化を「ゴーイング・コンサーン・バリューからリクイデーション・バリューへ」と呼び、醍醐聡「有価証券評価益論争を考える」［1993：22］『會計』第143巻第 5 号は、「有機的静態論」と呼ぶ。
66) 井上良二［1994：24-26］『財務諸表論』（税務経理協会）。原典は、チャットフィールド（津田正晃、加藤順介訳）［1978］『会計思想史』（文眞堂）。
67) 会計学では「財産法」と呼ばれる。これに対し、今日的な損益の算出法は、「損益法」と呼ばれる。
68) 伊藤邦雄［1994：207］『ゼミナール現代会計入門』（日本経済新聞社）。
69) 高村直助は、1900年前後の時期は、「株式会社は配当第一主義をとって積立てや減価償却を犠牲にしてきており、いずれは破綻せざるを得ない道を歩んでいたのであり、その意味で会社企業は未だ中長期的に定着したとはいえない状態にあった」としているが、本章は、高村の主張を、さらに30年ほど延長するものである。高村直助［1996：200］『会社の誕生』（吉川弘文館）。
70) 動態論は、Schmalenbach, E., *Dynamische Bilanz*, 199（土岐政蔵訳［1966］『シュマーレンバッハ・動的貸借対照表論』森山書店）、Paton, W. A., *Accounting*

Theory, 1922、Paton, W. A. and Littleton, A. C., *An Introduction to Corporate Accounting Standards*, 1940（中島省吾訳［1958］『ペイトン＝リトルトン・会社会計基準序説』森山書店）などによって確立された。

71) 高橋［1930：152］。
72) 官報号外［1937/3/18：627］「商法中改正法律案」衆議院議事速記録第24号。
73) この統計を引用する研究書などは多い。増地庸治郎［1938：150］『企業形態論』（千倉書房）。西野嘉一郎［1935：60, 65］『近代株式会社論』（森山書店）。井上謙一［1930：80］「我国に於ける株式資本の分散と企業統制」『會計』第26巻第1号（同文舘）。中西寅雄［1928：69］「株式会社の議決権及び機関に就いて」『経営学論集』第2輯。
74) バーリー＝ミーンズ『近代株式会社と私有財産』の方法を継承し、戦前日本企業における「所有と経営の分離」状況の調査を行った先行研究として、三戸公・正木久司・晴山英夫［1973］『大企業における所有と支配』（未来社）がよく知られている。しかし、本章との関係では、これは限界をもつものであった。すなわち、戦前とはいえ、その最後の年、1936年の調査であり20年代のものではなかったこと、当然、財閥系企業がふくまれていること、などがあげられる。また、増地庸治郎［1937］『我が国株式会社に於ける株式分散と支配』（同文舘）、同［1937］『株式会社──株式会社の本質に関する経営経済的研究──』（厳松堂書店）、西野［1935］も、戦前日本企業の「所有と経営の分離」状況を報告したものであるが、これらも30年代の調査に基づくものであった。
75) 原文では、大株主とは「公称資本金1,000万円以上の会社では1,000株以上の株主、500万円以上の会社では500株以上の株主をいう」とされていた。
76) バーリー＝ミーンズのあげていた例では、ペンシルベニア鉄道の最大株主の持株比率は、わずか0.34％にすぎなかった。バーリー＝ミーンズ（北島忠男訳）［1958：105］『近代株式会社と私有財産』（文雅堂銀行研究社）。
77) 本章は、「取締役は株主でなければならないという法制が〈大株主の重役兼任〉を招きやすく、〈大株主の重役兼任〉が高配当と高額賞与の両方を求めることになりがちであり、あまつさえ〈大株主の重役兼任〉は二つのステーク・ホルダーの地位を兼併することから、モニターとして両者の牽制構造が損なわれやすい」と考えているが、必然的にそうなるわけではなく付加条件次第である。
78) 『東洋経済新報』［1930/2/1］。高橋［1930：274］。
79) 代表的な債権者として、銀行に焦点を当てる。
80) 石井寛治［1991：295-297］『日本経済史　第2版』（東京大学出版会）。
81) 高橋［1930：7］。

82) 本章では、「今日的な日本企業」として、高度成長期とくに1960年代の日本企業を想定し、統計もその当時のものを用いている。この関係から、「アングロ・サクソン型」も60年代の米国企業に便宜上限定しておくことにしたい。
83) 1949年、安本によって制定された『企業会計原則（貸借対照表原則五）』による。なお、これに対応した商法の改正は、1962（昭和37）年のことになる。
84) 1938年商法改正によって、創立費・社債差額・建設利息の3項目であったが、日本ではじめて「繰延資産」の規定が設けられた（同法第286条、第287条、第291条）。これは、「動態論」への大きな前進であったと考えられる。高木泰典［2000：189］『日本動態論形成史』（税務経理協会）。
85) この点に関する本章の論証が不十分であることは、承知している。今後の課題としたい。
86) 国務大臣、塩野季彦の国会答弁における説明。官報号外［1937/3/18：619］「商法中改正法律案」衆議院議事速記録第24号。松波仁一郎［1922：480］『新日本商法』（有斐閣）。
87) 北沢［1966：74］。
88) 国務大臣、塩野季彦の国会答弁における説明。官報号外［1937/3/18：619］。
89) ミシェル・アルベール（小池はるひ訳）［1992］『資本主義対資本主義』（竹内書店新社）。
90) 岡崎哲二［1993：99］「企業システム」岡崎哲二・奥野正寛編『現代日本経済システムの源流』（日本経済新聞社）。
91) ここでは、戦前とは、1936年以前としている岡崎論文と、本章とが重なり合う20年代に限定しておきたい。岡崎論文の主張が20年代も対象としていることは、そこに見られる作表や高橋［1930］を有力な手がかりとして引用していることからも明らかであろう。
92) このような場合でも、配当を被説明変数とし利益を説明変数として回帰分析を行えば、「配当は利益に感応していた」という計測結果が得られよう。
93) 高橋［1930：196］。
94) 『ダイヤモンド』［1929/10/1：37］、高橋［1930：16］。

Column10
橘川武郎への反論

　ここで筆者を批判する、橘川［2004：94-96］［2005：76-79］にふれておきたい。その際、まず強調したいのは、本章は、1920年代の非財閥系日本企業が時価会計にまみれた状況を、東邦電力のケースにおいて見ようとしたものであり、かかる不況下では、さしもの東邦電力でさえ、不足する利益を評価益計上で水増しし配当に回す（そして現金は、借入金や社債に頼る）ような裁量会計を行っていた、ということを主張するものである。

　①まず、東邦電力の高配当は「1922～27年社債発行限度枠の下で」のものであり、「1927年下と1930年下の減配」を拙稿は評価していないという点について。前者は、1911年改正商法200条の「社債ノ総額ハ払込ミタル株金額ヲ超ユルコトヲ得ス」の制約から、低コストの社債により資金調達を欲しても、すでに払込資本金額に達している場合には、まず株金の払込徴収を行って払込資本金を増額しなければならず、そのためには高配当で株主の歓心を買う必要があった（橘川［1995：319］）。したがって、1927年までは高配当となっても仕方がなかった、という主張であろう。後者は、商法200条を問題視した松永は、社債発行限度枠の緩和運動を率先して行い、払込資本金額の2倍まで引き上げることに成功（電気事業法の1927年改正による）、その結果1927年下期から減配を実現した（橘川［1995：322］）。だから、松永は高配当是正の努力を惜しまなかった、という主張である。しかし、社債の一部はそうした配当の原資であったことを想起すべきである。これでは、高配当→社債発行→増資→高配当のイタチごっこ（「円環状の資金構造」）に終始する他なく、電力業界のオピニオン・リーダーを任じていた松永なら、もっと抜本的な改革に向かうべきであった。

　②つぎに、東邦電力は1930年代などの経営から、「自立的なコーポレート・ガバナンスを体現した会社」であると述べている。本章は、そのタイトルの副題も示すように、「1920年代」に考察を限定するものであり、1930年代までも含めた東邦電力の評価については、責任を免れている。そして、1920年代の同社に限って言えば、第3節でも論じたように、十分なゴーイング・コンサーンでない東邦電力は「自立的なコーポレート・ガバナンスを体現した会社」などとはいえない存在であった。

　③さらに、橘川［2005：77］は、拙稿が1920年代における「東邦電力と東京電灯との差異を事実上否定する議論を展開している」と述べている。まず

第6章　戦前日本の時価会計とコーポレート・ガバナンス　173

表 C-10　東邦電力の経営指標（東京電燈・戦後との比較）

(単位：％)

	年	1920	1921	1922	1923	1924	1925	1926	1927	1928	1929	1930	平均
配当性向	東邦電力	n.a.	n.a.	85.4	85.6	85.3	86.4	84.9	81.3	82.3	81.5	76.4	83.2
	東京電燈	87.1	71.9	83.7	90.7	94.4	94.4	94.2	89.8	90.1	94.3	92.3	89.4
	年	1960	1961	1962	1963	1964	1965	1966	1967	1968	1969	1970	平均
	60年代電気業	53.6	57.4	50.6	50.1	52.2	55.2	57.0	54.3	50.7	43.3	43.8	51.7
減価償却率	年	1920	1921	1922	1923	1924	1925	1926	1927	1928	1929	1930	平均
	東邦電力	n.a.	n.a.	1.1	1.1	1.1	1.1	1.0	1.0	1.0	1.0	1.4	1.1
	東京電燈	2.5	1.9	1.4	1.0	1.2	0.9	0.9	1.0	0.8	0.9	1.1	1.2
	年	1960	1961	1962	1963	1964	1965	1966	1967	1968	1969	1970	平均
	60年代電気業	4.6	5.2	6.1	6.0	6.9	6.8	7.4	7.9	8.2	8.0	8.0	6.8
内部留保金比率	年	1920	1921	1922	1923	1924	1925	1926	1927	1928	1929	1930	平均
	東邦電力	n.a.	n.a.	9.5	9.4	9.7	8.6	10.1	13.8	12.7	13.5	18.8	11.8
	東京電燈	4.8	25.0	12.6	4.9	2.4	2.8	4.0	8.7	8.2	4.0	6.2	7.6
	年	1960	1961	1962	1963	1964	1965	1966	1967	1968	1969	1970	平均
	60年代電気業	46.2	42.3	49.2	49.7	47.6	44.6	42.8	45.5	49.1	56.5	56.0	48.1

注：　1920・21年：東邦電力は不存在。
　　　配当性向＝配当/当期純利益（分子・分母とも上期＋下期）。
　　　減価償却率＝減価償却費/下期有形固定資産額÷分子（分子は上期＋下期。下期有形固定資産額は、土地を控除）。
　　　内部留保金比率＝当期純利益－配当－役員賞与/当期純利益（分子・分母とも上期＋下期）。
　　　ただし、東邦電力の役員賞与は不明につき、その定款31条により、当期純利益×0.05で求めた。
出所：各社『営業報告書』各年版、『法人企業統計　年報集覧（昭和35～49年度）上巻』。

表 C-10を見よう。そこでは平均値において、なるほど東邦電力は東京電燈と比べ、配当性向で6ポイント低く、減価償却率ではほぼ同じ、そして内部留保金比率では4ポイント高い。これは、東邦電力の方が東京電燈よりも、なるほど良好な経営を行っていたと評価されよう。しかし、1960年代電気業との比較で見るならば、そこには大差が見出されるのであり、東邦電力と東京電燈との差異などというものは取るに足らないものとなる。これは、ゴーイング・コンサーン（1960年代）と未成熟な継続企業（1920年代）との違いからくるものであり、東邦電力も東京電燈と同じく、その場主義的な短期志向の経営を行っていた点では変わらないのである。④最後に、本章は1920年代の「時価会計」に関するものであり、すべてそこから立論している。しかし、時価会計については橘川［2005］の言及はない。拙稿における主要な論点を橘川［2005］こそ等閑視しているといわざるを得ない。

Column11
高配当市場の成立とゲーム理論

三重紡績や大阪紡績が高配当を続けていたころ（第2章）、一般の紡績業では明治末期に近づくと配当第一主義が緩和されていく（高村［1996：200-203］）。この点はゲーム理論によって、よく説明することができる（図C-11）。

まず紡績業開業当初は、近視眼的な株主が強い配当欲にかられ、経営者も今後の資金調達をおもんぱかってこれに迎合し、両々あいまって相対的低配当から高配当市場への動きを現出させていた。株主の短期的行動は、商人間で当時「近欲（ちかよく）」と呼ばれたという（村上義幸［2006：談］）i)。この場合、それぞれの最適戦略が（高配当、高配当）となる。この結果内部留保が疎かになり、解散や倒産に追い込まれる脆弱な会社が続出した（これがいわゆる非継続企業である）。かかる株主・経営者は、有限回繰り返しゲームにおける「囚人のジレンマ」の低い利得（3、3）に甘んじていたと解釈でき、この組合せがナッシュ均衡となる。

しかし、次第に取引が長期化し日露戦争後になると、紡績会社も高収益に支えられ減価償却を励行し内部留保を高めるようになる（継続企業へ）。そのため配当も、パレートの意味における効率的な「適正配当」に向けて相対的に低下していくことになった。結局その方が長い目で見れば、株主・経営者双方にとって利益であることが学習されたのである。これは、有限回繰り返しゲームでは無理であった高い利得（5、5）の実現が、無限回繰り返しゲームによって可能になるとする「フォーク定理」が働いたと見ることができる。

ただし、ここでは「しっぺ返し戦略（おうむ返し戦略）」は行われても、「トリガー戦略（永久懲罰戦略）」は採用されないことを前提としている（中山幹夫［1997：73, 74］）。

注
i) 東洋紡績株式会社総務部社史室室長。なお「近欲」とは、目先の小利に引かれること（日本方言大辞典［1989：1444］小学館）。和歌山や香川に資料が残されている。

図 C-11

	経営者 相対的低配当（適正配当）	経営者 高配当
株主 相対的低配当（適正配当）	5、5	5、10
株主 高配当	10、5	3、3

注：経営者：配当政策、株主：配当要求。
　　数値は便宜的なものである。
出所：筆者作成。

第7章　戦時期日本企業のゴーイング・コンサーン化
　　　──非財閥系企業を中心に──

1．はじめに

(1) 課題

　筆者は、前章において、1920年代の非財閥系日本企業は、①金融資産に限らず「資産の時価評価」を広範に行い、②それを利用するなどして高配当に走り、③その結果、減価償却や利益留保をおろそかにし、ゴーイング・コンサーン（継続企業）としてきわめて未成熟な存在であった、と論じた。

　すなわち、まず、①1911年商法は、帳簿価格は「財産目録調整ノ時（決算時——引用者）ニ於ケル価額ヲ超ユルコトヲ得ス」と述べて、時価（以下）主義[1]を表明していた。今日の時価会計が対象を「金融商品、不動産」に限っているのに対し、戦前の時価評価の対象は「動産、不動産、債権其他ノ財産」と広範なものであり[2]、高橋亀吉［1930］『株式会社亡国論』は、20年代日本企業が有価証券のみならず棚卸資産や固定資産についてまで評価益を計上していた事実を多数指摘していた（表7-1）[3]。しかも、その評価は各企業の自由に任されており、戦前の時価主義会計は、今日とは比較にならない、恣意的な裁量会計への温床を提供していたといえよう。ちなみに、会計学の知見では、時価主義は基本的に非継続企業の会計システムとされている[4]。そのうえ、②今日では、評価益の配当を禁止している（2006年改正以前の商法290条1項4号、同施行規則124条1項3号、会社法461条）のに対し、戦前商法ではその点の明文を欠き、資金の裏づけを欠く評価益を配当可能利益に事実上算入していた。高

表 7-1 高橋亀吉 [1930] に見える評価益の計上

対　象	計上会社
不動産から計上	武蔵野鉄道（297）、東洋モスリン（305） 塩水港精糖（329）、日本製麻（347） 小田原急行鉄道（350）、合同毛織（361） 東洋拓殖（371）
手持品から計上	東洋モスリン（303）、日本製麻（348） ラサ島燐鉱（357）

注：以上は1920年代。
　　「手持品」とは、製品・仕掛品・材料貯蔵品と考えられる。
　　本表は下記所収のうち代表的なものを掲げた。
　　カッコ内は下記頁数。
出所：高橋亀吉 [1930]。

橋 [1930：195] も、利益計上に当たり「一番普遍的に行はれるのは評価益の捻出」である、と述べていた[5]。その結果、当然配当原資に不足を来たし、それを借入金や社債でまかなうという本末転倒が行われていた[6]。こうして、③当時の日本企業は高配当に走り、十分な減価償却や内部留保を行わず、高橋 [1930：4, 63] が「事業経営の態度がその場主義で、所謂事業百年の繁栄を目標としてゐない」[7] と表現したように、短期志向の傾向を帯びていたのである。

　そこから生じる自然な疑問として、「では日本企業は、一体いつ頃からゴーイング・コンサーンへと変貌を遂げたのか」が問われよう。本章では、戦時期こそそのような変化の画期であった、という仮説を立てることにしたい。というのも日本企業は、準戦時期から戦時期にかけて大きく成長したことが知られているからである。そこで本章の第一の課題は、かかる仮説の実証分析を行うことである。また、最近議論に深まりを見せるコーポレート・ガバナンスの問題を考えるうえで、日本企業のゴーイング・コンサーン化はどのような含意をもつといえるだろうか。今日の企業会計の動向を手がかりに、その点を考察することが本章の第二の課題である。

(2) 継続指標

　まず、ゴーイング・コンサーンの指標として何をとるか、が問題となろう。本章では簡明を期し、①減価償却率と②内部留保金比率の二つの指標を採用したい。以下にその理由について説明しよう。まず、①減価償却とは、「費用配分の原則に基づいて有形固定資産の取得原価をその耐用期間における各事業年

度に配分すること」[8]であり、その「目的は、適正な費用配分を行うことによって、毎期の損益計算を正確ならしめることである」[9]とされている。つまり、購入などによる固定資産の価額を一会計年度の全額費用とするのではなく、耐用年数にわたって平準化しようとするものであり、そのような計画的な発想の中に、事業を長期存続ならしめようとする当該企業の姿勢を窺うことができるのである。

　高村直助［1996：200, 201］『会社の誕生』も、つぎのように述べて、減価償却のその意味における重要性を強調していた。「設備投資が絶対的ないし相対的に大きい産業の場合、ある年月の後に設備を更新することを予定して、積立金を蓄積するか、老朽化に対応して設備の評価額を切り下げる措置（減価償却）を取っておかないと、中長期的にはその企業は破綻せざるを得ない。ところがこれまでのところ（1900年前後――引用者）、株式会社は配当第一主義をとって積立てや減価償却を犠牲にしてきており、いずれは破綻せざるを得ない道を歩んでいたのであり、その意味で会社企業は未だ中長期的に定着したとはいえない状態にあったのである。そこで、株式会社企業の定着の指標の一つは、企業の中長期的再生産の財務的基礎として、固定資産の減価償却（またはそれに代わる財務的措置）が開始される、あるいは本格化することであると私は考えたい」[10]。

　こうして減価償却率が選ばれたが、これだけでもある程度はゴーイング・コンサーンの指標たりうるのであるが、各産業によって固定資産の構成や資本集約度は異なり、しかも当時定期的・規則的な費用配分の考え方が貫徹されず、利益額に弾力的な運用をする企業も多数存在した。そこで、あわせて②内部留保金比率も採用したい。これこそ文字通り事業の長期継続性を表すもので、とくに採用理由の説明は必要ないであろう。ただしこれには、次節の算出式に明らかなように、業績不振の際にかえって数値が高くなるという欠点がある。結局、両々あいまって継続指標たりうるといえよう。

(3) 算出式

　本節では、以上の①減価償却率と②内部留保金比率の算出を行うのであるが、実は三菱経済研究所『本邦事業成績分析』が、1928～43年についてすでに公表している[11]。そこでかかる期間は、それを利用することにし、1928年以前につき、本章ではそれとの連続性を保つため、それぞれつぎのような計算式で算出する。

$$減価償却率 = \frac{年間減価償却費 \times 100}{下半期固定資産額 + 年間減価償却費}$$

$$内部留保金比率 = \frac{(純利益 + 減価償却費 - 配当金 - 役員賞与) \times 100}{純利益 + 減価償却費}$$

　ここに「下半期」とあるのは、「固定資産額」の集計作業が並み大抵のものではないことによる。戦前のバランス・シート（B/S）では、「興業費」ないし「起業費」の勘定科目が、この作業を省力化させていたが、採用する企業はわずかであった。やや問題を残すのは、本節が減価償却費としたものが「固定資産償却額」や「諸償却」なる勘定科目の金額であり、それには他の償却などが混入している可能性が高いことである。しかし、内訳がわからない以上、よんどころなくそれらを固定資産の減価償却費とせざるを得なかった。また当時、減価償却には「内面償却」と呼ばれる、損益計算書には表れないオフバランスのものが存在したが、それがカウントされていないのは当然である。さらに「固定資産」から、土地を当然除外すべきであろうが、戦前の貸借対照表では「不動産」あるいは「土地建物」として一括されているケースが圧倒的である。そこで、やむなく土地も固定資産額の全データに算入した[12]。また欠損企業の「純利益」は一律0とした。これらの点につき、『本邦事業成績分析』の取り扱いは不明である[13]。

(4) サンプルとデータ

以上の算出式を用いるに当たり、サンプルとデータの選択について、本章では以下のような方針・手順で進めることにした。まず財務データの出所として、野村商店『株式年鑑』および大阪屋商店『株式年鑑』を利用する。サンプル期間は1920～28年とし、隔年データを用いる。サンプル企業は、『株式年鑑』所収の鉄道・紡績・電力・鉱業・化学・機械の6産業から各10社を抽出する[14]。この産業分類は『株式年鑑』にそのまま従ったものである[15]。鉄道・紡績は先発産業として、化学・機械は後発産業として、電力・鉱業はそれらの比較的中間的なものとしてバランスを考慮した。そして企業は、各年の『株式年鑑』の産業ごとに総資産額（未払込株金を含む）の上位10社が選ばれた。したがって、採用した10社は毎年同じ企業ではなく一部は異なるものを含んでいる。

以上の作業において、①三大財閥の直系企業と、② B/S 上減価償却費を掲載していない企業は、除外した。というのは、まず、①を除外したのは他でもない。大半の直系企業が当該期間の減価償却費を、申し合わせたように公表していないからである。三菱経済研究所は、日本企業の経営分析を開始した1928年、各社の減価償却費が不明瞭な点をかこった[16] ものだったが、それはそのまま三菱財閥直系企業についても当てはまる。つまり、わが国実務上減価償却の嚆矢は、1877年の「郵便汽船三菱会社簿記法」とされながら[17]、そのディスクロジャーへの意思は乏しいものであった[18]。つぎに、②減価償却費を計上していない企業も除外したが、ただ「減価償却積立金」が負債か利益処分に掲載されている場合、あるいは「減価償却累計額」が会社概要欄に記載されている場合は除外せず、減価償却費 = 0 とした。

2．戦時期仮説の検証

以上の減価償却率および内部留保金比率の各年平均値をグラフ化したものが、図7-1である。くり返しになるが、1920～28年が本節の集計結果による作図

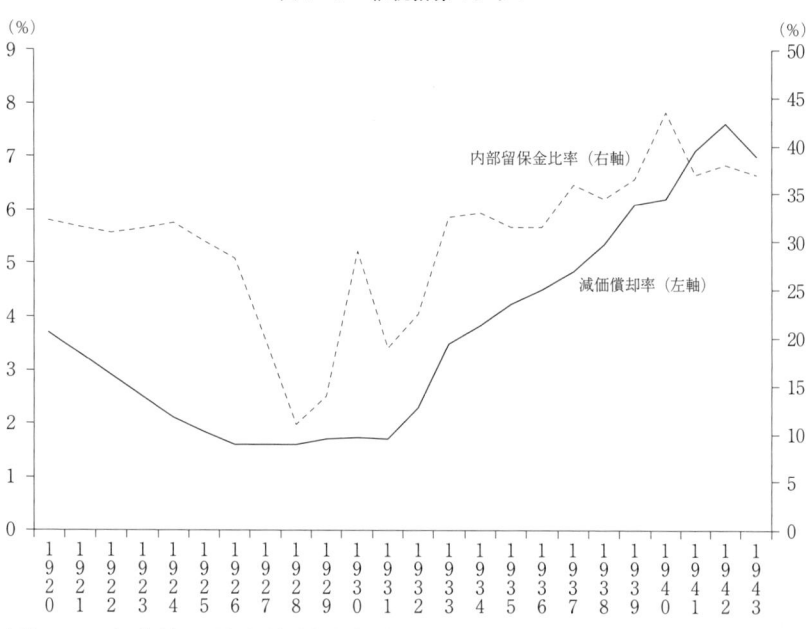

図 7-1 継続指標のグラフ

内部留保金比率（右軸）
減価償却率（左軸）

出所：1928〜43年（各年）：三菱経済研究所『本邦事業成績分析』。1920〜26年（隔年）：筆者作成。

であり、1928〜43年は三菱経済研究所『本邦事業成績分析』によるものである[19]。ここから、日本企業は準戦時期から戦時期にかけて継続指標を上昇させ、戦時期には戦後のゴーイング・コンサーン像のレベルに、ほぼ到達していたことがわかる。すなわち、『本邦事業成績分析』の掲載する戦時期の最後の3年、つまり1941〜43年平均の減価償却率と内部留保金比率は、それぞれ7.32と37.44であり、戦後の出発点である1951〜54年平均の7.68と32.27に近似する数値となっている。とはいっても、戦時期のゴーイング・コンサーン像が、そのまま高度成長期のそれに接続されたというのではない。ちなみに、高度成長期には成長促進的な諸条件が加わり、1955〜63年上期平均の減価償却率と内部留保金比率は、各々9.85と35.29となっていた[20]。なお、準戦時期までの変化は、志村嘉一［1969：123, 124］『日本資本市場分析』[21] の記述とも整合的である。

ところで、このグラフについてはさらに2、3の説明を要しよう。第一に、

表7-2 財閥直系企業の継続指標

		1920	1922	1924	1926	1928	1930	1932	1934	1936	1938	1940
三菱商事	減価償却率	15.74	3.62	2.83	2.44	5.82	3.77	3.12	3.41	5.87	6.1	7.01
	内部留保金比率	n.a.	64.09	38.68	92.65	95.37	n.a.	45.64	59.05	57.28	60.37	68.29
住友電線	減価償却率	n.a.	8.60	26.63	15.26	4.47	4.91	5.76	n.a.	6.71	3.49	3.74
	内部留保金比率	n.a.	52.92	59.52	58.10	50.25	39.30	54.44	n.a.	62.20	55.91	47.68
住友化学	減価償却率	—	—	—	18.45	10.28	11.44	6.17	n.a.	9.02	8.28	7.22
	内部留保金比率	—	—	—	63.91	51.56	27.06	n.a.	n.a.	71.25	61.26	60.75
非財閥系企業	減価償却率	3.68	2.92	2.11	1.55	3.14	2.66	4.31	7.19	6.02	6.53	5.68
（平均）	内部留保金比率	32.18	30.90	31.90	28.28	34.91	29.02	54.12	50.50	53.42	54.53	54.34

注：株式会社化は、住友電線が1920年、住友化学が1925年。n.a.は資料の欠損を示す。
出所：『三菱商事社史』（資料編）、麻島昭一『戦間期住友財閥経営史』所収「実際報告書」、各社営業報告書。

　1920年の減価償却率の高騰は第一次大戦の好況の余波によるもので、20年代の不況期にはまた元の状態に戻ってしまった。この結果は、利益に弾力的な運用がなされていたと解釈でき、性格変化がいまだ循環論的なものにとどまっていたことを示すものといえよう。第二に、1930年の内部留保金比率の異常な高騰は、前章第2節に述べたその指標の固有の限界のためであろう。第三に、1928年時点において本節集計と三菱経済研究所集計とのグラフを接ぎ木しているが、その点もやや問題を残している。いずれにせよ非財閥系日本企業は、まさに風雲急を告げる戦時期に、戦後の1950年代前半に通ずるゴーイング・コンサーンとしての定着を遂げたのだった。高寺貞男［1974：211］『明治減価償却史の研究』は、英国においても減価償却費が急伸したのは、第一次世界大戦のさ中であったと論じていた[22]。

　ところで、先に財閥系企業は減価償却費を公表していなかったと述べたが、実は三菱商事・住友電線製造所・住友化学の3社に限り[23]、この期間の大部分にわたる減価償却情報を知ることができる。そこで、この3社の継続指標の推移を示した表7-2を見ると、非財閥系企業とはやや異なるイメージが得られる。減価償却率もさることながら内部留保金比率が非常に高い。しかも、3社が株式公開を果たしたのは、三菱商事1938年、住友電線製造所1937年、そして住友化学は1934年のことであるから、それ以前は非公開会社であり株式配当は財閥関係者に支払われていたことになる。いちおう内部留保金比率は先の算式で求

めたものの、財閥内の還流を考慮すると実数はもっと高いものとなったろう。また財閥が採用していた持株会社システムは、傘下会社の配当に依存していることを思うとき、傘下会社の永続性が所与となっていたとも考えられ、財閥系企業は、すでに20年代から成熟したゴーイング・コンサーン像を示していた状況が想定される。ただ、わずか3社からの推論にすぎず、しかも三菱商事は製造業にあらず、あくまでも参考にとどまる。

それはともかく、本節の仮説は晴れて立証されたわけであり、以下では戦時期のゴーイング・コンサーンへの変化の原因や、それが不可逆的に戦後に引き継がれることになった経緯を可能な限り考察しよう。筆者は、戦時期における各社のゆるぎない継続性への意思の成熟と、法制度・会計制度の創設・強化が、戦後も一部残存し、その相互補完性が path dependence[24] をもたらしたと考えている。

3．継続性への意思

そこで、まず本章では、各社社史・雑誌などから、減価償却や内部留保を高めようという各社の意思が表出されている記述を、準戦時期・戦時期に分けて、拾い出してみることにしたい。

(1) 準戦時期

まず、**東武鉄道**が、「地方鉄道の減価償却は昭和11 (1936) 年ごろまでは、定率法や定額法によらず、もっぱら取替えの方法によっており、(中略) 減価償却を省略していたが、その後、任意に減価償却を行なうようになり、当社は昭和10 (1935) 年上期、初めて15万円の減価償却を行なった」(東武鉄道株式会社 [1964：571]『東武鉄道65年史』) ことが注目される[25]。鉄道業が、大きな固定資産を抱えるにもかかわらず、久しく減価償却をないがしろにしてきた理由は、「私設鉄道条例」(1887年制定) によって取替会計が強いられてきたからである[26]。ここに取替会計とは、飯野利夫 [1993：7-29]『財務会計論』に

表7-3 保存費率の推移（鉄道業の取替会計）

(単位：%)

	1920	1922	1924	1926	1928	1930	1932	1934	1936	1938	1940
保存費率（A）	1.40	1.72	0.95	0.89	0.36	0.82	0.12	0.44	0.48	0.61	0.95
減価償却率（B）	1.70	0.77	0.19	0.12	0.84	0.31	0.60	1.41	1.73	1.87	2.68
（A）＋（B）	3.10	2.49	1.14	1.01	1.20	1.13	0.72	1.85	2.21	2.48	3.63

注：保存費率＝保存費/固定資産。
出所：筆者作成。

よれば、「最初の取得原価を固定資産の価額として処理し、それ以後は、その減価を無視して償却を行わず、取得原価をそのまま帳簿価額としておき、実際に破損その他の理由で取替えを行った時に、新資産を取得するために支出した額を、その期の費用として処理する方法である」[27]。当時の鉄道会社のB/Sに見られる「保存費」なる勘定科目[28]は、取替会計が行われていたことを示すものである。しかし表7-3から、保存費は年毎に漸減し減価償却費に一本化されていく様子が窺われる[29]。この取替法は、当時の鉄道会社が固定資産の減価を認識する点では、なるほど減価償却に準ずるものであろうが、先の飯野［1993］の説明にもあるように、定期的・規則的に減価に対応しようというゴーイン・コンサーンの会計処理としての意味は乏しいといえる[30]。したがって、東武鉄道が取替会計を捨てた時点に、むしろ減価償却への意思を認めることができよう。

つぎに、**大日本紡績**では、「十（1935）年上期の採算は良くなかつた筈である。にもかゝわらず前記の如き増益を計上し得たのは、その内容に如何に多くの含みがあるかを語るものである。殊に当社は各社に比し早くより設備の改善・拡張を行つたので、それによる収益上の効果が、他社に比しより高い程度で現はれてゐる。だから一時的採算不良などがあつてもそれを表面化せずに済むのである。そしてその余裕は、増配をしなければ償却の増額なり、何なりで内部に蓄積される。最近の償却増額振りを見ても次（表7-4――引用者）の如くで」[31]あった。同表によると、紡績業一般のトレンド（後掲、表7-7参照）をふまえ、大日本紡績は準戦時期に内部蓄積を厚くしていたことがわかる。

また、**東邦電力**の松永安左エ門が『エコノミスト』［1928/10/1：29, 30］誌

表7-4 大日本紡績の減価償却費

(単位:1,000円)

1920年上	1920年下	1921年上	1921年下	1922年上	1922年下	1923年上	1923年下	1924年上	1924年下
0	0	0	0	0	0	0	723	794	880
1925年上	1925年下	1926年上	1926年下	1927年上	1927年下	1928年上	1928年下	1929年上	1929年下
1,000	1,000	1,000	500	1,000	700	1,000	1,000	1,000	1,000
1930年上	1930年下	1931年上	1931年下	1932年上	1932年下	1933年上	1933年下	1934年上	1934年下
500	6,162	700	1,000	1,000	1,200	1,500	1,700	1,700	1,700
1935年上	1935年下	1936年上	1936年下	1937年上	1937年下	1938年上	1938年下	1939年上	1939年下
2,200	3,000	3,000	4,140	5,000	5,000	3,000	5,000	5,000	5,000

出所:『東洋経済新報』[1935/6/15]、野村商店『株式年鑑』、大阪屋商店『株式年鑑』。

上、電力業界における減価償却を中心とした内部留保の充実を提唱していたことが見落とされてはならない[32]。橘川武郎[1995:327,344]『日本電力業の発展と松永安左エ門』によれば、まず東邦が1930年下期に五大電力の中で初めて逓信省の基準を上回る減価償却を実行し、これに引き続き東電と大同が1931年下期から、日電は1932年下期から、そして宇治電は1933年上期から、それぞれ固定資産償却の規模を自覚的に拡大する方針をとった[33]。これには、株主・投資家の成長も与っていた。すなわち、20年代には高配当を譲らなかった頑迷な株主・投資家が、30年代に入ると態度を軟化させ、高すぎる配当はかえって自己の利益にならないことを悟り始める。橘川[1995:326]は、東邦電力についてであるが、「昭和恐慌下の業績悪化という動かしがたい事実が、減配に対する株主の抵抗を減退させ」るとともに、「投資家は償却の必要を充分に認め出した。償却をしなければ事業上の安泰は得られぬことを深く悟ってゐる。徒に高率配当をする当局者を却て警戒するようになった」という雑誌記事を紹介している[34]。

また、**大阪商船**も、この期に「実態は全く充実し、堅牢なものとなつて(中略)少々事業界に荒波が見舞つてもビクともしない弾力性が出来た」ことを知ることができる。すなわち、「固定資産償却が如何様に行届いてきたかを所有船舶噸当り評価の推移によつてみる。第三表(省略——引用者)によると、一項(1931年上期——引用者)の百六十円台から最近では百五十円ソコソコに低

下してゐる。十（1935）年上期は百五十二円で、前期より僅かながら高くなつたが、これは前記新造船二隻が此期に加はつた結果である。それにしても全体として比較的新造船の多いに拘はらず、郵船（日本郵船――引用者）下期の百四十五円に接近してゐることは注目されてよい」[35]。

さらに、**新潟鐵工所**の場合も同様であった。「機械工作会社の中でも当社はとりわけて堅実な決算を続けて来た結果、僅々三ケ年の間に資本構成は全く面目を新たにし、（中略）資産の側にあつては、各工場に亘る設備の改良拡張にも拘わらず、固定資産は却つて期を遂つて漸減を示し、今日では流動資産と同額に過ぎぬ状態である。如何に固定資産の償却に留意して来たか゛窺はれる」。そして、それは「再禁止直前までその苦い経験を嘗めて来た為め、今日の好況に於ても、かうした不況に対する準備」の意味を持っていた。

以上のように準戦時期に、「事業会社の多くが、その成績向上に伴ひ、将来に備へて償却問題に相当注意を払ふようになつた」[36] ことが指摘されるが、戦時期に入ると、継続性への意思はさらに強固なものとなる。つぎに、それを見ていくことにしよう。

(2) 戦時期

まず、**旭ベンベルグ**が、戦時期に入ると急に、内部留保を高めた事実が注目される。「十一（1936）年上期の社内保留は百十一萬八千円で三六％とかなり社外分配に偏してゐた。同下期には稍稍改善されて利益金に対する社内保留割合は四一％に増進したがそれでもまだ社外分配の方が多い。ところが今年（1937年――引用者）上期には社内保留は五五％に増大してゐる。（中略）利益の増加額全部を固定資産の償却乃至後期繰越金に当てた結果、前者の償却年限の如きは余程改まつた。即ち当期は償却金を前記の百四十五萬円から一挙に二百二十萬円に増加したので、償却年率は此の間二一・四ケ年賦から、一三・九ケ年賦に短縮されるに至つた。更に十一年上期の三八・〇ケ年賦に比べると改善の跡著しいものがある」[37]。

また、**日本鋼管**の白石元治郎（当時、副社長）は、雑誌座談会においてつぎ

のような発言を行っていた。「欧州戦争の時には馬鹿馬鹿しい遣り方をしたものです。四割も五割も配当するといふやうなことが大分ありました。併し今日はあの時の経験に懲りまして、大部分は社内留保をして居ります。私共の会社などは一割七分の配当をして居るので、高率配当のやうに見られますが利益も多く、四分の三は社内留保をやつて設備の改良拡張に向けて居ります」[38]。このような方針の結果、日本鋼管株式会社編［1952：912］『日本鋼管株式会社四十年史』によると、1937年には、配当率が17％から12％へ低下し、減価償却率も3.69％（準戦時期平均）から7.36％[39]へと、めざましく向上することになった。

また、**神戸製鋼所**でも、「昭和十二（1937）年以降の固定比率をみると、かつてなかったほどの高率を保ち、経営の安定性が充分確保されていたことを物語っている。また十二年以降十九（1944）年までの配当率は一律に九分を維持してきた。これは軍の適正利潤、適正配当率の観念に支配されたことにもよるが、利益の社外分配を抑制して内部留保に努めるという堅実経営の方針に基く」（神鋼五十史編纂委員会編［1954：298］『神鋼五十史』）ものであった[40]。

また、**日本石油**においても、「製油量は激増し、油用設備も製油設備も拡張・改善されてゐるのだから、固定資産の実態は著しく大きくなつた筈だ。例へば原油及製油の売上高を見ると、九（1934）年三月期の二千三百萬円から、十三（1938）年三月期には六千百五十萬円へと二倍七分に増してゐる。然るに同じ期間の固定資産評価額は七千百六十萬円から、七千八百七十萬円に九．八％を増したに過ぎない。多額の消却等を通じて、資本負担を殖やさぬ方法で拡張され改善が加へられた結果だ。かくて、固定資産の効率は著しく高まつて来た。固定資産回転度を見ると次表（省略──引用者）の如く、九年三月期の0.64回転から、十三年三月期には1.56回転と、この間当社の固定資産効率は、二倍以上に高まつてゐる」[41]のであった。

さらに、グンゼ編［1998：216］『グンゼ100年史』のつぎのような記述も印象的である。「1942（昭和17）年11月に固定資産償却規則が制定され、土地を除く有形固定資産の償却が強制されることになった。当社は1943年度から定率

法を採用するが、それまでは利益を考慮して償却額を弾力的に決めていたのである」。**郡是繊維工業**では、法制度の創設がきっかけとなって、従来の利益額に左右される減価償却から、あるべき定期的・規則的な減価償却へと改められることになった。

　最後に、**日本製鉄**のケースを見よう。日本製鉄株式会社編集委員会［1959：879］『日本製鉄株式会社史1934-1950』は、この時期の変化を鮮明に伝える貴重なものであり、長くなるが引用しておきたい。「第１期より第７期（昭和11年度下期）までの間は、暫定的に年４分の減価償却を行なつた。これは、製鉄合同に際し、各社の出資財産の評価に当つて、25年償却を採算の基準とした関係によつたものである。しかし、この率は鉄鋼業の性質からみて低率にすぎるため、当時の利潤状況をも勘案して、第８期（昭和12年度上期）に年５分の割合をもつて償却を行ない、同時にそれまでの４分償却との差額を追加償却した。第10期（昭和13年度上期）には年６分の割合とし、５分との差額を追加償却した」。しかし、「日華事変の進展にともない、また国際情勢の変化に対応し、画期的な拡充計画を具体化するにおよび、日鉄の場合は少なくとも元本に対し12％以上（年８分）の償却を必要とすることとなり、年６％の普通償却のほかに、当局の承認をえて、12％に達するまでは特別償却を実施することとなつた。したがつて、第11期（昭和13年度下期）においては、8.7％の特別償却を行ない、普通償却と合して、14.7％償却を実施した」。さらに、「第12期においては臨時租税措置法が施行された。本法は昭和14（1939）年４月１日以後新設・拡張または進水にかかる固定資産の取得価格の１／３の金額につき、耐用年数３年とし、均等償却を認めたので、17％強の償却を行うことができた。ついで昭和17（1942）年９月、会社固定資産償却規則が施行され、耐用年数において約２割の短縮となつたので、償却率は７％程度引上げられるにいたつた。しかるに臨時租税措置法は、19（1944）年４月１日以降改正され、新・増設の設備に対し、前期の償却規則による償却に、その２／10に当る金額を申請によつて償却しうることと改められた結果、償却率はいちじるしく低下し、償却規則によるものと合わせ、総額において約7.7％程度の償却率の計算となつた。以後本償却が

行われたのである」(傍点筆者)[42]。

以上の日本製鉄などの記述から、準戦時期との違いとして、法システムの影響を強く受けている点があげられよう。そこで次節では、かかる制度面に目を向けることにしたい。

4. 制度的アプローチ

すなわち、法制度や会計制度がゴーイング・コンサーンへの成長を促し、逆にゴーイング・コンサーンへの成熟が法制度の改正や会計制度の進歩をもたらしていたのである。なお、当時は今日とは異なり、会計制度についても商法がもっぱら規定していたことに注意を要する[43]。

(1) 法制度

①会社存続期間の定め

今日的な感覚からは奇異に映るであろうが、明治期の日本企業の多くは、いわばみずからの寿命ともいうべき「存続期間」の定めを定款に置いていた。表7-5は、商法制定以前のそうした存続期間の長さを、2期に分かって示したものである。チェクパイチャヨン「明治初期の会社企業181社の定款分析」によると、1868～80年の日本企業の多くは、存続期間を3～5年に設定し活動していた[44]。したがって、明治はじめの四半期の企業は、会計学にいうまがうことなき清算企業（当座企業）であったということができる[45]。1881～90年になるとその期間は、宮本又郎・阿部武司「明治の資産家と会社制度」によれば、平均23.9年に長期化する[46]。これには、1882年に制定された国立銀行条例が、存続期間を20年としていたことが与っていたと考えられよう[47]。ちなみに、国立銀行はのべ153行を数えたが、20年の寿命を終えると大半は普通銀行に鞍替えし、19世紀のうちにわが国から完全に姿を消すことになった[48]。20年といえば継続企業に近いが、商法は存続期間満了を解散事由としており[49]、末期の数年間は清算に向けて非継続企業に近い行動様式をとったと推測される[50]。

表 7-5 定款に掲げられた日本企業の存続期間

期間	平均値	標準偏差	最大	最小	obs
1868～80年	3～5年	—	20年	3年	28
1881～90年	23.9年	13.306	70年	5年	36

注：平均値上段は、チェクパイチャヨン下記論文からの引用数値（平均値ではないが、便宜上当該箇所に掲げた）。
平均値下段、標準偏差は、宮本又郎・阿部武司下記論文から筆者算出。
出所：上段はチェクパイチャヨン［1981, 1982］「明治初期の会社企業181社の定款分析」。
下段は宮本又郎・阿部武司［1995］「明治の資産家と会社制度」。

　以上の商法制定以前の慣行を前提として、わが国の商法は1890年の旧商法から1950年の商法改正に至るまで、存続期間の定めを定款の相対的記載事項[51]としていた。このことは重要な意味をもつ。今日の会計学は、継続企業を大前提とし、それを「継続企業の公準（会計期間の公準）」と呼んでいる。つまり、企業は永遠に継続するものであり、会計年度は利害関係者にアカウンタビリティを果たすため便宜的に設けられた区切りにすぎない、としているのである[52]。したがって、戦前唯一の会計規範であった商法が、それ自体存続期間の規定を設けていたということは、継続企業を建前とせず未成熟なゴーイング・コンサーンの存在を容認していたことにほかならない。なるほど存続期間は長期化しやがて不定期化するものの、かかる戦前日本企業は敗戦直後まで非継続企業の痕跡を引きずっていたのである。

②減価償却・内部留保の拡充

　戦時期における減価償却率の急騰は、後述する「時局産業関係産業固定資産減価償却堪久年数表」によるところが大きいが、それに先んずる1938年3月制定の「臨時租税措置法」[53]も与っていたことが重要である。これは、日中戦争の増税による時局産業の負担軽減のために、特別償却[54]が認められたものである。これこそ戦後の租税特別措置へと継承される「刺激的課税（incentive taxation）」の嚆矢ともいえるものであった[55]。

　また、1939年の「会社利益配当及資金融通令」[56]と1940年の「会社経理統制令」[57]は、準戦時期に業態好転から増配傾向にあった多くの企業に対し、内部

留保を高め堅実経営を促す法システムとしてそもそも創設されたものであった[58]。たとえば、前者第一条は「国家総動員法第十一条ノ規定ニ依ル会社ノ利益金ノ処分、償却其ノ他経理ニ関スル命令（中略）ニ付テハ本令ノ定ムル所ニ依ル」としたうえ、同法第七条は「会社ハ其ノ経営ヲ堅実ナラシムル為　経理ニ関シ左ノ各号ニ掲グル事項ノ遵守ヲ旨トスベシ」として、「一、経費支出ヲ適正ナラシムルコト　二、利益配当ニ関スル制限其ノ他ノ事由ニ因リ会社ノ経理上生ズベキ余裕ハ之ヲ必要ナル資産ノ償却又ハ積立金ノ積立ニ充ツルコト」と規定していたのである。この結果、それ以前の高配当はなりをひそめ、非財閥系日本企業はめざましく内部蓄積を厚くしていくことになった。

(2) 会計制度

①部分的取得原価主義の採用

　1938年、それまでの時価主義会計が、部分的にせよ取得原価主義に改められた。すなわち、1890（明治23）年商法（旧商法）は「当時ノ相場又ハ市場価値」[59]、1899（明治32）年商法（新商法）は「目録調製ノ時ニ於ケル価格」[60]という時価主義をとり、1911（明治44）年改正商法では「財産目録調製ノ時ニ於ケル価額ニ超ユルコトヲ得ス」[61]という時価以下主義をとっていたが、1938（昭和13）年の商法改正では、株式会社の営業用固定資産に限るものの取得原価主義が採用された[62]。全面的な取得原価主義の採用は、戦後の1949（昭和24）年を待たねばならないが、戦時期におけるこの変化は日本企業のゴーイング・コンサーンへの成長にとって画期的なものであった。表7-6は、以上の戦前の変遷を一覧にしたものである。

　これについては、少しく説明を要しよう。企業も小規模なうちは、決算期ごとにその保有資産を実際に調査・評価して貸借対照表価額を決定する時価評価も、あながち不可能ではない。これを「棚卸法」という。しかし、企業が成長し大規模化すると、その巨大になった保有資産を毎期いちいち実地棚卸していたのでは覚束ない。そこで登場するのが、すでに帳簿に記載されている取得原価を基礎に、期末資産の貸借対照表価額を決定する「誘導法」という方法であ

表7-6　戦前商法における時価会計の変遷

	箇　条	条　　文
旧商法	第32条第2項	財産目録及ヒ貸借対照表ヲ作ルニハ総テノ商品、債権及ヒ其他総テノ財産ニ当時ノ相場又ハ市場価値ヲ付ス
新商法	第26条第2項	財産目録ニハ動産、不動産、債権其他ノ財産ニ其目録調整ノ時ニ於ケル価格ヲ付スルコトヲ要ス
1911年改正商法	第26条第2項	財産目録ニハ動産、不動産、債権其他ノ財産ニ価額ヲ付シテ之ヲ記載スルコトヲ要ス其価額ハ財産目録調整ノ時ニ於ケル価額ニ超ユルコトヲ得ズ
1938年改正商法	第285条	財産目録ニ記載スル営業用ノ固定財産ニ付テハ其ノ取得価額又ハ製作価額ヲ超ユル価額、取引所ノ相場アル有価証券ニ付テハ其ノ決算期前一月ノ平均価格ヲ超ユル価額ヲ付スルコトヲ得ズ

注：旧商法：1890（明治23）年公布、1893（明治26）年一部実施。
　　新商法：1899（明治32）年公布・実施。
　　1911年改正商法：「時価以下主義」と呼ばれた。
出所：筆者作成。

る[63]。したがって、時価主義会計から取得原価主義会計への移行は、企業の規模的成長を追認する一つの指標をなすわけである。千葉準一［1998］『日本近代会計制度──企業会計体制の変遷』によれば、このような原価主義への端緒は、1936年の商工省臨時産業合理局財務管理委員会によって確定公表された『財産評價準則』にすでに見られるという[64]。

②減価償却の拡充

　1920年に、いちおう大蔵省内規として「固定資産堪久年数表」が定められていたが、減価償却の取り組みに、まだ無頓着な企業も見られた。1937年大蔵省は、その後の経済発展や技術進歩をふまえて、耐用年数を短縮する新しい「固定資産堪久年数表」[65]を発表したが、その直後の6月日中戦争が勃発すると、「時局産業関係産業固定資産減価償却堪久年数表」[66]を定め、時局産業についてはさらに耐用年数を短縮した。これは、「軍需企業には平和時代を基礎として決定した命数表では（ⅰ）資産の使用が激しいこと、並に（ⅱ）戦争終了後は戦争中の用役を資産が発揮し得ざる恐あること、等の点からして不適当であり、他面、時局産業は利益が多いのを常とするから、償却額も若干多く認めて、

表7-7 減価償却資産・耐用年数の変遷（例：工場・倉庫）

(単位：年)

種　類	1920年内規	1937年通牒	1938年通牒	1942年規則	1951年省令	1965年省令
レンガ造・石造	70	60	45	35（40）	50	50
鉄骨鉄筋コンクリート造	70	70	53	40（50）	55	55
土造	35	35	26	12（15）	20	25
木造モルタル造	25	20	15	12（15）	18	18
平　均	50	46	35	25（30）	36	37

注：1938年通牒は、1937年以降に新設等した時局産業の固定資産を対象とするもの。
　　1942年規則については、時局産業の耐用年数と一般耐用年数（カッコ内）を示す。
　　1951年および1965年省令のレンガ造・石造については、トラスが鉄製のもの55年と、その他のもの45年の中間値。
出所：1920年内規：大蔵省内規「減価償却計算耐用年数表」。
　　　1937年通牒：大蔵省通牒「固定資産堪久年数表」。
　　　1938年通牒：大蔵省通牒「時局関係産業固定資産減価償却堪久年数表」。
　　　1942年規則：「会社固定資産償却規則」（会社経理統制令第31条による）。
　　　1951年省令：大蔵省令第50号「固定資産の耐用年数等に関する省令」。
　　　1965年省令：大蔵省令第15号「減価償却資産の耐用年数等に関する省令」。

生産拡充の一手段とすることを要する等」[67]を理由とするものであった。図7-1に見える、1938年前後の減価償却率上昇の原因は、先の「臨時租税措置法」のほか、この耐用年数表の短縮が大きかったと考えられる。さらに耐用年数表の短縮は、1942年の「会社固定資産償却規則」にまで発展し、償却率は頂点に達した。

　この間の変遷を明らかにするために、耐用年数を工場・倉庫に代表させることにし見たものが表7-7である。同表から、戦時期が深まるにつれ、その短縮化がはかられていく様子がわかるが、注目すべきは1938年のレベルが戦後にほぼ引き継がれていることである[68]。この点につき、沼田嘉穂[1940：360]『固定資産会計』は「大蔵省は昭和25（1950）年から耐用年数並びに減価償却規定の本格的な改正を企て、その研究を進め、昭和26（1951）年春にその完成をみた（中略）。この耐用年数はアメリカの耐用年数表を充分に参考とし、その年数は大体昭和13（1938）年当時の年数に戻ったものとみてよい」と述べていた[69]。

③繰延資産の法定

　以上に加えて、「繰延資産」の勘定科目が戦時期に制度上登場するのも、ゴーイング・コンサーン化のメルクマールとして評価できよう。すなわち、1938（昭和13）年の商法改正により、創立費・社債差額・建設利息の3項目ではあったが、はじめて繰延資産が法認された（同法第286条、第287条、第291条）[70]。ここに繰延資産とは、将来の期間に影響する特定の費用で、次期以後の期間に配分して処理するため、経過的に貸借対照表の資産の部に記載することができるものをいう[71]。したがって、これは費用などを長期間に配分して平準化しようという、ゴーイング・コンサーン下の「期間損益計算」という考え方にもとづくものである。

　以上の背景には、時価主義会計の理論体系である「静態論」から、取得原価主義会計の理論体系である「動態論」への、会計思想の発達も与っていたと考えられる[72]。

5．減価償却行動の決定要因

　これまで、ゴーイング・コンサーンへの変化の原因や、その戦後への連続について見てきたが、本節では「戦前日本企業が減価償却に励むようになるのは、何を契機としたのか」について少しく言及しておきたい[73]。

　まずは表7-8によって、産業別の減価償却率について20年代と30年代の様子を見ておこう。電力業・鉱業・化学工業・機械業では20年代のそれが30年代に倍増するが、化学においては戦時期に失速すること、紡績業はひとり20年代から高い減価償却率を示しており、それが準戦時期にさらに伸張するが、戦時期には下降することが確認できる。

　高寺［1974：11］は、減価償却は資産面と利益面の「複線シェーマ」に規定されると述べているが、企業における減価償却の開始あるいは増額の契機は、固定資産の増大に直面して、その必要性をより実感したためなのか、それとも潤沢な利益が得られるようになり、その余裕のしからしむるところなのであろ

表7-8　産業別減価償却率

(単位：%)

	1920～30年（不況期)			1932～36年（準戦時期)			1938～40年（戦時期)		
	obs	平均	標準偏差	obs	平均	標準偏差	obs	平均	標準偏差
全産業	360	2.92	4.718	180	5.84	8.935	120	6.10	4.944
鉄道	60	0.65	1.609	30	4.28	18.197	20	2.29	1.668
紡績	60	6.05	6.753	30	7.19	4.581	20	6.69	3.079
電力	60	1.20	1.023	30	2.48	1.481	20	2.95	1.184
鉱業	60	2.92	5.294	30	7.43	8.719	20	9.65	6.979
化学	60	1.99	3.497	30	6.87	4.347	20	5.94	3.061
機械	60	4.71	4.855	30	6.79	4.771	20	9.05	5.731

注：隔年の集計。
出所：野村商店、大阪屋商店『株式年鑑』により、筆者作成。

うか。第1節（2）によれば、高村［1996］は前者と考えていたようである。

別稿[74]で行った筆者の重回帰分析によれば、戦時期は固定資産と純利益に非感応的な償却行動が見られ、前節に述べた法システム・会計ルールの影響を読み取ることができる一方、不況期・準戦時期においては「減価償却が資産面と利益面の、どちらにより相関性が高いのか」について、後者が示唆される結果が得られた[75]。詳しくは青地［2005：22］を参照されたい。

6．おわりに

明治初期の日本企業は、短期の「存続期間」を定款に定め「時価主義会計」を行って、典型的な非継続企業（清算企業）の要件を備えていた。存続期間はその後次第に長期化・不定期化してゆくものの、高橋［1930］が指摘していた、1920年代日本企業の長期展望を欠いたビヘィビアは、このような出自からも理解することができる。そこでは、資金の裏づけを欠く評価益を配当可能利益に算入して高配当を行い、不足する原資は借入金や社債に頼り、その結果減価償却や利益留保をおろそかにして何ら顧みるところがなかった。したがって高配当だからといって、当時の非財閥系日本企業を、十分な継続指標を示す1960～70年代のアングロ・サクソン型企業に喩えることは適切でないといえよう。

準戦時期に入ると、かかる未成熟な継続企業も二方面から転機を迎えることになる。重化学工業の発展にともなう、各企業のB/SやP/Lの量的規模拡大の結果、①一つは、経営者自身が自覚を深め、主体的に事業の長期継続性に意を用いるようになり、②今一つは、統制経済下の法システム・会計ルールの創設・改正により、継続指標が上昇することになったのである。この結果、非財閥系日本企業は、戦時期にゴーイング・コンサーンとして成熟を遂げるのであるが、重要なことは、戦時期のこれらの変化が戦後の1950年代前半に一部引き継がれ、その相互補完性の中で path dependence を獲得するにいたる点であろう。たとえば、1938年に短縮された減価償却耐用年数は、1951年および1965年制定の耐用年数と近似するものであり、減価償却費増大の傾向は不可逆的となった。

表7-9　会計学における企業タイプの比較

	清算（当座）企業	継続企業
資産評価	時価主義	取得原価主義
会計理論	静態論	動態論
例	中世イタリア商人	今日の一般企業

出所：友岡賛［1996］『会計学』有斐閣アルマ。

　そこでラフな見方をすれば、本節の主張は表7-9の示す会計学の企業タイプの知見にほぼ対応するものといえよう[76)]。

　では、日本企業のゴーイング・コンサーン化は、コーポレート・ガバナンス論に、どのような含意をもつものであろうか。これについては、最近の動向が示唆的である。2002年1月、企業会計審議会は従前の監査基準を改正し、2003年度3月期決算から上場企業の継続性について会計監査人がその旨を監査報告書で意見表明し、破綻の懸念がある場合、投資家に注意を喚起することを義務づけた[77)]。この趣旨は、「我が国のコーポレート・ガバナンスの変化や国際的な監査基準の展開をも視野に入れ」たものであると説明されている[78)]。日本公認会計士協会も、これを受け同年4月に財務諸表に将来も含めたリスクの中身とその対応策である「ゴーイングコンサーン情報」を記載させる実務指針案を作成した[79)]。ここから、企業の継続性はコーポレート・ガバナンスの前提をなすとの認識があるものと考えられる[80)]。したがって、未成熟な継続企業であった戦前日本企業は、それ自体コーポレート・ガバナンスの弱体を示すものであ

ったといえよう。この点は、今日の日本企業のコーポレート・ガバナンスと戦前日本企業のそれとの比較を論ずる場合、まず念頭に置かなければならないことである。

それにしても、2001年わが国に時価会計が導入されたことの経済史研究上の意義は大きいといえる。それが、本章のような日本企業像についての歴史認識を、新たに呼びさます契機となったのだから。

注
1) 時価以下主義と時価主義は理論的に同じものではない。前者は、取得原価＞時価の時は時価で評価しなければならないが、時価＞取得原価の時はどちらでも可とするものであると、筆者は理解する。しかし、ここでは実際の運用について着目する。
2) 1911年改正商法第26条第2項。
3) 高橋亀吉［1930：297, 303-305, 329-333, 347-348, 350, 357, 361, 371など］『株式会社亡国論』（萬里閣書房）。
4) 今日の時価会計は、対象が金融商品と不動産に限られており、原則はあくまでも取得原価主義であるといえよう。
5) 高橋［1930：195］。
6) 橘川武郎［1995：117, 163］『日本電力業の発展と松永安左ヱ門』（名古屋大学出版会）。
7) 高橋［1930：4, 63］。
8) 「企業会計原則と関係諸法令との調整に関する連続意見書」第3の第1の1。今日的な内容であるが、本質的には当時と変わらないと考える。
9) 注8「同意見書」第3の第1の2。
10) 高村直助［1996：200, 201］『会社の誕生』（吉川弘文館）。
11) 財閥直系企業は公表されておらず、この中にはごく一部を除いて含まれていないと考えてよかろう。
12) この結果、今日の減価償却率との比較可能性は、かなり低いことに注意を要する。これに対し、内部留保金比率の方は、算式からも今日との比較可能性は高い。
13) しかし、当時公表されていた財務諸表と同一資料にもとづく以上、同様の取り扱いによっていたと推測される。たとえば、『東洋経済新報』［1935/9/7：22］の記事は、本章と同様、分母に土地を加えている。
14) この目的は、各事業を主たるドメインとする「会社の動向」を調べようとする

ものであって、各「事業の動向」を会社ごとに調べようとするものではない。
15) ただし、「機械」だけは『株式年鑑』にはない分類である。「製造工業」のうち、「ビール・製氷・製紙・木材・製粉・製菓」を除いたものである。しかし、大阪屋商店［1932］『株式年鑑』からは分類方法が変わり、「製作工業」が本章の「機械」の分類とほぼ一致する。
16) 野田信夫［1988：653］『日本近代経営史』（産業能率大学出版部）。
17) 野田［1988：652］。
18) 高寺貞男［1974：95］『明治減価償却史の研究』（未来社）。
19) 学会報告の時点では、全期間を筆者の集計によっていたが、会場から疑義がいくつか表明された。その後サンプルの採り方など改善に腐心したものの、結局1928年以降は三菱経済研究所『本邦事業成績分析』によることにした。
20) 以上の数値は、三菱経済研究所『本邦事業成績分析』による。63年「上期」や43年「上期」というのは、下期が不明の意で、同書に存する資料の限界である。
21) 志村嘉一［1969：123, 124］『日本資本市場分析』（東京大学出版会）。
22) 第1次大「戦の間、設備が生産能力一杯に使用された時に、減価償却（控除）の計算はいやおうなしに多大の考慮をはらうべき問題となった」。高寺［1974：211］。
23) 住友倉庫も公表しているが、データが1920～40年の一部しか得られず割愛した。
24) 歴史的経路依存性。本概念の詳細は、青木昌彦・奥野正寛偏［1996：34, 35］『経済システムの比較制度分析』（東京大学出版会）などを参照。
25) 東武鉄道株式会社［1964：571］『東武鉄道65年史』。
26) 高寺［1974：76］。しかし、1919年制定の「地方鉄道会計規程」により、減価償却が認められたため、しだいに減価償却を行う鉄道会社も出現した（表7-3参照）。
27) 飯野利夫［1993：7-29］『財務会計論　三訂版』（同文舘）。この取替法は、英国の複会計に由来するもので、わが国へのその継受の経緯は興味深いが、ここでは立ち入らない。
28) 企業によっては、保存費のみ、減価償却費のみ、あるいはその両方を計上していた。
29) とはいえ、両者の和さえ他産業の減価償却額におよぶべくもない。
30) わかりやすくいえば、保存費の計上は場当たり的であり計画的でない。
31) 『東洋経済新報』［1935/6/15：45］。
32) 松永安左エ門［1928/10/1：29, 30］「電気事業と料金制度の確立」『エコノミスト』。
33) 橘川［1995：327, 344］。

34) 橘川［1995：326］。雑誌記事は、続けて「斯れだけ投資家が覚醒して来」た、と述べていた（『ダイヤモンド』［1930/6/1：29］）。
35) 『東洋経済新報』［1935/8/24：47］。
36) 『東洋経済新報』［1935/8/24：16］。
37) 『東洋経済新報』［1937/6/12：55］。
38) 『東洋経済新報』［1935/2/23：73］。
39) 1937年上期の数字。下期は6.29％。しかし、それ以降はまた低下していく。日本鋼管株式会社編［1952：912］『日本鋼管株式会社四十年史』。
40) 神鋼五十史編纂委員会編［1954：298］『神鋼五十史』。
41) 『東洋経済新報』［1938/5/7：38］。
42) 日本製鉄株式会社編集委員会［1959：879］『日本製鉄株式会社史1934-1950』。なお、「以後本償却が行われたのである」という、戦後への継承の記述に注目されたい。
43) 今日では「企業会計原則」などに規定されている。
44) チェクパイチャヨン［1981, 1982］「明治初期の会社企業181社の定款分析」『大阪大学経済学』第31巻第1号、同第32巻第1号。
45) 2期の過渡期に、かえって継続性をアピールする企業が存在したことは興味深い。『長野県統計書』［1881, 1882, 1884］によると、「西脇永続株式会社」（1881年創業）、「坂城永続株式会社」（1882年創業）そして「永続銀行」（1884年創業）などが、自ら「永続」性を主張していた。非継続企業が取引の安全を害することが多々あった当時、自己の会社は取引先に不測の損害をもたらさないという含意が込められていたと考えられる。
46) 宮本又郎・阿部武司［1995：270］「明治の資産家と会社制度」宮本ほか編『経営革新と工業化　日本経営史2』（岩波書店）。
47) 国立銀行条例第4条第1節は「開業免状ヲ得ル日ヨリ其社号ヲ以テ二十ケ年ノ間営業ヲ取続ク可シ」と定めていた。しかし、但し書きには「二十ケ年ヲ経タル後ニハ更ニ免許ヲ願出ツ可シ」と、継続の場合の措置が講じられていた。
48) 内訳は、私立銀行として継続したもの122行、合併で消滅したもの16行、満期以前に廃業したもの7行、そして満期解散したもの8行であった（明石照男［1935：107］『明治銀行史』改造社）。
49) 旧商法および改正旧商法第126条第1項第1号。
50) しかし「国立銀行営業満期処分法」（法律第11号）により、私立銀行として営業を継続するものについては、結局解散手続きを免除されることになった（明石［1935：107］）。

51) 定款に記載しなくても定款自体の効力には影響がないが、その記載を欠くとその事項の効力が生じないもの。龍田節［2003：383］『会社法（第9版）』（有斐閣）。
52) 飯野［1993：1-17］『財務会計論三訂版』。
53) 「臨時租税措置法」1938年3月31日、法律第52号。
54) 「臨時租税措置法施行規則」1938年4月1日、大蔵省令第31号によれば、基本はつぎの通り。特定の時局産業について、工場・機械などのうち1939年以降の新設・増設などにかかるものは、取得価格の3分の1を3年間に均等償却するというもの。沼田嘉穂［1940：402, 403］『固定資産会計』（ダイヤモンド社）。
55) 神野直彦［1993：233］「日本型税・財政システム」岡崎哲二・奥野正寛編『現代日本経済システムの源流』（日本経済新聞社）。
56) 「会社利益配当及資金融通令」勅令第179号、1939年。
57) 「会社経理統制令」勅令第680号、1940年
58) この点につき別の観点（株主の利潤動機による経営介入の回避）を強調するものとして、岡崎哲二［1993：113］「企業システム」岡崎哲二・奥野正寛偏『現代日本経済システムの源流』（日本経済新聞社）。
59) 旧商法第32条第2項。
60) 新商法第26条第2項。
61) 1911年改正商法第34条第1項。
62) 1938年改正商法第285条。
63) 新井清光［1995：23-25］『現代会計学』（中央経済社）。
64) 千葉準一［1998：61, 62］『日本近代会計制度——企業会計体制の変遷』（中央経済社）。
65) 大蔵省主税局通牒［1937/5/17］「固定資産堪久年数表」。
66) 大蔵省主税局通牒［1938/6/1］「時局産業関係産業固定資産減価償却堪久年数表」。
67) 沼田［1940：383］。
68) 戦後の高度成長期には、耐用年数表として、1951年大蔵省令第50号「固定資産の耐用年数等に関する省令」と1965年同省令第15号「減価償却資産の耐用年数等に関する省令」の二つが存在した。また1957年租税特別措置法は、特別な機械について特別償却を規定していた。
69) 沼田［1940：360］。
70) 高木泰典［2000：189, 190］『日本動態論形成史』（税務経理協会）。
71) 企業会計原則・第三貸借対照表原則・一・D。今日的な内容であるが、本質的には当時と変わらないと考える。

72) 以上の会計制度の変革を生んだ会計思想についても少しふれておこう。わが国において、時価主義会計の理論体系である静態論から、取得原価主義会計の理論体系である動態論への画期となった（後掲表7-9参照）のは、太田哲三［1920］『貸借対照表、作り方見方』や、同［1922］「会計上の資産」同［1922］「経費分割の二原則」などの著作であったといわれる（高木［2000：186］）。これらの刊行年次からも分かるように、日本における動態論の会計思想は、わが国企業のゴーイング・コンサーンへの進化を、どちらかといえば追認したというよりは促進したものであった。これに相当するものは、ドイツではシュマーレンバッハ［1919］『動的貸借対照表』であり、米国ではペイトン＝リトルトン［1940］『会社会計基準序説』であったから、「明治二三（1890）年の原始商法によって展開された静態論的な会計思考は、わが国でも、やがて、世界の潮流にさほど遅れることなく、動態論へと突入していく」（高木［2000：139］）ことになったのである。

73) 本章の社会経済史学会発表後に刊行された、宮島英昭［2004］『産業政策と企業統治の経済史』（有斐閣）からは、多くを学ぶことができた。とくに、256頁と352頁のそれぞれのパネル1は、次注の分析結果とは一部異なるものの、示唆に富むものである。

74) 青地［2005：22］「戦時期における日本企業のゴーイング・コンサーン化——非財閥系企業を中心に——」『富大経済論集』第50巻第3号。

75) 宮島［2004：254, 351］では、固定資産はコントロール変数としてのみ扱われている。

76) ただし、そこでは非継続企業から継続企業への成長は、必ずしも含意されていないのかもしれない。だとすれば、その点も本章の一つのメッセージとなろう。

77) しかし、そこでは減価償却率と内部留保金比率が、継続の指標となっているわけではないことに注意。

78) 企業会計審議会［2002/1/25］『監査基準の改訂に関する意見書』。

79) 大村敬一・増子信［2003：209］『日本企業のガバナンス改革』日本経済新聞社。

80) 谷口和弘［2010/9/23］『日本経済新聞』も同旨。

Column12
1930年代の法人資本主義

　株主の法人化現象を「法人資本主義」と名づけたのは、奥村宏［1975、1991、2005］である。そこでは、その主たる要因は、企業間の「株式相互持合い」にあるとしており、その歴史的背景として戦後の日本企業の安定株主工作、すなわち企業買収に対する防衛策があげられている。

　しかし、株主法人化の歴史的源流は実はさらに古く、1930年前後に求めることができる。このことをはじめて指摘したのは、志村嘉一［1969］であった。以下に示した図C-12は志村［1969：408, 409］にもとづく。そこでは1919年と36年において個人株主と法人株主の割合の逆転現象が見られる。

　当時の株主法人化の要因としては、株式相互持合いは微弱（わずかに新興財閥や三菱財閥などに認められる）で、①「財閥転向」に伴う財閥系企業の株式公開、②保険、信託などの機関投資家の成長、③同族持株会社の簇生によるものであった（粕谷誠・武田晴人［1990：114］）。

　要するに1930年代は、戦後のヨコの株式保有（株式相互持合い）に対し、タテの株式保有（親子会社、下谷政弘［1993］のいわゆる「企業グループ」）が主流であった。また日本の法人資本主義は、さしたる疑いもなく当然のように実施された点も特徴といえよう。米国では「法人は株主となれるのか」という本質的な議論がまず行われたはずであり（下谷［1996：30-32］参照、奥村［2005：158］は異を唱えるが、ではなぜ当初はトラストという方法によったのであろうか）、1889（明治22）年ニュージャージー州法で法人による株式保有が法認された結果、一般に広まることとなった。

図C-12

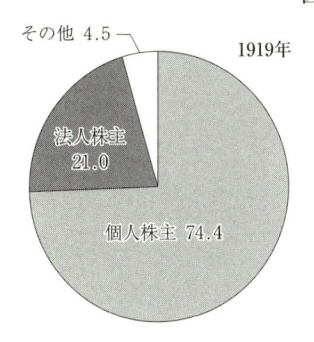

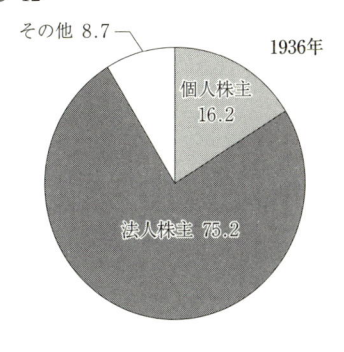

1919年
- その他 4.5
- 法人株主 21.0
- 個人株主 74.4

1936年
- その他 8.7
- 個人株主 16.2
- 法人株主 75.2

出所：志村嘉一［1969］より筆者作成。

Column13
戦前の監査役

　監査役が十全に機能していれば、コーポレート・ガバナンスの問題の一部は、確実に解決できるはずである。しかし戦前においても監査役は無力の象徴であり、しばしばそれに対する失望や非難の声が聞かれ、制度改革が叫ばれた。これに関する新聞記事などの資料をあげれば、枚挙にいとまがないほどである。

　監査役はいうまでもなく会計監査を主たる職務とする。にもかかわらず当時は、会計知識のない者が就任するケースが多々あり、『国民新聞』[1921/7/4]は「差し当つては　先づ監査役の会計の知識の向上を計ること」が必要であると述べていた。

　この結果『大阪時事新報』[1922/1/29]は「我国の現在の監査役は多くは取締役の一味の者か　然らざれば老朽者　又はお飾者である」と酷評し、時代はやや下るが高橋亀吉［1930：117,118］も、監査役は「単に重役賞与を分捕るために与へられた椅子に過ぎず、毫も、会計検査の役目を果たしてゐない」と罵倒、つづけて台湾銀行の監査役をしていた大倉喜八郎が同行の事業内容を検査しようとして拒絶されたエピソードを紹介して、その地位の弱さをこぼすのであった。

　そこで監査役改革がさかんに提唱された。たとえば『時事新報』[1921/12/1]は、ドイツにならって監査役の取締役会出席と事前監査を主張していた。いわく「取締役の重役会には同時に監査役をも出席せしめて　業務執行上の諸政策に関して　事前に監査役の意見了解を得るようにしなければならぬ」。これに対して『時事新報』[1921/12/10]は異を唱え、ドイツにおいて監査役が機能したのは背後に大銀行のモニタリングがあったからであって、監査役は「此等銀行（ドイツ帝国銀行、ドレスデン銀行、割引銀行）の派遣員」にすぎないと述べていた。そして自らは英国のアウヂター（準公的機関である会計専門官――引用者）の日本への移植を提案していた。

　以上の前提にあったのは新商法（1899年）と1911年改正商法の監査役規定であり、それはつぎのような内容を定めていた。すなわち、監査役の①取締役に対する業務報告請求権（第181条）、②株主総会招集権、検査役選任権（第182条）、③取締役提出の総会書類調査権（第183条）、④取締役・支配人の兼任禁止（第184条）、⑤会社・取締役間訴訟の会社代表権（第185条）、等々。思いのほか詳細である。

　とはいえ監査役問題の核心は、監査役は株主総会で選任される（第189条、第164条）とされながら、実際には取

締役が選んでいた点にあった。この点、先の『国民新聞』［1921／7／4］も「取締役の意志に依らずして　監査役を選任することが必要である」と言明していた。

今日の監査役会設置会社（会社法第2条第10号など）や委員会設置会社（同法第2条第12号など）に存する社外役員は、この欠点の改善を図ったものであると思われるが、今しばらくその実効性を見守る必要があろう。

第 8 章　戦時期における持株会社による企業統治の変容
　　　　　——三菱本社のケースから——

1．はじめに

ステーク・ホルダーとしての政府

　戦時期の1940年、持株会社システムについて、つぎのように論じる文書が存在した。「今日ノ我ガ国情ニ於テハ　国家自体ガ企業全体ノ統制ヲ強化シヤウトシテキルノデアルガ　大小無数ノ事業会社ノ完全ナル統制ハ実ニ容易ナラヌ事業デアル（中略、しかし——引用者）統制的企業団体ヲ国家ガ更ニ統制スルト云フコトデアレバ　国家的統制ハ非常ニ容易且円滑ニ運ブコトニナルデアラウ　事実三菱三井住友ノ如キ大コンチエルンヲ統制スルコトニ依ツテ　国家ハ民間ニ於ケル重要企業ノ最大且最重要部分ノ統制ヲ容易ニ遂行シ得ル」。この文章の背景には、以下のような歴史的状況があったのである。

　1937年、日中戦争（支那事変、日華事変）が勃発。中国側が国共合作により強い抵抗を示し長期戦の様相を見せ始めると、わが国は本格的な戦時経済へ突入した。そこで日本政府の経済に対する全面的な統制が開始されたのである。このような統制経済を、今日的なコーポレート・ガバナンス論の文脈に即していえば、それは政府が強力なステーク・ホルダーとして企業経営の前面に登場することを意味した。すなわち国家は、戦争を遂行するために、軍需産業を中心とした企業経営の効率性に強いインセンティブを示し始めたのである。そうした国家によるコーポレート・ガバナンスの含意は、1939年の「生産力拡充計画要綱」や40年の「経済新体制確立要綱」などから読み取ることができる。

　ここへ来て持株会社は、特別な任務を期待されるようになったと考えられる。

図8-1　北原浩平『三菱社ノ使命』の目次

```
総論
第一　統制的使命
    （一）事業的統制
    （二）法制的統制
    （三）人事的統制
第二　企画的使命
    （一）経済調査、資料情報ノ蒐集
    （二）連絡折衝
    （三）事業ノ計画調整、新分野ノ開拓
第三　経理的使命
    （一）資本ノ充実
    （二）資金ノ調達
    （三）資金ノ投資運用
第四　附随的使命
```

注：1940年8月付。三菱経済研究所所蔵文書。

それは、国家によるコーポレート・ガバナンスにおいて、重要企業を束ねる結節点としての役割である。いいかえれば、国家によるコーポレート・ガバナンスの代替装置としての機能である。冒頭の引用は、当時の持株会社のこのような機能について指摘したのであった。

本章の課題・構成

　ところで岡崎哲二［1999］は、戦間期の財閥本社の直系会社に対するコーポレート・ガバナンスは、①内部統制の仕組み（組織・内規）の完備、②内部資本市場の充実、そして③テークオーバー・レーダー機能の発揮の3点から、盤石なものであったとしている。では戦時期（1937〜45年）においても、持株会社のこれらの機能は有効であったのであろうか。またそれ以外にも持株会社のコーポレート・ガバナンスとして見るべき諸点があったのではなかろうか。

　その解明に当たり第3章同様、ケースとして三菱財閥本社をとりあげたい（三菱財閥本社は1937〜43年まで「三菱社」と名乗っていた。以下では簡単のため三菱本社ときには単に本社ということもある）。今回は三菱採択の理由の一つに、1940年8月付の内部文書、北原浩平『三菱社ノ使命』なる持株会社システムを考察した資料の存在が加わる。この文書は、すでに青地［2008a：137以下］で解題・現代語訳を施し紹介したが、改めて述べると「三菱社ハ持株会社デアル　三菱社ノ使命ヲ論ズルコトハ　持株会社ノ使命ヲ検討スルコトニ外ナラズ」で始まる、46頁22,000字におよぶ論文で、その目次を示せば図8-1のごとくであった。実は本節冒頭の引用文は、この文書の一部であった（北原

［1940：9, 10］、青地［2008a：147］）。著者の北原は、1923年三菱銀行に入社、39年三菱社に移籍し、終戦を総務部副長・参事の役職で迎えた。そして戦後は三菱本社の清算人をつとめ持株会社整理委員会［1951：118］『日本財閥とその解体』にも名前をとどめている。本章は、これまでに蓄積されてきた財閥研究をふまえるとともに、同文書を戦時期・三菱本社のコーポレート・ガバナンスの実態を知る手がかりとしたい。

さて本章の構成であるが、まず次節で戦時期とそこに至る三菱財閥の時代状況を概観する。そのうえで岡崎の掲げる論点につき、3節で三菱財閥の内部統制の仕組み、4節で三菱財閥の内部資本市場、5節で三菱本社のテークオーバー・レーダー機能について検討する。さらに本章独自の観点から、6節で三菱本社による分系会社持株比率、7節で三菱本社による分系会社への役員派遣、8節で分系会社の経営効率、9節で分系会社の自己資本比率について見、最後の10章では以上の総括を行う。

2．準戦時期から戦時期へ

本章の分析は当然戦時期を対象とするが、行論の必要上準戦時期（1931～36年）にも少しく言及する。そこで本節では、あらかじめ準戦時期と戦時期に三菱財閥が置かれていた時代状況を概観しておくことにしよう。

(1) 準戦時期の分権化戦略

1920年代のような三菱本社の強いコントロールは、かえって傘下会社の事前のインセンティブを損ない経営効率を低下させることになるのではないかと問う人があるだろう[1]。しかし、そのことを誰より懸念していたのは、実は他ならぬ本社自身であった。

三菱財閥は、1930年代の初めにはすでに、重工業・製鉄・鉱業・電機・石油・倉庫・銀行・商社・損保・信託の各部門の大企業（分系会社と呼ばれた）を擁する、ピラミッド型の巨大な総合コンツェルンとして聳立していた。これ

まで劣弱であった重化学工業部門も、この頃から活動が本格化する。そうした中、本社は厳しく分系各社を指揮・監視するよりも、分系各社の自主性を尊重しその意思決定や活動に任せるほうが、発生する取引コストは安価につき、業績向上にも資すると判断したと思われる。こうして30年代は、従来の財閥研究が「分系会社等の自立化（分権化）傾向」と呼んできた状況が顕著となる[2]。36年の分系各社（生産部門）のパフォーマンスを31年を基準に見ると、純利益は平均15.6倍、払込資本金では平均1.8倍、固定資産でも平均1.4倍、そして従業員数では平均2倍になった[3]。

　ここでは、その分権化が折りからの重化学工業化の結果であるとともに、持株会社・三菱本社の意図的な「戦略」であった点を強調しておきたい。分権化戦略が鮮明に表われているのは、①1929年「分系各会社ト本社トノ関係」内規[4]、②37年岩崎小弥太「組織変更ニ関シ社長挨拶」[5]、③38年「三菱社分系各会社間関係事項取扱内規」[6]などである。たとえば内規類を見ておくと、出発点となった18年「分系会社ト合資会社トノ関係取極」[7]と比較して、①の29年「分系会社ト本社トノ関係」内規では、分系会社への相当な権限委譲が認められ、この傾向は③の38年「三菱社分系各会社間関係事項取扱内規」においてピークに達した。それはほとんどの権限を分系会社に委譲し、本社は分系会社の取締役・監査役の推薦権と取締役会提出議案の事前審査権のみを留保した、といっても過言ではない内容であった。

(2) 戦時期の再集権化戦略

　つづく戦時期には、重化学工業化は準戦時期よりも一層進展した。三菱財閥の分系会社（生産部門）を見ると、ひとり三菱石油は当時の原油事情に制約され低調を余儀なくされたが、他の分系各社は大躍進を示した。とくに三菱重工業は、1943年の純利益が約4,400万円、これは37年の7.9倍にも達し、払込資本金で7.6倍、固定資産で9.8倍の膨張を示した。三菱電機もまた、この期間の純利益の増加は8.4倍になり、払込資本金で5.3倍、固定資産で6.0倍、従業員数で8.6倍にもなった[8]。

この時期の三菱財閥にとっての大きな変化は、分権化が最高度に達した1938年、急転して再び本社の指揮・監視が強化されるようになり、分権化から集権化への揺りもどしが起きたことである[9]。しかし38年以降、本社と分系会社の関係についてこのような集権化戦略を示す内規は皆無であることに注意を要する。

　再集権化に至るには二つの文脈があった。第1は、準戦時期に意図的に進められた分権化戦略が、それ自体モメンタムを得てひとり歩きをする様相を見せ始めたことである。つまり、分系会社の事業活動の大規模化・複雑化が、情報の偏在や取引費用の増大を招き、傘下企業もチャンドラー［1962：125］のいわゆる a loosely knit federation への移行を潜在させるようになった。これに危機感を覚えた三菱本社は、財閥としての組織的一体化に懸命になっていく。

　第2は、この時期から本格化する国家統制の必要性からであった。すなわち、日中戦争が膠着状態を見せ始める1938年、国家総動員法が制定され最高度の経済統制が行われるまでになった。そして40年には日独伊三国軍事同盟が結ばれ、「経済新体制」の確立によって戦時統制は再編されて、41年の重要産業団体令による統制会の設立を見るにいたる。このような中で、本社はコンツェルン組織の上位機関として戦時非常事態を宣言し、分系会社の経営引き締めを促すことになった。これに関しては、以下のような事実に集権化戦略が明瞭である。①「統制会社として、三菱傘下の事業の有効なる統制に当り、各種の事業をして益々国家の必要に応ぜしむる」との小弥太の宣言（1940年）[10]、②統制色を強めるため「株式会社三菱本社」への商号変更（43年）[11]、③三綱領の制定（43年）[12]、④施設促進中央委員会・同実行委員会の設置（44年）[13]、⑤三菱総力本部の設置（45年）[14] などである。

3．三菱財閥の内部統制の仕組み

(1) 組織

　先の分権化戦略を体現するものとして、1937年（本社の株式会社化の年）に「三菱社職制」が制定された。それは、執行機関として常務会（4名）を、決議機関として取締役会（9名）を置くスリムな体制を敷いていた。ここにいう常務会は、戦後日本において取締役が多数にのぼるため機動性を保つべく少数のメンバーからなる「常務会」と呼ばれる機関が多く組織されたが、人数から見てそれとは無関係であろう。また同年、三菱協議会が新設されたが、これはあくまでも分系会社間の事務連絡機関であって、分系会社のコントロールタワーではなかった点に注意を要する。

　一方、再集権化戦略を表明するものとして、1943年（本社の社名変更の年）に「三菱本社職制」が制定された。それは、執行機関たる理事会（7名）と決議機関たる取締役会（17名）から構成される、人的支配を強化した体制であった。これに先立つ40年（本社の株式公開の年）には、集権化を強化するため財務委員会と査業委員会が作られた。前者は三菱財閥の財務を、後者はその他を分掌する機関で、分系会社に対するコントロールもある程度は行った。また同年には、三菱技術協議会という技術研究に特化した、分系会社間の事務連絡機関も組織され、先の三菱協議会はその限度で縮小された。

(2) 内規

　三菱本社は前述の通り、分系会社の取締役・監査役推薦権を有していた（内規［1938：第1条］）が、実態は「各社の独自の役員選出を認める」方向に緩和・運用されていた（大蔵省財政史室［1982：61-64］、沢井実［1992：193］）。また、分系会社取締役会への提出議案は事前に本社へ提出しなければならないことになっていた（内規［1938：第4条］）が、これについても北原［1940：

14]、青地［2008a：149］）は「現在ノ情況デハ　之ヲ厳格ニ励行サレテキナイ憾ミガアル」と指摘していた。この記述は大蔵省財政史室［1982：61-64］（沢井［1992：193］）とも整合する。

　両者は三菱本社が分系会社をガバナンスする地位にあるにもかかわらず、実際は三菱財閥の内部統制は相当ソフトなものであったことが浮かび上がる。

4．三菱財閥の内部資本市場

　北原［1940：27, 37］（青地［2008a：157, 163］）は、「一事業会社ノ経理ハ其ノ会社ノ収支計算ヲ明ニシ利益並ニ配当ヲ確保スルコトヲ以テ足レリトスルトモ云ヘルデアラウ　然シテラ投資会社デアルト同時ニ多数分系関係会社ヲ率キル統制会社デアル所ノ三菱社ノ経理ハ　之丈ヲ以テ足レリトスルモノデハナイ」とし、そして「資金ノ需要ハ　総テ分系関係会社ノ事業ニ関連シテ起ツテ来ルノデアルカラ　資金ノ調達モ常ニ事業ノ全体ニ基礎ヲ置イテ計画的ニ考慮サレナケレバナラナイ」と述べていた。これこそ、今日いう「内部資本市場」の記述にほかならない。

　コーポレート・ガバナンスにおいて、本社の資金調達のもつ意義は大きい。この意味では、三菱本社が三菱財閥全体における資金を一元的に管理することが望ましい。逆にいえば、外部資本市場つまり通常の意味での資本市場から傘下会社への資金の流れ、すなわち分系会社が本社を経由せず、直接に資本市場から資金調達をはかることが活発化すれば、コーポレート・ガバナンス上のコストを発生させる。

　三菱本社の増資に関し、北原［1940：10］（青地［2008a：147］）も、「大蔵当局ハ　三菱社ガ国策ニ順応スル統制会社トシテノ使命ヲ充分ニ達成スルコトヲ期待シ且之ヲ条件トシテ　増資ヲ許可シタモノデアルコトヲ公ニ言明シテキル　又分系会社株式払込資金調達丈ノ為ナラバ　必ズシモ三菱社ノ増資ニ依ラナクテモ他ニ方法ハ考ヘ得ルノデアルガ　統制会社トシテノ三菱社ノ使命ヲ重大視スルガ故ニ　三菱社ノ増資ヲ許可シタモノデアルト云フ趣旨モ当局ハ明ニ

シテキル」と述べていた。つまり政府は、本社を経由して分系会社に資金が渡ることこそが、ガバナンス上重要と考えていたのである。

本書の関心

そこで、以下では、分系会社が事業活動上必要とした資金を、本社はどれだけ供給できていたのか、を検討することにしよう。それに当たり、麻島昭一［1986など］の「収支構造分析」の一部を利用することにしたい。すなわち、まず「分系会社の金融収支」を検討し、ついで「三菱本社の事業収支」を検討したあと、「小括」において分系会社の資金需要と本社の資金供給を突き合わせ、内部資本市場における本社の寄与について結論を得たいと思う。

ただ麻島の分析手法について、岡崎［1999：115, 116］はその不正確さを指摘する。すなわち、その方法では①期中の動きが把握できないこと、②株式の増加・減少につき、他社（三菱関係以外の企業）を対象とする分も含むこと、を問題視している。とはいえ岡崎も資本取引（株式に関連する取引）に限定した分析であり、重要な金融取引（借入金などの金銭貸借）を扱わず、これだけでは内部資本市場の全体像は明らかにできない。そこで、やはり麻島を基本としつつ岡崎で一部修正（1937～44年の資本取引）し、分系会社の資金需要に対し三菱本社がどれだけ資金供給をし得ていたかに接近することにしよう。

(1) 分系会社の金融収支

麻島［1986：8］は、貸借対照表の勘定科目を、事業活動によるもの（事業収支）と、財務活動によるもの（金融収支）とに2分していた。分系会社がその事業活動を進めるに際し、どれほどの資金を要したのかの問題は、「分系会社の事業収支」ということになる。詳細は割愛するが、7分系会社の1931～44年に関し、それは膨大な事業収支不足、すなわち資金需要の存在を示していた。

さて、このような資金不足に対して、分系会社はそれをどのようにファイナンスしたのであろうか。それが「分系会社の金融収支」にほかならない。以下に、その内容を概括しておこう。現金・預金（特別〔特定〕預金、金銭信託な

どを含む）の取崩しなど各社で賄うことができた分は除き、①まず、借入金（支払手形・割引手形・当座借越を含む――参考：麻島［1986：11］）があった。これは、三菱銀行からの借入れが中心であったが、他に本社からの借入れも存在した。後者は、戦時期に減少傾向を示す。それは、日本興業銀行や戦時金融公庫などからの借入れが盛んになったためであろう。②また、社債も発行された。準戦時期の三菱財閥は社債発行に消極的であったものの、戦時期には三菱重工業と三菱鉱業が発行している。これらは、財閥内金融機関などによって引き受けられた。③しかし、資金調達の中心はもちろん増資と未払込株金の払込徴収であった。しかも注目すべきは、それが外部資本市場にも求められた点である。すなわち、1934年には三菱重工業が、戦時期に入ると分系会社が、つぎつぎと株式公開を始めた（後掲の表8-2）。この結果、準戦時期に約60％を示した三菱本社の持株比率は、戦時期には30％台にまで低下することになったのである（後掲の表8-1）。

(2) 三菱本社の事業収支

1937年より地所課を独立させ、三菱本社は晴れて純粋持株会社となり一切の事業活動はしないことになったとはいえ、その「事業収支」が解消されるわけではない。しかし、ここでは「三菱本社の事業収支」のうち分系会社へ振り向けられた部分、いいかえれば「分系会社の金融収支」のうち本社が関与した部分について見る。図8-2の表の部分（上段）がそれを示している。同表こそ、三菱本社が持株会社として純化していく姿を端的に示すものといえよう。なぜなら、本社は、分系会社の社債は一切引き受けず、貸付金[15]も年々回収していく一方で、分系会社の増資・払込徴収に応じた額は増加の一途をたどっているからである。特に1940年に、巨額にのぼる株式取得をしている（73,450千円）が、この時本社の資金供給額はピークに達した。その結果、バランスを失し42年には休息状態を呈している。また、36年に見えるマイナス値は、三菱鉱業の株式を売却したことによるものであった。

では本社は、このような株式取得の原資を、どのようにファイナンスしたの

図 8-2　三菱財閥の内部資本市場の状況

年		1931	1932	1933	1934	1935	1936	1937	1938	1939	1940	1941	1942	1943	1944
分系会社〈金融収支〉	本社預け金/払出	-257	-5,983	-10	1	-1	11	0	0	0	0	0	0	0	0
	借入金/増加	-10,286	23,701	20,026	1,450	19,961	12,726	129,691	18,991	159,403	78,200	54,228	-79,421	216,282	1,506,732
	社債/発行	0	-600	-600	-800	-1,000	-1,000	1,900	30,000	0	-1,500	-4,000	51,000	16,000	-4,300
	増資/払込	2,500	0	7,000	25,000	28,000	0	87,470	16,250	60,472	60,358	70,540	59,980	105,000	184,390
	計	-8,043	17,118	26,416	25,651	46,960	11,737	219,061	65,241	219,875	137,058	120,768	31,559	337,282	1,686,822
三菱本社〈事業収支〉	株式/増加	1,643	831	4,988	10,838	21,756	-6,250	32,995	16,491	33,705	73,450	24,177	8,879	9,610	25,036
	社債/引受	0	0	0	0	0	0	0	0	0	0	0	0	0	0
	貸付金/増加	-13,827	10,027	-609	-15	-1,274	-1,007	-1,016	-1,009	-871	-1,000	-900	-1,055	-1,210	-1,025
	計	-12,184	10,858	4,379	10,823	20,482	-7,257	31,979	15,482	32,834	72,450	23,277	7,824	8,400	24,011

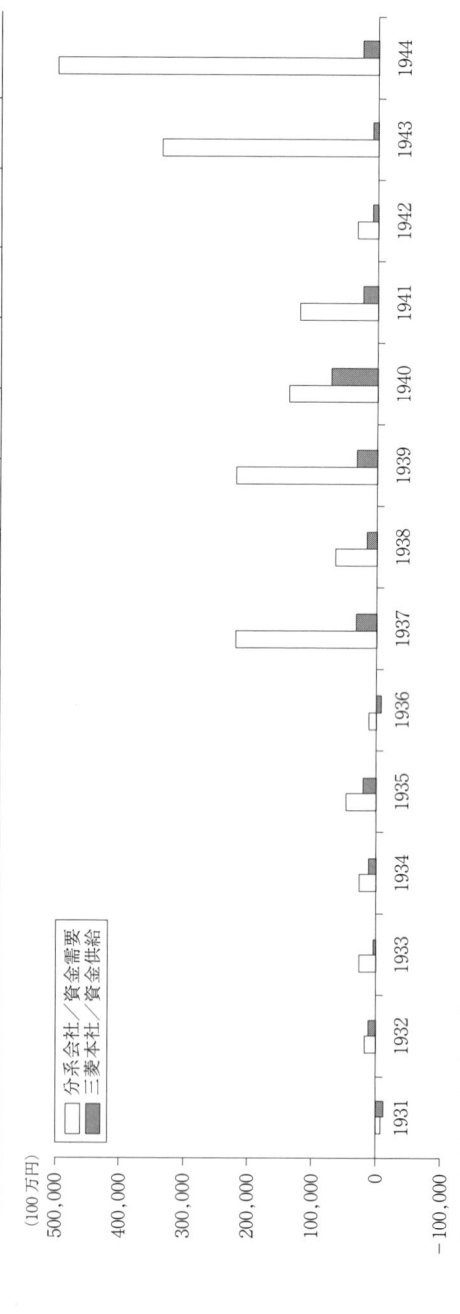

注：1944年はグラフ内に表記不能。
出所：麻島 [1986]，三菱社誌刊行会『三菱社誌』第36〜39巻，岡崎 [2009]。

だろうか。それが「本社の金融収支」にほかならないが、本章では課題の関係上割愛する。

(3) 小括

さて、以上をふまえ分系会社の資金需要に対して、三菱本社はどれほどの資金を供給し得ていたのか、を検討しよう。図8-2のグラフの部分（下段）は、そのために、分系会社の金融収支と本社の事業収支を突き合わせ、ラフに三菱財閥全体の資金需給の鳥瞰を得ようとしたものである。分系会社の資金需要に対し、三菱本社の資金供給不足が顕著なことが一見してわかる。しかも分系会社の資金需要は、戦時期に入るや途端に膨大なものとなった。特に1944年のそれは、本社の資金供給の約70倍にも達していた。

それでは、両者の乖離を、分系会社はどのようにして埋めたのだろうか。その大半は、①本社が関知しない外部資本市場と、②三菱系金融機関に求められた。この①と②の割合については、はっきりしたことは分かっていない（麻島［1986：329-391］）が、戦時期・分系会社の自己資本比率は30％台にあり、間接金融の優位が推しはかられよう。

①については結局、株式公開は、三菱地所と三菱石油を除くすべての分系会社で実施された。その結果、戦争末期には本社の持株比率は30％台にまで低下したが、支配株として不足がなかったであろう点は後述する。一方②に関し、三菱銀行や三菱信託などの財閥内金融機関の融資活動は、本社のコーポレート・ガバナンスに少なからぬ動揺を与えていたと考えられる。戦時期、三菱銀行が一部の分系会社のメインバンクとなり（沢井［1992：184］）、コーポレート・ガバナンス主体の本社との重複という事態が起きかねない状況にあったからである。長沢康昭［1987：314］「資金調達」も、この点につき「危機的要因をはらんでいた」と述べている。太平洋戦争中、岩崎小弥太は三菱銀行首脳に「重要産業の増強は一刻の遅滞も許されぬ。大局的見地に立って、金のことは喧しく言はずに融通して貰いたい」といったという（岩崎家伝記刊行会編［1957：296］）が、銀行に対する本社のいつにない低姿勢に驚かされる。この

ような中、本社自身も三菱銀行から融資を受けていたのであった。

　以上から、戦時期の三菱本社は分系会社に対して資金を効率的に配分していた、などとはとてもいえる状態にはなかった。本社はその支配株を処分してまで、何とか資金調達を果たそうとした事実もあり、北原［1940：35］（青地［2008a：162］）は、それを「統制ニモ影響スル重大ナ事項」であると憂慮していた。要するに、準戦時期に機能低下を見せ始めた三菱財閥の内部資本市場は、戦時期には機能不全に陥ってしまったといえよう[16]。

5．三菱本社のテークオーバー・レーダー機能

　三菱本社は、1941年に東洋機械、日本光学、朝鮮無煙炭、日本アルミニュウムを、42年に日本アルミニウム製造所、日本建鉄、三菱マグネシウム工業、タワオ産業、ブートン産業を、43年には三菱化工機、三菱関東マグネシウム、三菱汽船、日本殻産などを買収し関係会社に組み入れた。長沢［1981：107］はこれらの買収を、経済企画庁調査局調査課［1958：185］に基づき財務委員会の業績としてきたが、加藤健太［2008：391］は『査業委員会記録』なる資料を発掘し、それが査業委員会の仕事であることを明らかにした。

　では三菱本社は、これらの企業をも実際規律づけることができていたのだろうか。この点を指標として ROE、事例として日本アルミニュウムで代表させて見ておこう（図8-3）。ここに補正 ROE というのは、当時のインフレを考慮し、一般の ROE の分子・分母における R を GNP デフレーターで除したものである。ここからいえることは、戦時期の三菱本社は外部の企業を買収はしたものの、それを統治するまでの能力は喪失していたということである。

6．三菱本社による分系会社持株比率

　以上では岡崎［1999］の論点について見てきたが、本節以降は本書独自の観点から戦時期三菱本社のコーポレート・ガバナンスを論じる。まず傘下の分系

図8-3　日本アルミニウム（1941年買収）

出所：営業報告書（各年版）、経済企画庁［1965］『国民所得白書』。

　会社に対する持株比率が、戦時期に入りどのような変化を示したのかについて検討しよう。そのために作成したのが表8-1である。1945年が表掲されていないのは、敗戦年の資料の欠損による（以下同様）。同表から、準戦時期に50％以上を示した本社の持株比率は、戦時期の最初の年である37年になると途端に50％を割り、太平洋戦争開始の翌年42年には40％をも割り込んで、敗戦の前年44年には32.7％にまで低下していたことがわかる。

　これは、IPO（株式公開）とそれに続く増資が主たる原因で、戦時期の社会的資金の動員に与っていた。すなわち表8-2より分系会社の多くは戦時期に株式公開を果たしたことがわかる。またその盛んな新株発行状況も、表8-3の資本増加額から推しはかられよう。

　では、戦時期における持株比率のこうした下落は、三菱本社の分系会社支配に影響を与えなかったのであろうか。先に見た「再集権化戦略」から、本社がもっと高い数値を望んだであろうことは察することができるが、筆者は実際上

表8-1　三菱本社の分系会社持株比率

(単位：%)

	1931	1932	1933	1934	1935	1936	1937	1938	1939	1940	1941	1942	1943	1944
三菱重工業	99.7	99.4	87.6	58.8	51.4	51.4	49.8	49.8	44.9	43.6	43.0	34.9	30.3	23.1
三菱鉱業	60.8	60.8	59.2	49.4	57.8	49.5	46.2	45.5	43.3	43.2	42.9	42.8	42.8	53.3
三菱商事	95.2	97.9	97.9	99.5	100.0	100.0	100.0	40.2	40.2	40.4	40.4	40.4	40.4	40.4
三菱銀行	55.1	55.1	55.1	50.3	49.9	49.9	49.9	49.9	47.7	48.0	48.0	47.9	33.8	33.8
三菱倉庫	7.0	7.5	7.5	7.7	100.0	100.0	57.2	57.2	55.2	55.2	55.2	55.2	55.2	55.2
三菱電機	0.0	0.3	1.6	112.0	90.0	90.0	57.7	43.3	42.9	43.5	43.5	43.8	43.8	44.6
三菱信託	17.5	17.5	17.5	17.5	17.5	17.5	17.5	18.4	18.4	18.7	19.1	19.1	19.1	19.1
三菱石油	28.9	29.3	29.5	29.5	30.0	30.0	30.0	30.0	30.0	40.0	40.0	40.0	40.0	40.0
三菱地所							58.0	58.0	58.0	58.0	58.0	57.0	57.0	57.0
日本化成							0.0	0.0	0.0	25.0	25.0	14.9	16.8	12.0
平均	58.7	58.9	58.0	54.6	59.7	57.3	48.7	43.0	41.2	42.5	42.2	38.1	35.1	32.7

注：持株比率：本社所有株式払込金額／払込資本金。
　　1934年まで三菱重工業は、三菱造船と三菱航空機の合計。三菱製鉄、三菱鋼材、三菱海上火災は割愛した。
　　三菱地所は1937年設立、日本化成は同年より本格稼動。
　　シャドー：戦時期。それ以外が準戦時期。
出所：三菱社誌刊行会『三菱社誌』第36～39巻。

表8-2　三菱財閥における
　　　　IPO時期

三菱鉱業	1920年5月
三菱銀行	1929年2月
三菱重工業	1934年9月
三菱電機	1937年2月
三菱倉庫	1937年9月
三菱商事	1938年8月
日本化成	1940年8月
三菱社	1940年8月
三菱製鋼	1943年7月

出所：三菱社誌刊行会『三菱社誌』
　　　第30～39巻。

表8-3　分系会社の戦時期における払込資本金

(単位：1,000円)

	1937年	1944年	増加額	増加率
三菱重工業	90,000	482,500	392,500	5.4
三菱鉱業	125,000	203,700	78,700	1.6
三菱商事	30,000	75,000	45,000	2.5
三菱銀行	62,500	87,675	25,175	1.4
三菱倉庫	15,000	15,000	0	1.0
三菱電機	30,000	120,000	90,000	4.0
三菱信託	7,500	7,500	0	1.0
三菱石油	10,000	15,000	5,000	1.5
三菱地所	7,500	11,250	3,750	1.5
日本化成	30,000	110,790	80,790	3.7

出所：三菱社誌刊行会『三菱社誌』第37巻、第39巻。

さしたる影響はなかったと考える。その理由として、①上記株式の購入先は、従業員をはじめとする関係者が多くを占めていたこと、また②バーリ＝ミーンズ［1932：100, 101］が論じたように、50～20%の持株比率においても、中小株主が議決権を放棄する経験則から「少数支配（minority control）」の成立が

認められること、があげられる。さらに③北原［1940：7］（青地［2008a：145, 146］）が、三井財閥における傘下会社同士の対立の事例をあげ、三菱では財閥の一体性を損なうような事態は起きていないと述べていることも、その一つの証左と見ることができよう。すなわち「幸ニシテ三菱ニハ　余リ其ノ深刻ナル例ヲ見ナイ機デアルガ　三井アタリデハ各社ノ協調ガトレナイ為ニ　却ッテ各社ガ反目的傾向ヲ帯ビルニ至リ　其ノ為ニ第三者ヲシテ　漁夫ノ利ヲ占メシメタ様ナ事例モアル」。

ところで日本化成に対し、本社が当初出資しなかったのはなぜだろうか。この点、岩崎小弥太伝編纂委員会［1957：319］は、「同社の経営担当者をして存分に新事業を料理させようとの（小弥太の――引用者）親心からであった」としている。

7．三菱本社による分系会社への役員派遣

1920年代における本社役員による分系会社役員の「兼任率」が平均約30%を示した三菱本社は、図8-4に見られるように1930年代はそれを20%台に落としたが、戦時期に入るとすぐまた回復、41年には最高の43%にまで高めた。この傾向は、三菱本社社長・岩崎小弥太について象徴的である。表8-4によると、小弥太は31年には分系会社8社の取締役に就任していたが、33～37年にはわずか3社となり、38年からまた増加、42年には分系会社9社の役員を務めていた。

このような役員兼任率の消長こそ、三菱本社の準戦時期における分権化戦略と、戦時期における再集権化戦略に対応するものであったということができる。すなわち、準戦時期においては、分権化の促進が意図され、それが分系会社の活動の自由度を高め、業績の拡大を招いたと見られるが、派遣役員数の減少は、この分権化戦略に符節を合わせるものであった。したがって、この期の三菱財閥は、弱い集権体制の下での緩やかな管理構造と傘下企業の高い自立性によって特徴づけられよう。ところが、戦時期に入ると一変して、三菱本社は統括の姿勢を内外にあらわにするようになる。いっそう中央集権化された計画経済へ

図8-4　三菱本社による分系会社への役員派遣

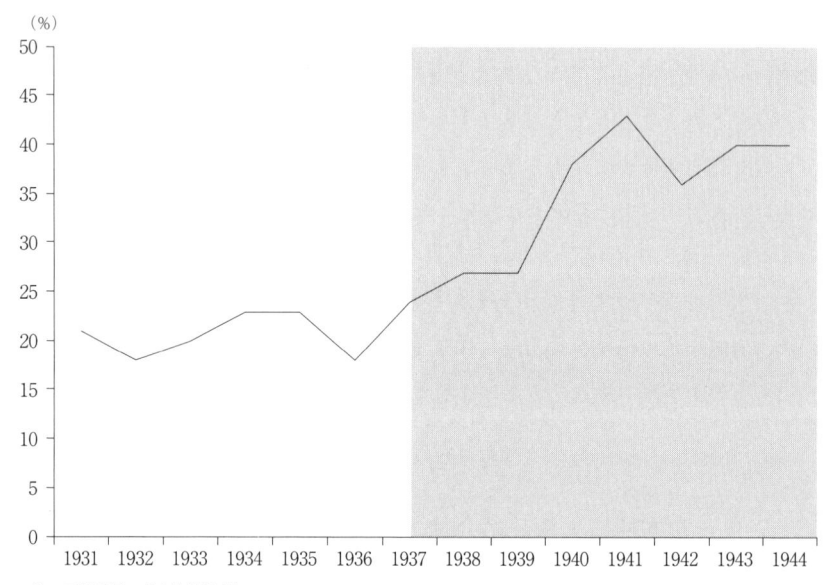

注：下記所収の「本社兼任率」。
出所：長沢康昭 [1979]。

表8-4　社長・岩崎小弥太の取締役兼任状況

	1931	1932	1933	1934	1935	1936	1937	1938	1939	1940	1941	1942	1943	1944
三菱重工業	◆							◆	◆	◆	◆	◆	◆	◆
三菱製鉄	◆			—	—	—	—			—	—	—	—	—
三菱鉱業	◆	◆	◆	◆	◆	◆	◆	◆		◆	◆	◆	◆	◆
三菱商事	◆							◆	◆	◆	◆	◆	◆	◆
三菱海上火災	◆	◆												
三菱銀行	◆	◆	◆	◆	◆	◆	◆		◆	◆	◆	◆	◆	◆
三菱倉庫	◆												◆	◆
三菱電機								◆	◆	◆	◆	◆	◆	◆
三菱信託	◆	◆	◆	◆				◆	◆	◆	◆	◆	◆	◆
三菱石油														
三菱地所	—	—	—	—	—	—								
三菱鋼材												◆	◆	◆
日本化成	—	—	—								◆	◆	◆	◆

注：1934年まで、三菱重工業は三菱造船と三菱航空機の一方で判断。
　　◆は小弥太の兼任を、一は会社の不存在を表わす。
出所：三菱社誌刊行会『三菱社誌』第35～40巻。

の企業単位の時代的対応と見ることができるが、派遣役員数の増加は、この再集権化戦略の表れであった。

なお本節では兼任率を取り上げたが、何らかの意味で本社の息のかかった人物を分系会社に派遣したことまでカウントすれば、派遣役員数はもっと大きな値になったと考えられる。

8．分系会社の経営効率

最後に分系会社の経営効率について見るが、まず戦時期のROEを調べ、つぎに分系会社間に事業の競合がある場合の措置や、人的資源・情報についても効率的な管理が心掛けられていたか否か、を検討する。

(1) ROE

まず表8-5の上段から、分系会社のROEは戦時期に入り、つねに平均10％を超える高い数値を示していたことが注目される。ところで、この結果は本当にvoiceなどの三菱本社のコーポレート・ガバナンスの然らしめるものであったのだろうか。筆者は否定的に解する。準戦時期の分権化の浸透が経路依存性をもってこの期も継続しており、分系会社の業績拡大が依然進行する中で、純利益の向上→ROEの増加となって現れたものであり、いいかえれば戦時期の生産増強によるインフレの結果によるものであった、と考える[17]。

そこでインフレ調整後のROEを見てみよう（表8-5の下段）。その数値は下降気味であり、分系会社の経営効率は先述した内部資本市場の間接金融化に伴う興銀や戦金からの無規律な借入れにより非効率化していたのであった。それを可視化したものが図8-5である。

(2) その他

事業の整理統合

つぎに、三菱財閥はほぼ「一業種一社」体制をとり、分系会社間の事業の競

表 8-5　三菱分系会社の ROE

(単位：%)

ROE	1931	1932	1933	1934	1935	1936	1937	1938	1939	1940	1941	1942	1943	1944
三菱重工業	1.7	1.9	4.6	7.3	8.0	10.4	8.6	9.9	10.4	4.5	10.8	12.3	14.8	11.0
三菱鉱業	3.9	7.9	13.0	12.0	15.0	11.4	13.1	10.5	10.0	10.7	8.8	8.4	6.6	7.2
三菱商事	0.9	6.3	10.8	10.9	7.8	9.4	15.5	17.2	16.5	24.0	14.3	13.9	13.1	12.9
三菱倉庫	4.9	5.0	5.0	0	4.2	4.9	5.2	6.6	7.3	14.0	18.6	17.2	21.8	16.2
三菱電機	3.6	0	0	12.0	13.5	15.1	17.4	12.0	13.7	12.4	12.0	11.0	10.1	15.8
三菱石油	0.3	5.7	0	1.4	8.8	17.5	14.6	11.6	11.1	8.9	6.8	3.5	4.9	8.5
三菱地所							4.1	9.0	9.4	8.1	7.6	8.8	9.1	20.1
日本化成							0.2	0.3	8.7	8.9	10.7	6.4	12.7	12.5
平　均	2.5	4.5	5.6	7.3	9.6	11.5	9.8	9.6	10.9	11.4	11.2	10.2	11.6	13.0
補正 ROE	1931	1932	1933	1934	1935	1936	1937	1938	1939	1940	1941	1942	1943	1944
三菱重工業	1.9	2.0	4.7	7.6	8.0	10.1	7.8	8.2	7.2	2.4	5.4	5.2	5.5	3.3
三菱鉱業	4.4	8.5	13.2	12.4	14.9	11.0	12.0	8.8	6.4	5.9	4.4	3.5	2.3	2.1
三菱商事	1.0	6.7	11.0	11.2	7.8	9.1	14.3	14.5	11.7	14.3	7.3	6.0	4.8	3.9
三菱倉庫	5.5	5.4	5.1	0	4.2	4.8	4.7	5.4	5.0	7.9	9.7	7.5	8.5	5.1
三菱電機	3.9	0	0	12.4	13.5	14.6	16.0	10.1	9.6	7.0	6.0	4.6	3.6	5.0
三菱石油	0.3	6.2	0	1.5	8.7	16.9	13.4	9.7	7.7	4.9	3.3	1.4	1.7	2.5
三菱地所							3.7	7.5	6.5	4.4	3.7	3.7	3.2	6.5
日本化成							0.1	0.2	6.0	4.9	5.3	2.6	4.6	3.8
平　均	2.8	4.8	5.7	7.5	9.5	11.1	11.4	9.5	7.9	7.1	6.0	4.7	4.4	3.6

注：E（自己資本）：各期下期からのみ算出した。
　　三菱地所は1937年設立、日本化成は同年より『三菱社誌』に掲載開始。
出所：三菱社誌刊行会『三菱社誌』第36〜39巻。

合がもたらす非効率に慎重な姿勢を見せていた。たとえば、三菱造船と三菱航空機の合併の際、小弥太［1944：32, 33］が述べた「設備の重複・作業の繁閑等の参差杆格より生ずる不利も　亦決して尠少にあらず」という、その合併理由が注目される。北原［1940：5, 6］（青地［2008a：144］）も、産業合理化の見地から、「会社ノ整理統合ト云フコトガ　当然考ヘラレネバナラナクナッテ来ル　カカル場合ニハ本社ガ其ノ支配力ヲ発動シテ　事業ノ調整ヲ計ラナケレバナラナイ立場ニ置カルル」と述べていた。

　こうした事例としては、上の三菱重工業の成立（1934年）[18] は準戦時期のものであるが、三菱鋼材と三菱重工業の長崎製鋼所を吸収して成立した三菱製鋼の場合（42年）[19]、三菱海上・東京海上・明治火災の合併（44年）[20] や、日本

図8-5 分系会社のROE

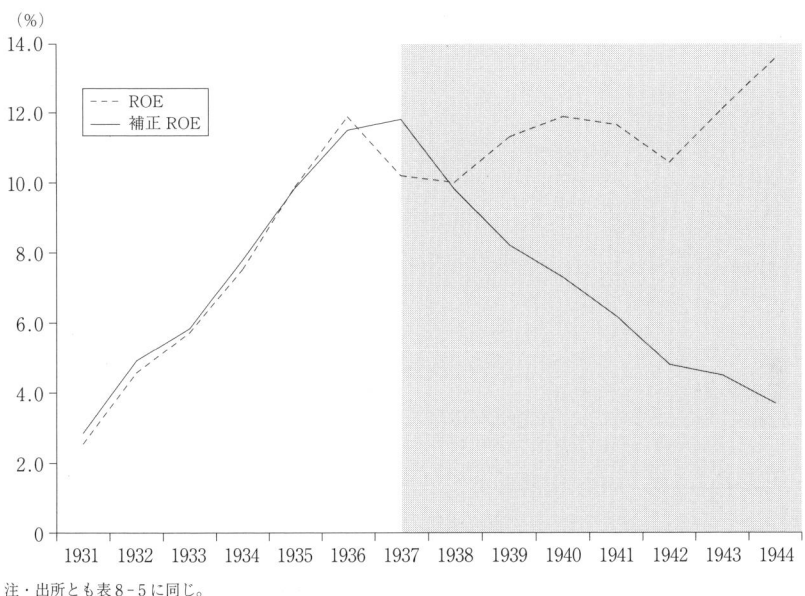

化成と旭硝子の合併による三菱化成の成立（44年）[21]などをあげることができる。政府は、戦時経済の効率的運営のため企業合同策を推進していたが、その一部は内部資本市場が代替していた、と考えることができよう。

人的資源管理

　また、準戦時期には本社が分系会社の正社員を採用し文字通り人的資源配分を行っていたが、それは1932年に廃止された[22]。事務の輻輳や混乱など、取引費用の増大が原因と推測される。また、本社が分系会社の取締役・監査役の人事権掌握をめざしていたことは、もっぱらモニタリングの面から論じられるが、有能な人材を傘下各社に配置していた面も見逃されてはならない。そして本社は、それら役員の人事異動にも心掛けていた。たとえば、平井澄は、32〜46年の間に三菱石油、三菱本社、三菱地所の各取締役を歴任している[23]。それは人事の固定化によって発生するかもしれないモラル・ハザードに対処したガバナ

ンス行動の一環であったと理解される。

　また、北原［1940：17］（青地［2008a：152］）は、「特殊ノ技能者ヲ必要トスル場合、或ハ人員ノ不足ヲ補フ必要等ノ為ニ　各社間人事ノ移動交流ヲ必要トスルコトモ生ズルデアラウ」と指摘し、「内部労働市場」の可能性を示唆していたが、人手不足を補う職員派遣は、戦時色の深まる中で現実化した。たとえば、43年11月持株本社は、三菱商事に対し三菱重工業等への職員供出指令を発している[24]。しかし、労働者の分系会社間移動は、従業者移動防止令（40年）などによって制限され、このような動きが活発化することはなかった[25]。

情報収集活動

　さらに、三菱本社の情報収集活動は、北原［1940：21］（青地［2008a：153, 154］）によると、「極メテ消極的デアル　積極的ニ情報ヲ蒐集スルガ如キコトハ元ヨリナク　自然ニ集ツテ来ル関係会社寄付先等カラノ報告書、刊行物ノ如キモ徒ニ山積充棟シテ一向ニ顧ラレテヰナイ」という実態であった。

9．分系会社の自己資本比率

　分系会社の自己資本比率は、図8-6から明らかなように準戦時期から戦時期にかけて下降傾向を示している。これは第4節で論じた、三菱財閥の内部資本市場が「戦時期における間接金融化」の一般的傾向と符節を合わすものであったことを裏づけるものであろう。法制度上は、「会社利益配当及資金融通令」（1939年）、つづく「会社経理統制令」（40年）が株主への配当制限（配当統制）を行い、さらに「軍需金融等特別措置法」（45年）が来るべきメインバンク制の基礎を作ったことにより、間接金融へのcomplementarity（制度補完性）の一部を整備したのである（岡崎［1995：454-459］）。

　また分系会社の配当率が非財閥系企業に比して低いものであったといわれることがあるが、それも戦時期の間接金融化が株式配当率の問題を捨象したのであった。この点についてはさらなる説明を要しよう。まず分系会社の配当率の

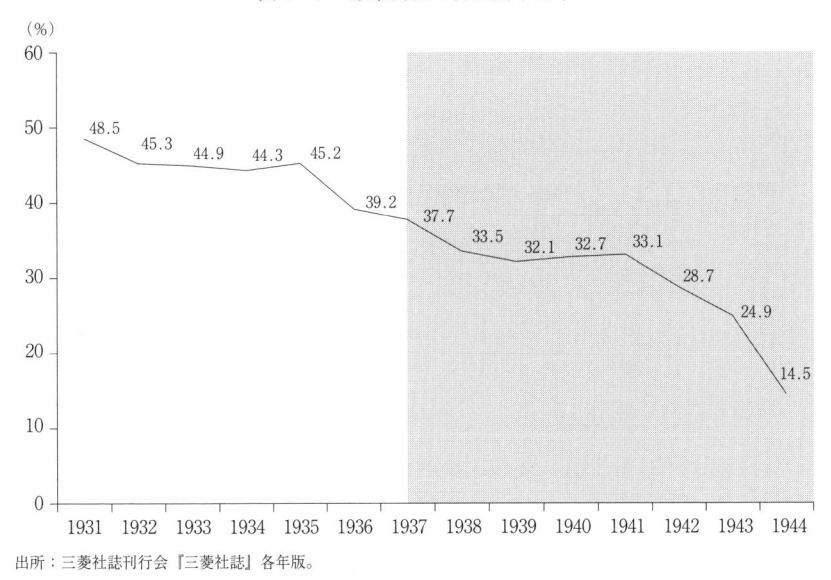

図 8-6　分系会社の自己資本比率

(%)
- 1931: 48.5
- 1932: 45.3
- 1933: 44.9
- 1934: 44.3
- 1935: 45.2
- 1936: 39.2
- 1937: 37.7
- 1938: 33.5
- 1939: 32.1
- 1940: 32.7
- 1941: 33.1
- 1942: 28.7
- 1943: 24.9
- 1944: 14.5

出所：三菱社誌刊行会『三菱社誌』各年版。

推移を示したものが表8-6であり、全般的に非財閥系企業よりも低位にあることがわかる。1920年代の日本経済は慢性不況期にあり、分系会社の投資資金需要が低迷しており、三菱本社は分系会社からの受取配当をその投資に回すことで事足りた（いわゆる「自己金融」）[26]。したがって配当をめぐって外部資本市場と競い合う必要はなかったことが、財閥の低配当率を招いたのである。しかし準戦時期になると事情は変わり、分系会社の事業活動は活発化し、株式公開や本社も株式売買により投資資金を外部資本市場から調達する必要が生じた。そこで高配当への関心も芽生えたが、20年代の経路依存性から配当率は低位のまま推移し、間接金融の戦時期に継続することになったと考えられる[27]。

10. おわりに

最後に結びとして、以上のような三菱本社のコーポレート・ガバナンスの総合的評価を試みることにしよう[28]。

表 8-6　三菱

年	1931	1932	1933	1934	1935	1936	1937
三菱本社							1.0
三菱重工業	0.5/0.4	0.4/0.4	0.4/0.6	0.7/0.7/0.7	0.7/0.7	0.7/0.7	0.7/0.7
三菱鉱業	0.4/0.4	0.5/0.8	1.0/1.2	1.2/1.2	1.2/1.2	1.2/1.2	1.2/1.2
三菱商事	0.0/0.0	0.0/0.8	0.8/0.8	0.8/0.8	0.8/0.6	0.0/1.2	1.2/1.2
三菱海上	1.2	1.2	1.2/0.0	1.2	1.2	1.2	1.2
三菱銀行	1.0/0.8	0.8/0.8	0.8/0.8	0.8/0.8	0.8/0.8	0.8/0.8	0.8/0.8
三菱倉庫	0.8/0.8	0.8/0.8	0.8/0.8	0.8/0.8	0.5/0.5	0.6/0.6	0.6/0.6
三菱電機	0.0/0.0	0.0/0.0	0.0/0.0	0.6/0.6	1.0/1.0	1.0/1.0	1.0/1.0/1.0
三菱信託	0.5/0.5	0.5/0.6	0.6/0.6	0.6/0.6	0.6/0.6	0.6/0.6	0.6/0.6
三菱石油	0.0/0.0/0.0	0.0/0.6				0.6/0.6	0.6/0.6
三菱地所							0.5
日本化成						0.0	0.0/0.0
非財閥系企業	0.9/0.9	0.9/0.8	0.8/0.8	0.9/0.9	1.0/1.1	1.1/1.1	1.1/1.1

注：1年1期、1年2期 (/)、1年3期 (//) が存在する。
　　1934年まで三菱重工業は三菱造船と三菱航空機の平均。
　　三菱製鉄、三菱鋼材は割愛した。
　　非財閥系企業は電力5社（東電・東邦・大同・日電・宇治電）と紡績5社（鐘紡・東洋紡・大日紡・富士紡・
出所：三菱社誌刊行会『三菱社誌』第36〜40巻をもとに作成。

　戦時期における三菱本社のコーポレート・ガバナンスは複雑な様相を呈していた。まず一方で、内部資本市場の崩壊（第4節）、内部統制の仕組み（第3節 (2)）と情報収集の不徹底（第8節 (2)）が明らかとなり、これらは本社のコーポレート・ガバナンスの弱体化を意味しよう。しかし他方では、人的紐帯の維持（第7節、第8節 (2)）も見られた。分権化の浸透が準戦時期同様継続しており、分系会社の業績拡大が戦時期も依然衰えを見せなかった中、三菱本社は肥大化・活発化した組織の一体性保持に懸命になっていった。それをかろうじて保っていたものは再集権化戦略、わけても役員派遣に見られる人的支配の温存であった、というのが本章の結論である。

　こうして、戦時期における三菱財閥本社のコーポレート・ガバナンスは、岡崎 [1999：99以下] が描いて見せた、1936年以前の安定的なそれとは異なり、時代的背景を色濃く反映した限定的なものであったといえよう。

　＊本章は、第47回経営史学会（2011年、於九州大学）でパネル発表の機会を得たが、

財閥の配当率

(単位：割)

1938	1939	1940	1941	1942	1943	1944	1945
1.0	1.0/1.0	0.9/0.9	0.9/0.8	0.8/0.8	0.6/0.6/0.6	0.6/0.6	0.0/0.0
0.7/0.7	0.7/0.7	0.7/0.7	0.7/0.7	0.7/0.7	0.7/0.7	0.7/0.7	0.7/0.0
1.2/1.2	1.2/1.2	1.2/1.1	1.0/1.0	0.9/0.9	0.9/0.9	0.9/0.9	0.0/0.0
1.2/1.2	1.2/1.2	1.2/1.2	1.1/1.1	1.1/1.1	1.1/1.1	1.1/1.1	0.0/0.0
1.2	1.2	1.2	1.2	1.1			
0.8/0.8	0.8/0.8	0.8/0.8	0.8/0.8	0.8/0.8	0.8/0.8/0.8	0.8/0.8	0.0/0.0
0.6/0.7	0.7/0.7	0.7/0.8	0.8/0.8	0.8/0.8	0.8/0.8	0.8/0.8	0.8/0.5
1.0/1.0	1.0/1.0	1.0/1.0	1.0/1.0	1.0/1.0	1.0/0.9	0.9/0.9	0.0/0.0
0.7/0.7	0.7/.07	0.7/0.7	0.7/0.7	0.7/0.7	0.7/0.7/0.7	0.7/0.7	0.0/0.0
0.6/0.6	0.6/0.6	0.6/0.6	0.6/0.6	0.5/0.5	0.5/0.5	0.5/0.5	0.0/0.0
0.5/0.5	0.6/0.6	06/0.6	0.6/0.6	0.6/0.7	0.7/0.7	0.7/0.7/0.7	0.5/0.5
0.0/0.0	0.6/0.7	0.7/0.7	0.7/0.7	0.7/0.7	0.7/0.7	0.7/0.7	0.6/0.0
1.1/1.0	1.1/1.1	1.1/1.0	1.0/1.1	1.3/1.3	1.3/1.3	1.0/1.0	0.6/0.3

倉紡）の平均。

　その際宮島英昭・松島茂・白鳥圭志の諸先生から貴重なコメントを頂いた。ここに深謝申し上げたい。

注

1）　過度のガバナンスのマイナス効果の意。
2）　旗手勲［1978：304］『日本の財閥と三菱』（楽游書房）。長沢康昭［1981：94-106］「三菱財閥の経営組織」三島康雄編『三菱財閥』（日本経済新聞社）。長沢康昭［1987：246］三島康雄ほか編『第二次大戦と三菱財閥』（日本経済新聞社）。橋本寿朗［1992：135］「財閥のコンツェルン化」法政大学産業情報センター・橋本寿朗・武田晴人編『日本経済の発展と企業集団』（東京大学出版会）。沢井実［1992：193, 194］「戦時経済と財閥」法政大学産業情報センター・橋本寿朗・武田晴人編『日本経済の発展と企業集団』（東京大学出版会）。武田晴人［1994：250］「独占資本と財閥解体」大石嘉一郎編『日本帝国主義史3　第二次大戦期』（東京大学出版会）。柴孝夫［1998：66-68］「財閥の生成、そして解体——三菱財閥のコーポレート・ガバナンス」伊丹敬之ほか編『日本的経営の生成と発展』（有斐閣）。
3）　以上、三菱重工業・三菱電機・日本化成・三菱鉱業・三菱石油につき、三菱社誌刊行会［1981］第36～37巻より筆者、計算。作表はスペースの関係上割愛した。

4） 1929年改正「分系各会社ト本社トノ関係」。三菱社誌刊行会［1981：257, 258］第35巻。

5） 1937年「三菱合資会社組織変更ニ関シ社長挨拶」。三菱社誌刊行会［1981：1300］第37巻。これは三菱合資会社を株式会社形態へ移行する際（37年）のもので、大幅に分系会社への権限委譲が進んだ時期のものであるが、小弥太は、「現在ノ合資会社ハ大部分ハホールデイング・コンパニートシテ働イテ居ルノデアリマスガ旧来ノ因習ニヨリテ各分系会社ノ事業ノ経営ニ直接関与スルモノ、如キ点モアリ聊カ曖昧ノ観ガ無イデモナイ」と述べ、今後は分系会社の事業経営に直接タッチすることはないとしていた。

6） 1938年制定「三菱社分系各会社間関係事項取扱内規」。三菱社誌刊行会［1981：1413］第37巻。

7） 1918年「分系会社ト合資会社トノ関係取極」。三菱社誌刊行会［1981：4322, 4487］第29巻。

8） 以上、三菱社誌刊行会［1981］第37～39巻により筆者計算。作表は、スペースの関係上割愛した。

9） では、そのような「組織原理」の再強化はいつから起こったのか。長沢は1940年であるという（長沢［1987：254］）。その年は、8月財務委員会・査業委員会が設置され、また同月この運用に関して小弥太の「演述」があり、10月には三菱技術協議会が設置されているから、際立った集権化傾向が見られたことは確かである。しかし、本章では、38年を画期と見る。同年2月「三菱社分系各会社間関係事項取扱内規」の制定で「市場原理」の促進がピークに達したその直後、急転直下、再強化の揺りもどしが起きたのであった。この38年には職制の変化はないが、そのように考えられる理由として、①同年3月、国家総動員法が成立し、総力戦ムードが色濃くなる中、分系各社の事業概況にも「物資ノ統制強化セラレ材料入手益々困難」（三菱重工業株式会社概況）といった窮迫を告げる文言が見え始めること、②第7節に述べたように、小弥太の分系会社取締役兼任数が同年から倍増したこと、③同年11月に定款変更があり、その「目的」が「有価証券及不動産ノ保有並ニ之ガ利用」と変更されて、「当社ハ所謂持株会社ニシテ当社ノ主要ナル業務ハ親会社トシテ子会社即三菱分系各会社ノ事業ヲ統督スル」ことが明確に打ち出されたこと、などをあげることができる。

10） 岩崎小弥太［1944：50］『随時随題』（東京大学出版会）。

11） 三菱社誌刊行会［1981：2063, 2064］第39巻。

12） 岩崎［1944：79］。

13） 『東洋経済新報』［1945/4/21］。

14) 三菱社誌刊行会［1981：2440］第40巻。
15) 他社（三菱関係以外の会社）の分も含むが、本文にも書いたように回収の一途にあり問題は少ない。
16) 岡崎哲二は、戦時期の「三菱（本）社を中心とする内部資本市場は、急速な拡張を要請された軍需産業と『不要不急』産業の間における資金過不足の調整の一部を担ったことになる」というが、それは「ごく一部」であったといえよう（岡崎哲二［2000：260］「三菱財閥本社の財務構造──1925～1944年度決算書の分析──」『三菱史料館論集』創刊号）。
17) ROAは、分子のRも分母のAもインフレの影響を受け互いにその効果を打ち消すことになりやすい。ROEが選ばれたのは、その点が比較的緩和されると考えられるからである。
18) 三菱重工業株式会社編［1967：12, 13］『新三菱重工業株式会社史』。
19) 岩崎家伝記刊行会編［1957：226, 227］『岩崎小弥太伝』（東京大学出版会）。
20) 東京海上80年史・社史編集室編［1964：322-324］『東京海上80年史』。
21) 岩崎［1944：86-89］。
22) 三菱社誌刊行会編［1981：634-636］第36巻。
23) 三菱社誌刊行会編［1981：2750］第40巻。
24) 三菱商事株式会社編［1987：201］『三菱商事社史』資料編。三菱本社［1944：3］『第一三回定時株主総会議事録』。
25) 不明な点が多い。この分析は今後の課題である。
26) 自己金融とは「外部資金への依存から解放され、内部蓄積を主とする」資金調達形態をいう、とされていた（柴垣和夫［1965：143］『日本金融資本分析』東京大学出版会）。それは、一般には当期純利益と減価償却費の和として認識されるが、前者は持株会社の性格上受取配当で代表でき、後者は三菱の場合資料欠如のため不明である。そこで、（受取配当÷本社の資金供給）を計算すると、32年16％、37年50％、44年68％となる。
27) 岡崎［1993：107］「企業システム」岡崎・奥野正寛編『現代日本経済システムの源流』（日本経済新聞社）は、「財閥系企業におけるコントロール制度の分権性と、財閥本社の相対的に長い時間的視野（time horizon）に基づくと考えられる」としている。
28) ただし、他財閥と比較したものではない。

Column14
純粋持株会社と事業持株会社

　持株会社を概念的に、純粋持株会社と事業持株会社に二分して理解することは、戦前から行われていた（西野嘉一郎［1935：149］）。財閥復活の阻止を期し、1947年独禁法9条で前者の禁止がうたわれたが、後者は公取委の法運用で事実上その存在が許容されてきた。

　そこで3大財閥について事業持株会社から純粋持株会社への移行状況を見ておくと、三井財閥の場合、本社機構を兼ねていた三井物産から、純粋持株会社である三井本社を分離したのは1944年のことであった。また三菱財閥の場合、三菱地所を独立させ三菱本社が純粋持株会社となったのは1937年である。とはいえ三井本社・三菱本社とも終戦時に限れば純粋持株会社であった。ところが住友本社だけは、戦前を通し終戦に至るまで終始事業持株会社であった。要するに、3大財閥は戦前ほとんど事業持株会社としてすごされたわけである。

　したがって、純粋持株会社＝禁止、事業持株会社＝原則自由という公取委の独禁法運用の下では、戦後財閥復活は少なくとも住友本社については、それを望めばありえたのではないか、と筆者には思われる。つまり住友本社の場合、独禁法9条は財閥復活の阻止には役立たなかった可能性がある。といっても、このように書いている筆者もいささか理に落ちると考えぬでもないが、純理論的に突き詰めればそうなる。

　これは独禁法の立法者が、戦前からの持株会社の二分法にとらわれて、財閥＝純粋持株会社、財閥以外＝事業持株会社と安易に、あるいは誤って考えたためであると思われる。財閥復活を阻止する立法をめざすならば、異業種の企業を抱える（産業横断型の）大コンツェルン（＝財閥）を禁止し、同業種からなる中小コンツェルン（＝非財閥）は許される、という方向性が採択されるべきであったと考える。

第9章　軍需会社法下の株主総会

1．はじめに

　本章の課題は、第1に、太平洋戦争末期および終戦直後（1944～46年）における日本企業の変則的な株主総会運営の実態を明らかにすることである。株主総会に関する変則的な手続規定は、43年12月施行の軍需会社法に存することが知られているが、それに遅れることわずか3カ月、44年3月に施行された「会社等臨時措置法」という法律にも類似の内容が定められていたことが、本章の実証過程で明らかとなった。そこで第2に、その法律の内容や実態なども、あわせて検討することである。

　筆者は、日本におけるコーポレート・ガバナンスの歴史に関心を持つ者として、株主権が制限ないし侵害されたとされる、戦時期における軍需会社法下の変則的な総会運営に興味を抱いてきた。同法の株主総会に関する規定が、どのようなものであったのか、第4節に詳しく紹介するが、ここでも簡単に見ておくのが便宜であろう。その前提として、まず軍需会社法施行以前の、通常の総会手続（38年改正商法による）を見ておけば[1]、ⓐ企業のトップの選任・解任は、株主総会の普通決議で決められた。ⓑ総会を招集するには、2週間前に各株主へ「通知」をしなければならなかった。ⓒ公告は、官報または時事日刊新聞に掲載しなければならなかった。ⓓ重要事項の決定は、特別決議を必要とした。その決議要件は、総株主の半数以上かつ資本の半額以上に当たる株主が出席し、その議決権の過半数の賛成があることであった。以上のⓐⓑⓓは新商法（1899年）以来の規定であり、これらにもとづく通常の総会運営の実施は、多

くの戦前文献に確認することができる[2]）。

　さて、これに対し、軍需会社法では、ⓐにつき、政府が選任・解任することも認められていた。ⓑにつき、2週間前の「公告」で済ますことができた。ⓓにつき、普通決議で済ますことができた。すなわち、出席株主の過半数の賛成で可決できた。さらにⓔ通常の総会手続では決議を要すべきところ、不要とできる場合があった。またⓕいったん決められた総会決議でも無視できる場合があった。軍需会社法の規定のうち、生産責任者の選任・解任や、事業の受委託などが、実際に行われた事実は研究者に知られるところである[3]）が、これら株主総会に関する変則的な手続規定は、本当に行われていたのだろうか。

　この点、実態は必ずしもはっきりしているわけではない。先行研究を見れば、原朗［1989］「戦時統制」、同［1994］「経済総動員」、岡崎哲二［1991］「戦時計画経済と企業」や同［1993］「企業システム」が存在するが、これらは軍需会社法の内容についての純粋に理論的な産物であった[4]）。これに対し、長島修［1992］「戦時経済研究と企業法制」と宮島英昭［2004］『産業政策と企業統治の経済史』は実証を中心とするものであるが[5]）、総会手続に関しては必ずしも十分ではなく[6]）、筆者の疑問に応えるものではない。そこで、本章はその点のファクト・ファインディングをめざし、それら実証研究をできる限り補おうとするものである。

　さて、本章はつぎのように構成される。まず第2節「戦争末期の株主総会(1)」では、三菱財閥系企業の株主総会議事録を利用し、財閥系企業の変則的な総会運営の実態を紹介する。ついで第3節「戦争末期の株主総会(2)」では、日本窒素肥料、日本石油、川崎重工業の総会議事録を利用し、非財閥系企業における変則的な総会運営の実態を見る。そのうえで第4節「変則的総会運営の検討」では、第2節と第3節の総会運営について考察を加える。とくに軍需会社法と会社等臨時措置法の検討、すなわち両法の適用対象、立法趣旨や適用範囲などを比較検討し、第2節と第3節における両法の適用関係を明らかにする。最後に第5節「おわりに」では、先の企業の株主総会議事録を再度利用し、終戦直後つまり軍需会社法廃止後の株主総会の状況も可能な限り明らかにする。

2．戦争末期の株主総会 (1) ――財閥系企業――

　1944～45年当時、本当に変則的な総会運営が実施されていたのだろうか。以下では、財閥系企業と非財閥系企業に分けて見ていくことにしよう。なぜなら両者は、コーポレート・ガバナンスにおいて、しばしば顕著な差異を見せることがあるからである[7]。まず本節では財閥系企業を、ついで次節では非財閥系企業を扱う。ここでは、財閥系企業のサンプルとして、三菱財閥をとりあげる。その理由は、三井・住友両財閥の直系企業に関する株主総会議事録は現在非公開であるが、三菱財閥直系企業については、96年三菱経済研究所付属史料館が開設され、それら総会議事録の多数が一般に利用可能だからである。

　さて、三菱財閥の傘下会社において「軍需会社」の指定を受けた企業は、表9-1の通りであった。このうち44～45年の株主総会議事録が現在公開されている企業は、三菱重工業、三菱電機、三菱化成、三菱製鋼、三菱鉱業、三菱化工機の6社と、三菱本社である[8]。そこで、これら三菱各社の議事録に、変則的な総会運営が実施されていた記述が存在するか否か、以下明らかにしていくことにしたい。

(1) 三菱重工業

　三菱重工業では、44年2月26日、第53回定期株主総会が持たれたが、その席上議長の郷古潔（当時、取締役会長）[9] は、定款変更の決議につき、つぎのように述べていた。「本日の総会では、定款変更の件も附議致すことになって居りまして、之は商法の規定では特別決議を要する事項でありますが、当社は先般軍需会社としての指定を受けましたから、軍需会社法施行令第19条によりまして、此等のことも普通決議を以て足ることになりましたので、この点一応お断りして置きます」。また、株主総会の招集通知について、「予め議案を附して株主各位、個々に発送することに致しておりましたが、近来、用紙の窮迫、印刷の困難等より、甚だ不本意ながら今回は略式を以て、新聞広告を以て之に代

表 9-1　三菱財閥の軍需会社

	第 1 次指定 (1944年 1 月17日)	第 2 次指定 (1944年 4 月25日)
分系会社	三菱重工業 三菱電機 三菱石油 三菱製鋼 日本化成	三菱鉱業
関係会社	旭硝子 日本光学 日本建鉄工業 三菱工作機械 日本アルミニウム	三菱化工機 三菱軽合金

注：分系会社とは、三菱本社の総理助長下にある直轄会社。関係会社とは、本社が相当数の株式を有し役員派遣をして経営に参与している会社（『三菱社誌』39] 2327頁）。
出所：同上2228頁。

へた次第、特に御諒解を願います」と述べていたのである[10]。

前述した特別決議要件の解除と総会招集通知の省略は、45年 4 月20日に開かれた臨時株主総会においても如何なく発揮された。というのは、そこでは三菱工作機械との合併が審議され、特別決議と招集通知に関する簡便な方法が実行に移されたからである[11]。三菱重工業では、以上のように軍需会社法の適用を受けたが、同時に会社等臨時措置法の適用下にもあった[12]。ただ、この点については、(2)の三菱電機の株主総会議事録の同様記事によって確認することにしよう。

(2) 三菱電機

三菱電機では、44年 5 月26日の第47回定時株主総会において、議長の宮崎駒吉が、定款一部変更の議案について次のように述べていた。「当社は本年 1 月17日軍需会社に指定せられましたため、同法の定むる処により生産責任者（後述、第 4 節 (3)——引用者）を選任し会社を代表せしむることになりましたので必然的に現行定款を改正する必要が生じたのであります」。定款変更には特別決議を要するところ、「本年 3 月21日より実施せられましたる会社等臨時措置法に依りまして（中略）、従来右の場合は特別決議（総株主の半数にして資本半額以上に当る株主出席し、その議決権の過半数にて決す）を要したのでありますが、之は資本の半額以上に当る株主出席し、其議決権の過半数を以て決することを得る様になつたのであります」。こうして、会社等臨時措置法第 3 条第 2 項により商法の特別決議要件を緩和した総会決議が実際に行われてい

たのである。

　つぎに「定款に定めたる場合には、左記事項は株主総会の決議によらざる事を得る様になりました」として、以下の5項目を掲げていた。「㋑支店の新設、廃止又は移転に因る支店所在地に関する定款の変更、㋺資本の20分の1を超えざる対価を以てする営業一部の譲渡、㋩資本の20分の1を超えざる対価を以てする他の会社の営業全部の譲受、㋥取締役が当該会社の営業と同種の営業を目的とする他の会社の無限責任社員又は取締役となることの認許、㋭取締役、監査役又は清算人が受くべき報酬の決定」[13]。このうち㋩は実際に行われていた。三菱電機は、44年8月31日菱美機械株式会社の営業全部を譲受けているが、その対価は127万円であり[14]、これは当時の三菱電機の資本金（1億2千万円）の約100分の1にすぎず、この営業譲渡は株主総会の決議を経ずに行われていたのである[15]。

(3) 三菱本社

　三菱本社は軍需会社指定は受けていないが、会社等臨時措置法について上の三菱電機のケースより詳細な記録を残しているので、さらに見ておくことにしよう。同社では、44年5月1日、第13回定時株主総会が開催されたが、議長の岩崎彦弥太（当時、取締役副社長）は、「去る3月21日実施となりました会社等臨時措置法に依りまして、会社に於ける株主総会招集手続等を簡素化し得ることとなりましたので、当社に於きましても之に準拠して諸手続を簡略にし、出来る丈労力資材を節約することとし、之がため必要なる定款の変更を加ふることと致しました」と述べ、その変更個所は3点あるとしていた。

　第1は、株主総会招集方法の簡素化であり、「従来は株主各位に対して一々招集の通知状を差し上げて居たのでありますが、今後は公告のみを以て招集を為すことに致しましたものであります。公告の時期は措置法に依り会日の3週間前と言うことに相成つております。公告の方法は、当社の定款に依りますれば、官報に掲載することとなって居りますが、之は株主各位の御便宜を考慮致しまして、実際の扱いと致しましては、従来決算報告書等の公告の場合と同様、

出来る丈新聞紙上にも掲載することに致しますから、左様御承知置きを願います」[16]。

　第2は、特別決議の簡素化を図ったものであり、「従来定款の変更、社債の募集、会社の解散、合併等、会社にとりましての重要なる事項の決議は『株主の半数以上にして資本の半額以上に当る株主出席し、その議決権の過半数を以て之を成す』こととなって居りましたが、今後は株主の出席は半数以上を必要としないこととなり『資本の半額以上に当る株主出席し、其の議決権の過半数を以て、之を成し得る』こととなったのであります」。

　そして「以上第1、第2の改正を為し得るものは、臨時措置法に依りますれば3000人を超ゆる株主を有する株式会社に限られておりますので、当社の株主数が仮に3000人未満となりましたる場合には、本規定に拘らず当然商法の規定に依る通知又は特別決議をしなければならなくなるのであります。当社の株主数は現在1万3200余名に達しておりますので、差当り問題はないものと思ふております」。

　第3は、株主総会の決議不要事項の定めであり、「商法の規定に依り株主総会の決議を要する事項でありましても、株主の利害に重大な影響を及ぼさない様なものに付ては、今回の臨時措置法に依りまして総会の決議に依らないで宜敷いと云うことになりましたので、左様改正致しましたものであります」。そして、この株主の利害に重大なる影響を及ぼさない事項として、先述した三菱電機の①〜㋭の場合を掲げていた。

　以上のうち、第2、第3はかかる定款変更が行われたというにとどまるが、第1は44年11月1日、第14回定時株主総会の招集通知に早速採用され、実行に移された[17]。

(4) 小括

　以上の三菱の事例を整理すると、通知を公告で済ますという招集手続の簡略化を行っていたのは、三菱重工業と三菱本社の両社であった。また定款変更決議の簡素化は、三菱重工業と三菱電機の両社で行われていた。さらに、三菱重

工業と三菱電機は、軍需会社法の適用下にあると同時に、会社等臨時措置法の適用も受けていたことも判明した。一方、こうした変則的な総会運営は、他の三菱傘下企業である三菱化成、三菱製鋼、三菱鉱業、そして三菱化工機においても行われたと思われるが、議事録などにその点は明記されていない[18]。

3．戦争末期の株主総会（2）──非財閥系企業──

つぎに、非財閥系企業についても、以上と同じ作業を行うことにしたい。そのため、日本窒素肥料、日本石油と川崎重工業をとりあげる。この3社である理由は、単純でもあり遺憾でもある。資料提供を依頼した非財閥系軍需会社の後継会社のうち、協力企業はこの3社にとどまったからである[19]。ちなみに、これらの軍需会社指定は1944年（第1回指定）であった。以下では、各社の議事録などに、変則的な総会運営が実施された旨の記述があれば、財閥系企業と重複をいとわず拾い出すことにしよう。

(1) 日本窒素肥料

日本窒素肥料では、44年5月15日の定時株主総会の開会に当たり、議長の榎並直三郎（当時、生産責任者）が、「本株主総会は　軍需会社法の規定に依り（一定の場合──引用者）出席したる株主の議決権の過半数を以て為す」旨を宣言していた。商法ならば特別決議を要するところ、普通決議で済ます軍需会社法による簡略な方法が、実際に行われていたのである。

これにもとづき、同総会に提出された定款の一部変更の議案は、普通決議で可決された。この結果、同社定款第19条は、「資本の20分の1を超えざる対価を以てする　営業一部の譲渡又は他の会社の営業全部の譲受は　株主総会の決議を要せざるものとす」と変更されることになった。これは、それ自体変則的な総会手続を定めた会社等臨時措置法第4条の一部を定款に取り入れたものである[20]。『東洋経済新報』［1945/12/8］の記事によると、電力を中心に化学工業分野において拡大を続け、いわゆる日窒コンツェルンを形成していた同社に

とって、『他の会社の営業全部の譲受』は当時現実味を帯びていた、と考えられる[21]。

また、45年1月25日の臨時株主総会でも、開会に当たり議長の金田栄太郎（当時、取締役副社長）が、上の定時総会同様、「本株主総会は　軍需会社法の規定に依り　出席したる株主の議決権の過半数を以て為す」旨を宣言し、ここでも軍需会社法の簡略な方法が実際に行われていたのである。これにより、定款第19条は普通決議で、さらにつぎのように改められた。「会社等臨時措置法第4条の規定に基き　勅令を以て定められたる事項に付ては　株主総会の決議に依らさるものとす」と。結局、会社等臨時措置法第4条の内容が全面的に同社定款に取り入れられたのである[22]。

さらに、45年5月15日の定時株主総会においても、定款の一部変更の議案が普通決議で可決され、同社定款第4条は、「当会社の公告は官報に掲載して之を為す　但し官報に掲載することを得さる場合は　大阪市に於て発行する朝日新聞を以て之に代ふ」と変更されることになった[23]。

(2) 日本石油

日本石油では、44年11月25日の第103回定時株主総会において、議長の水田政吉が、第1号議案の承認後、第2号議案に入ろうとしたところ、株主山本孚が発言を求めてきた。いわく「本議題は　□（1字不明──引用者）に政府に於て公布施行せられたる会社等臨時措置法に基く定款変更にして　既に一般実施の事項なるを以て　内容の説明は之を省略し直に採決」してはどうか、という動議であった。本案も原案通り可決されたが、定款変更であるから商法では特別決議を要するところ、普通決議で済ます軍需会社法の簡略な方法が実行に移されたと考えられる。しかし、先の日窒とは異なり、その点は明記されていない[24]。

いずれにせよ同社では、定款の附則につぎのような1条を加えることになった。「第33条　会社等臨時措置法施行中に於ける当会社に関する特例に付ては左の各号に依ることを得。(1) 定款の変更中目的の変更に関する事項は　会社

等臨時措置法第3条第1項の規定に依り招集したる株主総会に附議し　資本の半額以上に当る株主出席し其の議決権の過半数を以て之を決す。(2) 会社等臨時措置法第4条の規定に基き　勅令を以て定められたる事項　株主総会の決議に依らさるものとす」[25)]。

(3) 川崎重工業

それまでの「川崎造船所」という社名は、車両・航空機・鉄構などへの戦時期の業容拡大により、すでに39年川崎重工業に改称されていた[26)]。

その川崎重工については、同社のみ株主総会議事録ではなく、その抄録を利用する。記述が箇条書きで断片的であるが、44年6月24日の第96期定時株主総会において、つぎのような附則が定款に加えられたことを知ることができる。この場合も、定款変更につき特別決議を要するところ、普通決議で済ます軍需会社法の簡略な方法が実施されていたと考えられる。しかし、先の日本石油同様その点は明記されていない[27)]。「第35条　会社等臨時措置法並に同法施行令に於て　株主総会の決議に依らさるものとすることを得と定められたる事項に付ては　本定款の規定の如何に拘らず　取締役会の決議を以て株主総会の決議に代ふるものとす」、「第36条　軍需会社法施行令第22条の規定に依り招集したる株主総会に於ては　会社の目的の変更は　資本の半額以上に当る株主出席し其の議決権の過半数を以て之を決す」[28)]。

(4) 小括

以上の日本窒素、日本石油と川崎重工の議事録などは、三菱の臨場感あふれる記述とは異なり、非常に簡潔な点が一つの特徴である。これらの事例で判明したのは、日本窒素について定款変更の場合に、商法の特別決議を普通決議で可とする軍需会社法の簡略な手続が実際に行われていたことであった。一方、日本石油と川崎重工については、変則的な総会運営への定款変更であるにしても、軍需会社法の簡略な手続によったものか否か明示を欠いていた。

4．変則的総会運営の検討

　以上の軍需会社法と会社等臨時措置法の定める簡略化した株主総会手続について、以下で考察・検討を加えることにしよう。とくに、両法の適用関係は錯雑としている。どのように、両法はそれぞれ使い分けられたのだろうか。なお、細則（下位法令）として、軍需会社法施行令と会社等臨時措置法施行令が、両法施行と同時にそれぞれ施行されていた。

(1) 適用対象会社の比較

　まず、軍需会社法と会社等臨時措置法が適用される対象会社は異なっていた。
　軍需会社法および同施行令は「軍需会社」にのみ適用された。ここに軍需会社とは、「兵器、航空機、艦船等重要軍需品その他軍需物資の生産、加工及び修理を為す事業を営む会社にして　政府の指定するもの」（軍需会社法第2条）であった。実際に軍需会社として、第1次指定（1944年1月）を受けた企業は厳選主義[29]により150社、第2次指定（44年4月）424社、そして第3次指定（45年3月）109社の結果、総計で軍需会社は683社にのぼった[30]。一方、会社等臨時措置法および同施行令は、「戦時に於ける会社其の他の法人」（会社等臨時措置法第1条）および「会社に非ざる法人」（会社等臨時措置法第8条）に適用された。すなわち、合名・合資・株式・株式合資・有限・相互の各会社のほか、私法人に限らず、すべての法人が対象となっていたのである[31]。
　第2節に見たように、三菱本社は軍需会社法の適用は受けず、会社等臨時措置法の適用のみを受けていた。これは、44年当時三菱本社は現業には携わらず、いわゆる「純粋持株会社」であったから、軍需会社の指定はありえず、以上により会社等臨時措置法のみ適用されたのである。
　ところで、45年1月「軍需充足会社令」なる法律が公布・施行された。これは、軍需会社法22条が「本法中必要なる規定は　勅令の定むる所に依り（中略）軍需の充足上必要なる軍需事業以外の事業を営む会社その他の者に対し　之を

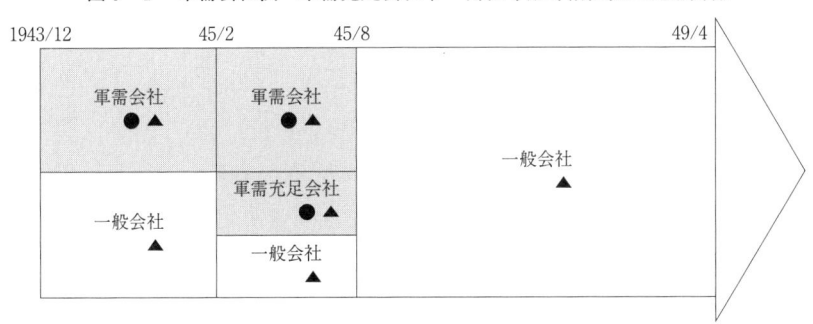

図 9-1　軍需会社法・軍需充足会社令・会社等臨時措置法の適用関係

```
1943/12        45/2       45/8                        49/4
      ┌──────────┬──────────┬───────────────────────┐
      │  軍需会社 │  軍需会社 │                       │
      │   ●▲    │   ●▲    │                       │
      │          ├──────────┤       一般会社        │
      │          │軍需充足会社│         ▲            │
      │  一般会社 │   ●▲    │                       │
      │    ▲    ├──────────┤                       │
      │          │  一般会社 │                       │
      │          │    ▲    │                       │
      └──────────┴──────────┴───────────────────────┘
```

注：たとえば、軍需会社には●と▲の両方の適用があることを示す。
　　一般会社とは、軍需会社指定を受けなかった企業、つまり非軍需会社をさす。
　　●＝軍需会社法（→軍需充足会社令）、▲＝会社等臨時措置法。
　　45年8月以降については、第4章参照。
出所：筆者作成。

準用することを得」と定めていたことから、その勅令として立法化されたものであった。その結果、軍需生産にとって間接的な会社、たとえば運輸・倉庫・通信・土建・軍需物資配給などを営む企業も、法務大臣の指定により「軍需充足会社」として、従前の軍需会社に準じて取り扱われることになった[32]。そこでは、「生産責任者」を「業務責任者」と呼ぶなど一部の例外はあるものの、軍需会社法の規定がそのまま適用され、事実上軍需会社法適用企業が増大する結果となったのである。軍需充足会社としては、約2,000社が指定された[33]。

なお、会社等臨時措置法は、あらゆる企業に適用されたから、結局、軍需会社には軍需会社法と会社等臨時措置法が、軍需充足会社には軍需充足会社令と会社等臨時措置法が適用されていた。これを理解のため表したものが図9-1である。

(2) 立法趣旨の比較

つぎに、軍需会社法と会社等臨時措置法の立法趣旨の違いについて見ておこう。両法の立法趣旨の基本的な差異は、前者が国家に対する企業の生産責任（生産第一主義）の要請から出たものであるのに対し、後者はもっぱら戦時窮

乏下の総会運営をめぐる経費節減の必要性にもとづくものであった、という点である。そのため前者では、営利性（会社利益および株主利益の追求）[34] より国家的利益を優先する株主軽視の考え方に貫かれていたが、後者ではコスト削減実現のため結果的に株主が軽視される傾向をともなったにすぎない。以下では、前者につき、当時軍需大臣官房文書課長のポストにあった北野重雄［1944］「軍需会社法概説」と、後者につき司法大臣・岩村通世［1944］「議会答弁」と、当該法律の立法者のひとりであった斎藤直一［1944］「会社等臨時措置法の解説」[35] によって詳しく見ていこう。

　北野論文［1944：45］は、軍需会社法の提案理由を、つぎのように述べていた。「生産増強の直接の衝に当るべき企業に付ては従来其の経営上の国家的性格は必ずしも明かならず　其の生産遂行上の国家責務の確保に付ても特別の考慮が払はれてゐないのみならず、企業の経営は或は経理上の顧慮に左右せられ或は煩瑣なる外部的統制に煩はされる等の為、其の本来の生産性を十分伸張し得ない状態に在つた」。そこで、「戦局の推移は斯かる事態を許さぬので　此の際企業の国家性を経営上明確にし生産責任体制を確立すると共に、其の責務の完遂を阻害する諸般の拘束を極力排除し、以て盛り上る国家意識に基く溌剌たる生産活動の伸張を期する必要がある」と[36]。なお、貴族院・衆議院両院における国務大臣・岸信介［1943：83, 84］の「議会答弁」[37] は、これと酷似した内容[38] であった。

　一方、岩村答弁［1944：27］は会社等臨時措置法の提案理由を「（一般の――引用者）会社其の他の法人企業に付きましても、能ふ限り手続等を簡易にし、以て労力、費用、資材等の節約を期し、其の余力は全部之を戦力増強に振向ける必要のあることは申すまでもありませぬ」と述べていた。また斎藤論文［1944：1］も、「大東亜戦争の戦局愈々熾烈化し国家の総力を挙げて戦力増強に集中せねばならぬ秋に当り、会社其の他の法人企業に付ても　出来得る限り平時的な複雑なる手続等を簡素化して　労力資材等を節約し、其の余力を全部戦力増強に振り向ける要がある」。そのため、「会社自体其の構成分子たる株主及第三者たる会社債権者等相互間の利害関係を十分に考慮し、戦時下却て企業

第9章　軍需会社法下の株主総会　245

表9-2　株主総会に関する3法の比較

	事　項	商　法	軍需会社法	会社等臨時措置法
a	（代表）取締役の選任・解任	普通決議　　　　　（法254、257、261②）	政府による就任・解任命令但し生産責任者　　（法4②⑥）	
b	総会招集の方法	各株主に通知　　　（法232）	2週間前に公告　　　　　（令22）	3週間前に公告　（法3、令2）
c	公告の方法	官報または時事日刊新聞に掲載　　　　　　　（法166②）		官報または時事日刊新聞以外に掲載も可　　　　（法2、令1）
d	重要事項の決議（定款変更など）	特別決議　　　　（法343①）	普通決議　　　　　　　（令19）	要件緩和された特別決議※　　　　　　　　　（法3②）
	特別決議の要件	総株主の半数以上で資本の半額以上の株主出席し、その過半数　　　（法343①）	出席株主の過半数（商法239①）	資本の半額以上の株主出席し、その過半数　　　（法3②）
e	総会決議の不要		政府による処分命令　（法12）決議を要すべき事項につき決議を経ることを要せず　（令21）	5項目（＊）あり　　　　　　　　　　（法4、令3）
f	総会決議の無視		決議に拘らず業務を執行することを得　　　　　　　（令20）	

注：ここにいう商法は、1938年改正商法。
　　法令略語：法＝法律、令＝施行令。
　　条文番号：たとえば、cの「法166②」は商法第166条第2項を表す。
　　5項目（＊）が何かは、本文の記述参照。
　　本表は、株主総会に関する規定のうち、重要なものを掲げた。
出所：筆者作成。

の萎微を来すことなく、然も戦力増強の要請に副う様、簡素化することを図らねばならぬ」と記していた。会社等臨時措置法が、軍需会社法とは異なり、すべての法人を対象としたのは、もっぱらこうした総会コスト削減のゆえであった[39]。

（3）適用場面の比較

では、軍需会社法と会社等臨時措置法は、どのように使い分けられたのだろうか。そこで、株主総会の手続事項ごとに、いわば横断的に、両法の内容を比較してみたいのであるが、ここではさらに基点となった商法[40]も加え3法を比較する形で検討することにしよう。

そのために作成したものが表9-2であり、以下これに沿って論を進める。それに当たり、3法の相互の関係について、あらかじめ2点指摘しておきたい。第1は、商法と他の2法との関係については、「一般法と特別法」の関係にあ

り[41]、「特別法は一般法に優先する」[42]。つまり、当該事項が軍需会社法または会社等臨時措置法に規定されている限り、商法の規定に優先する関係となる[43]。第2に、軍需会社法と会社等臨時措置法の特別法同士の適用順序も基本的には第1と同様であり、相対的に「特別の規定が一般の規定に優先する」。そこで、規定が重なり合う限度で、軍需会社法が会社等臨時措置法に優先することになる。なぜなら、先に述べたように、軍需会社法は指定軍需会社にのみ適用されたが、会社等臨時措置法は広くすべての法人に適用されたからである[44]。

さて、同表のⓐからⓕへ順を追って説明していくことにしよう。

ⓐ（代表）取締役の選任・解任

「代表」取締役は、当時の商法においては任意の存在であった（第261条第2項）。というのは、取締役が各々代表権を持っていたからである（同条第1項）。取締役の選任・解任は、株主総会の普通決議で足りた（商法第254条・第257条）。

この（代表）取締役で社長に当たるのが、軍需会社においては「生産責任者」であった。というのは、軍需会社法第4条第1項は「軍需会社は命令の定むる所に依り　生産責任者を選任すべし」とし、同条第4項は「生産責任者の会社の代表及び業務執行並にこれに伴ふ事項に関し　必要なる事項は勅令を以てこれを定む」としており、生産責任者は会社の代表・業務執行を行う者であったからである。その選任・解任は、（代表）取締役の場合と同様であったが、さらに政府にもその権限が与えられていた。軍需会社法第4条第2項、第6項は、それぞれ「軍需会社　生産責任者を選任せざるときは　政府は命令の定むる所に依り生産責任者を任命することを得」、「政府　生産責任者を不適任と認むるときは　これを解任することを得」と定めていたのであった。企業のトップ人事への介入であり、これこそ株主総会軽視ひいては企業軽視のシンボリックなものであるが、国家に対する生産責任を実効あらしめるために設けられた措置であった。これが、会社等臨時措置法には相当する規定が存在しなかった理由であろう。

長島［1992：41］が紹介した、東京鍛工と東洋曹達のケースにおいて、政府による現生産責任者の解任と新生産責任者の選任が行われていた[45]が、これ

第 9 章　軍需会社法下の株主総会　247

はまさに軍需会社法第4条第2項、第6項にもとづくものであった。

ⓑ総会招集の方法

　総会への株主の招集方法は、商法では2週間前の「通知」であった（第232条）が、軍需会社法施行令では「2週間前の公告」、会社等臨時措置法では「3週間前の公告」となっていた。すなわち、それぞれ「株主総会を招集するには商法第232条の規定に拘らず　会日より2週間前に総会を開くべき旨及び会議の目的たる事項を公告するを以て足る」（第22条）、「株式会社にして其の株主の員数が3000人を超ゆるものにありては　株主総会の招集は　定款に定ある場合に限り株主に対する通知に代へ　会日より3週間前に総会を開くべき旨及会議の目的たる事項を公告して之を為すことを得」（第3条、同施行令第2条）と定められていた。ちなみに、株主数が3,000人を超える株式会社は、41年時点の株式会社総数の14.5％にすぎなかった[46]。

　公告における2週間と3週間の差異は、株主保護の要請の強弱から来るものと考えられる。その性格が弱いのは、株主利益より国家的利益を優先する軍需会社法施行令であったといえよう。同時に、戦時下の費用節減にも意が用いられていたが、それをもっぱら目的としていたのが会社等臨時措置法であった。招集通知に関する費用は、今日でも株主1人当たり最低3,000円はかかるといわれており[47]、年2回総会が一般的であった当時、公告によるコスト削減は無視できない額になったと思われる。

　第1節に見た三菱本社と三菱重工業の公告のケースは、前者はそこでも述べられていたように会社等臨時措置法、後者は軍需会社法施行令によるものであった[48]。

ⓒ公告の方法

　上記の「公告」の媒体について、商法は「官報または時事日刊新聞」に限定していた（第166条第2項）が、軍需会社法はこれに関する条文を欠き、会社等臨時措置法はそれ以外への掲載も認めていた。すなわち「株式会社にして其の資本の総額が20万円に満たざるものにありては　商法第166条第2項に定むる公告方法と異る定を為すことを得」（第2条、同施行令第1条）としていた

のである。ちなみに、資本金20万円未満の株式会社は、41年末時点の株式会社総数の73.8％を占めた[49]。切迫した戦時下、適宜な方法が許されたとしても不思議ではない。

しかし、第1節に見たように三菱重工業と三菱本社のケースでは、両社とも資本金が優に20万円を超えていた[50]ので、結局従来通り日刊新聞が用いられた。

ⓓ重要事項の決議・特別決議の要件

定款変更など株式会社にとっての重要事項は、商法上「特別決議」を要した。その要件は、総株主の半数以上かつ資本の半額以上に当たる株主が出席し、出席株主の議決権の過半数の賛成があることであった（第343条第1項）。これを、軍需会社法施行令では「普通決議」（商法第239条第1項）、すなわち出席株主の過半数の賛成で済ますことができた。これこそ株主保護よりも軍需生産の優先が、つまり営利性[51]よりも国家的利益の優先が図られた典型例といえよう。この点、会社等臨時措置法では、商法の原則にもどり「特別決議」を要したが、その決議要件は緩和され「普通決議」に近いものであった（※）。すなわち、軍需会社法施行令は、「株式会社たる軍需会社に在りては　商法第343条に定むる決議（特別決議）を要する事項につき　其決議に代へ同法第239条第1項に定むる決議（普通決議）に依ることを得」（第19条）、会社等臨時措置法は、「定款の変更其の他商法第343条に定むる決議を要する事項は　定款に定ある場合に限り　資本の半額以上に当る株主出席し其の議決権の過半数を以て之を決することを得」（第3条第2項※）と定めていた。

そこで、第1節で見たように定款変更が、三菱重工業においては軍需会社法施行令第19条により普通決議で、三菱本社においては会社等臨時措置法第3条第2項により、「要件を緩和した特別決議※」によって行われていた。しかし不合理なのは、三菱電機の場合軍需会社にもかかわらず、軍需会社法施行令ではなく会社等臨時措置法によっていたことである。軍需会社法施行令による普通決議と会社等臨時措置法上の「特別決議」とでは、後者のほうが若干株主保護に厚い。しかし、両法の使い分けが決して各社の裁量に委ねられていたわけではなく、先にも述べたように、このケースでは軍需会社法が会社等臨時措置

法に優先する場合であった。したがって、筆者は、結局三菱電機の法律の運用に混乱があったと考えるものである。日本窒素のケースにおいても、第2節に見たように、軍需会社法下の普通決議で定款変更が行われていた。

ⓔ総会決議の不要

株主総会の決議を要する事項であっても、生産責任者は決議を経ずに執行できる場合があった。すなわち、軍需会社法第12条は「政府は勅令の定むる所に依り　軍需会社に対し定款の変更、事業の委託、受託、譲渡、譲受、廃止若は休止、合併若は解散　又は事業に属する設備若は権利の譲渡その他の処分に関し必要なる命令を為すことを得」と定め、これを受けて軍需会社法施行令第21条は「株式会社たる軍需会社に在りては　生産責任者は軍需会社法第8条（生産命令等）、第9条（事業命令等）、第11条（協力命令）又は第12条（処分命令）の規定に基く主務大臣の命令事項を執行するため特に必要ありと認むる場合に於いて　主務大臣の認可を受けたるときは　株主総会の決議を要すべき事項に付きその手続を経ることを要せず　此の場合に於いては生産責任者は次回の株主総会に於いてその旨を報告すべし（後略）」としていた。

長島［1992：41］に引用されていた、東京鍛工に下された日産自動車への事業委託命令[52]は、この軍需会社法第12条によるものであった。本来事業の受委託は、経営の重要事項として株主総会の特別決議を要したから、この措置は委託者の東京鍛工にとっても受託者の日産自動車にとっても、各々株主総会をないがしろにするものであった。

一方、会社等臨時措置法も独自の立場から、「株主総会の決議を要する事項にして　株主の利害に重大なる影響を及ぼさざるものに付ては　定款を以て総会の決議に依らざるものとすることを得」としていた（第4条）。この結果、取締役会の決議だけで決定されることになる。決議不要事項としては、「支店の設置など、資本の20分の1以内の営業の一部譲渡・全部譲渡、取締役の競業取引の承認、取締役などの報酬の決定」の5項目が掲げられていた（同施行令第3条）。しかし、取締役の報酬の決定を「株主の利害に重大なる影響を及ぼさざるもの」としていたのは、今日いうエージェンシー問題に対して配慮を欠

いていたと思われる。それでも、会社等臨時措置法は軍需会社法に比べ、こうして株主利害に意を用いていたことだけでも評価すべきなのかもしれない。

第1節、第2節に見たように、三菱重工業・三菱電機・三菱本社・日本窒素・日本石油・川崎重工業はいずれも、会社等臨時措置法による総会決議不要事項に関する定款変更を行っていた。

　㈜総会決議の無視

株主総会の決議を無視できる場合もあった。軍需会社法施行令第20条は「生産責任者は軍需事業の運営上必要ありと認むる場合に於いて　主務大臣の認可を受けたるときは　株主総会の決議、取締役の過半数の同意を要する事項につき　その決議に拘らず業務を執行することを得、株主総会成立せず又は株主総会に付議したる事項を議決せざるとき亦同じ」としていた。これが「原案執行権」と呼ばれるものであった。

藤森政行［1944：176］は、「或る重役が公益的見地から計画したことが、会社の利潤の低下を来したため株主総会で解任され」[53]るといった事態が当時しばしば発生したと述べているが、この規定はそのような株主行動を回避する趣旨であったと考えられる。

(4) 立法過程の比較

さらに、軍需会社法と会社等臨時措置法の制定に至るまでの経緯も見ておくことにしよう。両法成立の歴史的背景を深く知ることができる。

軍需会社法

まず、軍需会社法は、それまでの「企画院――統制会体制」では十分に達成できなかった軍需品の生産増強を目的として立法されたものであった。すなわち、統制会は、41年重要産業団体令により作られた産業別企業統制組織で、所属企業間の生産の割当、資金・資材・労働力の配分、価格・利潤の決定などを行い、上から下への強力な国家体制が企画院のもとに築かれるはずであった。しかし、企画院は計画策定するもその執行権は持たず、それを持っていたのは

各省であった。また、計画策定自体も重要な軍需品については軍部が当たっていた。しかも、その軍部は陸軍と海軍の対立が絶えず、しばしば統制に混乱を来たし、統制会自体も財界の意向に流されがちであった。そこへ、1942年にミッドウェー海戦の惨敗、43年にはガダルカナル島からの撤退という、いずれも戦局悪化を象徴する事件が起こった。

　このような退勢を挽回するべく、軍需行政一元化の課題を担って、43年11月1日設置されたのが、軍需省であった。こうして「軍需省には企画院が行っていた基本計画の樹立、各省が行っていた行政権の執行、統制会が行っていた配当割当業務の三つが集中されたのである」[54]。初代軍需大臣には東条英機首相、次官事務取扱に岸信介国務大臣、総動員局長に椎名悦三郎、そして航空兵器総局長官に遠藤三郎陸軍中将が就任した。ところで、軍需省設置の前日10月31日、すでに軍需会社法は公布されており、12月施行の運びとなる。こうして「軍需省―軍需会社体制」ができあがった[55]。

　以上が、軍需会社法成立のおおよその経緯であるが、このような政府の立法措置に前後して、実は民間レベルでも生産増強のための法制度を求める動きが存在した。たとえば、そのような財界の動向として、統制会下の「重要産業協議会」の運動があげられよう。重要産業協議会は、軍需会社法成立前の43年2月に「戦時企業体制委員会設立趣意」なる文書を、軍需会社法が上程された臨時議会開催中の43年10月には「臨時企業体制確立ニ関スル緊急意見（案）」を発表していた[56]。

　前者は、軍需会社法に帰結する総論部分として評価できるものである。すなわち、第1に、当時一部で主張されていた企業国営論・国家借り上げ論を否定して、いわく「少くとも生産能率を第一目標とする生産企業に於ては、能率上、企業管理上既に試験済みともいふべき国営乃至之に類似する企業形態は（若干の例外は別として）不適当であ」る[57]。そのうえで第2に、株式会社形態を堅持し、それへの国家性の付与を主張していた。「現行株式会社企業形態を肯定しつゝ、その自由主義的性格を超克し、之に強力なる国家性、公益性を付与することが最も妥当である」[58]。そのため第3に、特別法による立法を求めていた。

「本来ならば、現行商法改正を必要とするのであるが、それは今日の緊急時局に照応するには技術的に困難である。そこで（中略）取敢えず緊急対策として、その対象を当面重要生産企業に置くと共に、改正案の範囲を戦時緊急法令によ」るべきである[59]、と。

　後者は、議会に提出された軍需会社法への各論的な要望書であるが、まず冒頭においてかかる立法化は「時局下極めて機宜を得たるものなり」と歓迎の意を表明していた[60]。この文書は、これまでに見た法令の内容と若干齟齬する個所もあり整合性を有する点に絞って見ておけば、つぎの通りである。すなわち、第1に、社長の地位強化を求め「社長の選任に関しては、企業経営に於ける責任制を確立し（後略）」と述べて[61]、社長に関しのちの「生産責任者」に近い位置づけを主張していた。そこで第2に、株主総会に対する社長の「原案執行権」を求め[62]、一方第3に、そういう社長も政府が解任権をもつことは容認していた[63]。第4に、「株主は企業の国家に対する責任達成に付、之に協力する責任あることを機構上明確にすること」として、株主へ一定の譲歩を望み[64]、第5は、「株主総会の付議事項に関しては、（中略）限定することも考慮の要あり」として、株主総会の協議事項に場合によっては制約を課すことを求めていたのである[65]。このような財界の要求は、上記の立法作業に支持を与えたと考えられる。

会社等臨時措置法

　一方、会社等臨時措置法の成立を促したのは、戦局の深まる中、日々実感されていく人的・物的欠乏であった。軍需会社法が生産増強への焦燥感の所産であったとすれば、会社等臨時措置法は物資窮乏による節約観念の招来したものであったと考えられる。このことを示す根拠として、第1に、物資需給を調整する「物資動員計画（物動）」の不調がシンボリックであった。すなわち38年1月から、企画院は物動において輸入見通しを試算するが、折りからの外貨保有量と輸出量の低下に制約されて、実績は当初の見込み額を達成できず、生産規模は下降するとともに緊縮ムードが漂っていった。第2に、43年6月公布、

7月施行された「企業整備資金措置法」なる法律も、企業整備に関わる経費節減がめざされていた[66]。株主総会手続の簡素化は、こうした当時の情勢を受けたものであったといえよう。岩村前掲答弁［1944：27］は、本法を「商法其の他法人に関する諸法令を研究調査し、戦時下特に簡素化するを相当と認めました事項に付、大東亜戦争中の特例を設けむとする次第であります」と述べていた[67]。

　こうして、会社等臨時措置法は実現を見たのであった。このような政府の立法措置に先行して、民間レベルでも総会コスト節減の独自の努力が見出される。たとえば、三菱本社において、すでに自主的に総会書類を簡素化していた事実が見逃せない。43年9月27日付取締役会議事録によれば「戦時下物資節約並に事務簡素化其他の関係上　株主総会招集通知状、考課状、決議通知状、配当金領収証及株主名簿に関し　爾今左の要領により取扱のことと」するとし、簡便な方法を取り決めていた。そこでは「左の要領」として、「従来一般株主に対し株主総会終了後決議通知と共に送付したる考課状の配布を廃止し　今後は出席株主及官庁方面等必要ある向のみに配布する」など5項目が掲げられていたが、はからずも株主権の制約を伴うものであったことは否めない[68]。

5．おわりに

　軍需会社法は、敗戦のその日──1945年8月15日──をもって廃止された。したがって、それ以降の会社運営は、平常の商法に復帰し、戦争末期の法システム以前の状態に戻るはずであった。ところが結局、会社等臨時措置法だけは戦後も生き続け、ドッジ・ライン期の49年1月10日にいたるまで継続され[69]、さらにその一部は4月30日まで効力が持続されたのである[70]（図9-2、ただし50年以降は後述）。本章は、太平洋戦争末期の株主総会への関心から出発したが、この点についてもついでに言及しておこう。

図9-2 1943〜52年の株主総会関連法規

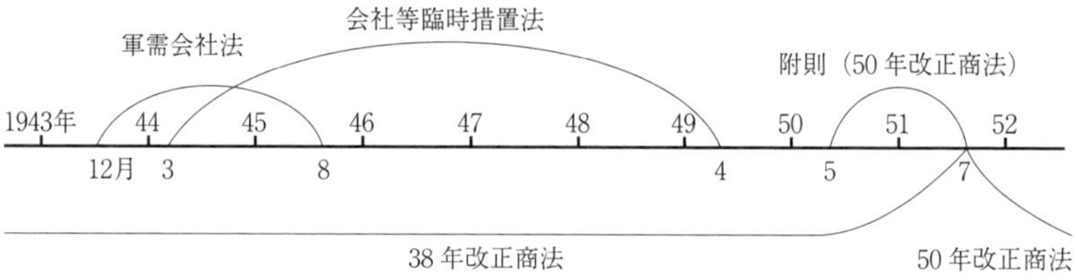

```
                会社等臨時措置法
        軍需会社法                        附則（50年改正商法）
1943年    44    45    46    47    48    49    50    51    52
        12月  3     8                      4     5     7
              ────────────────────────────  ───────────
                    38年改正商法              50年改正商法
```

注：太線の上が特別法、下が一般法。附則は便宜上特別法扱いとした。
出所：筆者作成。

(1) 三菱重工業

　三菱重工業では、45年10月29日開かれた臨時株主総会において、議長の郷古潔は、「大東亜戦争の終結に伴い、当社は去る8月15日附を以て、軍需会社の指定取消となり、軍需会社法の適用なきことになりました」との報告を行ったあと、会社等臨時措置法に関し「株主総会の招集及決議方法に付きましても、商法の規定に従ひ招集通知状を個別的に発し、且、厳格なる特別決議の方法を行ふは、多数の株主を擁する当社の如きは、現下の通信事情其の他の事情よりして、到底実行不可能でありますために、会社等臨時措置法に依存するを適策と認めました」と述べていた。そして、これに関する定款変更を、会社等臨時措置法第4条の2にもとづき「取締役会に於いて代決」していたのであった[71]。

(2) 三菱電機

　同様の記述は、三菱電機においても見出される。45年11月30日の第50回定時株主総会において、議長の宮崎駒吉は「終戦と同時に軍需会社指定取消となりました為　差当り困る問題が」生じた、と述べていた。
　その一つは、「株主総会招集の方法であります、軍需会社当時は軍需会社法に拠り2週間前の公告に拠り総会の招集が出来ましたが　今回は商法の規定する如く個々の株主に通知を出さねばならない事になりましたが　目下の状態では4千名に余る株主に個々に通知を出す事は株主の住所の変動多く　亦用紙、

印刷等も不如意にて非常に困難」である、という問題であった。これが公告招集の方法によって解決された。いわく、「会社等臨時措置法第4条の2の規定を援用致しまして　監督官庁たる商工省の認可を得まして　取締役会の代決に拠り（中略）定款を変更致した次第」である、と。

　早速、「今回の株主総会も　此の改正定款に依り　開催致した次第で御座います」と述べていた。そして議長は、「株主各位の御同意を得ないで定款を変更致しましたので　御報告方々御了承を御願ひ致して置きます」と断ることを忘れなかった[72]。

(3) 三菱化成

　三菱化成は、さらに克明な記録を残しているので、それによっても確認しておくことにしよう。45年9月29日、第22回定時株主総会において、議長の池田亀三郎は、「取締役会の決議」により以下のように定款変更する旨の報告をしていた。

　すなわち、現行定款第28条である「会社等臨時措置法の規定に依り、戦時中会社の目的変更等に関する事項は、左の各号に依るものとす。①定款の変更中、目的の変更に関する事項は、会社等臨時措置法第3条第1項の規定により招集したる株主総会に附議し、資本の半額以上に当る株主出席し其の議決権の過半数を以てこれを決す（表9-2-d※）。②会社等臨時措置法第4条の規定に基き、勅令を以て定められたる事項に付ては、株主総会の決議に依らざるものとす」は、つぎのように改正された。

　「会社等臨時措置法施行中は特に左の各号に依るものとす。⓪株主総会の招集は、商法に定むる通知に代え、会日より3週間前に、総会を開くべき旨及会議の目的たる事項を公告して之を為す。①定款の変更、其の他商法第343条に定むる決議を要する事項は、資本の半額以上に当る株主出席し其の議決権の過半数を以て之を決す（表9-2-d※）。②会社等臨時措置法第4条の規定に基き、勅令を以て定められたる事項に付ては、株主総会の決議に依らず取締役会の決議に依り之を為す」と[73]。

以上につき、変更前①②と変更後①②がそれぞれ対応している。見られるように内容的にそれらに違いがあるわけではなく、傍点（引用者）が変更のポイントであった。三菱化成の45年8月29日付監査報告書も、以上を解説してつぎのようにいう。「本定款変更は、昭和20年8月15日、軍需会社指定の取り消しありたるにつき、会社等臨時措置法の規定の適用を受くる為、左の通定款を変更せんとするものなり。（i）軍需会社施行令第22条に代へ、会社等臨時措置法第3条第1項に基き、公告に依り株主総会を招集せんとするものなり。（ii）軍需会社法施行令第19条に代り会社等臨時措置法第3条第2項の規定に依り、特別決議を要する全事項に付、資本の半額以上に当る株主出席し、其の議決権の過半数を以て決議せんとするものなり（表9-2-d※）。（iii）会社等臨時措置法第4条第1項の規定に基く株主総会の決議を要する事項に付、取締役会の決議を以て之を為さんとするものなり。（iv）臨時措置法の適用を受くる期間に関し、『戦時中』を『会社等臨時措置法施行中』に変更せんとするものなり」。

　また、監査役（加藤武男、山室宗文、鈴木春之助、山下太郎）は、つぎのような「監査役意見」もしたためていた。「本変更は、従来軍需会社法の規定に依り、株主総会其の他の会社事務簡素化並に合理化を計り居りたる処、戦争終結に基く軍需会社指定の取消ありたるに依り、軍需会社法適用に代へ会社等臨時措置法を全面的に適用して、益々事務の簡素化並に合理化を計らんとする趣旨」である[74]。

(4) その他の三菱系企業

　以上の定款変更における総会決議の省略は、他の三菱系企業においても確認できるので簡単に見ておくことにしよう。まず、三菱鉱業の45年11月30日の定時株主総会では、4つの議案が議場に諮られた。そのうち第3議案は「定款変更の件」であったが、第2議案は、その取締役会による専行を株主に周知させる内容であった。すなわち、「会社等臨時措置法第4条の2の規定に基き　取締役会の決議を以って　定款を変更した」旨が報告されたのである[75]。

　つぎに、三菱製鋼においても、45年12月30日の第6回定時株主総会において、

以下の定款変更が「会社等臨時措置法第4条の2の規定に依り」行われた。すなわち、定款第17条の改正（会社の代表権）、同第19条の追加（業務執行の範囲）そして同第29条の改正が実施された。このうち、第29条は、「会社等臨時措置法施行中は特に左の各号に依るものとす」として、先の三菱化成の①〜②と同内容に改正された[76]。

(5) 日本窒素肥料

以上の財閥系企業に比べるといくぶん簡潔な記述ではあるが、非財閥系企業の日本窒素においても、45年11月26日の定時株主総会議事録に同様の記述を一部認めることができる。すなわち、議長の榎並直三郎は、定款変更の必要性を述べ、「現行定款を下記の通り変更したる旨（議場に──引用者）報告した」。すなわち、同社定款第19条は、「株主総会の招集は　株主に対する通知に代へ会日より3週間前に総会を開くへき旨及会議の目的たる事項を　公告して之を為すことを得」、そして「前項の場合に於て　定款の変更其の他商法第343条に定むる決議を要する事項は　資本の半額以上に当る株主出席し其の議決権の過半数を以て之を決することを得」（表9-2-d※）と変えられた、との報告を行った。

以上を注意深く読めば、議長は定款変更の是非を議場にはかったのではなく、すでに決定された定款変更を議場に報告していることがわかる。ここには明記されていないが、その前提として、会社等臨時措置法第4条の2にもとづき、定款変更を「取締役会に於いて代決」していたと考えられる[77]。

(6) 日本石油

その点、日本石油の事例では明瞭であった。というのは、45年11月26日の第105回定時株主総会において、議長小倉房蔵は、「会社等臨時措置法第4条の2の規定に基き　取締役会の決議を以て　当会社定款第33条を左の通り変更した」との報告を行っていたからである。

こうして、同社定款第33条は、つぎのように改められた。「会社等臨時措置

法施行中に於ける当会社に関する特例に付ては　左の各号に依ることを得。①株主総会の招集は　商法に定むる通知に代へ　会日より3週間前に総会を開催すへき旨及会議の目的たる事項を　公告して之を為す。②定款の変更其の他商法第343条に定むる決議を要する事項は　資本の半額以上に当る株主出席し其の議決株の過半数を以て之を決す（表9-2-d※）。③会社等臨時措置法第4条の1の規定に基き　勅令を以て定められたる事項は　株主総会の決議に依らさるものとす」。

(7) 小括

会社等臨時措置法こそは、戦時下のコスト節減の趣旨を生産資材が底をつく戦後の窮乏期にも及ぼし、復興期の一時期の日本企業を支配したのであった。かかる措置は、復興期が、物資の欠乏の点で戦時期にも優る窮状にあったことから認められたものである。

ところで、上の各社の事例において、定款変更が「取締役会」の決議でなされたことに一言しておきたい。実は会社等臨時措置法は、1945年2月13日に改正され、第4条の2という条文が追加された。そこでは「戦争に起因する災害に因り株主総会を招集すること著しく困難と為りたる株式会社に在りては」、監督官庁あるいは裁判所の認可の下に、定款変更を取締役（法文上は取締役「会」とはなっていない）[78]の決議で行うことができる旨改められた。定款は株式会社の根本規範であり、表9-2-dに見た通り、その変更は商法においては特別決議を要し、軍需会社法においてさえ普通決議にとどまっていたことを思えば、戦災の深刻さが配慮されるべきであったとはいえ、総会決議が割愛されたことは、株主権の制限として看過できないものがある。

また本節は、会社等臨時措置法による変則的な総会運営が行われていた事実を、終戦から46年まで実証したものである。簡略化した総会運営は、戦後復興期（ここでは新商法制定まで。すなわち45〜49年）を通して行われていたと、筆者は同法の継続を示す政令（注68参照）の存在から考えるが、各社の47〜49年の株主総会議事録に会社等臨時措置法に関する記述はもはや見出されなくな

り、その点の実証は今後の課題である[79]。

　こうして、株主権を制限する総会運営は、戦時期には軍需会社法と会社等臨時措置法の両面から、戦後復興の一時期はもっぱら会社等臨時措置法によって行われたのであった。まさに「戦後復興期の変化は、戦時期と基本的方向を共有していた」[80] のである。さらに、このことは歴史比較制度分析[81]の表現を借りるならば、戦時下の物資窮乏と戦後復興期のそれとの complementarity（補完性）の中で、コスト節減を旨とする法律が path dependence（経路依存性）を獲得していた、ということができよう。

1950年商法改正

　1949年会社等臨時措置法の廃止後、通常の商法（1938年改正商法）に復帰したが、それも束の間、50年5月には米国法の影響を受けた改正商法が公布された[82]。これが戦後の商法の基本となる。その内容を、表9-2に即して示すと、つぎのようである。ⓐ取締役の選任は、株主総会の普通決議（38年商法の通り、商法第254条第1項）で、解任は特別決議で決定される（新規定、同第257条第2項）。また代表取締役は、取締役会の互選によって選ばれる（新規定、同第261条第1項）。ⓑ総会の招集は、2週間前に各株主へ通知をしなければならない（38年商法の通り、同第232条第1項）。ⓒ公告は、官報または時事日刊新聞に掲載しなければならない（38年商法の通り、同第166条第2項）。ⓓ重要事項の決定は、特別決議を必要とする。その決議は、「発行済株式の総数の過半数に当る株式を有する株主出席し　其の議決権の3分の2以上に当る多数を以て之を為す」（新規定、第343条）とされた。

　従前の商法（表9-2）との大きな違いは、①取締役の解任が、普通決議から特別決議を要するようになったこと、②「代表」取締役、取締役「会」がはじめて法定されたこと、そして③特別決議の要件が、「総株主の半数以上にして資本の半額以上に当る株主出席し　其の議決権の過半数を以て之を為す」から、上記ⓓのように変えられたことであろう。①は、経営者の地位の強化（その限度で、株主の地位の低下）が、②は、現状の法認[83]が、そして③は、特

別決議要件における定足数の緩和と表決数の強化[84]）が、図られたことを意味しよう。その後、商法は幾度も改正を受けるが、ⓐⓑⓒⓓに関する限り、この内容が戦後を通じて、2006年5月の新会社法の施行に至るまで行われたのであった。

注目すべきは、その「附則」である。附則第2項は、株主が1,000人以上の場合、特別決議は「資本の半額以上に当る株主が出席し、その議決株の過半数で決する」としていたからである。これこそ、会社等臨時措置法の規定した「要件の緩和された特別決議」（表9-2-d※）にほかならない。しかも同第3項は、かかる規定を50年改正商法の公布日（50年5月10日）から施行日（51年7月1日、同第1項）まで適用するとしていた。特別決議だけではあるが、簡略化された総会手続が、実に51年6月末まで存続したのであった（図9-2参照）[85]）。

要約と展望

最後に、本章のこれまでの議論を振り返り要約した後、今後の課題を展望して結びとしたい。本章は、第1に、先行研究が抽象的・理論的に論じてきた、太平洋戦争末期の変則的な総会運営について、数社の内部資料を用い、それが実際に行われていたことの実証につとめた。その結果、財閥系企業ではほぼ実証できたが、非財閥系企業における実証性は十分ではない。第2に、かかる変則的な総会運営は、軍需会社法のみならず会社等臨時措置法の所産でもあったこと、および両法はつぎのような関係にあったことが解明できた。①軍需会社法は、軍需会社の指定を受けた企業に適用されたのに対し、会社等臨時措置法はすべての法人に適用された。②軍需会社法は、戦時立法として当時の商法（38年改正商法）の適用除外を広く認め、株主総会についても株主権に制限を加えるさまざまな商法の治外法権を許していたが、会社等臨時措置法もその点は同様であった。③異なるのは、こうした株主総会手続の簡略化が、軍需会社法にあっては株主利益に対する国家的利益の優先（生産第一主義）からくる、政府の株主軽視政策の一環であったのに対し、会社等臨時措置法においてはもっぱら物資窮乏下における総会コスト節約の文脈から規定されていた点である。

つまり、軍需会社法は株主の軽視を〈目的〉とし、会社等臨時措置法ではコスト削減の〈結果〉として株主が軽視されたのであった。両法の規定内容に存する若干の差異は、実にここから説明される。第3に、敗戦とともに軍需会社法は廃止される一方、会社等臨時措置法は戦後も受け継がれ、変則的な株主総会が復興期の一時期にも行われていた意外な事実が、各企業の株主総会議事録などによって明らかとなった。

こうして、太平洋戦争末期には軍需会社法と会社等臨時措置法の両法によって、戦後復興期にはひとり会社等臨時措置法によって49年まで、株主権を制限する株主総会手続が定められていた。そこで、日本の株主総会が商法の平常な運営に復帰するのはそれ以降のこととなる。ただし、50年5月の商法大改正では、特別決議の要件緩和が、その施行日直前（51年6月末）まで存在した。では、戦時期・復興期の一時期に、株主権を公然と制限する、商法の治外法権が許されていた事実は、日本企業のコーポレート・ガバナンスを考えるうえで、どのような含意をもつといえるだろうか。筆者は、以上に述べた変則的な総会運営の体験が、戦前からの株主総会形骸化の風潮を固定・強化したと考えるものである。しかし、かかる仮説の検証は、もはや本章のテーマではない。今後の課題としたい。

注
1) 第4節と「通し番号（記号）」をふった。
2) 新商法（1899年）では、ⓐは第164条・第167条、ⓑは第156条第1項、ⓒは欠如、ⓓは第208条・第209条に定められていた。ⓐⓑⓒⓓが実際に行われていた点については、社史・雑誌・営業報告書などに見られるが、さし当たり本章においても、後掲三菱重工の記事（235頁）にⓑ、ⓒとⓓ、三菱電機の記事（236頁）にⓓの実施が確認できる。ⓐは、選任・解任につき『東洋経済新報』[1944／8／12：16]（東洋曹達の事例）に、その実施が窺われる。
3) 長島修 [1992：41]「戦時経済研究と企業法制」下谷政弘・長島修編『戦時日本経済の研究』（晃洋書房）。宮島英昭 [2004：290, 291]『産業政策と企業統治の経済史』（有斐閣）。
4) 原朗 [1989：96]「戦時統制」中村隆英編『日本経済史7〈計画化〉と〈民主化〉』

（岩波書店）。同［1994：100］「経済総動員」大石嘉一郎編『日本帝国主義史 3 第二次大戦期』（東京大学出版会）、岡崎哲二［1991：379, 380］「戦時計画経済と企業」東京大学社会科学研究所編『現代日本社会 4　歴史的前提』（東京大学出版会）、同［1993：116-119］「企業システム」岡崎哲二・奥野正寛編『現代日本経済システムの源流』（日本経済新聞社）。

5) 長島［1992：41］。宮島［2004：290, 291］。

6) 長島［1992：41］によれば、東京鍛工と東洋曹達の両社では、株主総会の普通決議によらず、政府が生産責任者の選任、解任を行っていた。また東京鍛工では、総会の特別決議によらず、政府が事業の委託を命令していた。しかし、これらによって明らかにされたものは、軍需会社法による総会運営の一部（後掲表 9 - 2 -a、同-e）である。

7) 1920年代の経営効率における差異や、持株会社によるガバナンスであるか否かなど。

8) 三菱経済研究所は、以上 7 社の1944～45年の株主総会議事録を公開している。調査に当たっては、曽我部健氏、山田尚子氏そして坪根明子氏のご厄介になった。記して深謝申し上げたい。

9) 議長は、代表取締役社長がつとめることになっているので、それ以外のケースにつき、以下肩書きを付す。

10) 三菱重工業株式会社［1944/ 2 /26］『第53回定時株主総会議事録』。

11) 同［1945/ 4 /20］『臨時株主総会議事録』。

12) 同［1944/ 8 /26］『第54回定時株主総会議事録』。

13) 三菱電機株式会社［1944/ 8 /26］『第47回定時株主総会議事録』。

14) 三菱社誌刊行会編［1981：2289, 2291］『三菱社誌』第39巻（東京大学出版会）。

15) 三菱電機株式会社［1944/ 4 / 1 - 9 /30］『第48回営業報告書』の「三　庶務の概要」に、「菱美機械株式会社営業全部譲受の件」の記事が見えるが、株主総会の決議を経た旨の記載はない。このための臨時株主総会が開かれた形跡もない。なお、以上は本章の審査に当たられたレフリーのご指導によるものであり、ここに記して深謝する次第である。

16) 今回すなわち44年 5 月 1 日開催の第13回定時株主総会の招集は、通知によったものか、公告によったものか、判然としない。

17) 株式会社三菱本社［1944/ 5 / 1］『第13回定時株主総会議事録』、同［1944/11/ 1］『第14回定時株主総会議事録』。

18) したがって、これらの企業については実証できていない。すなわち、三菱化成では、1944年 5 月 9 日の臨時株主総会で、会社等臨時措置法による簡略化された

総会手続を盛り込む定款変更が行われたが、それが軍需会社法にもとづくものであるとの明記は同議事録にはない。また、三菱製鋼においても、44年5月25日の第3回定時株主総会で、会社等臨時措置法による簡略化された総会手続を盛り込む定款変更が行われたが、同様であった。さらに、三菱鉱業でも、44年5月30日の第52回定時株主総会で、会社等臨時措置法による簡略化された総会手続を盛り込むなどの定款変更が行われたが、同様であった。また、三菱化工機でも、44年5月22日の第18回定時主総会および44年8月10日の臨時株主総会において定款変更が行われた（前者は会社等臨時措置法による簡略化された総会手続を盛り込む定款変更、後者は田中機械製作所との合併による定款変更）が、それらが軍需会社法にもとづくものであるとの記述は両議事録には見出せない。

19) 非財閥系軍需会社の後継企業約50社に、2006年5月から約半年をかけて、1944～46年の株主総会議事録の閲覧・複写をお願いしたが、約30％は散逸、残りは非公開を理由に断られ、資料収集上大きな壁に阻まれた。それだけに協力を惜しまれなかった、本文中の3社については、この場を借りて深謝申し上げたい。

20) 日本窒素肥料株式会社［1944/5/15］『定時株主総会議事録』。なお、本章では以下、原文引用に当り、カタカナ書きはひらがな文に改めた。

21) 『東洋経済新報』［1941/5/10：30-33］「膨張する日窒コンツエルン」、『東洋経済新報』［1945/12/8：6，7］「日本窒素は解散の外なし」。

22) 日本窒素肥料株式会社［1945/1/25］『臨時株主総会議事録』。

23) 同［1945/5/15］『定時株主総会議事録』。

24) ただし、臨時株主総会（1944年2月9日）において、生産責任者・水田政吉の選任が軍需会社法の適用によるものであることは当然認識されていた。

25) 日本石油株式会社［1944/11/25］『第103回定時株主総会議事録』。

26) 川崎重工業株式会社［1959：121-127］『川崎重工業株式会社社史』。

27) ただし、第95期定時株主総会（1943年12月24日）において、生産責任者・鋳谷正輔の選任が軍需会社法の適用によるものであることは当然認識されていた。

28) 同［1944/11/30］『第97期報告書』。

29) 重要産業協議会編［1944：35］『軍需会社法解説』（東邦社）。

30) 日本銀行［1984：306］『日本銀行百年史　第4巻』。

31) 本文に掲げたものの他、民法上の公益法人、各種の営団・金庫・組合その連合会・農業会・漁業会、商工経済会・統制会などが含まれる。斎藤直一「会社等臨時措置法の解説」［1944：46］『法律時報』第16巻第4号。

32) 石井照久［1949：141］『企業形態論』（有斐閣）。

33) 日本銀行［1984：321］からは、協力工場も含み2,000社であるようにも見える。

しかし、工場は会社とはカウントできないため、この数字に協力工場は含まないと考えた。

34) 営利性とは、会社が利益を上げること、かつそれを株主に還元することをいう。龍田節［2005：45］『会社法　第10版』（有斐閣）。

35) 北野重雄［1944：4，5］「軍需会社法概説」重要産業協議会編『軍需会社法解説』（東邦社）。岩村答弁につき、『官報号外』［1944/1/22：27］貴族院議事速記録第2号。『官報号外』［1944/1/28：102］貴族院議事速記録第6号。斎藤［1944：1］。

36) したがって、軍需会社法に総会手続のコスト削減の意が全く込められていなかったわけではない。

37) 岸説明は、重要産業協議会編［1944：83, 84］。

38) 今日いう官僚作文の棒読みかと思われる。なお、北野論文が［1944］、岸答弁が［1943］となっているのは、出版事情によるものであろう。

39) 三菱重工業株式会社［1944/8/26］『第54回定時株主総会議事概況』も、会社等臨時措置法の立法趣旨を「本法の施行は　戦時下株式会社の手続簡捷を目的とする」と述べていた。

40) ここにいう商法は1938年改正商法。

41) この点、岸は「戦力増強のため生産責任者及び生産担当者が自由に手腕を発揮出来るやうに、従来の商法手続を簡素化しただけで、商法に基く株主総会等の当該会社の業務運営を停止するものでは決してない。すなわち、商法上の会社を根本的にかへたのではない」と述べていた（藤森政行［1944：220］『戦ふ軍需企業』東和出版社）。

42) 法律解釈の原則の一つ。団藤重光［1966：85］『法学の基礎』（有斐閣）。三ヶ月章［1982：208］『法学入門』（弘文堂）。星野英一［1995：91］『法学入門』（放送大学教育振興会）。田中誠二［1953：25, 26］『法学通論』（千倉書房）。森泉章［2006：23］『法学（第4版）』（有斐閣）。金子宏・新堂幸司・平井宜雄編［2004：27］『法律学小辞典』（有斐閣）。

43) 重要産業協議会編［1944：81, 82］。

44) 斎藤［1944：45］も、同一事項に関し異なる内容の規定がある場合、この意味で「両者の規定する特例の程度が強いかどうかで一々具体的規定に付、何れが優先するかを見なければならぬ」と述べていた。団藤［1966：85］も、特別法・一般法の原則によって、「ある程度まで形式的に処理されるが、こうした処理ができないかぎりは、解釈によって解決するほかない」としている。

45) 注6参照。

46) 斎藤［1944：47］。原典は、東洋経済新報社［1942］『株式会社年鑑』。

47) 落合誠一・神田秀樹・近藤光男［1992：58］『商法Ⅱ──会社』（有斐閣）。
48) 第2節の三菱重工業の記述からは、会社等臨時措置法によったものか、軍需会社法施行令によったものか不明であるが、このように推定される。
49) 斎藤［1944：46］。原典は、商工省総務局調査課［1941］『会社統計表』。
50) 1944年の資本金は、三菱重工業4億8千万円、三菱本社2億4千万円であった。三菱社誌刊行会編［1981：2338, 2346］第39巻。
51) 注34参照。
52) 注6参照。
53) 藤森［1944：176］。
54) 有沢広巳監修［1994：305］『昭和経済史 上』日本経済新聞社（前田靖幸執筆）。
55) 重要産業協議会編［1944：4］。
56) 岡崎［1993：117, 118］。
57) 重要産業協議会［1943：1, 2］「戦時企業体制委員会設立趣意」。
58) 同上［1943：2］。
59) 同上［1943：2, 3］。
60) 同上［1943：1］「臨時企業体制確立ニ関スル緊急意見（案）」。
61) 同上［1943：3］（一）。
62) 同上［1943：3］（一）（ロ）(1)。
63) 同上［1943：4］（一）（ハ）。
64) 同上［1943：6］（四）（イ）。
65) 同上［1943：6］（四）（ロ）。
66) 同法第1条は「本法は 大東亜戦争に際し 企業整備に関し之が促進を図り浮動購買力の発生を防止し 国家経済の秩序を維持するを以て目的とす」とうたっていた。なお、長野潔［1944］『解説企業整備資金措置法』（清水書店）。
67) 『官報号外』［1944/1/22：27］貴族院議事速記録、第2号。
68) 三菱本社［1943/9/27］『取締役会議事録』。三菱社誌刊行会［1981：2123］第39巻。
69) 『会社等臨時措置法等を廃止する政令』（政令第402号）附則第1条。
70) 一部とは、会社等臨時措置法第2条から第3条ノ2、第5条、および会社等臨時措置法施行令第1条から第2条ノ3、第4条（同附則第2条）。すなわち、商法と異なる公告方法、総会招集の公告、要件緩和された特別決議、総会決議の不要事項などが、継続施行された。
71) 三菱重工業株式会社［1945/10/29］『臨時株主総会議事録』。
72) 三菱電機式会社［1945/11/30］『第50回定時株主総会議事録』。

73) 三菱化成工業株式会社［1945/ 9 /29］『第22回定時株主総会議事録』。
74) 同［1945/ 8 /29］『会社等臨時措置法第 4 条ノ 3 ニ基ク監査役報告書』。
75) 三菱鉱業株式会社［1945/10/ 1 -46/ 3 /31］『第56期報告書』、同［1945/11/30］『第55回定時株主総会議事順序』。
76) 三菱製鋼株式会社［1945/10/ 1 -46/ 3 /31］『営業報告書』。なお、従前第29条は「会社等臨時措置法第 4 条の規定に基き　勅令を以て定められたる事項に付ては株主総会の決議に依らざるものとす」という条文になっていた（同社［1944/ 4 / 1 - 9 /30］『第 4 回事業報告書』）。
77) 日本窒素の場合、定款変更が総会で諮られた形跡はなく、本文で述べたように間接的ではあるが、実証性はあると筆者は考えている。
78) 当時の商法では、取締役「会」はまだ法定されていなかった（第118条参照）。
79) 1947〜49年に関し、各社につき株主総会議事録は以下の通り存在するが、会社等臨時措置法に関する記述は見出せない。三菱本社につき、第19回定時株主総会（47年 5 月27日）、第20回定時株主総会（47年11月27日）、第21回定時株主総会（48年 5 月28日）、第22回定時株主総会（48年11月26日）、第23回定時株主総会（49年 5 月27日）、臨時株主総会（49年 7 月 4 日）。三菱重工業につき、臨時株主総会（48年 3 月18日）、臨時株主総会（49年 9 月 8 日）。三菱電機につき、臨時株主総会（47年 4 月 8 日）、臨時株主総会（48年 7 月29日）、臨時株主総会（48年11月29日）、第53回定時株主総会（49年 9 月12日）。三菱化成につき、なし。日本窒素につき、臨時株主総会（47年 2 月22日）、臨時株主総会（47年12月 5 日）、定時株主総会（49年 9 月28日）。日本石油につき、臨時株主総会（47年 2 月18日）、臨時株主総会（49年 2 月25日）、第108回定時株主総会（49年 6 月17日）、臨時株主総会（49年 6 月17日）、第109回定時株主総会（49年12月16日）。川崎重工業につき、臨時株主総会（47年10月 2 日）。
80) 岡崎［1993：139］。
81) 青木昌彦［2001：6］『比較制度分析に向けて』（NTT 出版）。アブナー・グライフ［1997：8 -11］「歴史制度分析が明らかにしたもの」『経済セミナー』509号。
82) 正式には、「商法の一部を改正する法律」（法律第167号）［1945/ 5 /10］公布。
83) 代表取締役や取締役会は、事実上は戦前から存在した。
84) したがって、特別決議要件が緩和されたのか強化されたのかは、一概にはいえないであろう。
85) この実証は今後の課題である。

Column15
「戦時期における株主総会の形骸化」仮説

　戦前は直接金融であり、それを反映して物言う株主も多く、株主総会が活性化していたことは第2章に見た通りである。一方戦後の高度経済成長期に、筆者の世代が垣間見た日本企業の株主総会は、一般的に通過儀礼化していた。以上から、この間のどこかの時点で株主総会の様子が変貌をとげたことが示唆されよう。

　そう考えると、日本経済が間接金融へと大きくかじを切った戦時期が、一つの有力な候補として浮かび上がる。これを「戦時期における株主総会の形骸化」仮説と呼ぶことにしよう。形骸化必ずしも所要時間の短縮化ではないが、短縮化は形骸化を意味する。筆者は形骸化仮説を実証すべく、一時期それこそ血道をあげて取り組んだが、それを突きとめる資料はついに得られなかった。とはいえ現在でもこの仮説を放棄するまでには至っていない。それは本仮説を傍証する以下のような事実が存在するからである。

　まず戦時期以前に、株主総会の形骸化を示す記述が少数見出される。高橋亀吉［1930：274］の「僅かに数分間にして閉会した」や、西原寛一［1933：45］の「早ければ10分か20分で済んでしまふ」などが、それである。

　そして戦時期には、「会社利益配当及資金融通令」［1939］や「会社経理統制令」［1940］により配当抑制政策がとられ投資家の株式離れが進行する中で、本章で述べた「軍需会社法」［1943］と「会社等臨時措置法」［1944］の下で総会手続の簡素化が図られていた。すなわち高度成長期と同様に株式市場が不活発なうえに、急迫した戦時下で株主総会どころではなかった状況が勘案されるべきである。

　さらに終戦に近接した1951年のサンプル数214社の株主総会の状況を、大阪市立大学商学研究室［1955：27］は「開催時間が15分以上30分未満の会社数を筆頭に、30分以上45分未満の会社数がこれに続き、両者の合計で調査の約80％を占めてい」たと報告していた。それを可視化したものが図C-15である。

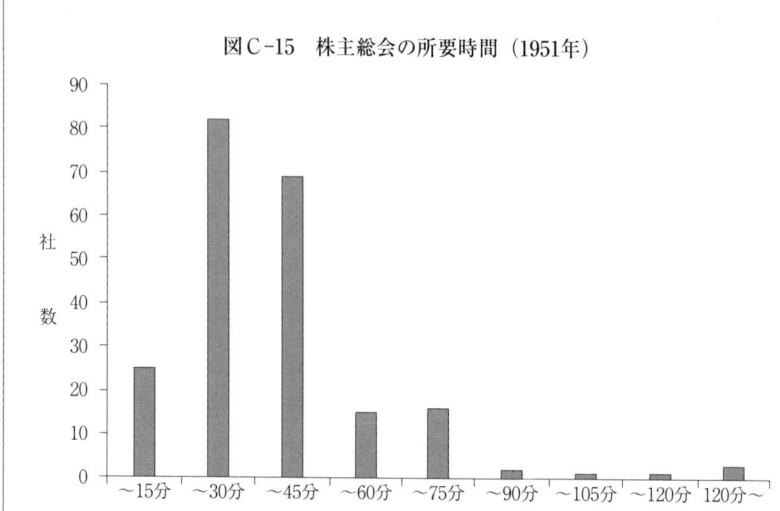

図C-15　株主総会の所要時間（1951年）

注：横軸「〜15分」は、15分未満を表す。以下同じ。「120分〜」のみ、120分以上を表す。
出所：大阪市立大学商法研究室［1955］。

補　章 「未払込株金」と戦前日本企業

1. はじめに

　戦前日本企業のバランスシート（B/S）を見るとき、その借方のトップに「未払込株金」なる勘定科目を発見して、奇異な思いにかられた経験は、おそらくひとり筆者だけのものではないであろう。たとえば、十五銀行の1926年のバランスシート（略）[1]を見ても、やはりその左側（資産）の筆頭に「払込未済資本金（未払込株金）」を見出すことができる。この点をさらに、大阪屋商店調査部編『株式年鑑』同年版で見ると、銀行業の82.9％、紡績業の87.5％、鉄道業の86.0％、電気・電燈業の90.5％、そして鉱業・製錬業の76.7％が、「資産」の最初に「未払込株金」を掲げていた[2]。こうした貸借対照表のスタイルは、戦前を通じて日本企業が一般に採用していたものであった[3]。

　「未払込株金」に奇異な感を抱くのは、Ⓐ戦後の日本企業にかかる様式を眼にしないことが何よりも大きい。Ⓑまた、戦前日本企業の先行研究は、今日の資本金に当たる「払込資本金」を求めるのに、貸方の資本金（「公称資本金」）から借方の「未払込株金」をいちいち引き算してきたのであるが、なぜ戦前のB/Sはこのような迂遠な表示方法を採用していたのか[4]。Ⓒまた、いわば「未だ払い込んでいない株金」にすぎない内容空疎なものを「資産」として計上するという、その会計処理に問題はないのか。Ⓓさらに、それを何にもまして資産の筆頭に掲げるという、そのプライオリティの認識はどこから来るものなのか、など疑問が湧くからである[5]。

　経営史は、これまで「払込資本金」にばかり目を向けてきたといっても過言

ではない。そこで本章は、その陰に隠れて顧みられることの少なかった「未払込株金」に光を当て、当時の日本企業の資本制度のありようを追及するものである。その過程で、Ⓐ～Ⓓの疑問点はおのずと解明されるであろう。ついては、経営史のほか、会計史の面からも検討を進めていくことにしたい。

2．プロローグ——金融恐慌——

「未払込株金」が経営史の前面に登場し、脚光を浴びる場面の一つとして、金融恐慌の破綻処理の局面があげられよう。本節では、金融恐慌で破綻した銀行の中から、最大規模であった十五銀行のケースを通して、「未払込株金」を解明する糸口としたい。以下、日本銀行調査局編［1969：478-529］をベースに述べていくことにしよう[6]。

(1) 十五銀行の破綻処理

十五銀行は、岩倉具視の提唱により華族の家産維持のために、1877年第十五国立銀行として東京にうぶ声をあげた。そのため華族銀行と呼ばれ、宮内省金庫をつとめるとともに、日本鉄道への投資などを行い堅調な業績をあげていた[7]が、松方系事業に固定貸の多かった浪速・丁酉・神戸川崎銀行を合併してからというもの、経営に苦しむようになり[8]、結局金融恐慌により休業の憂目にあったのである。

1927年5月、大蔵大臣高橋是清は、財界のトップ郷誠之助に同行の再建スキームの策定を依頼した。これに対する郷の回答は、同行の最大の貸出先である川崎造船所に対する3,000万円の低利政府融資による同社の再建を前提とした整理案であった[9]。しかし、この第一次案は、華族銀行の甘い体質を表すものとして一般の評判はすこぶる悪く、そのうえ大倉組が川崎造船所を差押えるという事件が発生し当初の前提も失われ、結局葬り去られた。そののち、他の破綻銀行との合併による整理案が浮上し、基本方針が動揺してしばらく進展が見られなかったが、高橋の後を継いだ大蔵大臣三土忠造は、ふたたび郷に単独

表補-1　十五銀行の最終整理案

1	未払込資本金を全額徴収した上で分5の1に減資する。
2	減資、積立金の切崩しおよび重役の私財提供により、欠損および不確実資産の補填と消却を行う。
3	日銀より年利3％で8,000万円の特融を受ける。
4	預金の3割（100円未満は全額）は即時払出をし、残余については向こう10年間で完済する。

出所：高橋亀吉・森垣淑［1993］『昭和金融恐慌史』をもとに作成。

整理案の作成を依頼した。この第二次案の骨子はつぎのようなものであった。①「未払込株金」全額を徴収したうえ資本金を5分の1に減資する、②また積立金3,300万円を取崩し、③さらに、重役の私財提供分450万円を欠損補填などにあてる、④日銀より2％の低利で8,000万円の特別融資を受け、この運用益を得る。ここには、第一次案にはなかった「未払込株金」の徴収が掲げられていることが注目される。しかし、この第二次案も政府関係者から銀行側に都合のよいものであるとの批判が噴出し、十五銀行の整理は再び頓挫した。

　しかしながら政府は、当時私立の最大銀行であった十五銀行をそのまま放置するわけにもいかず、協議したところ同行側より第二次案を修正した整理案が提示されるに至った。それが、表補-1に示す最終整理案である。この第三次案は第二次案と比べ、①日銀借入れの年利が、2％から3％に増えていることや、②表掲されていないが、「未払込株金」を向こう2年6回に分けて徴収する計画が示されていることなど、十五銀行側の自覚を深くするもので善処が認められる。とはいっても、このパッケージの3％融資が低利であることに違いはなく、またぞろ批判も出たが、政府は大蔵省令をもって特例的に融資を行うことに決定した。この整理案の内容で、株主総会の承認および預金者など債権者の同意が得られると、早速未払込株金の徴収が開始された。

(2)　株式分割払込制

　上の記述中注目すべきは、第二次・第三次案のパッケージにおいて、「未払込株金」が再建の財源として熱く期待されていることである。今日の「授権資本制度」のもとでは、「未発行株式（発行予定株式）」を再建財源としてたのむ

わけにはいかない。なぜなら、そこでは会社は、発行予定枠（授権資本）まで新株発行すなわち増資が可能であるとするにとどまり、その枠まで株主に払込を請求できるものではないからである（商法第166条第1項第3号）。この事情は、公募発行、第三者割当の場合はいうにおよばず、株主割当の場合でも変わらない。これに対し、十五銀行のケースでは、破綻に際しその回収が行われることになった事実から、本来支払われるべきものが、これまで支払われて来なかった状況が窺われる。すなわち、株主には未払込株金を支払う義務があり、逆に十五銀行は株主に対してそれを徴収する権利を有していたのだと考えると平仄があう。とすれば、戦前は今日とは異なる会社資本制度のもとにあったのである。では、それはどのようなシステムであったのだろうか。

法制度

結論からいえば、十五銀行の依拠した資本システムは、1911年改正商法第128条の「株式分割払込制」といわれるものであった。すなわち、そこでは「第一回払込ノ金額ハ株金ノ四分ノ一ヲ下ルコトヲ得ズ」と規定されており、株式を発行する際株主は4分の1以上を払込めばよく、残りは原則として会社の資金需要に応じて取締役の請求があり次第払込む、というシステムであった。個々の株式における前者の総計が「払込資本金」であり、後者の総計が「未払込株金」であって、この両者を加えたものが「公称資本金」にほかならなかった。こうして戦前は、「払込資本金」と「公称資本金」の二つの資本金が存在したわけである[10]。

今日の授権資本制との違いを端的にいえば、発行済株式につき全額の払込みを強制されるが、その後株主は払込義務から解放されるのが授権資本制、これに対し、発行済株式につき当初必ずしも全額の払込みを強制されないが、最終的に株主は全額の追加払込みの義務を負うのが分割払込制のシステムであった（図補-1）。後者は、公称資本金総額につき株式引受を要することになるので、とくに「総額引受主義」と呼ばれることがある[11]。

図補-1　資本制度の新旧比較

分割払込制（1948年以前）

←発行済株式→

払込株金 ｜ 未払込株金

←支払義務→

授権資本制（1950年以降）

←発行済株式→

全額払込制 ｜ 発行予定株式（新株発行枠）

←支払義務→

注：1948～50年は、授権資本制をとらない単なる全額払込制。
出所：筆者作成。

会計制度

　B/S上に「未払込株金」が計上されていたのは、以上の「株式分割払込制」の産物であったのである。それがB/Sの「資産の部」に書かれた理由は、明治政府がつぎのような考え方に立っていたことによると考えられる。すなわち、分割払込制のもとでは、「未払込株金」は会社の株主への「株金払込請求権」を化体する勘定科目、すなわちバランス・シート上それは「権利」の一つの表象である。であれば、未払込株金は今日いう「無形固定資産」に当たり、かかる実体を有するものは立派な「資産」である。むしろ公称資本金から「未払込株金」をマイナスし、その計算結果である「払込資本金」のみを表示し「未払込株金」を表示しなければ、株主の払込義務＝会社の払込請求権の所在がB/S上不問にふされる結果となり会計実体と乖離する。このように考えられたためであろうが、かかる考え方を、のちに説明する「資本控除説」に対して「資産説」と呼んでおこう[12]。筆者は、今日の株金全額払込制にもとづく授権資本制度[13]を前提にし、未払込株金＝未発行授権株式のように考え、本章冒頭のごとく「未だ払い込まれていない株金」＝資産性ゼロという理解に陥っていたのであるが、以上のようであれば、とりあえず納得することができる[14]。

上において、戦前の未払込株金＝分割払込制について、金融恐慌当時の同システムの基本的な構造を見た。以下では、さらに「未払込株金」の何たるかに接近するべく、その時代的な変遷をたどっていくことにしよう。ついては第一期から第四期に分けて論じる。

3．第一期――明治前期――

株式分割払込制は、商法（旧商法）制定以前からも行われていた。そこで、まず商法制定の前にさかのぼって、その状況を見ておくことにしたい。明治という時代は45年間存続したから、旧商法制定の1890（明治23）年はちょうど半ばを画する年に当たる。したがって、以下は明治前期を扱うものである。

(1) 分割払込制の嚆矢

野田正穂［1980：205］をして、「日本における株式会社発達史上の注目すべき特質の一つ」[15]といわしめた株式分割払込制は、福澤諭吉［1926：313］でも紹介されていたが[16]、それを世に広めた嚆矢は、1872年の「国立銀行条例」に求めることができよう[17]。すなわち、同条例第7条は「国立銀行ノ株主等ハ（中略）其業ヲ始ムル前ニ少クトモ元金高ノ五割ハ是非共之ヲ銀行ニ入金ス可シ」（第1節）、「他ノ五割ハ元金高ノ一割ヲ以テ月賦ト定メ開業免状ヲ得タル月ノ翌月ヨリ入金スヘシ」（第2節）と定めていた[18]。そこには、未払込株金が支払われない場合、銀行は強制執行もできるし、失権させて株式を競売することもできるとする、のちに見る商法類似の内容も盛られていた[19]。

国立銀行は、全国に153行を数え多く存在したから、分割払込制が当時一般性をもったとしても不思議ではないが、さらに明治政府は殖産興業政策から積極的にその奨励を行ったと思われる。いずれにせよ、企業勃興期（86～89年）の会社の定款の多くに、分割払込制を確認することができる。しかし、初回払込額は低きに失するものもあり、それが泡沫会社の出現を招いたことから、後述するように旧商法で4分の1と規定されることになった[20]。このような分割

払込制の経験は、来るべき商法典のそれを受け入れる素地を作ったといえよう。

(2) 部分的払込株の取扱い

分割払込制のもとでは部分的払込株が生じるが、それは払込を完済した今日の株式と同様に取り扱われたのだろうか。①まず配当金は、実際に支払われた金額の限度でしか与えられなかった。当然であろう。ここから戦前は、配当は「株式数」ではなく「払込済金額」に対して行われていたことになる。②つぎに議決権は、未払いのままで完全な1株として行使することができた。この点は、形骸化していた戦前の株主総会[21]においては大きな意味をもたなかったが、株式保有により他社を支配する局面では、重要な意味をもったと考えられる。つまり、より少ない資本で他社を支配することができた。後述するように、敗戦後の経済民主化の過程で、未払株が財閥支配の温床になったとしてGHQがナーバスになったのは、実にこの側面であった。

③ところで、かかる不完全な株式でも、他人に譲渡することはできたのだろうか。表補-2は、その疑問への回答に替わるものである[22]。同表から、戦前の日本では、払込の程度に応じて株式はさまざまな金額で取引され、株式市場で相場が成立していたことがわかる。興味深いことに、有名銘柄では、一般に払込割合の低い株式のほうが相対的に高い株価がついていた。値上がりが見込まれたことと株価が低く買いやすいため、それが需給バランスに反映した結果

表補-2　企業勃興期の株価

(単位：円)

No	銘　柄	払込金額A	市場価格B	B/A
1	日本銀行株	100	985.00	
2	正金銀行株	100	281.00	2.81
3	同新株	50	156.00	3.12
4	第一銀行株	100	220.00	2.20
5	同新株	50	114.00	2.28
6	第二銀行株	100	265.00	
7	第三銀行株	100	142.50	
8	第百銀行株	100	196.00	1.96
9	同新株	80	157.00	1.96
10	日本鉄道株	50	98.50	1.97
11	同2回発行	34	78.00	2.29
12	同3回発行	18	60.20	3.34
13	両毛鉄道株	75	42.00	0.56
14	同新株	50	59.00	1.18
15	甲武鉄道株	75	148.00	

注：1889（明治22）年3月3日正午現在。
　　松野屋商店の掲げる15番目までの銘柄を抽出した（株価ランキング上位15位ではない点に注意）。
出所：『東京日日新聞』[1889/3/5]、松野屋商店の広告をもとに作成。

であろう。たとえば、日本鉄道株は、当時、50円全額払込株（No. 10）[23]、34円払込株（No. 11）そして18円払込株（No. 12）の三種が市場に出回っていたが、相場はかえって50円株＜34円株＜18円株の順で相対的に高値となっていた[24]。注意すべきは、以上は異時発行の株式間で見られた現象である[25]。同時発行の株式間であれば、払込みが遅れれば失権株となり、異なる払込額の株式が共存することはありえないからである。いずれにせよ、戦前の株式取引の仕組みは、実に複雑に設計されており[26]、このような部分払込株の上場に批判がなかったわけではない[27]。

(3) 額面引下げの代替機能

この株式分割払込制は、機動的な資金調達の必要性から出たものであった[28]。すなわち、投資家は分割払いの安易さから株式投資におもむきやすく、その結果企業は株主を募りやすく会社の設立も行いやすい長所をもっていた。チェクパイチャヨン［1981：112］によれば、会社役員の月給が20円止まり[29]であった1880年以前、株式はむしろ100円株が主流であったという[30]。当然このような高額面株の購入は一部の富裕層に限られ、このままでは広く社会的零細資金を動員するという株式会社本来の発展は見込めなかった。分割払込制は、こうした高すぎる券面額と低位な国民所得水準（→貯蓄水準）とを架橋する役割[31]、いいかえれば「額面引下げの代替機能」を担ったのである[32]。

ここから、分割払込制が「企業勃興」に果たした役割は、決して小さなものではなかったと考えられる。「農商務統計表」によれば、日本企業全体における公称資本金に占める未払込株金の割合は、企業勃興期の89年は48.1％、90年は47.3％であり、後掲図補-3と比較して、とくに高い数値を示していた[33]。

ちなみに、公称資本金の大きさは、いかにして決められたのだろうか。それは多くの場合、当該企業の成長可能性、具体的には将来期待される固定資産額の上限をほぼ画するように設定されたと推定される。

(4) 不足しがちな必要資金

上のような資金調達における長所の反面、分割払込制度は公称資本金レベルがすぐに実現できず、また未払込株金の徴収に応じない株主が続出し、これに拍車をかけた。つまり、分割払込制は初回目は集金しやすいが、かえって二回目以降はしにくいという矛盾に満ちた苦渋をも、企業に味わわせていたのである。支払いが滞った理由は、当時株主の多くが、第一回目の払込みに手許の資金を目いっぱい使い果たし、後の準備はできていないという内情にあったからである。

このような株主にとって金策の一つとなったのが、普通銀行による「株式担保金融」であった。野田［1980：205］も、「借入れは主として株式担保で行なわれ、しかもその大部分は分割払込みにあてられていた」と述べていた[34]。この担保株式として、分割払込における部分払込株も用いられた（高村直助［1971：262］)[35]。こうして、分割払込制さらには株式担保金融こそは、「企業勃興」の牽引役を果たしたということができよう。

(5) 未払込株金の徴収（その1）

とはいえ株式担保金融も、もとより株主の資金不足のすべてを解消したわけではなく、未払込株金の徴収はなおも困難をともなった。それが先鋭化するのは、後述する経営破綻に際してであるが、平常時でも鉄道事業においては株主の手許不如意が露呈し、集金に四苦八苦することがしばしばであった。というのも株主のほとんどが、鉄道敷設後の利用者という立場と「封建的主従関係と郷土意識」[36]のしがらみの中で、応募を半ば強制された人達であったからである。

『日本鉄道株式会社沿革史（第1篇)』は、この間の消息を物語って興味深い。第一回株金払込直後の状況として、「株式売買ノ実況ニ於ルモ第一回金五円ノ払込価格ハ弐円内外ヲ保ツニ過キス　岩手、山形等ノ如キ地方ニ至テハ無代価ヲ以テ授受セントスルモ　猶且第二回以後ノ払込ヲ危懼シ之ヲ辞スルモノア

リ」と、述べている[37]。前者は、払込金額の半分以下で株式を売却せざるを得なかった、との意である。また、定款変更が行われ、株金払込の時期・期間が、毎年6月と12月の16～25日から2月と8月の1～25日に改正されたが、その際のつぎのような改正理由からも払込みの渋滞が窺われよう。「株主ニシテ沿線ニ在ルモノ多クハ　農桑ノ業ヲ執リ商家ニ於テハ金融繁忙ノ季節ニ係リ　共ニ払込ノ困難ヲ感スル事情アルヲ以テ　茲ニ之カ改正ヲ為ス」[38]。この他にも同書には、払込みが滞った記事が散見される[39]。配当の他に政府から8％の利子補給を受け、株主が厚遇された日本鉄道のケースにおいてさえ、このような有様であった。

4．第二期——明治後期から第一次大戦まで——

日清・日露の両戦争をへて産業革命を果たした日本は、第一次世界大戦を機に重化学工業化をおし進め、スロー・スターターの面目を一新する。日本企業の資本制度も新たな段階を迎えることになった。

(1) 商法と分割払込制

これまで事実上行われてきた株金分割払込制[40]は、1890年に初めて一般的な法制度として確立された。それが、旧商法第167条「取締役ハ速ニ株主ヲシテ　各株式ニ付キ少ナクトモ四分ノ一ノ金額ヲ　会社ニ払込マシム」である。そののち99年の新商法第128条第2項では「第一回払込ノ金額ハ　株金ノ四分ノ一ヲ下ルコトヲ得ズ」と、表現もより簡潔なものに改められ、これがそのまま第2節に見た1911年改正商法第128条に踏襲され、以後48年の商法改正に至るまで続けられる[41]。

ここに、払込期間は個々の会社に任されており自由であった[42]。株主が払込みを怠る場合は、会社は遅延賠償の請求もできるし、失権させて株式を競売することもできる旨規定されていた[43]。さらに、部分払込み株を購入して株主となった者が払込みを怠る場合は、元の株主にも払込義務が課されていたが[44]、

戦後のシステムに親しんだ眼には、こうした戦前のシステムは実に煩わしいものにうつる。この時期の商法の問題点は、かかる第二回目以降の払込みについて、詳しい規定を欠いていたことである[45]。そのため、紛争の多くがこれをめぐって起こされた。松田二郎［1942：43］も、「裁判実務上株金払込請求訴訟は其数極めて多きに上り、（中略）而して株金払込請求訴訟の大半は第一回株金払込の請求に非ずして、四分の一払込の残額、即ち第二回以後の株金払込徴収に係る」と述べていた[46]。

(2) ドイツ法の継受

このような日本の分割払込制は、そもそもドイツ法に範をとったものであった[47]。わが国商法典の起草に心血を注いだドイツ人、ロエスレル[48]の長大な『商法草案』の第193条には、初回払込分を4分の1とする分割払込制がうたわれていた。ドイツにおいても、それは大きすぎる券面額から株式募集の便宜をはかったものであった。この点は、レーニン［1956：80］のつぎのような一節を思い起こす人も多かろう。「ドイツでは、一〇〇〇マルク以下の株式は法律で許されていない。そこで、ドイツの金融巨頭連は、法律によって一ポンド・スターリング（＝二〇マルク、約一〇ルーブル）の株式さえもが許されているイギリスをうらやましそうにながめている」[49]。英国でも分割払込制がとられていたが、その初回払込額はわずか20分の1で足りたのであった[50]。低額化への要求は、わが国においてもくすぶっていた。それを受けて1897年、東京商業会議所会頭・渋沢栄一は、初回払込みを10分の1にする商法改正案を、大蔵大臣松方正義および農商務大臣大隈重信に建議したが、容れられなかった[51]。それは、4分の1という数値が、資金調達の長所と会社濫設の短所との程よい均衡点と見なされたからに違いない。

(3) 増資の代替機能

明治後期以降、しだいに銀行借入れや社債も行われるようになり、企業金融の幅が広がったが、なお株式金融が重きをなしていた。株金分割払込制は、初

表補-3　開示方法の新旧比較

	～1948年	1950年～
授権資本	—	定款（a）
（払込）資本金	—	登記、B/S（b）
公称資本金	定款、登記（c）	—
未払込株金	B/S（d）	—

注：根拠条文などは、つぎの通り。ただし戦前分は、旧商法のみ掲げる。
　a：商法第166条1項3号。
　b：登記につき商法第188条2項6号、B/Sにつき企業会計原則第3・4（3）。
　c：定款につき旧商法第158条1項4号、登記につき同168条1項4号。
　d：銀行につき図-2、事業会社につき不明。
出所：筆者作成。

回払込後何度かに分けて追加的に出資をしていくわけであるから、ある意味で「増資の代替機能」をもつものであったと見ることもできよう。とすれば、本来の増資（公称資本金の増額）を行う前に、まず未払込株金を全額払い込ませることが順序であろう。はたして商法もそう考えていたようである[52]。1899年制定の新商法からは、「会社ノ資本ハ株金全額払込ノ後ニ非サレハ之ヲ増加スルコトヲ得ズ」（第210条）と明記されるようになった[53]。

しかし実際には、新会社を設立しこれを合併する「変態増資」と呼ばれる方法が盛んに行われ、この規定を潜脱していた[54]。ではなぜ、コンプライアンスを損なってまで、このような行為をあえてする必要があったのだろうか。それは、未払込株金が徴収困難であったことのほかに、多くの場合、その徴収によっては賄いきれない大いさの資金需要に対応するためであった、と考えられる[55]。

ところで、株金分割払込制における定款記載事項は「公称資本金」であり、今日の授権資本制における定款記載事項は「授権資本」である（表補-3）。そこで、前者における増資は、公称資本金自体の増加であり定款変更を要し、後者における増資は、授権資本中の既定資本金の増加であり定款変更は不要である。いうまでもなく、定款変更はつねに株主総会における特別決議の厳格な手続きを経なければならないものである。したがって、立法者が変更可能性の高いものを定款記載事項とするであろうかは、疑うにたる問題であろう[56]。と考えると、どうやら立法者も、分割払込制における残金支払を、授権資本制における増資と同等に見ていたふしが感じられる。

(4) 未払込株金のB/S筆頭表示（その１）

『株式年鑑』の最初の刊行年である1911年には、銀行業の9.7％、紡績業の52.6％、鉄道業の87.3％、電気業の68.5％、そして鉱山業の60.0％が、バランス・シートの「資産」の最初に「未払込株金」を掲げていた[57]。銀行業以外の事業会社では、その「筆頭」表示がすでにほぼ確立していたことがわかる。注目すべきは、筆頭表示はまず事業会社を嚆矢として確立し、のちに銀行業が遅れて採用することになる点である。

では、事業会社において、この契機となったのは何であろうか。結論からいえば、残念ながら手がかりがなく、真相は今のところ杳としている。筆者の今後の課題としたいが、ただ当時のB/Sを残している数少ない企業のデータから推定すれば、おそらく1895年前後に何らかの契機が訪れたと見られよう。なぜなら、山陽鉄道は95年から、日本郵船・王子製紙・日本製粉・東京海上火災・日本生命は97年から、筆頭表示を採用していたからである[58]。

一方、銀行業の場合は、1916年の『銀行条例施行細則』が契機となったことは間違いない。すなわち、先の十五銀行が、はじめて「未払込株金の借方筆頭表示」を採用したのは、16年下半期の第四〇期貸借対照表からであり、同年上半期の第三九期貸借対照表の資産のトップの座は「貸付金」が占めていた。この変化は、十五銀行のみならず、日本の銀行業全体においても確認することができる。16年には、日本の銀行のうちわずか18％が「未払込株金の借方筆頭表示」を行っていたにすぎなかったものが、翌年の17年には56％へと大きく上昇しているからである[59]。16年前後のこの変化は、実は『銀行条例施行細則』が16年に全面改正され、その付属の貸借対照表雛型が「未払込株金の借方筆頭表示」を採用したことを契機としていたのである（図補-2④）[60]。ここへ至る銀行B/S雛型の変遷は、図補-2に示した通りである。この図こそ、本章にいう「資産説」と「資本控除説」の相克を窺わせるものであるが、後述することにしたい。

図補-2　銀行 B/S の雛型

①1873（明治6）年雛型

	資本金	25

②1890（明治23）年雛型

	資本金	100
	未払込株金	△75

③1899（明治32）年雛型

	資本金	100
未払込株金　75		

④1916（大正5）年雛型

未払込株金　75	資本金	100

⑤1927（昭和2）年雛型

	資本金	100
未払込株金　75		

注：数値・様式は、あくまでもモデル。
　　雛型の正式名称は以下の通り。
　　①「国立銀行・紙幣寮差出財務諸表様式」。
　　②「大蔵省令達・普通銀行営業報告書雛形」。
　　③「銀行条例施行細則付属雛形」。
　　④「改正銀行条例施行細則付属雛形」。
　　⑤「銀行法施行細則付属雛型」。
　　ただし、③は同雛型第7号による。第2号はむしろ②。
出所：片野一郎［1977］『日本・銀行会計制度史』。
　　①130・131頁、②185頁、③201頁、④208頁、⑤218・219頁。

5．第三期——1920年代——

　1920年代は、今日の平成不況にも比すべき慢性不況の様相を呈していた。第一次大戦によるバブルが崩壊し、ついで13万人もの死者を出した関東大震災が日本を襲う。その救済のための震災手形のつけが金融恐慌を引き起こし、さらに日本経済に追い討ちをかけることになった。

(1) 未払込株金の徴収（その2）

　そうした中、経営破綻が相次いだが、その際しばしば「未払込株金」は再建財源として期待され、その徴収が行われた。それが困難をきわめる作業であったのは当然であろう。倒産がわかっている企業に、追資する酔狂な株主も少ないからである。

　この消息は、先の十五銀行のケースからも知ることができる[61]。そもそも第一次案のパッケージに、「未払込株金」があげられていなかったのは、その回収の困難を予想した十五銀行の弱腰を反映していたと想像される。第一次案に対する世間の反発は、そのような同行の悠揚迫らぬ姿勢にも向けられていたと考えられよう。第二次・第三次案はこの点が改められたが、西野 元（はじめ）頭取は、5,025万円の未払込株金全額の回収はやはり無理であり、せいぜい1,500万円の回収に

とどまるであろうとの見通しを立てていた[62]。しかし、1928年末の徴収実績は、それをはるかに下回る約半分の800万円、同行の未払込株金全額の16％にすぎなかった。日本銀行調査局編［1969：526］は、この状況をつぎのように記している。「滞ナク払込マル、トキハ　三年末ニハ二五一二五千円トナルヘキニ実際ノ払込高合計一八三六六千円ニシテ　差引六七五九千円ノ遅滞ヲ生シタルモ　整理案ニ予定セル最小限度ノ払込見込高一五〇〇万円ニ比スレハ既ニ三〇〇余万円ノ超過ニ当リ　一見好成績ノ観ヲ呈セリ、然レトモ払込資金トシテ本行（日本銀行――引用者）ヨリ融通ヲ受ケタル八〇〇万円ト　当行営業資金ニヨル約二〇〇万円トノ合計約一〇〇〇万円ノ貸付振替アリタル事実ヲ考慮セハ好成績ニ非スト言フヘシ」[63]。ちなみに、今日有限責任をして「出資額の限度で」責任を負うことであるといわれることがあるが、右のように出資額（払込金）を超えて株主の責任が追及されたのであるから、当時は有限責任とは「出資義務の限度で」責任を負うことであったというべきであろう。

(2) 未払込株金の B/S 筆頭表示（その2）

　この時期には、事業会社も金融機関も、そのほとんどが筆頭表示を行っていた。先の大阪屋商店調査部編［1926］をふたたび見ると、銀行業の82.9％、紡績業の87.5％、鉄道業の86.0％、電気・電燈業の90.5％、そして鉱業・製錬業の76.7％が、資産の「筆頭」に未払込株金を掲げていた[64]。そこで以下では、その筆頭表示の理由を考察することにしよう。

　まず、未払込株金の筆頭表示の形式的な理由は、当時は今日のように「流動性配列法」を採用していなかったことに求められよう。一応、資産として未払込株金の貸借対照表能力を認める「資産説」を所与のものとすると、当時も資産につき今日の企業会計原則のような「流動性配列法」をとっていたならば、それをトップに表示することはできなかった。なぜなら、流動性配列法[65]では、資産は「流動資産→固定資産→繰延資産」の順に表記することが要請されているため、無形固定資産である未払込株金は流動資産のつぎ、また固定資産は「有形固定資産→無形固定資産→投資その他の資産」という順に配列すること

になっているため、有形固定資産のつぎになるからである。したがって、未払込株金が資産の筆頭に書かれた理由の一つは、当時は流動性配列法を採用していなかったこと、あるいは特にその点にルールがなかったことに求められる。

　つぎに、筆頭表示の実質的な理由を探るに当たり、今日のコーポレート・ガバナンス論の知見を参考に、企業のステーク・ホルダーの立場に目を向けよう。「未払込株金」を表示することは、まず①「株主」には、株金はまだ完納されていないことを確認するとともに、②「経営者」にとっては、払込請求権があることの主張と、将来の資本金規模を誇示する意味があった。とはいえ①②とも、筆頭に書く理由としては十分でない。そこで③「債権者」の立場が浮上する。一般に債権者は、調査能力に秀でた金融機関のような存在を別とすれば、株主が総会出席などさまざまな会社制度上の恩恵に浴するのに対し、会社情報にアクセスする機会は乏しい。そうした状況では、登記[66]のほか貸借対照表が当該企業を知りうる重要な情報源の一つとなる。そこに示される「総資産」から、債権担保の範囲を知ることができる。ところが、その総資産の中に、担保価値が不確実である「未払込株金」が混入しているのであれば、債権者にとってはリスクとして何にもまして開示される必要があろう。こうして戦前B/Sにおける「未払込株金」の筆頭表示は、株主と債権者の間にある情報の非対称性を緩和する役割を担ったと考えられる。よく知られるように、これは商法が一貫して追求してきた「債権者主義」の要請にほかならなかった[67]。

　こうした明治政府がとっていた「資産説」に対し、未払込株金を「資本の部」に控除形式で表示する方法が理論上考えられる（前掲図-2②参照）。これが「資本控除説」であるが、それは資産説のもつ「未払込株金の資本的性格をないがしろにする」という欠点を克服するとともに、債権者の注意をも喚起できる長所をもっていた。しかし反面、資産性を表現できないうらみがあり、資産説と資本控除説は優劣つけがたいものであったが、しいていえば本書では未払込株金の資本的性格のほうがその資産性よりも重要と考え、また表記法としても奇異な感を与えない点で、資本控除説がベターであったとしておきたい。

6. 第四期――準戦時期・戦時期――

準戦時期・戦時期に入ると企業の資本規模は大きくなり、それとともに生じたのは、こうした戦前の資本制度に対する変化ないしはその兆しであった。

(1) 分割払込制の見直し

1938年に商法は改正されるが、そこに至る道のりは10年におよぶ長いものであった[68]。その過程で、「株金分割払込制」の見直しが論議された。たとえば、大蔵大臣高橋是清は、33年4月と35年4月の二度にわたって全国手形交換所連合大会において、分割払込制は全額払込制に取って替えられるべきである旨、熱弁をふるっていた。その理由として、35年の演説では「払込未済の株券に関しては、少額の資金を以て多額の株式を発行することを得るが為め、事業界の好調に乗じ、動もすれば此種株式の発行により、増資を企て又は新会社の濫設を為し、其の結果後日に至り、社会に尠からざる迷惑を與へる傾があるのみならず、元来債務の担保としては種々の欠点がある」[69]と述べていた。

この高橋演説と相前後して、ほぼ同旨が多くの論者によっても叫ばれた。寺尾元彦［1932：30］、松田二郎［1933：43-68］、高窪喜八郎［1933：82］、陶山誠太郎［1933：11以下］、西原寛一［1936：6，7］、そして長谷川安兵衛［1937：1以下][70]などが、その代表的なものであった。なかでも松田［1933：43-68］は分割払込制反対の急先鋒であり、同論文はその弊を理路整然と論じていただけでなく、さらに執筆当時すでに世界の潮流が事実上の全額払込制に移行していることを強調していた。たとえば、ドイツでは、会社設立に当たりまず銀行が全額を引受け、その後おもむろに公衆に売却するシステム[71]が行きわたり、かつ全額払込が上場条件の一つとなっていたこと、米国でも、全額払込を要求する「比例株」なる慣行が27年までに39州に広まり、全額払込制が事実上一般化していたことを指摘していた[72]。

しかし、どういうわけか、結局38年改正商法では分割払込制の改正は見送ら

れたのである。後年になって竹内昭夫は、鈴木竹雄との共著［1977：136,137］
『商法とともに歩む』の中で、「当時の学会の意見も大勢として廃止に賛成（で
あり——引用者、中略）早晩これは廃止される運命にあったわけで、むしろ昭
和13（1938）年の改正で廃止すべき」であったと述べていた[73]。このとき廃止
されていたならば、後述する GHQ との関係が生じなかったのはいうまでもな
い。

(2) B/S 筆頭表示の見直し

　会計面の見直しは、右とは違ったまた別の観点から提起された。すなわち、
産業合理化にともなう「財務諸表の標準化」という理念の下に、「未払込株金
の借方表示」の改定が俎上にのぼったのである。そこでは、今日の「企業会計
原則」のような統一基準の策定がめざされていた。千葉準一［1998：36］によ
って、以下説明しよう[74]。

　1930年、『商工省準則（未定稿）』は、未払込株金は「借方に掲げずして、貸
方摘要欄にこれを公称資本金と並記し、其差額即ち払込額を資本金として計上
すべし。（中略）控除項目とするを妥当」と述べ、前掲図-2②に近いモデルを
提唱していた[75]。ところが、その理由はなぜか同時には明かされず、翌年にな
って公表された「未払込株金を貸借対照表の借方に掲載せざる理由」において、
つぎの4つの理由が示されることになった。すなわち「(i) 株式は譲渡性が
あるために、払込義務者が異動するので通常の債権と趣を異にすること、(ii)
払込を回避する株主を生じさせる可能性があり、確実なる担保力ある資産と認
めるべきではないこと、(iii) 未払込株金は資本構成に関するものであるため、
回収不確実の懸念がある場合に、通常の債権のように益金を以て補填しえない
こと、(iv)『商法』も未払込株金を確実に債権者に対して担保力あるものとし
て認めてはいないこと（商法第200条第1項）」[76]。以上の理由は、いずれもも
っともなものであるが、わけても (iii) の未払込株金は資本構成に関するもの
であるという指摘が重要であろう。この点、『商工省準則（未定稿）』のめざし
た、資本の控除形式で表示するという方向性は評価に値するものであり、その

様式での統一が望まれた。ところが、34年に公表された『商工省準則（確定稿）』はなぜかこれを裏切り、むしろ反対に財務諸表の多様性を認める内容となっており、もとの振り出しにもどってしまった。

(3) その他の変化

以上の変化はともに目に見える実を結ばなかったが、新しいシステムへの胎動を感じさせるものであった。しかし、以下に述べるところは、それへのステップとなった着実な変化である。

①まず、1株50円という金額が、戦時期のインフレで貨幣価値が下落し[77]、分割払いの有難味は決定的に薄れてしまった。この結果、未払込株金の徴収困難という問題も緩和され、株主層の底辺を大きく広げる契機ともなった。こうして、おそらく最大のメリットであった未払込株金の「額面引下げの代替機能」は、戦時期に妙味の乏しいものとなったのである。ちなみに、かかる50円最低額面制は旧商法によっていた[78]が、戦後改められ1950年から500円以上、81年から5万円以上と法定された。しかし、それは新設会社にとどまり既存会社は従来のままでも良いとされたから、今日でも50円額面は一部で健在であり、戦前システムの名残をとどめている[79]。②つぎに、銀行B/Sの未払込株金は、この時期に目立たないものとなった。というのは、上の『商工省準則』に先立つ27年制定の銀行法により、その施行細則付属雛型が「流動性配列法」を採用し、未払込株金を資産の末尾に追いやったからである（図補-2⑤）。この結果、『株式年鑑』の存在する戦前の最後の年である、42年の銀行B/Sの資産「筆頭」表示は25.9％にまで低下した。これに対し、事業会社のそれは74.4％をなお維持していた[80]。③また、戦時期における間接金融の隆盛が、株式金融自体を相対的に低下させたが、こうした中でも図補-3が示すように払込資本金額自体は伸びており、未払込株金比率（未払込株金／公称資本金）は急速に低下した。④反面、図補-3を仔細に見れば、38年から未払込株金の絶対額が微増しているのが認められる。これは、その徴収に政府の許可を必要とした、37年制定の「臨時資金調整法」の影響であろう[81]。⑤また、38年商法改正により、未払込

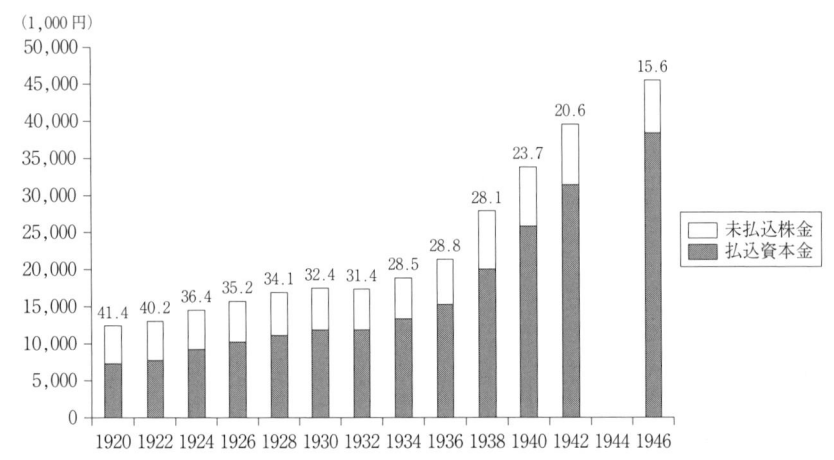

図補-3　日本企業の公称資本金の推移

(1,000円)

グラフ内数値（未払込株金比率％）：1920: 41.4、1922: 40.2、1924: 36.4、1926: 35.2、1928: 34.1、1930: 32.4、1932: 31.4、1934: 28.5、1936: 28.8、1938: 28.1、1940: 23.7、1942: 20.6、1946: 15.6

凡例：未払込株金／払込資本金

注：グラフ内の数字は、公称資本金に占める未払込株金の比率（％）。
出所：商工省調査統計局編『会社統計表』。

株金の徴収前でも増資が可能となった。こうして戦時期には「増資の代替機能」も失われた。立法に携わった松本烝治はその改正理由として、（ⅰ）わずかな未払金のために増資できないのは不合理であること、（ⅱ）徴収が期待できない破綻会社では増資による更生が望めないこと、（ⅲ）変態増資が横行していることの3点をあげていた[82]。その結果は、はしなくも戦時期の資金調達の便宜にかなう機動的なものとなった。

7．おわりに

本書はタイトルにもあるように、日本の「戦前」を扱うものであるが、未払込株金＝株式分割払込制については、敗戦後GHQによる財閥解体措置の一環として廃止される経緯が非常に興味深い。以下ではその点に言及して「おわりに」としよう。そこで、まず敗戦直後の未払込株金の状況を見ておきたい。史料-1は、大蔵省理財局経済課が集計した、1946年7月末現在の未払込株金残高を示す、当時の貴重な資料である。同資料の全容の分析は他日を期すことに

史料-1　敗戦直後の日本企業における未払込株金

	會社數		金額			備考
	調査セル會社數（社）	内未拂込ヲ有セル會社數（社）	公称資本金（百万円）	拂込済資本金（百万円）	未拂込資本金（百万円）	
總株式					12,083	21/7/31現在
上場會社株	560		27,710	22,743	4,967	21/9/22 〃
内金融機関	47		1,901	1,200	701	〃
閉鎖機関株	12	8	2,136	1,585	531	
制限會社株	1,235	355	23,579	19,325	4,254	21/8/15現在
國の所有する株	40				836	

（註）1．未拂込總額は日銀推定に基き19年9月末現在高11,569百万円にその後の臨時資金調整法による増資及び拂込許可額を加減さるものである。従って日銀窓口を通さない事業法関係の未拂込金は除外されてゐる。（以下略）
　　　2．制限會社は興銀、上場會社株は日本証券取引所が夫々調査したものである。
　　　3．閉鎖機関株は左の12社につき興銀が調査したものである。
　　　　　戦金、資金統合銀行、東拓、南拓、北支開發、中支振興、樺太開發、満鉄、南發、満州重工業開發、台拓、南洋鉱發。

注：原資料は、縦書き、漢数字を使用、冒頭に「極秘」印あり。また、註1の一部を割愛した。
　　それ以外は、すべて復元した。空欄や意味不明の個所も、そのままである。
出所：旧大蔵省理財局経済課［1946/10/1］『未払込金額調』（旧大蔵省資料526-29-6）。財務総合政策研究所財政史室所蔵文書。

し、ここでは、日本企業全体の未払込株金は約120億円に達し、公称資本金の18％を占めていたこと、また本節の検討の中心となる制限会社[83]は約43億円、それ以外の会社は約63億円にのぼっていたことを、確認するにとどめよう。

(1) 未払込株金に対するGHQの認識

さて、敗戦直後の1945年9月、GHQの占領政策は「降伏後における米国の初期の対日方針」に示されたが、そこに「財閥解体」の方針が明確に打ち出されたことは周知の通りである。その後、財閥解体の施策がいくつか講じられる中、46年1月米国政府はSCAP（連合国最高司令官）の財閥解体の進捗状況を調べるため、「日本の財閥に関する調査団」をわが国に派遣した。それがエドワーズ調査団であり、同調査団が3月に陸軍省と国務省に提出した大部かつ知的な報告書こそが「エドワーズ報告書」にほかならなかった。

そこには「未払込株金」について、つぎのような認識がしたためられていた。すなわち「現法（日本の商法──引用者）は、日本の会社が全額払株のほかに分割払株を発行することを、許している。しかしそこでは、支払った額にかか

わらず、どんな株でも一票の議決権が与えられる。この結果、特別株主集団に発行された分割払株は、払った金額をはるかに超える特権的議決権を、その一グループに与えることになる。さらに、分割払株の未払金はいつ請求されるか知れないので、支配的株主集団はコンツェルンから弱小株主を追い出す強い手立てをもつ。このような可能性は、株金全額払込制をとることによって減少するのであって、そうした変化が望まれる」[84]。この文中の傍点の個所は、財閥本社を含意するメタファ（隠喩）であると、本書は考えている。なぜなら、そもそも同報告書は、日本の「財閥」についての報告書であるし、またこうしたレトリックは他の文章に見えるエドワーズの知的雰囲気をよく伝えるものだからである。これに対し先の鈴木・竹内［1977：138］は、同報告書を「私が見た限りでは、未払込株金があるということが財閥の企業支配にとって大きなプラスになったというような指摘は見当らない」としているが[85]、これはメタファを看過したものではなかろうか。

　エドワーズに先立つ戦時期、米国において日本調査に従事したハードレーも同様の認識を抱いていた。73年になって刊行された『日本財閥の解体と再編成』においてであるが、ハードレーは「株は平等に払い込む必要がなかった。そして、財閥の力が増加するとともに、ますます少数の株でますます多くのものを支配することができた。株は平等に払い込む必要がなかったから、家族や最高持株会社にとっては、その資本の伸びを大きくする道が開かれていた。かれらの株式は、ほかの株式よりも低い割合で払い込むことができ、しかもそれは完全な議決権をもっていた」[86]と論じていたのである。ここに「株は平等に払い込む必要がなかった」、「ほかの株式よりも低い割合で払い込むことができ」たというのは、やや疑問もあるが、単純に株金分割払込制のことを述べたものであろう[87]。

　いずれにせよ、GHQ の認識は、エドワーズやハードレーなどの論者の影響下に形成された。こうして、未払込株金は財閥支配を増長する、と見なされたのであった。GHQ はかかる認識にもとづき、財閥解体措置の一環として、滞納されていた未払込株金の「徴収」とかかるシステムの「廃止」を、日本政府

に要請してきた。GHQ と日本政府の交渉は主として、前者は経済科学局財政課と大蔵省との間で、後者は経済科学局反トラスト・カルテル課と法務庁との間で進められ、時期的にはほぼ前者の終了を受けて、後者が始められたと考えてよい。

(2) 大蔵省と GHQ の交渉過程

以下では、GHQ と大蔵省との交渉過程を、大蔵省財政史室編［1983：853-871］をもとに説明していくことにしよう[88]。

戦後、心機一転、再出発を期していた日本企業にとって、1946年8月のGHQ による戦時補償の打切りは大きな痛手であった。そこで、戦時補償を打ち切られた企業など（特別経理会社という）を救済すべく同年定められた法律こそが、「会社経理応急措置法」と「企業再建整備法」であった。前者は、企業財務を、46年8月11日の「指定時」をもって、再建に資すると思われる部分（新勘定）とそうでない部分（旧勘定）に分離し、かつ新勘定により再起を促そうとするものであり、後者は、具体的にその旧勘定の処置について定めたものであった。未払込株金の徴収問題は、この後者においてとりあげられ、戦時補償の打切りによって発生した損失（特別損失という）を、未払込株金徴収でカバーするか否か、どの程度までカバーするか、が協議されたのである。

最終的に、47年6月「企業再建整備法施行令の一部を改正する政令」（政令第104号）によって、未払込株金はおおよそ以下のような扱いを受けることになった。すなわち、①未払込株金は、資本の負担すべき特別損失が、払込資本金の9割以下の場合は徴収しない（9割を超える場合に徴収する）。②徴収する場合、払込催告は指定時後の現在株主に対して行う（特別経理会社の場合は、指定時株主に対して行う）。③特別経理株式会社および金融機関の場合は、催告額を旧勘定として処理する。④③以外は、現実に徴収する。その際、株主が個人の場合は、失権を認める。⑤指定時株主以外の失権者は、自己の譲渡人に求償できる。⑥払込みは、代物弁済も認める。

一応このような決着を見たものの、ここに至るまでの道のりは決して平坦な

ものではなかった。当初、日本政府とGHQの考えは真向から対立していたのである。日本政府は、「金融緊急措置令」と「同施行規則」により銀行預金が封鎖されている敗戦直後の情況では、多くの株主が支払能力を失っていることなどを理由に、未払込株金の徴収に難色を示していた。ルカウント経済科学局財政課長はこれに不服を述べ、46年8月「企業再建整備法案に対する重要修正提案」により、特別損失負担のため払込資本金は90％まで切り捨て、未払込株金はより重く100％徴収するという強行策を提示してきた。この交渉に携わった酒井俊彦によると、「彼ら（GHQの係官――引用者）はつまりアメリカ式に授権資本の制度が非常に頭にあって、未払い込みというものは非常に不健全なものだということをしきりに主張」していたという[89]。かつて母国も分割払込制を採用していたことなどは棚に上げ、授権資本制度こそが彼らにとって唯一の正しい選択肢なのであった。

　しかしGHQは、その後、しだいに態度を軟化させていく。46年10月の「企業再建整備法」の公布を受けて、大蔵省理財局経済課は「特別経理株式会社の未払込金徴収に関する件」なる文書を作成した。これは、先に見た政令第104号の原型をなす内容[90]であったが、経済科学局財政課ルーリンと同局公正取引課ブッシュに提出したところ、おおむね了承を得ることができた。これに勢いを得た日本側は、政令第104号の基礎となる「特別経理株式会社の未払込株金の払込及び資本減少に関する勅令案」、つづけて「特別経理株式会社の未払込株金徴収並に減資に関する件」の文書を作成したが、これらもGHQの承認を得るところとなった。

　こうして未払込株金徴収問題が大詰めを迎えようとした時、GHQは忽然これまでの協議を覆す、新たな異議を唱えてきた。そのうち、個人株主の失権を認めるべきではないとする主張が注目される。これは、個人株主に失権を認め払込義務を免責すると、財閥家族を利することになり、財閥解体・経済民主化政策に反すると考えられたためであった。この点は、交渉に関わった渡辺武の日記にある「ルカウントから、未払込株金について個人免責を認めるならば、財閥を利することになるのではないか、という質問を受けた」という記述[91]

から裏付けられる。結局、先の④の内容に決着を見たものの、さなきだに順調ではなかった未払込株金の徴収交渉[92]を、GHQ の異議はさらに遅延させる原因となった。この背景には、「アメリカ側の独占禁止・経済力集中排除政策の動向が間接的に影響を与えていたのではないかと想像される」[93]。

(3) 法務庁と GHQ の交渉過程

以上の旧大蔵省関係の資料とは異なり、法務庁関係のそれは、公開されていないので、以下では、鈴木・竹内［1977］に依りながら、池野千白［1999：206-217］で補いつつ説明していくことにしよう[94]。

さて、1948年春のとある日、鈴木竹雄は同輩で法務庁法務調査意見長官の兼子一より、「オフィスに来てくれ」という電話を受けた。鈴木が行ってみると、兼子の用件は「GHQ から株金の分割払い込みをやめて全額払込制にしろという要求がきている。どうしてもこれを実現せざるを得ないので、ひとつ協力してくれ」という依頼であった。この前提には、経済科学局反トラスト・カルテル課課長ブッシュの法務庁への要請がなければならないが詳らかではない。鈴木によれば、「メモランダムはなかった」が、「いうことをきかざるを得ない GHQ の至上命令」であったという。そして、「兼子君が、財閥解体に関係するようなことをいっていた記憶があるので、GHQ としては、（中略）分割払込制度を財閥の支配力形成と結びつけたのではないかと思」う、と述べていた。

すぐ鈴木らは、「会社法改正に関する委員会」を立ち上げ討議に入ったが、鈴木の認識は、「非常に限定された問題ですから、改正の中身はそんなにむずかしいことはなく、多分 2、3 回ぐらい集まって中身を決め」れば十分という程度のものであった。しかし、この認識は、GHQ のそれとは異なっていたのである。当時、米国では大半の州で全額払込制がとられており、あわせて「授権資本制」と「無額面株式」も採用されていたから、GHQ にとって全額払込制の採用は、同時に授権資本制度と無額面株式の採用をも意味するものであった。GHQ が、法務庁に「全額払込制・授権資本制・無額面株式」のセットで改正することを要求してきたであろうことは想像に難くない。しかしそうなる

と、会社制度の根幹ともいえる資本制度の変更であり、抜本改正となり、とても2、3回の検討で済むものではなかった。

　結局48年7月、授権資本制・無額面株式とは切り離し、全額払込制だけの部分改正にとどめる「商法の一部を改正する法律」（法律第148号）が公布された。そして、当初8月施行予定であったものが、くり上げられ公布と同時に施行された。鈴木が兼子長官から協力要請を受けたのが4月頃とすると、わずか3カ月後のことである。ドイツ法から米国法への転換として知られる、50年の商法大改正の際に、全額払込制・授権資本制・無額面株式の3点セットで改正を行う線もありえたから、なぜかくもGHQは改正法の成立を急いだのだろうか。公布即日施行の点につき、池野［1999：210］は、改正企業再建整備法施行令の下で新会社設立を放置すれば、株金分割払込制の会社が新たに増え、ふたたび株金未払込の問題が生み出されるからであるとしている[95]。なるほど当時第二会社[96]設立の動きもあったから首肯するに足る理由であるが、本書では、未払込株金を財閥支配を増長させるとしていたGHQにとって、財閥解体を進めることが焦眉の急であったからであるという理由も付け加えておきたい[97]。

　はたして「商法の一部を改正する法律」により、特別経理会社のみならず、すべての株式会社は、2年以内に未払込株金徴収あるいは資本減少の方法により未払込株式を廃絶し、全額払込制に移行することになった[98]。こうして、日本近代のはじめより行われてきた「未払込株金」は、80年におよぶ命脈を断たれることになったのである。

分割払込制による財閥支配

　以上、十五銀行・日本鉄道のケースを中心に、経営史・会計史の両面から、戦前日本における株式会社の資本制度の解明につとめてきた。以下では、先の問題を補足して結びとしたい。

　本当に財閥は支配力を強化するために、意図的に株金分割払込制を利用したのだろうか。本書は、未払込株金の廃止措置は、財閥解体に執念を燃やすGHQの、誤解に近い信念ないしは思い込みにもとづくものであったという見

方を提唱しておきたい。このように考える理由は、ほぼつぎの３つに求めることができる。①まず、鈴木・竹内［1977：139］の「どうもそんなこと（株金分割払込制による財閥支配力の強化――引用者）はなかったような気がする」という発言があげられる[99]。商法の大家の、このような率直な感想は尊重すべきであろう。②また、未払込株金による財閥支配力の強化という発想が、それまでの財閥批判の文脈にはない唐突なものであったからである。かかる批判がありえたならば、財閥批判の嵐が吹き荒れた1930年代の前半に、すでにそれが登場していても不思議ではない。③さらに、先に見たようにエドワーズは、財閥は株主の不利なときに未払込株金の支払いを請求し、失権株として没収し支配株の増殖をはかることができたというが、現にそうした史料があるのかといえば理論的な域を出ないからである[100]。したがって、未払込株金が財閥支配を増長したという見方は、多分にイデオロギッシュな所産であったといえよう。

＊本章のみ「補章」としたのは、コーポレート・ガバナンスの視点からの追及が間接的で『戦前日本の企業統治』の１章とするのが、はばかられたからである。ちなみに、本章原版の抜き刷りを日本銀行金融研究所の南條隆氏に贈った2006年、氏も類似のテーマで論文を執筆中とのこと、奇遇であった。南條隆・粕谷誠［2009］「株式分割払込制度と企業金融、設備投資の関係について：1930年代初において株式追加払込が果たした役割を中心に」日本銀行金融研究所『金融研究』2009.3が、それである。
＊＊本章は、2003年11月８日に開催された経営史学会第39回全国大会（於、京都大学）において、筆者が行なった自由論題報告に加筆修正したものである。その際、石井寛治、岡崎哲二（司会）、西川登、粕谷誠、西村はつの諸先生から、有益なコメントを頂いた。ここに記して謝意を表する次第である。

注
1） 紙幅の都合上割愛した。代わりに表６-５（東邦電力貸借対照表）参照のこと。
2） 実際の数値を示せば、銀行業（信託銀行を含まず）全35行中の29行、紡績業全56社中の49社、鉄道業全57社中の49社、電気・電燈業全42社中の38社、そして鉱業・製錬業全30社中の23社が、「未払込株金の借方筆頭表示」を行っていた。
3） これ以外の様式としては、「未払込株金」の記載がないものがほとんどであり、若干数の「筆頭以外の借方表示」が見られる。

4）　筆者も、かかる計算を行いながら、「なぜ、このような面倒なことをしなければならないのか」という想いを、一再ならず禁じえなかった。

5）　千葉準一［1998：36］『日本近代会計制度——企業会計体制の変遷——』（中央経済社）も、「そうした慣行がいかなる経過ででき上がったのかについて筆者は必ずしも納得のいく説明を聴いたことはない」と述べていた。

6）　日本銀行調査局編［1969：478-529］『日本金融史資料　昭和編』第24巻。なお、高橋亀吉・森垣淑［1993］『昭和金融恐慌史』（復刻版・講談社）も参考にした。

7）　石井寛治［1991：149, 150］『日本経済史　第2版』（東京大学出版会）。

8）　十五銀行の破綻原因については、さらに長期の重工業金融に偏していたことや震災手形の割引などが考えられる。日本銀行調査局編［1969：480-487］『日本金融史資料　昭和編』第24巻。

9）　すなわち、①資本金を4分の1の2,500万円に減資し、新たに資本金2,500万円の銀行を設立し、両者を合併して資本金5,000万円の銀行をつくる、その際新銀行の出資は、宮内省、東西六大銀行および華族に懇請する、②減資、積立金の取崩し、そして重役の私財提供の計7,646万円をもって欠損補填にあてる、③日銀からの借入金利の低減を懇願する、④預金は無条件に支払う、というものであった。

10）　今日でも「授権資本」と単なる「資本金」の二つが存在するが、二つの資本金とあまり言われないのは、前者が株式数で表現されているからであろうか。

11）　「資本確定の原則」と呼ばれることもある。この点につき、1911年改正商法第123条は発起設立（単純設立・同時設立）を、第125条は募集設立（複雑設立・漸次設立）を規定していた。なお発起設立などにつき、落合誠一ほか［1998：24］『商法Ⅱ　第三版』（有斐閣Ｓシリーズ）。

12）　ネーミングについて、柴健次［1999：40］『自己株式とストック・オプションの会計』（新世社）。

13）　授権資本制度は、会社は発行予定枠まで新株発行が可能であるとするにとどまり、その枠まで株主に払込を請求できるとするものではない（商法第166条第1項第3号）。

14）　この点について千葉［1998：37］は、1890年8月に「『銀行条例』が公布されたが、その第三条により私立銀行が大蔵省に提出すべき報告書については、同年一一月大蔵省によりその雛型が決められて私立銀行に通達された。その〈資産負債表〉では、〈資本金〉の金額が負債側に、〈払込未済資本金〉の金額が資産側に記載されるべきことになっている。結果としてはその後の一般企業の会計慣行の中に、こうした方式が流布された」と述べていた。しかし、90年の『銀行条例』は、後掲図-2②のように、未払込株金が「資本の部」に控除形式で書かれた場合である

と見るほうが妥当なのではなかろうか。したがって、一般会社もそれに倣ったと見ることは無理があろう。

15) 野田正穂［1980：205］『日本証券市場成立史』（有斐閣）。
16) 福澤諭吉『西洋事情』の「商人会社」の項に、「速に金を集めんと欲するときは定価一両の手形（株式のこと――引用者）を三歩又は三歩二朱にて売ることもあり」との記述が見える。疑問もあるが、単に定価を切って売ったという意味ではないと考える。福澤［1926：313］『福澤全集』第一巻（時事新報社）。
17) 野田［1980：211］。
18) 明治財政史編纂会編［1927：41］『明治財政史』第13巻。この規定からは、結局開業5カ月間に全額を払込む必要があり、むしろ全額払込制の亜型ともいえるもので、旧商法との関係は疑問なしとしない。この明治5年の国立銀行条例の規定は、ほとんどそのまま明治9年の国立銀行条例に引き継がれた。
19) 国立銀行条例第7条。
20) 野田［1980：112］。
21) 明治期に活発な株主総会が見られたことがあったが、それは一時的現象にとどまり、一般的には戦前も戦後と同様に、株主総会はほぼ形骸化の傾向にあった。
22) 旧商法第182条、第215条などは、部分払込株の譲渡が前提されていた。これも一つの回答となり得よう。
23) 日本鉄道の1株は50円であった（定款第6条）。日本鉄道株式会社［1980：75］『日本鉄道株式会社沿革史』（野田正穂ほか編『明治期鉄道史資料』第2集、地方鉄道史第1巻、日本経済評論社）。
24) 株価が低く買いやすいことと、値上がりが期待されたためであろう。
25) 正確には、No.10は1881年の設立時募集株式（東京・高崎間など工事のため）、No.11は85年の第2回募集株式（宇都宮・仙台間工事のため）、No.12は88年の第3回募集株式（仙台以北工事のため）であった。当時の日本鉄道は総額引受主義をとらず、資本金2千万円を工事進行にあわせて分割して調達する方法、つまり「発起設立ではなく、事実上の募集設立、あるいはその変形」をとっていた（野田［1980：53］）。いわば、資本金2千万円レベルと分割された資本金の個々のレベルにおける「二重の分割払込制」がとられていたのである。なお、星野誉夫［1971：16］「日本鉄道会社と第十五国立銀行（2）」『武蔵大学論集』第19巻第1号、東京株式取引所編［1916：75］『東京株式取引所史』も参照。
26) ただ当時は、銘柄数、取引件数も今日と比べ少なかったから、何とかパニックにならず維持できていたのであろう。
27) 1937年ではあるが、長谷川安兵衛［1937：12］「未払込株金制度廃止論」『会社

経営』3巻5号。

28) 龍田節［1994：246］『会社法（第四版）』（有斐閣）。なお、志村嘉一［1969：269］『日本資本市場分析』（東京大学出版会）は、「分割払込制は、金融機関が主体的に関与しないという特殊日本的な株式発行市場の未成熟を、企業に転嫁したもの」という旨の興味深い解釈を示している。

29) 高村直助［1996：163］『会社の誕生』（吉川弘文館）も参照。

30) チェクパイチャヨン［1981：112］「明治初期の会社企業（1）」『大阪大学経済学』第31巻第1号。その結果、株式投資の担い手は、華族・大商人・地主などの一部の富裕層に集中していた。

31) 同旨、宮本又郎［1990：393］「産業化と会社制度の発展」西川俊作・阿部武司編『産業化の時代（上）（日本経済史4）』（岩波書店）。鉄道会社の場合は、さらに配当支払いの負担を軽減する意味があったという。野田［1980：79, 111］。

32) 野田［1980：112］。

33) 1888年以前の数値は、「農商務統計表」においても不明である。以後も不明な年もあるが、30～40％でほぼ推移し、図補-3に続いていく。

34) 野田［1980：205］。

35) 高村直助［1971：262］『日本紡績業史序説　上』（塙書房）。野田［1980：80］。長谷川［1937：11］にも、W氏の見解として、「四分ノ一払込ンデ置イテ又第二回ノ払込ノ時ニハ第一回払込ミノ株券ヲ担保トシテ又払込ムト云フコトモアルヨウデス」という記述がある。

36) 野田［1980：60］。

37) 日本鉄道株式会社［1980：110］。野田［1980：56］。星野［1971：13］。中村尚史［2004：328］「工業化資金の調達と地方官」高村直助『明治前期の日本経済』（日本経済評論社）。

38) 日本鉄道株式会社［1980：113］。

39) なお、中村［2004］は、岩手県における株主募集の困難を描いているが、未払込株金の集金についても同様の困難があったと推察される。

40) いうまでもなく、国立銀行条例が他業種企業への法的強制力を持ったわけではない。

41) 1938年改正商法でも、同表現が維持された。

42) 第二回以降の払込について、旧商法第212条は「株金払込ノ期節及ヒ方法ハ定款ニ於テ之ヲ定ム」としていたが、新商法第152条はこの文言を削除し、定款で規定するか否かも会社の自由とした。

43) 旧商法第212～215条、新商法第153条、1911年改正商法同条。

44) 旧商法第182条「株金半額払込前ノ株式ノ譲渡人ハ会社ニ対シテ其株金未納額ノ担保義務ヲ負フ」。新商法第153条第2項「会社ハ株式ノ各譲渡人ニ対シ二週間ヲ下ラサル期間内ニ払込ヲ為スヘキ旨ノ催告ヲ発スルコトヲ要ス」、同条第3項「(競売の場合——引用者) 競売ニ拠リテ得タル金額ガ滞納金額ニ満タサルトキハ従前ノ株主ヲシテ其不足額ヲ弁済セシムルコトヲ得」。これが、1911年改正商法に継承された。
45) 1938年改正商法で、若干改められた。
46) 松田二郎［1942：43］『株式会社の基礎理論』(岩波書店)。
47) 梅謙次郎［1893：387］『改正商法講義』(明法堂・有斐閣)。ただし、『日本立法資料全集　別巻18』(信山社)、1997年の復刻版による。
48) 法学者かつ経済学者であった。
49) レーニン (宇高基輔訳)［1956：80］『帝国主義論』(岩波文庫)。
50) 松田二郎［1933：610］「株式全額払込論」『法曹界雑誌』第11巻第1号。
51) 渋沢青淵記念財団竜門社編［1958：258］『渋沢栄一伝記資料』第21巻 (渋沢栄一伝記資料刊行会)。
52) 田中耕太郎［1932：598］『会社法概論』(岩波書店)。
53) ただし、電気・鉄道・保険といった分野では、その事業の特殊性から例外が認められていた (「電気事業法」第18条、「地方鉄道法」第6条・第11条、「保険業法」第19条の2)。
54) 田中［1932：598］。
55) 時代は下るが、『東洋経済新報』［1937/3/13：46］所収の日出紡織の記事参照。しかし、以上は一般論である。たとえば、共保生命 (現T&Dフィナンシャル生命) では、1914年、4分の3もの未払込株金を残したまま増資をした (保険業法第19条第2項により特認) が、それは従来の出資分と現重役による新規の出資分を峻別するためであった、と説明されている。東京生命社史編纂委員会編［1970：83, 84］『東京生命七十年史』。
56) 逆にいえば、「払込資本金」を定款記載事項とする法システムを定立すれば、定款を頻繁に変更しなければならず、その手間は耐えがたいものとなったろう。
57) 野村商店調査部編［1911］『株式年鑑』。
58) 各社『営業報告書』による。
59) 実際の数値を示せば、1916年は全33行中の6行にすぎなかったが、1917年には全32行中の18行が、「未払込株金の借方筆頭表示」を行うようになった。野村商店調査部編［1911］。
60) 片野一郎［1977：207, 208］『日本・銀行会計制度史　増補版』(同文舘)。

61) 十五銀行は倒産は免れ、何とか再開業にこぎつけた。
62) 日本銀行調査局編［1969：521］。高橋・森垣［1993：223］。
63) 日本銀行調査局編［1969：526］。
64) 実際の数値を示せば、銀行業全35行中の29行、紡績業全56社中の49社、鉄道業全57社中の49社、電気・電燈業全42社中の38社、そして鉱業・製錬業全30社中の22社が、「未払込株金の借方筆頭表示」を行っていた。
65) 企業会計原則第3・貸借対照表原則の3。
66) 株金払込みの状況は、登記によって開示され（商法第168条第1項第5号）、株主名簿に記載された（同第174条第1項第3号）。
67) 商法が債権者主義をとる根拠は必ずしも自明ではないが、筆者は一つとして「時価主義会計」も影響したのではないかと考えている。恣意的な評価損益の計上による資産の変動から、債権者を保護するためである。
68) 「先づ昭和四年十月法制審議会の議題に附せられ商法改正要綱の決議あり、更に昭和七年十月商法改正調査委員会の設置と為り、茲に本年一月愈々確定案として発表せらるゝに至れり」。花岡敏夫［1936：8］「商法改正法律案論評」『法律時報』第8巻第5号。
69) 『東洋経済新報』［1935/5/18：13］第1653号「未払込株式制度の欠陥と改善策」。
70) 寺尾元彦［1932：30］「有限責任会社社員責任論」『早稲田法学』第13巻、松田二郎［1933：43-68］「株式全額払込論」『法曹界雑誌』第11巻第1号、高窪喜八郎［1933：82］「商法改正要綱に対し反対すべき点」『新報』第43巻第7号、西原寛一［1936：6-7］「商法改正法案管見」『法律時報』第8巻第5号、陶山誠太郎［1933：11以下］「未払込株金廃止に就て」『経済時報』第5巻第6号、長谷川［1937：1以下］。
71) 発起設立という。
72) 他に、フランス、英国も事実上全額払込制をとっていたことが指摘されている。
73) 鈴木竹雄・竹内昭夫［1977：136-137］『商法とともに歩む』（商事法務研究会）。
74) 千葉［1998：36］。
75) 後述する銀行法（1927年）の影響を思わせるが、両者の関係は不明であり、その解明は今後の課題としたい。
76) 「社債ノ総額ハ払込ミタル株金額ニ超ユルコトヲ得ス」。
77) 明治中期の3分の1ほどになったと考えられる。大川一司ほか［1967：134］『長期経済統計8　物価』（東洋経済新報社）。
78) 旧商法第175条は、「各株式ノ金額ハ（中略）二十円ヲ下ルコトヲ得ス又其資本十万円以上ナルトキハ五十円ヲ下ルコトヲ得ス」と規定していた。

79) 2001年改正（附則第20条第1項）により、株式の額面表示は廃止された（無額面株式に統一された）。
80) 銀行業の資産表示自体は、81.5％であった（その内訳は、筆頭表示25.9％、末尾表示51.9％、その他表示3.7％）。一方、事業会社の筆頭表示の内訳は、紡績業66.7％、鉄道業77.1％、電気電燈業81.6％、鉱業・製錬業72.1％であった。
81) とはいえ、一部の企業では、未払込株金の徴収がつとめて行われた事実もあり、徴収された未払込株金の大半は設備投資のために、一部は借入金の返済に充てられた。三菱経済研究所［1958：168］『三菱財閥における資金調達と支配』。『東洋経済新報』［1935/3/13：44］（旭紡織）、『東洋経済新報』［1935/6/22：34］（芝浦製作所）、『東洋経済新報』［1935/8/17：35］（旭ベンベルグ）などの事例あり。
82) 松本烝治［1938：139］『私法論文集』（巌松堂書店）。
83) 財産が散逸するのを防止するため財閥解体が完了するまでに一定期間資産移動を禁止された会社。主として財閥系企業とその子会社であった。1945年12月8日の覚書「制限会社の規制」（SCAPIN 408）により指定された。12月8日の第一次指定では336社が指定を受け、47年9月までに29次にわたって追加指定がなされた。
84) 日本銀行調査局編［1969：279］。英文のため筆者訳出。
85) 鈴木・竹内［1977：138］『商法とともに歩む』。これに対し、岩崎稜［1980：19］「商法改正の歴史——昭和25年改正を中心に——」『総合特集シリーズ14　現代の企業』（法学セミナー増刊、日本評論社）は「エドワーズ財閥調査団は、分割払込制が財閥資本家の比較的僅少な投資による会社支配を可能にした法的手段であったと評価し、その廃止を提案していた」と述べていた。
86) ハードレー（小原敬士・有賀美智子訳）［1973：29］『日本財閥の解体と再編成』（東洋経済新報社）。
87) 「ほかの株式よりも低い割合で払い込む」可能性ある状況としては、財閥本社が①直系会社の失権株を競落する場合や、②直系会社の異時発行の株式（表補－2参照）を取得する場合、あるいは③その採用していた持株会社形態を、リーフマンのいわゆる「支配資本の節約」の装置であると認識する場合などにありえようが、ここでは、本文のように捉えば足りると考える。Liefmann［1931：105］*Beteiligungs-und Finanzierungsgesellschaften*.
88) この節は、大蔵省財政史室編［1983：853-871］『昭和財政史——終戦から講和まで——』第13巻（東洋経済新報社）に負うところが大きい。
89) 酒井俊彦講述［1952：15,16］「会社経理応急措置法と企業再建整備法について」大蔵省調査課『戦後財政史資料』（大蔵省官房調査部資料、理3巻）。
90) つぎの点はやや異なる。「特別損失が、払込資本金の九割以下の場合、まず払込

資本金の九割で補填し、残額ある場合のみ未払込株金を徴収する」。

91) 原文（渡辺武日誌の1947年4月21日の記述）は「LeCount（1）未払込ノ件個人免責ハ財閥ヲ利セザルヤトノ質問アリ」。大蔵省財政史室編［1983：864］。

92) 経済団体連合会から企業再建整備の進捗について批判を受けるという一幕もあった。すなわち、1946年3月、経済団体連合会は「企業再建整備法の運用に関する意見」を発表して、企業再建整備の遅れを批判した。大蔵省財政史室編［1983：862］。

93) 大蔵省財政史室編［1983：869］。

94) この節は、池野千白［1999：206-217］「戦後会社法への第一歩」浜田道代『日本会社立法の歴史的展開』（商事法務研究会）に負うところが大きい。

95) 池野［1999：210］「戦後会社法への第一歩」。

96) 会社経理応急措置法による新旧分離の結果生じた旧勘定の整理において、資本金を全額切り捨てた企業は解散しなければならなかったが、その際任意に設立を認められた新会社。大蔵省財政史室編［1983：705, 718］など。

97) ちなみに、財閥解体措置がほぼ完了するのは、49年夏頃といえよう。

98) 未払込株金の徴収実績は、大蔵省財政史室編［1983］によるも不明である。

99) 鈴木・竹内［1977：139］。原文は、「兼子君が、財閥解体に関係するようなことをいっていた記憶があるので、GHQとしては、（中略）分割払込制度を財閥の支配力形成と結びつけたのではないかと思います。しかし、果して財閥が本当に意図的に分割払込制度を利用したものかどうか。どうもそんなことはなかったような気がする」。

100) 鈴木・竹内［1977：140］にも、「財閥の資金力は旺盛ですから、一般株主が払い込めないような不況のときに株金の払込徴収をして、払い込めない者を失権させるというやり方をすることも考えられないではない」という記述がある。

あとがき

　ある高名な小説家が「この作品は私のライフ・ワークだ」と豪語するのを聞いた時、それが完成したのち彼は一体どうする積りだろうと一瞬訝った記憶がある。40代の半ばであったその気鋭の作家はまもなく凄絶な劇場型の自殺を遂げて、ファンであった筆者をいたく失望させた。ところで本書は、筆者にとってはまさに最初で最後の書物となるに違いない。遅れて出発した研究生活のため、定年まで余すところ1年もないからである。とはいえ在職中、こうして1冊だけでも公刊にこぎ着けたことは幸運とすべきであり、滑り込みセーフといえよう。何よりご支援賜った多くの方々に感謝しつつ、ここに小著『戦前日本の企業統治――法制度と会計制度のインパクト――』を上梓する。おそらく間違いも多く至らぬものではあるが、これこそ正真正銘のライフ・ワークである。

　本書の最大の貢献は、やはり戦前の日本企業の行動様式がアングロ・サクソン型であると映る原因の一端は、戦前の時価会計による非継続企業から来るものであるということになろうか。また株金分割払込制の下で、未払込株（一部払込株）1株も完全な1議決権を有していたとの指摘や、軍需会社法の変則的な株主総会手続も実際に行われていたとの史料発掘も掲げておきたい。

　約10年の短い研究生活であったが、研究上適切なアドバイスや貴重なコメントを頂いた先輩・同僚・後輩は数知れない。失念すると非礼になるのでいちいちお名前をあげることは差し控えるが、とくにつぎのお三かたへの思いは深く、記して謝意と敬意を表させて頂く。それは立命館大学の長島修先生、東北学院大学の白鳥圭志先生、そして神奈川大学の西川登先生である。

　その独特のスタイルが好きで引用も多数させてもらった長島先生は、本書に収めた拙稿をすべて克明に読んで下さり、時には酷評を含む多くのご教示を頂いた。一時腰を悪くされ研究室のコンクリートの床にシーツを敷いて、横になってワープロを打っておられたお姿は忘れられない。また『経営史学』への論

文掲載の常連で憧れにも似た気持を抱いてきた白鳥先生も、懇切な助言を惜しまれなかった。文通といえば古風に聞こえるが、実際何度となく手紙を交わした間柄である。また筆者が学会報告をする際のコメンテーターも務めて下さり、東日本大震災で被災をされた身でありながら、京都へ福岡へとお運び頂いたことは誠に申し訳なく恐縮の至りである。また会計学には少し不安もある筆者であるが、それだけに西川登先生からのエールは心強かった。一時体調がすぐれないとお聞きしていたが、2012年度の経営史学会における筆者の自由論題報告（第1章所収）で、フロアからコメントを頂き元気なご様子に安堵した。

なお、本書が日の目を見るに当たっては、日本経済評論社の栗原哲也社長と出版部の谷口京延氏のご好意によるところが大きい。心から感謝申し上げたい。序でに母冨喜子、妻園子、長男久と長女ゆりの家族の支えにも感謝したい。

最後に本書の初出一覧を以下に掲げておこう。

序　章　課題と視角
　　　　書き下ろし。
第1章　会社設立前の株式譲渡——会社勃興と株式市場——
　　　　「会社設立前の株式譲渡——会社勃興と株式市場——」『富大経済論集（第59巻第1号）』（富山大学）2013年。
第2章　三重紡績の成長戦略——大阪紡績をベンチマークとして——
　　　　書き下ろし。
第3章　1920年代の持株会社による企業統治——三菱本社のケースから——
　　　　「持株会社による組織革新（1）——三菱合資会社のコーポレート・ガバナンス——」『経済論叢（第169巻第5・6号）』（京都大学）2002年。
　　　　「持株会社による組織革新（2）——三菱合資会社のコーポレート・ガバナンス——」『経済論叢（第170巻第1号）』（京都大学）2002年。
第4章　「重役による私財提供」の論理——昭和金融恐慌を中心に——
　　　　「『重役による私財提供』の論理——昭和金融恐慌を中心に——」『富大経済論集（第56巻第2号）』（富山大学）2010年。

第5章　株主有限責任の定着過程――銀行業を中心に――
「『重役による私財提供』の論理――昭和金融恐慌を中心に――」『富大経済論集（第56巻第2号）』（富山大学）2010年。

第6章　戦前日本の時価会計とコーポレートガバナンス――1920年代の非財閥系企業を中心に――
「戦前日本企業のコーポレート・ガバナンスと法制度――1920年代の非財閥系企業を中心に――」『経営史学（第37巻第4号）』2008年。

第7章　戦時期日本企業のゴーイング・コンサーン化――非財閥系企業を中心に――
「戦時期における日本企業のゴーイング・コンサーン化――非財閥系企業を中心に――」『富大経済論集（第50巻第3号）』（富山大学）2005年。

第8章　戦時期における持株会社による企業統治の変容――三菱本社のケースから――
「持株会社戦時適合論――三菱財閥本社をケースとして――」『経済論叢別冊　調査と研究（第26号）』（京都大学）2003年。

第9章　軍需会社法下の株主総会
「太平洋戦争末期・終戦直後の株主総会――株主総会議事録による実証分析――」『経営史学（第43巻第3号）』2008年。

補　章　「未払込株金」と戦前日本企業
「戦前日本企業と『未払込株金』」『富大経済論集（第51巻第2号）』（富山大学）2006年。

2014年9月

青地　正史

参考文献

まえがき

岡崎哲二 [1993]「企業システム」岡崎哲二・奥野正寛『現代日本経済システムの源流』日本経済新聞社。

加護野忠男 [1994]「経営学の視点からみた企業のガバナンス」『ジュリスト』No. 1050、有斐閣。

鴻常夫・北沢正啓編 [1986]『英米商事法辞典』商事法務研究会。

序　章

青木昌彦 [2001]『比較制度分析に向けて』NTT 出版。

青地正史 [2012]「日中における企業間関係」青地ほか編著『東アジア地域統合の探究』法律文化社。

E. H. カー（清水幾多郎訳）[1962]『歴史とは何か』岩波書店。

岡崎哲二編著 [2001]『取引制度の経済史』東京大学出版会。

中林真幸・石黒真吾編著 [2010]『比較制度分析・入門』有斐閣。

A. O. Hirschman [1970] *Exit, Voice, and Loyalty*, Harvard University Press.

第 1 章

老川慶喜 [1978]「わが国における全国的鉄道体系形成過程の特質」『社会経済史学』第43巻第 6 号。

近江鉄道株式会社 [1893]『近江鉄道起業目論見書』（近江鉄道株式会社運輸本部鉄道部所蔵）。

大蔵省銀行局 [1887]『銀行局第十次報告』。

小川功 [1998]「明治中期における近江・若狭越前連絡鉄道敷設計画の挫折と鉄道投機」『滋賀大学経済学部附属資料館研究紀要』第31号。

岡崎哲二・浜尾泰・星岳雄 [2005]「戦前日本における資本市場の生成と発展」『経済研究』Vol. 56, No. 1, Jan.。

落合功 [2008]『入門　日本金融史』日本経済評論社。

片岡豊 [1987]「明治期の株式市場と価格形成」『社会経済史学』第53号第 2 号。

喜多方市史編纂委員会 [2000]『喜多方市史』第 6 巻（上）近代資料編Ⅳ。

京姫鉄道株式会社 [1896]『京姫鉄道創業総会関連資料』（天理大学附属天理参考館交通

文化室所蔵)。

京都鉄道株式会社［1896］『第一回実際報告』（京都府立総合資料館所蔵）。

幸徳秋水［1960］『兆民先生・兆民先生行状記』岩波書店。

交詢社編［1897、1908］『日本紳士録』。

渋沢栄一（井口正之編）［1913］『渋沢男爵実業講演』（乾坤）帝国図書出版。

島本利一［1925］『北浜と兜町』文雅堂。

志村嘉一［1969］『日本資本市場分析』東京大学出版会。

鈴木恒夫・小早川洋一［2006］「明治期におけるネットワーク型企業家グループの研究——『日本全国諸会社役員録』（明治31・40年）の分析——」『学習院大学　経済論集』第4巻第2号。

曽我祐準翁自叙伝刊行会［1930］『曽我祐準翁自叙伝』。

大社両山鉄道株式会社［1896］『大社両山鉄道株式会社起業目論見書』（佐々木家文書）。

高橋亀吉［1973］『日本近代経済発達史』第1巻、東洋経済新報社。

高橋亀吉［1977］『日本の企業・経営者発達史』東洋経済新報社。

高村直助［1996］『会社の誕生』吉川弘文館。

田島町史編纂室編［1990］『野岩・会津鉄道建設運動史』。

田島町史編纂委員会［1992］『田島町史　地誌・人物・史料補遺』第10巻。

千葉県史料研究財団編［2006］『千葉県の歴史　資料編』。

逓信省鉄道局［1903］『鉄道局年報』。

寺西重郎［2010］「戦前期株式市場のミクロ構造と効率性」日本銀行金融研究所『金融研究』。

『東京日日新聞』［1886/12/23］「両毛鉄道会社」。

東武鉄道年史編纂事務局［1964］『東武鉄道65年史』。

『東洋経済新報』［1895］第1号「株券流行の現象」。

『東洋経済新報』［1896］第8号「権利株の売買流行」。

『東洋経済新報』［1897］第42号「権利株の下落」。

『東洋経済新報』［1897］第59号「権利株の末路」。

『東洋経済新報』［1898］第83号「事業計画の趨勢」。

富山地方鉄道株式会社［1983］『富山地方鉄道五十年史』。

中村尚史［2004］「工業化資金の調達と地方官——日本鉄道会社の東北延線と岩手県——」高村直助編著『明治前期の日本経済　資本主義への道』日本経済評論社。

西原寛一［1935］「経済的需要と商事判例」『京城帝国大学法文学会第一部論集』刀江書院。

野田正穂［1980］『日本証券市場成立史』有斐閣。

久嶋惇徳編［1906］『紀和鉄道沿革史』。

福沢桃介翁伝記編纂所［1939］『福沢桃介翁伝』。
藤沢晋・在間宣久［1969］「中国鉄道の設立とその資本・営業の展開過程」岡山大学教育学部『研究集録』第28号。
富士急行株式会社［1977］『富士山麓史』。
武相中央鉄道株式会社［1895］『武相中央鉄道株式会社設立発起認可願』（川崎市民ミュージアム所蔵）。
堀和久［1984］『電力王・福沢桃介』ぱる出版。
三島康雄編［1984］『日本財閥経営史　阪神財閥野村・山口・川崎』日本経済新聞社。
毛武鉄道株式会社［1895］『毛武鉄道株式会社起業目論見書』（ふじみ野市立上福岡歴史民俗資料館所蔵）。
『門司新報』［1895/10/ 6, 1898/ 6 / 3 など］。

第 2 章

青地正史［2006］「戦前日本企業と未払込株金」『富大経済論集』第51巻第 2 号。
浅沼萬里・岩崎晃訳［1980］『市場と企業組織』日本評論社。
阿部武司［2010］「生産技術と労働──近代的綿紡織企業の場合──」阿部武司・中村尚史『産業革命と企業経営』（講座・日本経営史　第 2 巻）ミネルヴァ書房。
石井寛治［1991］『日本経済史　第 2 版』東京大学出版会。
『大阪朝日新聞』［1914/ 5 /31］。
大阪紡績株式会社『第43回定時株主総会議事録』（東洋紡績会社社史室所蔵）。
川井充［2007］「合併と企業統治」『大阪大学経済学』（Vol. 57, No. 3 ）。
神田秀樹［2006］『会社法　第 8 版』弘文堂。
絹川太一［1937］『本邦綿糸紡績史　第 2 巻』日本綿業倶楽部。
───［1938］『本邦綿糸紡績史　第 3 巻』日本綿業倶楽部。
───［1939］『本邦綿糸紡績史　第 4 巻』日本綿業倶楽部。
───［1941］『本邦綿糸紡績史　第 5 巻』日本綿業倶楽部。
───［1942］『本邦綿糸紡績史　第 6 巻』日本綿業倶楽部。
───［1944］『本邦綿糸紡績史　第 7 巻』日本綿業倶楽部。
絹川太一編［1936］『伊藤伝七翁』大空社から2000年に復刻。
桜谷勝美［1988］「二千錘紡績の苦闘──三重紡績所の場合──」『三重大学法経論叢』第 5 巻第 2 号。
鈴木恒夫・小早川洋一［2010］「企業家ネットワークの形成と展開」阿部武司・中村尚史『産業革命と企業経営』（講座・日本経営史　第 2 巻）ミネルヴァ書房。
高村直助［1970］「大阪紡績会社」山口和雄編『日本産業金融史研究　紡績金融篇』第

3章第1節、東京大学出版会。
高村直助［1971］『日本紡績業史序説　上』塙書房。
―――［1996］『会社の誕生』吉川弘文館。
東洋紡績株式会社［1986］『百年史　東洋紡　上』。
日本銀行大阪支店［1914］『大正3年当店金融報告』（日本銀行大阪支店所蔵）。
浜田道代編著［1999］『日本会社立法の歴史的展開』商事法務研究会。
前坂俊之［2000］絹川太一編［1936］『伊藤伝七翁』（解説）。
宮島英昭編著［2007］『日本のM&A』東洋経済新報社。
宮本又郎［1985］「大阪紡績の製品・市場戦略」『大阪大学経済学』Vol. 35, No. 1。
―――・阿部武司［1999］「工業化初期における日本企業のコーポレート・ガバナンス」『大阪大学経済学』Vol. 48, No. 3・4。
三重紡績株式会社『株主総会要件録』（東洋紡績会社社史室所蔵）
三和良一［2002］『日本経済史近現代　第2版』東京大学出版会。
武藤山治［1901］［1963］「紡績大合同論」『武藤山治全集』第1巻、新樹社。
村上はつ［1965］「三重紡績会社の資金調達――明治二、三十年を中心として――」『社会経済史学』第30巻第1号。
―――［1970］「三重紡績会社」山口和雄編著『日本産業金融史研究　紡績金融篇』東京大学出版会。
八十島親徳［1986］「韓国旅行日記」東洋紡績『百年史　東洋紡　上』。
山口和雄編著［1970］『日本産業金融史研究　紡績金融篇』東京大学出版会。
―――編著［1974］『日本産業金融史研究　織物金融篇』東京大学出版会。
ユニチカ株式会社［1991］『ユニチカ百年史　上』。
米川伸一［1994］『紡績業の比較経営史研究』有斐閣。
〈コラム〉
東京生命保険相互会社［1970］『東京生命七十年史』。
阪神電気鉄道株式会社臨時社史編纂室編［1955］『輸送奉仕の五十年』。

第3章

青地正史［2002a］「持株会社による組織革新（1）――三菱合資会社のコーポレート・ガバナンス――」『経済論叢』（京都大学）第169巻第5・6号。
―――［2002b］「持株会社による組織革新（2）――三菱合資会社のコーポレート・ガバナンス――」『経済論叢』（京都大学）第170巻第1号。
―――［2008］「1920年代不況と平成不況」『富大経済論集』第53巻第3号。
麻島昭一［1986］『三菱財閥の金融構造』御茶の水書房。

岩崎小弥太［1944］「鉱業会社臨時場所長会議席上に於ける告辞」『随時随題』東京大学出版会。
碓氷厚次［1942］『持株会社の会計』千倉書房。
大倉雄次郎［1998］『連結会計ディスクロージャー論』中央経済社。
岡崎哲二［1999］『持株会社の歴史』筑摩書房。
橘川武郎［1996］『日本の企業集団：財閥との連続と断絶』有斐閣。
産業構造審議会［1993］「中間的とりまとめ（21世紀に向けた経済システムの自己改革のための問題提起）」。
下谷政弘［1996］『持株会社解禁』中央公論社。
─────［2006］『持株会社の時代』有斐閣。
─────［2009］『持株会社と日本経済』岩波書店。
正田彬［1995］「持株会社の禁止（独占禁止法9条）について」『ジュリスト』No. 1081。
高橋亀吉［1930］『株式会社亡国論』萬里閣書房。
武田晴人［1985］「資本蓄積（3）財閥」大石嘉一郎編『日本帝国主義史1　第一次大戦期』東京大学出版会。
長沢康昭［1981］「三菱財閥の経営組織」三島康雄編『三菱財閥』日本経済新聞社。
─────［1979］「三菱財閥の役員兼任関係と統制機構──大正10年～昭和19年──」『福山大学経済論集』第4集。
日本銀行統計局［1966］『明治以降本邦主要経済統計』。
橋本寿朗・長谷川信・宮島英昭［2006］『現代日本経済　新版』有斐閣。
旗手勲［1978］『日本の財閥と三菱』楽游書房。
三島康雄編［1981］『日本財閥経営史　三菱財閥』日本経済新聞社。
三菱経済研究所［1958］『三菱財閥における資金調達と支配』。
三菱内規［1918a］「分系会社と合資会社の関係取極」。
三菱内規［1922］「分系会社取締役会内規」。
三菱内規［1918b］「分系会社資金調達並其運用に関する取極」。
宮島英昭［2004］『産業政策と企業統治の経済史』有斐閣。
森川英正［1980］『財閥の経営史的研究』東洋経済新報社。
O. E. ウィリアムソン［1975］*Markets and Hierarchies: Analysis and Antitrust Implications*（浅沼萬里・岩崎晃訳［1980］『市場と企業組織』日本評論社）。
〈コラム〉
加護野忠男［1993］「職能別事業部制と内部市場」『国民経済雑誌』（神戸大学）第167巻第2号。
東洋経済新報社編［1932］『事業会社経営効率の研究』。

A. D. Chandler, Jr. [1692] *Strategy and Structure*. Cambridge, Mass., MIT Press（三菱経済研究所訳［1967］『経営戦略と組織』実業之日本社）。

第 4 章
青木昌彦［2001］『比較制度分析に向けて』NTT 出版。
『朝日新聞』［2005/ 3 / 4 ］。
石井寛治［2000］「近江銀行の救済と破綻」地方金融史研究会『地方金融史研究』第31号。
『大阪朝日新聞』［1927/ 6 / 5 ］「近銀の重役　私財提供を渋る　整理渋滞の主因」。
小川功［2001］『破綻銀行経営者の行動と責任』（滋賀大学経済学部研究叢書第34号）。
加藤俊彦［1957］『本邦銀行史論』東京大学出版会。
白鳥圭志［2003］「1920年代における日本銀行の救済融資」『社会経済史学』Vol. 69, No. 2 。
──── [2006]『両大戦間期における銀行合同政策の展開』八朔社。
高橋亀吉［1930］『株式会社亡国論』万里閣書房。
──── [1956]『我国企業の史的発展』東洋経済新報社。
────・森垣淑［1968］『昭和金融恐慌史』清明会出版部。
東洋経済新聞社［1927］『金融60年史』。
日本銀行［1958］『日本金融史資料　明治大正編　第22巻』。
──── [1969]「近江銀行ノ破綻原因及其整理」同『日本金融史資料　昭和編　第24巻　金融恐慌関係資料（1）』。
『日本経済新聞』［2010/ 2 /13］。
『日本経済新聞』［2007/11/ 5 ］。
西川義晃［2008］「旧商法下の金融機関破綻と取締役の私財提供」『商事法務』No. 1830。
西村はつ［2001］「地方銀行の経営危機と不動産担保融資の資金化」地方金融史研究会『地方金融史研究』第32号。
西村信雄［1941］「金融取引法談義七」大阪銀行集会所［1941/ 7 /25］『大阪銀行通信録』第527号。
バーリー＝ミーンズ（北島忠男訳）［1958］『近代株式会社と私有財産』文雅堂銀行研究社。
山崎廣明［2000］『昭和金融恐慌』東洋経済新報社。
Jensen, M. [1986] "Agency Costs of Free Cash Flow, Corporate Finance and Take-overs", *American Economic Review*, 76.

〈コラム〉
石山賢吉［1926］『現代重役論』ダイヤモンド社。
高橋亀吉［1930］『株式会社亡国論』万里閣書房。
『東京朝日新聞』［1921/ 7 /11］「社長重役等の掛持ち禁制」。

日産生命保険相互会社編［1989］『日産生命80年史』。
『報知新聞』［1936/ 9 / 4 ］。
武藤山治全集刊行会編［1963］『武藤山治全集』第 2 巻。

第 5 章

青木昌彦［2001］『比較制度分析に向けて』NTT 出版。
明石照男［1935］『明治銀行史』改造社。
浅木慎一［1999］「大正バブルの崩壊と経済的矛盾の露呈（第 5 章）」『日本会社立法の歴史的展開』商事法務研究会。
阿部武司［1992］「政商から財閥へ」法政大学産業情報センター・橋本寿朗・武田晴人『日本経済の発展と企業集団』（第 1 章）、東京大学出版会。
安藤良雄編［1979］『近代日本経済史要覧　第 2 版』東京大学出版会。
大蔵省［1904］『明治財政史』第12巻。
―――［1905］『明治財政史』第13巻。
大塚久雄（1938年）『株式会社発生史論』有斐閣。
岡崎哲二・澤田充［2003］「銀行統合と金融システムの安定性」『社会経済史学』Vol. 69, No. 3 。
金本良嗣・藤田友敬［1998］「株主の有限責任と債権者保護」三輪芳朗・神田秀樹・柳川範之『会社法の経済学』東京大学出版会。
神田秀樹［2006］『会社法　第 8 版』弘文堂。
『官報』［1921/ 4 /14］第2608号。
『官報』［1915/ 6 /21］第865号。
商工省［1926, 1936, 1945］『日本統計年鑑』（会社統計）。
白鳥圭志［2006］『両大戦間期のける銀行合同政策の展開』八朔社。
生命保険会社協会［1934］『明治大正保険史料』第 1 巻。
高橋亀吉［1930］『株式会社亡国論』萬里閣書房。
高村直助［1996］『会社の誕生』吉川弘文館。
寺西重郎［2003］『日本の経済システム』岩波書店。
中田淳一［1959］『破産法・和議法』法律学全集37、有斐閣。
西原寛一［1933］「株式会社に於ける病理的現象と其の法的匡矯正」『司法協会雑誌』第12巻第 2 号。
日本銀行［1983］『日本銀行百年史』第 3 巻。
『法律新聞』［1918/ 4 / 5 ］。
三井銀行80年史編纂委員会［1957］『三井銀行80年史』。

三井銀行［1998］『三井銀行創立証書』（三井文庫所蔵）。
三井文庫［1974］『三井事業史』資料篇三。
明治生命［1971］『明治生命90年史』資料編。
安岡重明編［1982］『日本財閥経営史　三井財閥』日本経済新聞社。
矢野恒太［1926］『経済往来』経済往来社。
吉田準三［1998］『日本の会社制度発達史の研究』流通経済大学出版会。
我妻栄編［1952］『新法律学辞典』有斐閣。
〈コラム〉
『大阪毎日新聞』［1917/11/30］。
『大阪新報』［1920/ 2 /19］「土地会社濫興」。
香西泰・白川方明・翁邦雄編［2001］『バブルと金融政策──日本の経験と教訓──』日本経済新聞社。
武田晴人［2009］『日本経済の事件簿』日本経済評論社。
日本銀行［1983］『日本銀行百年史』第 2 巻。

第 6 章

愛安生［1899/ 9 / 2 ］「財産時価予定損益の処分法に関し大原信久氏に質す」『東京経済雑誌』第994号。
麻島昭一［1983］『戦間期住友財閥経営史』東京大学出版会。
石井寛治［1991］『日本経済史　第 2 版』東京大学出版会。
伊藤邦雄［1994］『ゼミナール現代会計入門』日本経済新聞社。
井上謙一［1930］「我国に於ける株式資本の分散と企業統制」『會計』第26巻第 1 号、同文館。
井上良二［1993］「有価証券評価益の会計処理について──醍醐聡教授によるコメントへのリスポンス──」『會計』第144巻第 2 号。
─────［1994］『財務諸表論』税務経理協会。
上柳克郎・鴻常夫・竹内昭夫編［1987］『新版注釈会社法（8）　株式会社の計算（1）』有斐閣。
『エコノミスト』［1927/10/ 1 ］。
大原信久［1899/12/25］「商法の欠点を論ず」『東洋経済新報』第146号。
─────［1899/ 8 /26］「財産目録調整の際、時価予定損益を純損益に編入するの可否を論ず」『東京経済雑誌』第993号。
岡崎哲二［2000］「三菱財閥本社の財務構造──1925-1944年度決算書の分析──」『三菱史料館論集』創刊号。

岡野敬次郎［1920］『会社法講義案』有斐閣。
加護野忠男［1994］「経営学の視点からみた企業のガバナンス」『ジュリスト』1050号。
─────［2000］「企業統治と競争力」『一橋ビジネスレビュー』SUM-AUT。
加藤吉松［1899/ 8 / 5 ］「財産目録に就いて」『東京経済雑誌』第990号。
『官報号外』［1937/ 3 /18］「商法中改正法律案」衆議院議事速記録第24号。
企業会計審議会［1999/ 1 /22］『金融商品に係る会計基準の設定に関する意見書』。
北沢正啓［1966］「株式会社の所有・経営・支配」矢沢惇編『現代法と企業（岩波講座 現代法 9 ）』岩波書店。
橘川武郎［1995］『日本電力業の発展と松永安左ヱ門』名古屋大学出版会。
久野秀男［1987］『わが国財務諸表制度史の研究』学習院大学。
栗原東洋編［1964］『現代日本産業発達史Ⅲ 電力』交詢社。
経済安定本部［1949］『企業会計原則（貸借対照表原則五）』。
小島直記［1980］『松永安左ヱ門の生涯』松永安左ヱ門伝刊行会。
斎藤静樹［1991］「実現概念と原価評価の再検討」『會計』第140巻第 2 号。
『時事新報』［1926/11/20］「電気業四十四社に、突如警告下る──配当の多きをのみ望んで経営放漫に流る──」。
醍醐聰［1993］「有価証券評価益論争を考える」『會計』第143巻第 5 号。
─────［1993］「有価証券評価益論争を考える」『會計』第143巻第 5 号。
『ダイヤモンド』［1929/10/ 1 ］。
高木泰典［1997］「わが国における時価主義会計の源流」『千葉商大論叢』第35巻第 1 号。
─────［2000］『日本動態論形成史』税務経理協会。
高寺貞男［1974］『明治減価償却史の研究』未来社。
高橋亀吉［1930］『株式会社亡国論』万里閣書房。
高村直助［1996］『会社の誕生』吉川弘文館。
武田隆二［2001］『会計学一般教程（第四版）』中央経済社。
千葉準一［1998］『日本近代会計制度──企業会計体制の変遷』中央経済社。
チャットフィールド（津田正晃、加藤順介訳）［1978］『会計思想史』文眞堂。
『東京朝日新聞』［1929/ 9 /27］。
東邦電力史編纂委員会編［1962］『東邦電力史』東邦電力史刊行会。
東洋経済新報社編［1932］『事業会社経営効率の研究』。
『東洋経済新報』［1930/ 2 / 1 ］。
『東洋経済新報』［1930/ 5 / 3 ］。
友岡賛［1996］『会計学』有斐閣アルマ。
中西寅雄［1928］「株式会社の議決権及び機関に就いて」『経営学論集』第 2 輯。

西川登［2000］「千葉準一『日本近代会計制度』書評」『経営史学』第34巻第4号。
西野嘉一郎［1935］『近代株式会社論』森山書店。
沼田嘉穂［1940］『固定資産会計』ダイヤモンド社。
バーリー＝ミーンズ（北島忠男訳）［1958］『近代株式会社と私有財産』文雅堂銀行研究社。
増地庸治郎［1937］『我が国株式会社に於ける株式分散と支配』同文舘。
―――［1937］『株式会社――株式会社の本質に関する経営経済的研究――』巌松堂書店。
―――［1938］『企業形態論』千倉書房。
松波仁一郎［1922］『新日本商法』有斐閣。
松本烝治［1911］『商法改正法評論』巌松堂書店。
ミシェル・アルベール（小池はるひ訳）［1992］『資本主義対資本主義』竹内書店新社。
三菱社誌刊行会［1980］『三菱社誌 18』東京大学出版会。
三戸公・正木久司・晴山英夫［1973］『大企業における所有と支配』未来社。
三宅晴輝［1937］『電力コンツェルン読本』日本コンツェルン全書Ⅷ、春秋社。
宮島英昭［1996］「財界追放と経営者の選抜」橋本寿朗編『日本企業システムの戦後史』東京大学出版会。
宮島英昭［2004］『産業政策と企業統治の経済史』有斐閣。
森田哲弥［1992］「原価主義会計と時価主義」『企業会計』第44巻第11号。
矢沢惇［1959］「財産評価と繰延勘定」『株式会社講座 第5巻』有斐閣。
山口不二夫［1995］「商法時価評価規定にもとづく資産評価――日本郵船における事例から――」『會計』第147巻第4号。
渡哲郎［1995］『戦前期のわが国電力独占体』晃洋書房。
Paton, W. A., *Accounting Theory*, 1922、Paton, W. A. and Littleton, A. C., *An Introduction to Corporate Accounting Standards*, 1940（中島省吾訳［1958］『ペイトン＝リトルトン・会社会計基準序説』森山書店）。
Schmalenbach, E., *Dynamische Bilanz*, 1919（土岐政蔵訳［1966］『シュマーレンバッハ・動的貸借対照表論』森山書店）。

〈コラム〉

橘川武郎［2004］『日本電力発展のダイナミズム』名古屋大学出版会。
―――［2005］「東京電燈の放漫経営とその帰結」宇田川勝ほか編『失敗と再生の経営史』有斐閣。
高村直助［1996］『会社の誕生』吉川弘文館。
中山幹夫［1997］『はじめてのゲーム理論』有斐閣。

第 7 章

青木昌彦・奥野正寛偏［1996］『経済システムの比較制度分析』東京大学出版会。
青地正史［2005］「戦時期における日本企業のゴーイング・コンサーン化──非財閥系企業を中心に──」『富大経済論集』第50巻第3号。
明石照男［1935］『明治銀行史』改造社。
新井清光［1995］『現代会計学』中央経済社。
飯野利夫［1993］『財務会計論 三訂版』同文舘。
大阪屋商店［1932］『株式年鑑』。
太田哲三［1920］『貸借対照表、作り方見方』、同［1922］「会計上の資産」同［1922］「経費分割の二原則」。
大村敬一・増子信［2003］『日本企業のガバナンス改革』日本経済新聞社。
岡崎哲二［1993］「企業システム」岡崎哲二・奥野正寛偏『現代日本経済システムの源流』日本経済新聞社。
企業会計審議会［2002/1/25］『監査基準の改訂に関する意見書』。
橘川武郎［1995］『日本電力業の発展と松永安左ヱ門』名古屋大学出版会。
志村嘉一［1969］『日本資本市場分析』東京大学出版会。
シュマーレンバッハ［1919］『動的貸借対照表論』森山書店。
神鋼五十史編纂委員会編［1954］『神鋼五十史』。
神野直彦［1993］「日本型税・財政システム」岡崎哲二・奥野正寛編『現代日本経済システムの源流』日本経済新聞社。
『ダイヤモンド』［1930/6/1］。
高木泰典［2000］『日本動態論形成史』税務経理協会。
高寺貞男［1974］『明治減価償却史の研究』未来社。
高橋亀吉［1930］『株式会社亡国論』萬里閣書房。
高村直助［1996］『会社の誕生』吉川弘文館。
龍田節［2003］『会社法（第9版）』有斐閣。
谷口和弘「会社のダイナミズム1」『日本経済新聞』［2010/9/23］。
千葉準一［1998］『日本近代会計制度──企業会計体制の変遷』中央経済社。
チェクパイチャヨン［1981］［1982］「明治初期の会社企業181社の定款分析」『大阪大学経済学』第31巻第1号、同第32巻第1号。
東武鉄道株式会社［1964］『東武鉄道65年史』。
『東洋経済新報』［1935/6/15］。
『東洋経済新報』［1935/9/7］。
『東洋経済新報』［1935/2/23］。

『東洋経済新報』[1935/ 8 /24]。
『東洋経済新報』[1937/ 6 /12]。
『東洋経済新報』[1938/ 5 / 7]。
『長野県統計書』[1881][1882][1884]。
日本鋼管株式会社編[1952]『日本鋼管株式会社四十年史』。
日本製鉄株式会社編集委員会[1959]『日本製鉄株式会社史　1934-1950』。
沼田嘉穂[1940]『固定資産会計』ダイヤモンド社。
野田信夫[1988]『日本近代経営史』産業能率大学出版部。
ペイトン＝リトルトン[1940]『会社会計基準序説』有斐閣。
松永安左エ門[1928/10/ 1]「電気事業と料金制度の確立」『エコノミスト』。
三菱経済研究所『本邦事業成績分析』。
宮島英昭[2004]『産業政策と企業統治の経済史』有斐閣。
宮本又郎・阿部武司[1995]「明治の資産家と会社制度」宮本・阿部編『日本経営史 2 経営革新と工業化』岩波書店。

〈コラム〉

『大阪時事新報』[1922/ 1 /29]大森研造「監査役制度の改善を促す（上）」。
奥村宏[1975]『法人資本主義の構造：日本の株式所有』日本評論社。
―――[1991]『法人資本主義：会社本位の体系』朝日新聞社。
―――[2005]『法人資本主義の構造』岩波書店。
『国民新聞』[1921/ 7 / 4]「大改善を要すべき監査役制度」。
『時事新報』[1921/12/ 1]各務幸一郎「監査役責任論」。
『時事新報』[1921/12/10]岡田誠一「監査役制度論」。
下谷政弘[1996]『持株会社解禁』中央公論社。
高橋亀吉[1930]『株式会社亡国論』萬里閣書房。

第 8 章

青地正史[2008a]「北原浩平『三菱社の使命』」『富大経済論集』第54巻第 1 号。
―――[2008b]「持株会社によるコーポレート・ガバナンス――1920年代を中心に――」『富大経済論集』第54巻第 2 号。
麻島昭一[1986]『三菱財閥の金融構造』御茶の水書房。
岩崎家伝記刊行会編[1979]『岩崎小弥太伝』東京大学出版会。
岩崎小弥太[1937]「組織変更ニ関シ社長挨拶」三菱社誌刊行会『三菱社誌　37』東京大学出版会。
―――[1944]『随時随題』東京大学出版会。

参考文献

岩崎小弥太伝編纂委員会［1957］『岩崎小弥太伝』東京大学出版会。
大蔵省財政史室編［1982］『昭和財政史——終戦から講和まで 2　独占禁止』東洋経済新報社。
岡崎哲二［1999］『持株会社の歴史』筑摩書房。
―――――［2000］「三菱財閥本社の財務構造——1925-1944年度決算書の分析——」『三菱史料館論集』創刊号。
―――――［2009］「戦時期における三菱財閥本社の資本取引：内部資本市場と外部資本市場」『三菱史料館論集』第10号。
加藤健太［2008］「戦時期三菱財閥と査業委員会——企業買収とその審議——」『三菱史料館論集』第9号。
経済企画庁調査局調査課［1958］『三菱財閥における資金調達と支配』。
沢井実［1992］「戦時経済と財閥」法政大学産業情報センター・橋本寿朗・武田晴人『日本経済の発展と企業集団』東京大学出版会。
柴垣和夫［1965］『日本金融資本分析』東京大学出版会。
柴孝夫［1998］「財閥の生成、そして解体——三菱財閥のコーポレート・ガバナンス」伊丹敬之・加護野忠男・宮本又郎・米倉誠一郎編『日本的経営の生成と発展』有斐閣。
武田晴人［1985］「資本蓄積（3）財閥」大石嘉一郎編『日本帝国主義史 1　第一次大戦期』東京大学出版会。
―――――［1994］「独占資本と財閥解体」大石嘉一郎編『日本帝国主義史 3　第二次大戦期』東京大学出版会。
東京海上80年史・社史編集室編［1964］『東京海上80年史』。
東洋経済新報社［1945］『東洋経済新報』。
長沢康昭［1981］「三菱財閥の経営組織」三島康雄編『三菱財閥』日本経済新聞社。
―――――［1987］「資金調達」三島康雄他編『第二次大戦と三菱財閥』日本経済新聞社。
―――――［1979］「三菱財閥の役員兼任関係と統制機構——大正10年〜昭和19年——」『福山大学経済論集』第4集。
―――――［1987］「本社部門の役割」三島康雄他編『第二次大戦と三菱財閥』日本経済新聞社。
橋本寿朗［1992］「財閥のコンツェルン化」法政大学産業情報センター・橋本寿朗・武田晴人『日本経済の発展と企業集団』東京大学出版会。
旗手勲［1978］『日本の財閥と三菱』楽游書房。
バーリー＝ミーンズ［1932］（北島忠男訳）『近代株式会社と私有財産』文雅堂銀行研究社。
三島康雄編［1981］『日本財閥経営史　三菱財閥』日本経済新聞社。

三菱経済研究所［1958］『三菱財閥における資金調達と支配』。
三菱社誌刊行会［1981］『三菱社誌』東京大学出版会。
三菱重工業株式会社編［1967］『新三菱重工業株式会社史』。
三菱商事株式会社編［1987］『三菱商事社史――資料編』。
三菱内規［1918］「分系会社と合資会社の関係取極」三菱社誌刊行会［1981］『三菱社誌　第29巻』東京大学出版会。
三菱内規［1929］「分系各会社ト本社トノ関係」三菱社誌刊行会［1981］『三菱社誌　第35巻』東京大学出版会。
三菱内規［1938］「三菱社分系各会社間関係事項取扱内規」三菱社誌刊行会［1981］『三菱社誌　第37巻』東京大学出版会。
三菱本社［1944］『第一三回定時株主総会議事録』。
持株会社整理委員会［1951］『日本財閥とその解体』。
森川英正［1980］『財閥の経営史的研究』東洋経済新聞社。
A. D. Chandler, Jr. ［1962］ *Strategy and Structure*, Cambridge, Mass, MIT Press.
〈コラム〉
西野嘉一郎［1935］『近代株式会社論――持株会社の研究――』森山書店。

第9章

アブナー・グライフ［1997］「歴史制度分析が明らかにしたもの」『経済セミナー』509号。
青木昌彦［2001］『比較制度分析に向けて』NTT出版。
有沢広巳監修［1994］『昭和経済史　上』日本経済新聞社。
石井照久［1949］『企業形態論』有斐閣。
岡崎哲二［1991］「戦時計画経済と企業」東京大学社会科学研究所編『現代日本社会4　歴史的前提』東京大学出版会。
―――［1993］「企業システム」岡崎哲二・奥野正寛編『現代日本経済システムの源流』日本経済新聞社。
落合誠一・神田秀樹・近藤光男［1992］『商法Ⅱ――会社』有斐閣Sシリーズ。
『会社等臨時措置法等を廃止する政令』（政令第402号）。
金子宏・新堂幸司・平井宜雄編［2004］『法律学小辞典』有斐閣。
株式会社三菱本社［1943/ 9 /27］『取締役会議事録』。
―――［1944/ 5 / 1］『第13回定時株主総会議事録』。
―――［1944/11/ 1］『第14回定時株主総会議事録』。
―――［1947/ 5 /27］『第19回定時株主総会議事録』。
―――［1947/11/27］『第20回定時株主総会議事録』。

―――――［1948/ 5 /28］『第21回定時株主総会議事録』。
―――――［1948/11/26］『第22回定時株主総会議事録』。
―――――［1949/ 5 /27］『第23回定時株主総会議事録』。
―――――［1949/ 7 / 4］『臨時株主総会議事録』。
川崎重工業株式会社［1943/12/24］『第95期定時株主総会議事録』。
―――――［1944/11/30］『第97期報告書』。
―――――［1947/10/ 2］『臨時株主総会議事録』。
―――――［1959］『川崎重工業株式会社社史』。
『官報号外』［1944/ 1 /22］貴族院議事速記録第 2 号。
『官報号外』［1944/ 1 /28］貴族院議事速記録第 6 号。
北野重雄［1944］「軍需会社法概説」重要産業協議会編『軍需会社法解説』東邦社。
斎藤直一［1944］「会社等臨時措置法の解説」『法律時報』第16巻第 4 号。
重要産業協議会［1943］「戦時企業体制委員会設立趣意」。
―――――［1943］「臨時企業体制確立ニ関スル緊急意見（案）」。
―――――［1944］『軍需会社法解説』東邦社。
「商法の一部を改正する法律（法律第167号）」［1945/ 5 /10］公布。
商工省総務局調査課［1941］『会社統計表』。
龍田節［2005］『会社法　第10版』有斐閣。
田中誠二［1953］『法学通論』千倉書房。
団藤重光［1966］『法学の基礎』有斐閣。
『東洋経済新報』［1941/ 5 /10］「膨張する日窒コンツエルン」。
『東洋経済新報』［1945/12/ 8］「日本窒素は解散の外なし」。
東洋経済新報社［1942］『株式会社年鑑』。
『東洋経済新報』［1944/ 8 /12］。
長島修［1992］「戦時経済研究と企業法制」下谷政弘・長島修編『戦時日本経済の研究』
　　晃洋書房。
長野潔［1944］『解説企業整備資金措置法』清水書店。
日本銀行［1984］『日本銀行百年史　第 4 巻』。
日本石油株式会社［1944/ 2 / 9］『臨時株主総会議事録』。
―――――［1944/11/25］『第103回定時株主総会議事録』。
―――――［1947/ 2 /18］『臨時株主総会議事録』。
―――――［1949/ 6 /17］『第108回定時株主総会議事録』。
―――――［1949/ 2 /25］『臨時株主総会議事録』。
―――――［1949/ 6 /17］『臨時株主総会議事録』。

―――――［1949/12/16］『第109回定時株主総会議事録』。
日本窒素肥料株式会社［1944/ 5/15］『定時株主総会議事録』。
―――――［1945/ 1 /25］『臨時株主総会議事録』。
―――――［1945/ 5/15］『定時株主総会議事録』。
―――――［1947/ 2 /22］『臨時株主総会議事録』。
―――――［1947/12/ 5］『臨時株主総会議事録』。
―――――［1949/ 9 /28］『定時株主総会議事録』。
原朗［1989］「戦時統制」中村隆英編『日本経済史7 〈計画化〉と〈民主化〉』岩波書店。
――［1994］「経済総動員」大石嘉一郎編『日本帝国主義史3 第二次大戦期』東京大学出版会。
藤森政行［1944］『戦ふ軍需企業』東和出版社。
星野英一［1995］『法学入門』放送大学教育振興会。
三カ月章［1982］『法学入門』弘文堂。
三菱化工機株式会社［1944/ 5 /22］『第18回定時主総会議事録』。
―――――［1944/ 8 /10］『臨時株主総会議事録』。
三菱化成工業株式会社［1944/ 5 / 9］『臨時株主総会議事録』。
―――――［1945/ 9 /29］『第22回定時株主総会議事録』。
―――――［1945/ 8 /29］『会社等臨時措置法第4条ノ3ニ基ク監査役報告書』。
三菱鉱業株式会社［1944/ 5 /30］『第52回定時株主総会議事録』。
―――――［1945/10/ 1 -1946/ 3 /31］『第56期報告書』。
―――――［1945/11/30］『第55回定時株主総会議事順序』。
三菱社誌刊行会編［1981］『三菱社誌39』東京大学出版会。
三菱重工業株式会社［1944/ 2 /26］『第53回定時株主総会議事録』。
―――――［1944/ 8 /26］『第54回定時株主総会議事概況』。
―――――［1945/10/29］『臨時株主総会議事録』。
―――――［1945/ 4 /20］『臨時株主総会議事録』。
―――――［1948/ 3 /18］『臨時株主総会議事録』。
―――――［1949/ 9 / 8］『臨時株主総会議事録』。
三菱製鋼株式会社［1944/ 5 /25］『第3回定時株主総会議事録』。
―――――［1944/ 4 / 1 - 9 /30］『第4回事業報告書』。
―――――［1945/10/ 1 -1946/ 3 /31］『営業報告書』。
三菱電機株式会社［1944/ 8 /26］『第47回定時株主総会議事録』。
―――――［1944/ 4 / 1 - 9 /30］『第48回営業報告書』。
―――――［1945/11/30］『第50回定時株主総会議事録』。

―――［1947/ 4 / 8］『臨時株主総会議事録』。
―――［1948/ 7 /29］『臨時株主総会議事録』。
―――［1948/11/29］『臨時株主総会議事録』。
―――［1949/ 9 /12］『第53回定時株主総会議事録』。
宮島英昭［2004］『産業政策と企業統治の経済史』有斐閣。
森泉章［2006］『法学（第4版）』有斐閣。

〈コラム〉
大阪市立大学商学研究室（西原寛一・実方正雄・谷口知平・宮川茂夫）［1955/ 3 /15：27］「改正株式会社法施行の実態調査（四）」『ジュリスト』No. 78。
高橋亀吉［1930］『株式会社亡国論』萬里閣書房。

補　章

池野千白［1999］「戦後会社法への第一歩」浜田道代『日本会社立法の歴史的展開』商事法務研究会。
石井寛治［1991］『日本経済史　第2版』東京大学出版会。
岩崎稜［1980］「商法改正の歴史――昭和二五年改正を中心に――」法学セミナー増刊『総合特集シリーズ一四　現代の企業』日本評論社。
梅謙次郎［1893］『改正商法講義』明法堂・有斐閣（ただし、復刻版［1997］『日本立法資料全集　別巻18』信山社）。
大川一司ほか［1967］『長期経済統計8　物価』東洋経済新報社。
大蔵省財政史室編［1983］『昭和財政史――終戦から講和まで――』第一三巻、東洋経済新報社。
落合誠一ほか［1998］『商法Ⅱ第三版』有斐閣Ｓシリーズ。
片野一郎［1977］『日本・銀行会計制度史――増補版――』同文舘。
酒井俊彦講述［1952］「会社経理応急措置法と企業再建整備法について」大蔵省調査課『戦後財政史資料』（大蔵省官房調査部資料、理3巻）。
柴健次［1999］『自己株式とストック・オプションの会計』新世社。
渋沢青淵記念財団竜門社編［1958］『渋沢栄一伝記資料　第二一巻』渋沢栄一伝記資料刊行会。
志村嘉一［1969］『日本資本市場分析』東京大学出版会。
鈴木竹雄・竹内昭夫［1977］『商法とともに歩む』商事法務研究会。
高窪喜八郎［1933］「商法改正要綱に対し反対すべき点」『新報』第43巻第7号。
高橋亀吉・森垣淑［1993］『昭和金融恐慌史』（復刻版）講談社。
高村直助［1996］『会社の誕生』吉川弘文舘。

――――［1971］『日本紡績業史序説　上』塙書房。
龍田節［1994］『会社法（第4版）』有斐閣。
田中耕太郎［1932］『会社法概論』岩波書店。
千葉準一［1998］『日本近代会計制度――企業会計体制の変遷――』中央経済社。
チェクパイチャヨン「明治初期の会社企業（1）」［1981］『大阪大学経済学』第31巻第1号。
寺尾元彦［1932］「有限責任会社社員責任論」『早稲田法学』第13巻。
陶山誠太郎［1933］「未払込株金廃止に就て」『経済時報』第5巻第6号。
東京生命保険相互会社［1970］『東京生命七十年史』。
東京株式取引所編［1916］『東京株式取引所史』。
『東洋経済新報』［1935/3/13］。
『東洋経済新報』［1935/5/18］「未払込株式制度の欠陥と改善策」。
『東洋経済新報』［1937/3/13］。
中村尚史［2004］「工業化資金の調達と地方官」高村直助『明治前期の日本経済』日本経済評論社。
西原寛一［1936］「商法改正法案管見」『法律時報』第8巻第5号。
日本銀行調査局編［1969］『日本金融史資料　昭和編』第24巻。
野田正穂ほか編［1980］『明治期鉄道史資料』（第2集、地方鉄道史第1巻）『日本鉄道株式会社沿革史』日本経済評論社。
野田正穂［1980］『日本証券市場成立史』有斐閣。
野村商店調査部編［1911］『株式年鑑』。
――――――――［1917］『株式年鑑』。
ハードレー（小原敬士・有賀美智子訳）［1973］『日本財閥の解体と再編成』東洋経済新報社。
花岡敏夫［1936］「商法改正法律案論評」『法律時報』第8巻第5号。
長谷川安兵衛［1937］「未払込株金制度廃止論」『会社経営』第3巻第5号。
福澤諭吉［1926］『西洋事情』（『福澤全集』第一巻）時事新報社。
星野誉夫［1971］「日本鉄道会社と第十五国立銀行（2）」『武蔵大学論集』第19巻第1号。
松本烝治［1938］『私法論文集』巌松堂書店。
松田二郎［1933］「株式全額払込論」『法曹界雑誌』第11巻第1号。
――――［1942］『株式会社の基礎理論』岩波書店。
三菱経済研究所［1958］『三菱財閥における資金調達と支配』。
宮本又郎［1990］「産業化と会社制度の発展」西川俊作・阿部武司編『産業化の時代上　日本経済史4』岩波書店。
明治財政史編纂会編［1927］『明治財政史』第13巻。

山口和雄編［1970］『日本産業金融史研究　紡績篇』東京大学出版会。
レーニン（宇高基輔訳）［1956］『帝国主義論』岩波文庫。
Liefmann［1931］*Beteilingungs-und Finanzierungsgesellschaften.*

索　引

事項索引

あ行

ROE ················· 1, 52, 81, 86, 148, 218, 223
ROA ···················· 1, 81, 86, 148, 223
アカウンタビリティ（説明責任）············ 141
アベノミクス ································· 6
天下り ······································ 98
アングロサクソン型 ············ 141, 161, 162
失われた20年································· 6
エージェンシー問題 ······· iv, 98-100, 108, 249
M&A ················ iii, 38, 39, 48-51, 53-56, 63
エントレンチメント ························ 109
大株主の重役兼任 ·············· 152, 158, 160

か行

会社経理応急措置法 ························ 291
会社固定資産償却規則 ················ 189, 194
会社等臨時措置法 ··········· 233, 234, 236, 237, 239-250, 252-261
額面発行 ···································· 47
家計貯蓄率 ································ 7, 9
合併契約書 ·································· 48
合併比率 ···························· 37, 49, 55, 56
株金分割払込制 ·········· 17, 22, 31, 32, 45, 271, 272, 274, 276, 288
株式公開（IPO）·········· 73, 76, 82, 212, 215, 217, 219, 227
株式交換 ···································· 48
株式買収 ···································· 48
　資産買収 ································· 48
株式相互持合い ···························· 203
株式担保金融 ···················· 22, 32, 45, 277
株式分散 ································ 98, 101
株式申込証拠金領収書 ···················· 19, 26
株主の有限責任制 ············ 111-113, 117, 119, 121, 128
株主割当 ··································· 272

「慣行」······················ 10, 112, 119, 131
企画院―統制会体制 ······················ 250
機関銀行 ································· 91, 100
期間損益計算 ··························· 154, 161
企業再建整備法 ························ 291, 292
企業整備資金措置法 ······················ 253
企業熱 ··································· 14, 21
起業費 ····································· 180
企業勃興 ········· 13, 14, 17, 18, 23, 31, 274, 276, 277
吸収合併 ································ 49, 55, 56
　新設合併 ······························· 37, 49
旧商法 ······· 1-3, 6, 13, 25, 30, 49, 113, 120, 122, 144, 191, 192, 274, 278, 287
銀行合同策 ····························· 127, 128
銀行法 ························ 111, 121-123, 287
金本位制 ································ 96, 98
金融恐慌 ········· 89, 90, 92, 94, 96-98, 103, 270, 274, 282
金融収支→収支構造分析
繰延資産 ··································· 195
軍需会社指定 ······························ 242
軍需会社法 ········ 233, 234, 236, 239-254, 256, 258-261
軍需充足会社 ······················· 242, 243
軍需省―軍需会社体制 ····················· 251
継続企業（ゴーイング・コンサーン）······ 48, 153, 154, 160-163, 177
　非継続企業 ························ 177, 190, 196
継続企業の公準 ··························· 191
経路依存性（path dependence）········ 2, 184, 197, 259
ゲーム理論 ······························· 2, 174
原案執行権 ·························· 250, 252
原価以下主義 ······························ 159
減価償却費 ·············· 149, 150, 153, 174, 177
減価償却率 ······ 178, 180-183, 188, 191, 194, 195
建設利息 ··································· 195

328

減配指導	155, 159
権利株	16, 19-27, 29-32
興業費	180
「公告」の方法	237, 247
合資会社	111, 113, 117, 121, 128
公称資本金	269, 272, 276, 280, 286, 287
公募発行	272
合名会社	111, 113, 117, 121, 128
コーポレート・コントロール市場	56
国立銀行条例	113
米騒動	135
コンプライアンス	26

さ行

債権者主義	284
財産目録	145
財閥系企業	140, 234, 235, 239, 260
非財閥系企業	140, 141, 226
財務委員会	212, 218
先物取引	31
査業委員会	212, 218
CSR（企業の社会的責任）	ii
GHQ	275, 286, 288-291
時価主義	139, 143-145
時価総額	37
事業収支→収支構造分析	
事業部制	71, 73, 74, 87
事業持株会社→持株会社	
時局産業関係産業固定資産減価償却堪久年数表	191, 193
自己金融	227
自己資本比率	7, 8
資産説	273, 281, 283, 284
資産買収→株式買収	
資本控除説	273, 281, 284
社外取締役	107
社債差額	195
集権化戦略	210, 211, 221, 228
収支構造分析	214
金融収支	214, 215, 217
事業収支	214, 215, 217
自由設立主義	114
重役の私財提供	89-93, 95, 96, 101-103, 271
重要産業協議会	251

授権資本制	271, 272, 292, 293
取得原価主義	143, 145, 160
純粋持株会社→持株会社	
準則主義	114
商工省準則	286, 287
商業会議所	49, 55
情報の非対称性	100
常務会	212
震災手形	93, 96, 97
新商法	1, 3, 4, 6, 13, 18, 25, 49, 120, 122, 144, 145, 192, 233, 258
新設合併→吸収合併	
ステーク・ホルダー	i, ii, iv, 207
清算企業	154, 190, 196
生産責任者	234, 236, 239, 243, 246, 249, 250, 252
静態論	154, 195
「制度」	90, 96, 101
制度補完性（complementarity）	2, 32, 226, 259
1938年改正商法	1, 192, 285
1911年改正商法	121, 143, 177, 192, 272, 278
戦時金融公庫	215
戦時特別法制	2
総会決議の無視	250
総会招集の方法	247, 254
創立費	30
ソフトな予算制約（soft budget constraint）	96, 100
存続期間	190, 191, 196

た行

第一次大戦バブル	134, 137
第三者割当	272
第二会社	294
蛸配当	140, 145, 150
棚卸法	192
短期清算取引	30
テイクオーバー・レーダー	208, 209, 218
逓信省	139, 153
鉄道熱	16, 19
鉄道敷設法	18
電力戦	151
堂島米会所	31
統制会	211

索　引

統制経済 …………………………………… 207
動態論 ……………………………………155, 195
トービンの q ……………………………1, 80-82
特性情報 …………………………………… 101
特別経理会社 ……………………………291, 294
特別決議 …………233, 235, 236, 238-241, 248,
　254, 256, 258-261
特別償却 …………………………………189, 191
特別法は一般法に優先する ……………… 246
特許主義 …………………………………113, 129
取替会計 …………………………………… 185
取締役会 …………………………………… 212
取締役の会社に対する責任 ……………… 101
取締役の選任・解任 ……………………246, 259
取締役の第 3 者に対する責任 …………101, 102
取引統治 …………………………………… 2

な行

内部資本市場 …………74, 76, 77, 208, 213, 214,
　225, 226
内部留保 ………39, 41, 45, 48, 139, 154, 159, 174
内部留保金比率 …………………………178-182
内部労働市場 ……………………………… 226
内面償却 …………………………………… 180
仲買人 ……………………………………… 30
2 千錘紡 …………………………………… 39
日本銀行条例 ……………………………… 113
日本銀行の中立性 ………………………… 96
ニューエコノミー ………………………… iii

は行

配当可能利益 ……………………………177, 196
配当性向 ……………………7, 8, 47, 48, 146, 162
配当第一主義 ……………………………39, 155
配当率 ………………47, 53, 56, 58, 144, 146, 226
配当利回り ………………………………… 47
白紙委任状 ………………………………… 26
発言（voice） ……9, 45, 75, 82, 108, 151, 152, 223
払込資本金 …………………269, 272, 287, 291, 292
非継続企業 → 継続企業
非財閥系企業 → 財閥系企業
評価益 …………143, 144, 146, 150, 151, 159,
　177, 196
物資動員計画 ……………………………… 252
不法原因給付 ……………………………… 25

フリーキャッシュフロー仮説 …………… 101
プロダクト・ポートフォリオ・マネージメント
　（PPM）………………………………… 80
分系会社 ………71-79, 81-83, 209-215, 217, 221,
　223, 225-228
分系会社の自立化傾向 …………………… 210
分権化戦略 ……………………………209-211, 221
平成バブル ………………………………134-136
変態増資 …………………………………280, 288
法人格否認の法理 ………………………… 120
保守主義 …………………………………… 143
発起人 …………………18, 20-22, 24, 27, 29, 30
本社兼任率 ………………………………76, 221

ま行

松方デフレ ………………………………… 13
マネージメント …………………………… ii
三菱技術協議会 …………………………… 212
三菱協議会 ………………………………… 212
未払込株金 ………269-274, 276, 277, 280-284,
　286-295
無額面株式 ………………………………… 293
無形固定資産 ……………………………… 273
無限責任社員 ……………………………122, 124
無尽業法 …………………………………… 125
無名会社 …………………………………… 115
明治32（1899）年評価損益論争 ………… 144
免許主義 …………………………………… 114
持株会社 …………………………207, 208, 215
　事業持株会社 …………………………69, 232
　純粋持株会社 ………………………69 , 215, 232
持株会社整理委員会 ……………………… 209

や行

役員賞与 …………………………………… 146
融通手形 …………………………………… 97
有限責任社員 ……………………………… 122
誘導法 ……………………………………… 192
預金保険 ……………………90, 102, 115, 117, 122

ら行

理事会 ……………………………………… 212
流動性配列法 ……………………………283, 287
臨時租税措置法 …………………………189, 191
臨時資金調整法 …………………………… 287

歴史比較制度分析 ………………… 2, 259
連結会計 ……………………………… 84, 85

人名索引

あ行

愛安生 ………………………………… 144
青木昌彦 ……………… 7, 90, 131, 199, 266
麻島昭一 ………………… 77, 79, 166, 214
阿部市太郎 …………………………… 54
阿部武司 ………………………… 45, 62, 116
アルベール …………………………… 160
飯野利夫 ……………………………… 184
池田経三郎 ………………………… 91, 98
池野千白 ……………………………… 293
石井寛治 ………………… 59, 91, 95, 159
石山賢吉 ……………………………… 107
伊藤忠三 ………………………………… 94, 95
伊藤伝七 …………………………… 39-43
岩倉具視 ……………………………… 270
岩崎小弥太 ……… 71-73, 210, 211, 221, 224
岩崎彦弥太 …………………………… 237
岩崎久弥 ……………………………… 71, 72
岩下清周 ……………………………… 49, 66
岩村通世 ……………………………… 244
ウィリアムスン ………………… 55, 74, 76
碓井厚次 ……………………………… 84
エドワーズ ……………… 289, 290, 295
大隈重信 ……………………………… 279
大倉喜八郎 …………………… 23, 34, 204
鴻常夫 ……………………………… iv, 166
大原信久 ……………………………… 144
岡崎哲二 ……… 1, 2, 6, 14, 63, 74, 84, 132, 160,
       208, 214, 231, 234
小川功 ……………………………… 22, 104
奥田正香 ……………………………… 53, 55
奥村宏 ……………………………… 203

か行

粕谷誠 ………………………………… 203
片岡豊 ……………………………… 26, 34
片山哲 ………………………………… 156
加藤健太 ………………………… 64, 218

加藤俊彦 ……………………………… 96
加藤吉松 ……………………………… 144
兼子一 ………………………………… 293
川合充 …………………………………… 59
川邨利兵衛 ……………………………… 44
神田秀樹 …………………………… 49, 131
岸信介 ……………………………… 244, 251
北沢正啓 …………………… iv, 165, 171
北野重雄 ……………………………… 244
北原浩平 ……………… 208, 212, 213, 221, 226
橘川武郎 ………… 70, 146, 150, 172, 173, 186
絹川太一 ………………… 51, 53-55, 61
清浦圭吾 ………………………………… 55
久保田庄左衛門 ………………………… 44
黒岩涙香 ……………………………… 20
小泉又次郎 …………………………… 152
郷古潔 ……………………………… 235, 254
郷誠之助 ……………………………… 270
幸徳秋水 ……………………………… 20
鴻池善右衛門 ………………………… 117
小早川洋一 ………………………… 29, 34
小林一三 ……………………………… 67, 107

さ行

斎藤恒三 ……………………………… 40, 42
斎藤直一 ……………………………… 244
酒井俊彦 ……………………………… 292
薩摩治兵衛 ……………………………… 91
沢井実 ……………………………… 212, 229
塩野季彦 ……………………………… 160
渋沢栄一 ………… 31, 39, 40, 53, 115, 279
島徳蔵 ………………………………… 66
志村嘉一 …………………………… 182, 203
下郷伝平 ……………………………… 92, 98
下谷政弘 ……………………… iv, 69, 85, 203
シュマーレンバッハ ………………… 155
正田彬 ………………………………… 70
白石元治郎 …………………………… 187
白鳥圭志 ………………… 97, 104, 121, 122

鈴木竹雄 …………………………… 286, 293
鈴木恒夫 ……………………………… 29, 34

た行

高碕達之助 …………………………… 161
高寺貞男 ………………………… 183, 165, 199
高橋亀吉 ………… 14, 23, 83, 99, 100, 104, 107,
　　127, 140, 144, 159, 165, 177, 178, 198
高橋是清 ……………………… 97, 270, 285
高村直助 …………………… 37, 39, 115, 174, 179
竹内昭夫 ……………………………… 286
武田晴人 …………………………… 72, 203
田中義一 ……………………………… 97
寺西重郎 …………………………… 29, 127

な行

中江兆民 ……………………………… 20
長沢康昭 …………………………… 72, 76, 222
長島修 ………………………… 234, 246, 249, 262
中上川彦次郎 ………………………… 116
中村尚史 …………………………… 32, 34
西川登 ………………………………… 164
西原寛一 …………………… 26, 120, 132, 267
沼田嘉穂 ……………………………… 194
根津嘉一郎 …………………………… 24
野田正穂 ……………………………… 14

は行

ハードレー ………………………… 290, 301
バーリー・ミーンズ …………… 98, 158, 220
旗手勲 ……………………………… 73, 229
浜田道代 ……………………………… 1, 60
早川鉄治 ……………………………… 24
原朗 ………………………………… 234
平井澄 ………………………………… 225
深野一三 ……………………………… 55
福澤桃介 …………………………… 24, 151
福澤諭吉 …………………………… 24, 274
福地源一郎 …………………………… 115

藤森政行 ……………………………… 250
星岳雄 ……………………………… 14, 32

ま行

前坂俊之 ……………………………… 39
益田孝 ………………………………… 119
松方正義 ……………………………… 279
松田二郎 ………………… 279, 285, 299, 300
松永安左エ門 ……… 140, 146, 152, 161, 185
松本烝治 …………………… 145, 288, 301
三島康雄 …………………………… 21, 75, 229
三井高棟（三井八郎右衛門） ……… 117, 119
三野村利左衛門 ……………………… 115
宮崎駒吉 …………………………… 236, 254
宮島英昭 ………………………… i, 49, 234
三土忠造 …………………………… 127, 270
武藤山治 …………………………… 39, 50, 107
村上はつ …………………… 41, 45, 59, 60
森川英正 ……………………………… 73

や行

保井猶造 ……………………………… 92, 98
矢野恒太 ……………………………… 124
八巻道成 ……………………… 41, 42, 45
山口和雄 …………………… 49, 51, 59-61
山崎廣明 …………………………… 90, 104
山辺丈夫 …………………… 37, 40, 44, 47
吉田準三 ………………… 112, 128, 130, 132, 133
米川伸一 ……………………………… 56

ら行

ルカウント …………………………… 292

わ行

若尾璋八 ……………………………… 140
若槻礼次郎 …………………………… 97
渡辺武 ………………………………… 292
渡辺千代三郎 ………………………… 93
渡哲郎 ………………………………… 148

【著者略歴】

青地正史（あおち・まさふみ）

1949年　京都市に生まれる
現　在　富山大学経済学部教授　経済学博士（京都大学）
専　攻　近現代日本経済史
著　書　共著『「経済大国」への軌跡』ミネルヴァ書房、2010年
共編著　『東アジア地域統合の探究』法律文化社、2012年
論　文　「戦後日本における生命保険会社の相互会社化」『経営史学』第36巻第2号、2001年、「戦前日本企業のコーポレート・ガバナンスと法制度」『経営史学』第37巻第4号、2002年、「太平洋戦争末期・終戦直後の株主総会」『経営史学』第43巻第3号、2009年、"Transformation of Holding Companies in Wartime Japan: A Corporate Governance Perspective", *Japanese Research in Business History*, VOL. 29, 2012.（『経営史学』別冊）

戦前日本の企業統治　法制度と会計制度のインパクト

2014年9月10日　第1刷発行　　　定価（本体6000円＋税）

著　者　青　地　正　史
発行者　栗　原　哲　也

発行所　株式会社　日本経済評論社

〒101-0051　東京都千代田区神田神保町3-2
電話　03-3230-1661　FAX　03-3265-2993
info8188@nikkeihyo.co.jp
URL：http://www.nikkeihyo.co.jp

装幀＊渡辺美知子　　　　　　　印刷＊文昇堂・製本＊誠製本

乱丁・落丁本はお取替えいたします。　　　Printed in Japan
© Aochi Masafumi 2014　　　　　　　　ISBN978-4-8188-2343-3

・本書の複製権・翻訳権・上映権・譲渡権・公衆送信権（送信可能化権を含む）は、㈱日本経済評論社が保有します。

・JCOPY　〈(社)出版者著作権管理機構　委託出版物〉
本書の無断複写は著作権法上での例外を除き禁じられています。複写される場合は、そのつど事前に、(社)出版者著作権管理機構（電話03-3513-6969、FAX03-3513-6979、e-mail: info@jcopy.or.jp）の許諾を得てください。

経済学用語考

下谷政弘著

四六判 二八〇〇円

明治期に経済学はなぜ「理財学」と呼ばれたのか？「系列」はいつから経済用語になったのか？ 重工業と化学工業はなぜ「重化学工業」に合成されたのか？ など経済用語の謎を探る。

武藤山治
――日本的経営の祖――

山本長治著

四六判 二八〇〇円

鐘紡を率い、「日本的経営の祖」といわれた武藤山治。福沢諭吉の精神を継承しつつ、財界のみならず、政界、言論界でも体現した「独立自尊の経営者象」を描く。

渋沢栄一の企業者活動の研究
――戦前期企業システムの創出と出資者経営者の役割――

島田昌和著

A5判 六五〇〇円

膨大な数の民間企業の設立・運営に関わった渋沢の企業者活動について、関与のあり方、トップマネジメントの手法、資金面のネットワークなど多方面から分析した画期的な研究。

戦後型企業集団の経営史
――石油化学・石油からみた三菱の戦後――

平井岳哉著

A5判 六九〇〇円

財閥解体後、傘下の企業群は経営の自立性を獲得し、新たな戦後型企業集団を形成した。そこではどのような行動原理が機能していたのか、三菱グループを事例に考察する。

工業化と企業化精神

ヨハネス・ヒルシュマイヤー／川崎勝・林順子・岡部桂史編

A5判 六五〇〇円

南山大学第3代学長ヒルシュマイヤーの経済・経営史関係の遺稿に適宜解説を施し、その今日的意義を問う。日本経済の進路に多大な影響を及ぼした言動は今も衰えを見せない。

（価格は税抜）　日本経済評論社